Xpert.press

Die Reihe **Xpert.press** vermittelt Professionals in den Bereichen Softwareentwicklung, Internettechnologie und IT-Management aktuell und kompetent relevantes Fachwissen über Technologien und Produkte zur Entwicklung und Anwendung moderner Informationstechnologien.

Mehr Informationen zu dieser Reihe auf http://www.springer.com/series/4393

Matthias Book • Volker Gruhn •
Rüdiger Striemer

Erfolgreiche agile Projekte

Pragmatische Kooperation und faires Contracting

Matthias Book
Dept. of Computer Science
University of Iceland
Reykjavik
Island

Rüdiger Striemer
adesso AG
Berlin
Deutschland

Volker Gruhn
paluno – The Ruhr Institute for Software Technology
Universität Duisburg-Essen
Essen
Deutschland

Translation from the English language edition: „Tamed Agility - Pragmatic Contracting and Collaboration in Agile Software Projects" by Matthias Book, Volker Gruhn and Rüdiger Striemer,

Die Darstellung von manchen Formeln und Strukturelementen war in einigen elektronischen Ausgaben nicht korrekt, dies ist nun korrigiert. Wir bitten damit verbundene Unannehmlichkeiten zu entschuldigen und danken den Lesern für Hinweise.

ISSN 1439-5428
Xpert.press
ISBN 978-3-662-53329-1 ISBN 978-3-662-53330-7 (eBook)
DOI 10.1007/978-3-662-53330-7

Die Deutsche Nationalbibliothek verzeichnet diese Publikation in der Deutschen Nationalbibliografie; detaillierte bibliografische Daten sind im Internet über http://dnb.d-nb.de abrufbar.

Springer Vieweg

Gedruckt auf säurefreiem und chlorfrei gebleichtem Papier

Springer Vieweg ist Teil von Springer Nature
Die eingetragene Gesellschaft ist Springer-Verlag GmbH Deutschland
Die Anschrift der Gesellschaft ist: Heidelberger Platz 3, 14197 Berlin, Germany

Vorwort

Industrielle Softwareentwicklung gehört zu den großen Erfolgsgeschichten des 20. Jahrhunderts. Anders hätte es nicht zur Durchdringung weiter Lebens- und Geschäftsbereiche mit Software kommen können, anders hätten die etablierten Geschäftsmodelle ganzer Branchen nicht durch Digitalisierung hinweggefegt werden können, anders wäre der weltweite Erfolg von Apple, Amazon, Google, Facebook und eBay nicht möglich.

Software Engineering, also die Konstruktion immer größerer Softwaresysteme auf der Grundlage ingenieursmäßiger Prinzipien, hat Softwaresysteme realisierbar gemacht, die jeweils ein paar Jahre zuvor unerreichbar schienen. Deshalb ist jede Art des grundsätzlichen Abstreitens dieser Erfolgsgeschichte geradezu absurd (Osterweil et al. 2008). Daran ändern auch zahlreiche, teilweise unter fadenscheinigen Umständen zustande gekommene Studien über den angeblichen Zustand der Softwareindustrie nichts, die z. B. von Eveleens und Verhoef (2010), Glass (2006) oder Jørgensen und Moløkken-Østvold (2006) entsprechend enttarnt werden.

Dennoch kommt es immer wieder zu Projekten, die in Schieflage geraten – manchmal, weil die bewährten Praktiken der Softwareentwicklung außer Acht gelassen wurden, manchmal, weil die handelnden Personen allzu optimistisch mit Ankündigungen und Versprechungen umgehen, und immer mal wieder, weil die vielen an einer Softwareentwicklung beteiligten Personen kein einheitliches Bild davon haben, worauf es im konkreten Projekt tatsächlich ankommt.

Dass das immer wieder geschieht und keine exotische Ausnahme ist, ist das eigentlich Verblüffende. Klar, Havarien passieren auch in anderen Projekten als in der Softwareentwicklung – Flughäfen werden nicht oder ganz arg verspätet fertig, öffentliche Baumaßnahmen werden teurer als geplant und Züge können nicht an allen Bahnsteigen halten. Echte Havarien – im Sinne von Vervielfachungen der Projektdauer oder -kosten, oder im Sinne von abgebrochenen oder rückabgewickelten Projekten – scheinen in der Softwareentwicklung jedoch häufiger als in anderen Branchen vorzukommen.

Vielleicht liegt das daran, dass der immaterielle Charakter von Software die Einschätzbarkeit des Projektzustandes erschwert und die Verschwendung durch einen Abbruch weniger greifbar macht. Vielleicht liegt es auch daran, dass Softwareentwicklungsprojekte (in denen die relevante Investitionsgröße ja „nur“ die Personalkosten sind) oft überambitioniert sind und sich nicht im nötigen Maße auf schlanke Lösungen konzentrieren.

Vielleicht liegt es auch daran, dass die Frage nach der Natur des Softwareprozesses immer noch nicht einheitlich beantwortet ist. Ist er im Wesentlichen ein Fertigungsprozess? Dann kann er Gegenstand tayloristischer Strukturierung und detaillierter Vorgaben sein, so wie die Erstellung von Autos am Fließband. Oder ist er ein rein kreativer Prozess, der einzig vom gestalterischen Talent des Entwicklers lebt? Dann machen prozessuale Vorgaben wenig Sinn, genauso wenig wie es einen präzisen Prozess zur Erstellung eines Gemäldes geben kann. Softwareentwicklung scheint sich zwischen diesen beiden Polen zu bewegen. Es gibt Teile, die klar reglementiert und variantenfrei sein sollten, zum Beispiel bestimmte Testaktivitäten oder das Konfigurationsmanagement. Andere sind nicht algorithmisch beschreibbar und kaum heuristisch unterstützbar, wie zum Beispiel das Vorgehen zur Identifikation möglichst früh zu entwickelnder Features.

Und dann ist da das Phänomen der Ungewissheit. Meir M. Lehman (1989) argumentierte bereits überzeugend, dass es in Softwareprojekten zu Ungewissheiten kommt, d. h. dass man im Laufe der Entwicklung auf Anwendungssituationen stößt, von denen bis dahin unbekannt oder zumindest ungewiss war, dass sie auftreten können und wie sie angemessen unterstützt werden sollen. Lehman erkannte auch, dass diese Stellen kaum im Vorhinein identifiziert werden können. Eine Beobachtung, die auch andere Autoren schon früh klar formulierten:

- „Ungewissheit ist im Softwareentwicklungsprozess und in Softwareprodukten inhärent und unvermeidlich." – Ziv et al.'s Ungewissheitsprinzip des Software Engineerings (1996)
- „In einem neuen Softwaresystem werden die Anforderungen solange nicht vollständig bekannt sein, bis man ein funktionierendes Produkt hat." – Humphreys Prinzip der Anforderungsungewissheit (1995)
- „Es ist unmöglich, ein interaktives System vollständig zu spezifizieren oder zu testen." – Wegners Lemma (1997)

Angesichts dieser Erkenntnis, die sich in praktisch jedem Softwareprojekt bestätigt, erscheinen Begriffe wie die „Software Factory" (Cusumano 1989) und Titel wissenschaftlicher Artikel wie „Software Processes are Software Too" (Osterweil 1987) irreführend, oder mindestens missverständlich. Softwareprozesse (zumindest für die Entwicklung soziotechnischer Systeme) sind erkenntnisgetriebene Prozesse, sie verfügen über mehr kreative als algorithmische Anteile, und es kann als sicher gelten, dass sie nicht präzise vorhersehbar sind (Gruhn und Urbainczyk 1998).

Dies soll in keiner Weise in Abrede stellen, dass es Arten von Software gibt, die sehr wohl vollständig beschreibbar sind. Eingebettete Systeme ohne Schnittstelle zum Menschen sind beispielsweise sehr wohl vollständig spezifizierbar und können gemäß des Fertigungsparadigmas erstellt werden.

Genau das gilt aber für soziotechnische Systeme nicht – ganz einfach deshalb, weil solche Systeme nicht am Bildschirm enden, sondern sich bis zur hinteren Schädeldecke der Anwender erstrecken. Das bedeutet nicht nur, dass die Software auf unvorhergesehenes

Anwenderverhalten vorbereitet sein muss. Viel wichtiger: In soziotechnischen Systemen ist die Software nur ein kleiner Teil eines Systems menschlicher und maschineller Akteure, die zusammen komplexe Prozesse abwickeln. Dieses Zusammenspiel, in das Software sich nahtlos integrieren muss, ist jedoch kaum vollständig beschreibbar und zudem ständiger Änderung unterworfen. Und gerade wenn es um Innovation, um die Etablierung neuer Geschäftsprozesse, neuer Dienstleistungen und die Realisierung neuartiger Automatisierungen geht, ist die Konzeption, Implementierung und Adaption von Software ein kreativer Prozess, dessen Zielsetzung zudem kontinuierliche Kalibrierung erfordert. Die Entwicklung solcher Softwarelösungen ist eben kein Fertigungsprozess, sondern ein Erkenntnisprozess, der genau dann beste Chancen auf Erfolg hat, wenn alle Beteiligten das Ziel im Auge behalten und auf schlanke Lösungen achten.

Auch wenn diese Lösungen technischer Natur sind, ist das Ziel, das sie unterstützen sollen, jedoch nicht in der Informationstechnik (IT), sondern in der Anwendungsdomäne verankert. In Unternehmen, die Software entwickeln, ist enge Kommunikation von Enterprise IT[1] und Fachbereichen daher unvermeidbar und unverzichtbar für den Erfolg. Ganz oft ist sie aber auch schwierig, von unterschiedlicher Terminologie und vor allem von unterschiedlichen Arten der Abstraktion (und Abstraktionsfähigkeit) geprägt.

Die stetige Neujustierung der Projektidee, die kontinuierliche Abstimmung zwischen Enterprise IT und Fachbereich, und die Abkehr von der Idee der Software Factory (die ja vollständig planbare Softwareproduktion suggeriert) bringt jedoch einige unerfreuliche Erkenntnisse mit sich. Zum Beispiel die, dass es vorab keine vollständige Spezifikation geben kann (und dass das Streben danach zum Scheitern verurteilt ist), dass es späte Anforderungen gibt (also solche, die erst während der Entwicklung oder gar danach auftauchen), dass Budgetallokationen und Kostenschätzungen vorläufig sind, und dass man zu Beginn eines Projekts nicht genau weiß, was man wann und zu welchem Preis bekommt.

Und das alles muss wirklich noch sein? Fast 50 Jahre, nachdem der Begriff „Software Engineering" geprägt wurde? Nach fast 50 Jahren, in denen das „Engineering" in „Software Engineering" einen Anspruch ausdrückt – nämlich den Anspruch von Reproduzierbarkeit, Verlässlichkeit und Kalkulierbarkeit? Es scheint so zu sein, denn Softwareentwicklung ist immer noch riskant, Projekte gehen immer noch schief, und wenn man nach den Ursachen sucht, stößt man immer wieder auf die gleichen Gründe: Fehlendes Verständnis der Anwendungsdomäne, falsche Prioritätensetzung, und mangelnde Kommunikation zwischen den Stakeholdern (Curtis et al. 1988). Softwareprozesse sind und bleiben Erkenntnisprozesse, an die aber die Ansprüche von Produktionsprozessen gestellt werden.

---

[1]Unter „Enterprise IT" verstehen wir im Folgenden die IT-Abteilung eines Unternehmens oder externe Dienstleister, die diese Funktion wahrnehmen.

Aufbau und Zielgruppe dieses Buchs

Genau hier setzt dieses Buch an – an der Erkenntnisnatur der Softwareentwicklung, der Notwendigkeit einer einheitlichen Zielsetzung, der Konzentration auf schlanke Software, der Fokussierung auf Wertschöpfung, dem Weglassen von Unwichtigem. Es beschreibt konkrete Instrumente und Methoden dafür, wie alle Projektbeteiligten ein einheitliches Verständnis der zu erstellenden Software entwickeln können, wie sie ihre wirklich essenziellen Anforderungen ermitteln und mit Änderungen an diesem Verständnis und den Anforderungen umgehen können.

Der in Teil II beschriebene **Interaction Room** bringt dazu alle Beteiligten zusammen – nicht an einem Tisch, sondern in einem Raum, in dem gemeinsam Digitalisierungs- und Mobilisierungsstrategien entwickelt, Technologiepotenziale evaluiert, Softwareprojekte geplant und begleitet werden. Warum all das einen dedizierten Raum braucht? Weil die Stakeholder sich dort gegenüberstehen, statt sich Mails zu schreiben. Weil sie komplexe Zusammenhänge dort allgemeinverständlich skizzieren können, statt sie umständlich ausformulieren zu müssen. Weil nur Platz für das Wichtigste ist. Und weil Erkenntnisse weder im Kurzzeitgedächtnis noch in Dokumenten verschwinden, sondern direkt im Raum prägnant notiert werden und so präsent bleiben. Kurz: Weil Projekte dort sicht- und greifbar werden.

Das in Teil III beschriebene Vertragsmodell **adVANTAGE** stellt unterdessen sicher, dass ein so erkenntnisgetriebener und damit unscharfer Prozess wie Softwareentwicklung auch im kommerziellen Umfeld – d. h. in einer Beziehung zwischen Kunde und Dienstleister – nicht nur funktionieren, sondern florieren kann. Änderungen im Projektverlauf sind hier kein Grund für Stress, sondern normale Projektereignisse. Das Vertragsmodell sorgt dafür, dass die Beteiligten sich trotz (bzw. gerade mithilfe) aller Änderungen darauf konzentrieren, maximalen Nutzen zu erzeugen, schlanke Software zu erstellen und Risiken fair zu verteilen.

Wie das im Projektalltag funktionieren kann, zeigt in Teil IV das **Praxisbeispiel** der Entwicklung eines Bestandsführungssystems für eine private Krankenversicherung – ein komplexes System mit einer auf den ersten Blick nahezu unüberschaubaren Menge an fachlichen Anforderungen, gesetzlichen Rahmenbedingungen, Akteuren und Prozessen für Regel- und Spezialfälle, eingebettet in die historisch gewachsene IT-Landschaft eines Versicherungsunternehmens. Das Beispiel des Projektstarts und ersten Sprints zeigt, wie Mitarbeiter des Unternehmens und eines IT-Dienstleisters sich mit den Mitteln des Interaction Rooms einen Überblick über das Projekt verschafft haben, wie die Konzeption und Entwicklung begleitet und wie die Aufwände abgerechnet wurden.

Letztlich hängt der Erfolg eines jeden Softwareprojekts – jenseits der Anwendungsdomäne, jenseits der eingesetzten Technologie – an den **Fähigkeiten** der Projektbeteiligten. Nur wenn die Stakeholder bereit sind, miteinander zu reden, sich aufeinander einzulassen, unterschiedliche Wahrnehmungen von Wert- und Aufwandstreibern zu respektieren, Kompromisse zu schließen, innovative Lösungen zu verfolgen und politisches Taktieren beiseite zu lassen, können Instrumente wie der Interaction Room und adVANTAGE ihren

Nutzen entfalten. Teil V beschreibt daher abschließend das Anforderungsprofil, das an die Softwaretechniker, aber auch die Domänenexperten von heute zu stellen ist.

Auch wenn Vertragsgestaltung und Softwareentwicklung zwei verschiedenen akademischen Disziplinen entstammen, sind sie in der Praxis doch untrennbar miteinander verbunden, wo unabhängig von aller Theorie Menschen effektiv zusammenarbeiten müssen, um in einer nachhaltigen Geschäftsbeziehung ein erfolgreiches Produkt zu erstellen.

Dieses Buch wendet sich daher an CIOs, Projektmanager und Softwareentwickler in der Softwareentwicklungspraxis, die lernen wollen, wie sie effektiv mit der unweigerlichen Ungewissheit komplexer Projekte umgehen können, die ein besseres gegenseitiges Verständnis und eine bessere Kooperation mit ihren Kunden und Lieferanten erreichen wollen, und die ihre Projekte trotz der inhärenten Ungewissheit mit geringerem Risiko abwickeln wollen.

Danksagung

Die Autoren danken Simon Grapenthin für das Teilen seiner umfassenden Erfahrungen in der Durchführung von Interaction-Room-Workshops und dem Training von Interaction-Room-Coaches in einem breiten Spektrum von Anwendungsdomänen. Wir danken ebenfalls Sandra Delvos für die unzähligen Stunden, die in die Erstellung und Überarbeitung der Abbildungen in diesem Buch geflossen sind, sowie Alexander Lohberg und Anja Wintermeyer für ihre Hintergrundrecherchen.

Literatur

Curtis B, Krasner H, Iscoe N (1988) A field study of the software design process for large systems. Comm ACM 31(11):1268–1287. doi:10.1145/50087.50089

Cusumano MA (1989) The software factory: a historical interpretation. IEEE Software 6(2):23–30. doi:10.1109/MS.1989.1430446

Eveleens JL, Verhoef C (2010) The rise and fall of the Chaos report figures. IEEE Software 27(1):30–36. doi:10.1109/MS.2009.154

Glass RL (2006) The Standish report: does it really describe a software crisis? Comm ACM 49(8):15–16. doi:10.1145/1145287.1145301

Gruhn V, Urbainczyk J (1998) Software process modeling and enactment: an experience report related to problem tracking in an industrial project. In: Katayama T, Notkin D (Hrsg) ICSE'98: Proc 20th intl conf software engineering, S 13–21. doi:10.1109/ICSE.1998.671098

Humphrey WS (1995) A discipline for software engineering. Addison-Wesley, S 349

Jørgensen M, Moløkken-Østvold K (2006) How large are software cost overruns? A review of the 1994 Chaos report. Inform Software Tech 48(4):297–301. doi:10.1016/j.infsof.2005.07.002

Lehman MM (1989) Uncertainty in computer application and its control through the engineering of software. J Software Maint 1(1):3–27. doi:10.1002/smr.4360010103

Osterweil LJ (1987) Software processes are software too. In: Riddle WE (Hrsg) ICSE'87: Proc 9th intl conf software engineering, IEEE Computer Society Press, S 2–13

Osterweil LJ, Ghezzi C, Kramer J, Wolf AL (2008) Determining the impact of software engineering research on practice. IEEE Computer 41(3):39–49. doi:10.1109/MC.2008.85

Wegner P (1997) Why interaction is more powerful than algorithms. Comm ACM 40(5):80–91. doi:10.1145/253769.253801

Ziv H, Richardson DJ, Klösch R (1996) The uncertainty principle in software engineering. Technical Report UCI-TR-96-33, University of California, Irvine. http://www.ics.uci.edu/~ziv/papers/icse97.ps. Zugegriffen: 23. Febr. 2016

Inhaltsverzeichnis

Teil I

Einführung

Gezähmte Agilität

1

Inhaltsverzeichnis

Gerade in Zeiten der allgegenwärtigen Digitalisierung scheint eine pragmatische, wertorientierte Unterstützung der Konzeption und Durchführung komplexer IT-Projekte nötiger denn je, denn „software is eating up the world“ (Andreessen 2011): In zunehmend digitalen Unternehmen gibt es immer weniger Projekte, die nicht maßgeblich von IT abhängen. Auch die Durchführung von Organisationsprojekten, Projekten zur Umsetzung regulatorischer Vorgaben und Merger-and-Acquisitions-Projekten ist ohne Einbeziehung der IT praktisch unmöglich – „every budget is an IT budget“ (Gartner 2012).

1.1 Die New School of IT

Nun bedeutete IT immer schon Automatisierung, und IT hatte auch immer schon mal disruptiven Einfluss. Geschäftsmodelle haben sich immer schon durch IT verändert. Manche verschwanden, manche wurden überhaupt erst möglich. Ist also alles wie immer? Nicht ganz, denn aktuell kommt vieles zusammen: Die Welt wird zunehmend digital, Daten

M. Book et al., *Erfolgreiche agile Projekte*, Xpert.press,
DOI 10.1007/978-3-662-53330-7_1

und Anwendungen werden mobil, und IT-Projekte müssen schnell zu Ergebnissen führen. Noch während ihrer Entwicklung muss es möglich sein, ihren Fokus anzupassen. Lange Projektlaufzeiten sind unerwünscht, auch weil sich die Welt nach allzu langen Projekten oft so stark verändert hat, dass kaum noch geprüft werden kann, ob die ursprünglich versprochenen Effekte tatsächlich eintreten. Das führt zu einem Wandel, der doch radikaler ist als die gemächlich vor sich hinschreitende Automatisierung. Konzepte, die gestern noch erfolgversprechend waren, sind heute hinderlich. Das hört sich nach einer neuen Rolle der Enterprise IT an. Und nach neuen, zumindest zusätzlichen Fähigkeiten und Fertigkeiten, die sie haben muss.

Angesichts von technologischer Unordnung im Kontext mobiler Techniken, breiter digitaler Transformation und elastischen, cloud-artigen Infrastrukturen ist IT nicht mehr nur zentrales Produktionsmittel. Die Enterprise IT wird vielmehr zum unverzichtbaren Mitgestalter und Mitbestimmer zukünftiger Lösungen. Um diese Rolle ausfüllen zu können, muss sie Chancen und Risiken neuer Technologien einschätzen können, mit Anwendern und Fachbereichen reden können und die Herausforderungen der jeweiligen Branche kennen.

Die Enterprise IT wird somit vom reinen Dienstleister zum Enabler und Mitgestalter fachlicher Veränderungen. Statt nur das umzusetzen, was sich Fachbereiche ausgedacht haben, statt nur fest definierte Services in vereinbarter Qualität zu erbringen, übernimmt die Enterprise IT eine Beraterfunktion. Vor dem Hintergrund der Kenntnis von Technologien, ihrer Reife, ihrer Kosten und ihrer zukünftigen Perspektive, *und* vor dem Hintergrund der Kenntnis der Anwendungsdomäne, der Herausforderungen der Branche und des einzelnen Unternehmens konzipiert die Enterprise IT zusammen mit den Fachbereichen Lösungen, die wirtschaftlich umgesetzt werden können, die Innovationspotenziale heben und die Wettbewerbsvorteile mit sich bringen.

Mit anderen Worten: Die Enterprise IT zieht um. Vom Keller ins Board. Da spricht sie mit, übernimmt Verantwortung. Und kann das nur tun, wenn sie nicht nur die Technologie, sondern auch das Geschäft versteht.

Aktuell stehen Unternehmen vor großen strategischen Umbrüchen, ausgelöst durch die drei wichtigsten IT-Trends der letzten Zeit: **Mobilität** von Kunden und Mitarbeitern, **Agilität** in der Softwareentwicklung und **Elastizität** der IT-Infrastrukturen. Das sind die Eckpfeiler, die die Anforderungen an die Enterprise IT der Gegenwart zunehmend bestimmen. Und da eine Enterprise IT, die diese Anforderungen erfüllt, in aller Regel anders organisiert ist und über andere Kompetenzen verfügt als klassische Enterprise IT, nennen wir sie **New School of IT**. Das ist zugegebenermaßen plakativ, verdeutlicht aber unmissverständlich, dass die anstehenden Änderungen über das übliche Veränderungsmaß hinausgehen.

1.1.1 Mobilität

Mobilität nimmt quer durch alle Branchen zu: Zentrale Geschäftsprozesse haben mobile oder zumindest mobilisierbare Anteile. Kunden und Lieferanten lassen sich über webbasierte Anwendungen oder Apps einbinden und übernehmen wichtige Geschäftsprozessteile.

Die Entwicklung und Auslieferung mobiler Lösungen muss schnell erfolgen. Ziel ist es, neue Produkte oder Dienstleistungen zügig auf den Markt zu bringen, oft über unterschiedliche Vertriebskanäle hinweg.

Ob die von Anwendern geforderte Mobilität von Daten und Anwendungen dabei immer erforderlich ist, ob es volkswirtschaftlich und betriebswirtschaftlich nützlich ist, dass die Erreichbarkeit von Menschen zunimmt und Geschäftsprozessteile nach außen verlagert werden, spielt für die Frage, ob die Enterprise IT in der Lage sein muss, mobile Anwendungen zu entwickeln und zu betreiben, keine Rolle. Der Mobilitätstrend ist ein gesellschaftlicher Trend, und die im privaten Kontext gesammelten Erfahrungen schwappen als Erwartungshaltung in die Unternehmen.

Folglich muss sich die Enterprise IT mit dem Thema Mobilität auseinander setzen. Dass Mobilität dabei oft auch ein wichtiger Treiber für innovative Anwendungen ist, einfach weil die Mobilisierung von Daten und Anwendungen zu strukturell veränderten Anwendungen und ganz neuen Anwendungsfällen führen kann, kommt hinzu und macht das Thema Mobilität für die Enterprise IT noch unvermeidbarer. Denn die Beherrschung von Techniken, die das Potenzial haben, den nächsten Schub von Veränderungen für Anwendungslandschaften auszulösen, kann nicht outgesourced werden, sondern bleibt Kerngeschäft.

1.1.2 Agilität

Innovative IT-Lösungen lassen sich selten komplett vorausplanen und dann „nur" noch umsetzen. Vielmehr folgen sie der von Ries (2011) geschilderten Idee der permanenten Anpassung an neue oder besser verstandene Rahmenbedingungen. Und da die Grundideen der agilen Softwareentwicklung – schnelle und häufige Lieferung von Software, Konzentration auf Quellcode als zentrales Artefakt der Entwicklung, kontinuierliche Kommunikation mit Kunden und Anwendern, und Demut vor Anwendungswissen – nicht nur für mobile oder andere innovative Anwendungen nützlich ist, wird immer mehr Software mit agilen Softwareprozess-Elementen entwickelt. Dabei findet kaum eine Softwareentwicklung relevanter Größenordnung rein agil oder komplett ohne agile Elemente statt (Boehm und Turner 2003). Der gesunde Menschenverstand legt nahe, dass Projekte viele Nuancen im Spektrum zwischen strikt agil und hart wasserfall-orientiert annehmen. Mary Poppendieck fasste dies in ihrer Keynote „The Lean Mindset" auf der International Conference on Software Engineering (ICSE) 2013 so zusammen: „Agility without discipline cannot scale, and discipline without agility cannot compete."

Weil Disziplin unterschiedlich verstanden werden kann und weil in relevant großen Softwareentwicklungsprojekten viele Menschen mit vielen eigenen Vorstellungen beteiligt sind, bedarf es gewisser Vorgaben, um die verschiedenen Vorstellungen von nötiger Disziplin einzuhegen und auf kompatible Ideen von Disziplin zu beschränken. Ohne solch kompatible Vorstellungen von Disziplin und ihrer konkreten Ausprägung kommt es oft zu intransparenten Missverständnissen. Diesen lässt sich zwar mit expliziten Regeln und

Vereinbarungen entgegen wirken, das ist dann aber eben die von Mary Poppendieck angesprochene explizite Disziplin, die eine Alternative zu der agilen, nur auf wenigen Prinzipien basierenden persönlichen Disziplin ist. Insgesamt bleibt das Problem, dass agile Entwicklungstechniken um Elemente der Anforderungstransparenz ergänzt werden müssen, um sie auf große Projekte in großen Organisationen auszudehnen.

Der wahrscheinlich gerade populärste Ansatz, um die Quadratur des Kreises hinzubekommen und Agilität mit den Anforderungen der Planbarkeit zu versöhnen, basiert auf dem Scaled Agile Framework (SAFe) von Leffingwell (2011). Es bleiben jedoch erhebliche Zweifel, ob angesichts des üppigen Überbaus vom ursprünglich agilen Charme viel übrig bleibt, und auch, ob die Operationalisierung von SAFe nicht zu völlig erratischen Ergebnissen führt, einfach weil SAFe vage und unspezifisch ist.

1.1.3 Elastizität

Elastizität ist die Fortsetzung der Agilität von der Anwendungsentwicklung ins Application Management, von der Welt der Anwendungssoftware in die Welt der Systemsoftware, Infrastruktur und Hardware.

Elastizität von Infrastrukturen ist erforderlich, damit mobile Anwendungen, Anwendungen, die oft um neue Funktionalitäten erweitert werden, und Anwendungen, die sich an den Endkunden wenden, nahtlos skalieren können. Das bedeutet, dass sie stark schwankende, auch plötzlich zunehmende Anwenderzahlen vertragen, ohne ihr Verhalten so stark zu verändern, dass der Anwender die Veränderung als störend wahrnimmt. Elastisch bedeutet, dass Infrastrukturen hoch- und auch wieder herunterskalierbar sein müssen.

Elastizität von Infrastrukturen ist auch erforderlich, damit die Effekte der agilen Anwendungsentwicklung nicht verpuffen. Wenn die agile Entwicklung alle paar Wochen (oder gar täglich!) neue Software liefert, dann muss diese auch produktiv gesetzt werden (oder mindestens auf ihre Produktivbetriebs-Tauglichkeit getestet werden). Passiert das nicht und wird stattdessen alle paar Monate ein Release zusammen gebaut, dann verflacht die kurzfristge Lieferbereitschaft auf der Entwicklungsseite ganz schnell. Kontinuerliche Integration von Software (Cusumano 1992) und die kontinuierliche Auslieferung von neuen Features – und zwar auch in heterogenen Infrastrukturen (Humble und Farley 2010; Duvall et al. 2007) – sind also erforderlich, um Agilität nicht auf ein rein entwicklungslokales Phänomen zu reduzieren.

Wege zur Gewährleistung von Elastizität gibt es viele. Cloud-Lösungen aller Art und Provenienz versprechen Skalierung. Sicherheitsbedenken gegen fremd verwaltete, gehostete Daten sind dabei zahlreich und oft berechtigt. Private Cloud-Strukturen versuchen beides unter einen Hut zu bringen – uneingeschränkte Hoheit über die Daten, und Skalierung wie in der öffentlichen Cloud.

Wie immer, wenn man gegensätzliche Dinge unter einen Hut bringen will, muss man jedoch Kompromisse machen: Die Skalierungsfähigkeit einer privaten Cloud ist nicht so ausgeprägt wie die der öffentlichen Cloud. Es kann aber ja sein, dass sie für die zu unterstützende Anwendung reicht. Und die komplette Hoheit über alle Daten erfordert einen hohen Preis, nämlich eine sehr hohe Fertigungstiefe im IT-Betrieb. Vielleicht sind aber ja auch nicht alle Daten gleich sicherheitskritisch. Die Konzeption passender Private Clouds (oder zumindest vergleichbarer Strukturen) erfordert deshalb Augenmaß, das differenzierte Bewerten von Totschlag-Argumenten, das rationale Beurteilen von Risiken und tatsächlichen Anforderungen und – im Lösungsbereich – die Automatisierung von IT-Infrastruktur-Bereitstellungsmechanismen. Automatisierung tut hier not, weil solche Prozesse schnell ablaufen müssen und weil ihrer traditionellen Fehleranfälligkeit und Abhängigkeit von einzelnen Personen nur durch Automatisierung beizukommen ist.

1.1.4 Herausforderungen

Mobilität, Agilität und Elastizität beeinflussen sich gegenseitig: Sie bedingen einander, überlappen sich und verstärken sich so. Mobile Anwendungen unterliegen kürzeren Releasezyklen, erfordern also tendeziell mehr agile Prozesselemente. Agile Entwicklung erfordert elastische und schnell bereitzustellende Infrastruktur, denn nur dann kommt der Nutzen häufiger Softwarelieferungen auch verlässlich beim Anwender an. Dieses Zusammenwirken verändert die Art und Weise, wie IT funktioniert und verstanden wird, grundlegend.

Das ist aber nicht nur ein technischer Umbruch. Die New School of IT bedeutet auch, dass sich der Stellenwert von IT in Unternehmen verändert. Das Sehen von Zusammenhängen, das Etablieren neuer Geschäftsprozesse, das Erreichen neuer Zielgruppen: Die Grundlagen dafür werden – immer häufiger – in IT-Abteilungen geschaffen. Unternehmen „digitalisieren" sich zusehends. Dabei emanzipiert sich die Enterprise IT aus der Rolle des Erfüllungsgehilfen der Fachbereiche. Sie wird vom Getriebenen zum Mittreiber neuer Entwicklungen.

Die New School of IT bedeutet dabei auch, dass sich eine Enterprise IT nicht mehr ausschließlich auf die klassischen Softwaresysteme konzentrieren kann. Moore (2011) nennt diese Systeme die „Systems of Records". Die Systems of Records zeichnen sich durch hohe Transaktionsvolumina, klare Persistenzkonzepte und hohe Grade an Konsistenz aus. Neben diesen gibt es – aus der Konsumentenwelt in die Unternehmen schwappend – die so genannten „Systems of Engagement". Das sind Systeme, die eher über Mash-up-Architekturen verfügen als über Architekturen, die aus der Welt der Enterprise-Anwendungslandschaften stammen. Es sind Systeme, die sich die Anwender zusammen konfigurieren, die schnell angepasst und oft released werden, die die User Experience in den Mittelpunkt stellen und die mit einem hohen Maß an Ungewissheit bezüglich der vom Anwender als nächstes gewünschten Funktionalität umgehen müssen.

Entwicklung und Betrieb von Systems of Engagement erfordern andere Skills und Herangehensweisen als Systems of Records. Deshalb haben Startups andere (agilere) Softwareprozesse als große digitale Unternehmen mit stabilen Geschäftsmodellen. Schwierig wird es, wenn Systems of Records und Systems of Engagement zusammenwachsen, wenn

Flexibilität und Stabilität in Einklang gebracht werden müssen, wenn stabile, konsistente und skalierungfähige Systeme mit mobilen Schnittstellen ausgestattet werden sollen. Dann passt weder das agile noch das klassische Entwicklungsparadigma. Stattdessen ist ein Mix gefordert: eine Enterprise IT aus der New School of IT. Das bedeutet eine Enterprise IT, die zwei Geschwindigkeiten beherrscht – die auf stabilen Basisprozessen fußt, die bewährte Technologien genauso beherrscht wie neue, und die sichere, robuste Betriebsprozesse genauso beherrscht wie kurze Releasezyklen und kontinuierliche Integration. Und die über Expertise verfügt, um zu entscheiden, wann welches Entwicklungsparadigma dem Problem angemessen ist.

Die New School of IT erfordert ein Umdenken in Unternehmen – nicht nur in der IT-Abteilung, sondern vor allem im Fachbereich, im Business Development, im Management. Die gravierendsten Umbrüche sind strategischer Natur – sich auf sie einzulassen und ihre Chancen wahrzunehmen, ist Chefsache.

Doch auch jeden IT-Projektmanager stellt die New School of IT vor unbequeme Herausforderungen: Was heißt es für konkrete IT-Projekte, wenn der Fachbereich nicht nur drei Stockwerke höher, sondern mit am Tisch sitzt? Was bedeutet es, wenn Systemgrenzen verschwimmen, wenn Kunden und Lieferanten zu Partnern werden, wenn Software Development und Business Development Hand in Hand gehen sollen? Wo spiegeln sich diese Anforderungen in der Softwareentwicklungsmethodik wieder?

1.2 Agil oder plangetrieben?

Klassische plangetriebene Ansätze scheinen für diese Herausforderungen zu starr – wo die Grenzen zwischen Strategie-Entwicklung und Softwareentwicklung verschwimmen, wo Softwareentwicklung schnell auf veränderte Wettbewerbssituationen und Nutzererwartungen reagieren soll, wo neue Technologien etablierte Bedien- und Betriebsmodelle auf den Kopf stellen, erscheint der Versuch einer allzu detaillierten, präzisen und langfristigen Vorausplanung wenig erfolgversprechend. Erstrebenswert wäre vielmehr ein kontinuierlicher Abgleich mit den Erwartungen von Nutzern und Management, ein schlankes Produkt ohne überflüssige Features, und die Akzeptanz kontinuierlicher Veränderung. Üblicherweise liegt der Impuls daher nahe, einen agilen Entwicklungsansatz zu verfolgen.

Agile Ansätze beschreiben eine Welt, in der lauffähiger Software größere Bedeutung zugerechnet wird als allen anderen Artefakten, in der die Kommunikation zwischen Projektbeteiligten als wichtiger eingeschätzt wird als der Einsatz von Werkzeugen und Modellierungssprachen, in der dem gesprochenen Wort grundsätzlich ein höherer Wert zugeordnet wird als dem geschriebenen, und in der allein ein übergeordnetes Verständnis von Disziplin und ein kompatibles Maß an gesundem Menschenverstand dazu führen, dass alle Beteiligten vernünftig miteinander kooperieren (Beck et al. 2001). Diese Abkehr von der Illusion der strikten Planbarkeit hört sich für den zahlengetriebenen Manager (oft auch für den IT-Manager) bedrohlich an – sie erscheint als nahezu vollständiger Kontrollverlust, vielleicht sogar schon als sorglose Vertrauensseligkeit. Will man das?

In der Literatur zum Thema Agilität werden paradiesische Zustände und enorme Produktivitätssteigerungen versprochen – aber immer nur demjenigen, der sich dem Glauben ans Paradies widerspruchslos hingibt. Evidenzbasierte Untersuchungen gibt es kaum. Klappt es mit der Agilität, liegt es an der Agilität, klappt es nicht, dann liegt es am unzureichenden Glauben, an der Borniertheit des Managements, an der Gestrigkeit der Beteiligten und an anderen nicht messbaren Faktoren (Meyer 2014). Klare, wissenschaftlich haltbare Studien zur Nützlichkeit agiler Methoden fehlen, erst recht solche, die die großartigen Schilderungen gefühlter Produktivitätssteigerungen wie die von Schwaber und Sutherland (2012) angepriesenen 90 % belegen. Ganz im Gegenteil zeigen Berichte aus großen Projekten eher, dass agile Praktiken zwar als nützlich empfunden werden, aber eben doch auch ein gewisses Maß an Planbarkeit und funktionaler Eingrenzung der zu entwickelnden Features erfordern (Ambler 2001; Cohn 2010).

Keineswegs sind agile Ansätze demnach Erfolgsgaranten – zu komplex ist die IT-Landschaft, in der sich gerade die Projekte der New School of IT bewegen. Ein Übermaß an Freiraum ist für solche Projekte ebenso wenig zielführend (oder erfolgsgarantierend) wie der Versuch, jedes Detail von vornherein festzulegen.

Besonders in großen Projekten, die sich in gewachsenen IT-Landschaften abspielen, stößt der von agilen Methoden propagierte Verzicht auf vorausgehende Detailplanungen, -anforderungen und -entwürfe schnell an Grenzen: Die Integrationsanforderungen, die durch eine heterogene IT-Landschaft gestellt werden, und die fachliche Detailtreue, die zur korrekten Abbildung gelebter Geschäftsprozesse erforderlich ist, lassen sich nicht scheibchenweise durch Implementierung immer weiterer grob skizzierter User Stories realisieren. Insbesondere ist es kaum effizient möglich, sich in diesem Umfeld korrekten Lösungen durch sukzessive Feedback-Zyklen anzunähern. Entwickler benötigen vielmehr ein gemeinsam mit Domänenexperten entwickeltes Gesamtverständnis für fachliche Prozesse und Strukturen, um angemessene Architektur-, Design- und Technologieentscheidungen zu treffen.

Aus Management-Sicht sind zudem – insbesondere in IT-Projekten, die nicht in-house, sondern in einer Kunde-Dienstleister-Beziehung entwickelt werden – agile Praktiken wie selbstorganisierende Teams und fehlende Commitments zu Zeit- und Budget-Vorgaben problematisch: Mitarbeiter eines Startups verfügen in der Regel über hinreichend intrinsische Motivation, um fokussiert auf ein Ziel hinzuarbeiten; und in internen, nicht allzu geschäftskritischen Eigenentwicklungen ist der eine oder andere Umweg meist verzeihlich (evtl. sogar innovationsfördernd oder immerhin lehrreich), solange er den Budgetrahmen nicht sprengt. In komplexen Projekten und insbesondere in Dienstleister-Konstellationen ist eine konkrete Vorstellung davon, wo die Reise hingehen soll, auf welcher Route und zu welchem Aufwand, jedoch unabdingbar, um das wirtschaftliche Risiko für alle Beteiligten zu begrenzen und das reibungslose Funktionieren des laufenden Geschäftsbetriebs zu gewährleisten.

Die rein agile Lehre scheint also nicht so recht in die Welt der großen Unternehmen zu passen. Denn man ahnt es fast: Gesunder Menschenverstand ist normalverteilt, und die Vorstellungen bezüglich des sinnvollen Maßes an Disziplin variieren ebenso. Die Position, dass man auf Spezifikationen am besten ganz verzichtet, weil man ja ohnehin nicht genau sagen kann, welche Funktionalität zu welchem Preis wann geliefert werden wird, lässt sich schon gar nicht mit jedem Kunden und Auftraggeber durchhalten. Vorab gründlich nachzudenken kann auch nicht schaden, selbst wenn man weiß, dass die Ergebnisse des Vorab-Nachdenkens nicht final sind. Auch die Vorstellung, dass Sprechen grundsätzlich besser ist als Schreiben, dürfte in Unternehmen auf Widerstände stoßen – mindestens dann, wenn es um Softwaresysteme geht, die von vielen Beteiligten erstellt werden und die lange betrieben werden sollen. Gerade dann entfaltet das geschriebene Wort den Charme der Dauerhaftigkeit. Denn bei allem grundsätzlichen Verständnis für die Notwendigkeit agiler Herangehensweisen möchten Auftraggeber wissen, wie teuer Informationssysteme werden, welche Features für welche Menge Geld geliefert werden und wie lange die Entwicklung dauern wird – wenigstens in etwa. Agile Vorgehensweisen, so charmant und alternativlos sie in der Theorie sein mögen, stoßen in der kommerziellen Praxis auf nachvollziehbare Erwartungen, in denen Planbarkeit, Koordination und Zuverlässigkeit wichtige Werte sind.

Viele der oben angeführten Probleme sind einer allzu dogmatischen Anwendung der agilen Prinzipien geschuldet, die der Realität komplexer IT-Projekte keine Rechnung trägt. Diese Dogmatik kann jedoch gelockert werden, ohne auf die wesentlichen Vorzüge der Agilität – Reaktionsfähigkeit auf Veränderungen, Schlankheit von Prozessen und Produkten – verzichten zu müssen. Schließlich findet sich in der Praxis genauso selten das ganz strikt abgearbeitete Wasserfallmodell wie die blinde Anwendung agiler Praktiken ohne jegliche Vorausschau. So manche Ansätze aus der agilen Welt sind in fast allen Projekten sinnvoll anwendbar – auch in großen und verteilten Teams, dann aber so, dass es definierte Prozesse und Synchronisationspunkte gibt (Leffingwell 2011).

In der agilen Literatur werden bei näherem Hinsehen denn auch viele auf den ersten Blick radikale Ideen durch Disclaimer gedämpft, nicht zu übertreiben, viel zu kommunizieren und den gesunden Menschenverstand einzusetzen – ohne allerdings näher darauf einzugehen, wie denn eine gesunde Balance von Agilität und Planung aussehen könnte. Sicher gibt es dafür kein Patentrezept – zu verschieden sind die Projekte, Stakeholder und Rahmenbedingungen. An den gesunden Menschenverstand zu appellieren, liegt nahe, ist aus methodischer Sicht jedoch unbefriedigend und allenfalls notwendige, aber nicht hinreichende Bedingung für erfolgreiche Projekte.

Boehm und Turner (2003) diskutieren Dimensionen von Softwareentwicklungsprojekten, die Anhaltspunkte zu der Frage liefern können, inwiefern ein Projekt für agile oder eher plangetriebene Methoden geeignet ist. Hier finden sich rein projektlokale Einflussfaktoren wie Größe und Kritikalität, aber auch solche, die das unternehmerische Umfeld betreffen. Im Einzelnen:

- **Größe:** In agilen Projekten steht das gesprochene Wort im Vordergrund. Dokumente und Modelle jenseits des Quellcodes werden als Abweichung von der strikt agilen Lehre aufgefasst. Das gesprochene Wort hat aber eine geringe Reichweite. Große Projekte mit vielen Teilnehmern sind auf den ersten Blick folglich weniger agilitäts-affin als kleine. Große Projekte mit vielen Teilnehmern erfordern in aller Regel auch mehr

Vorgaben, um zu gewährleisten, dass alle Beteiligten wissen, was wie bis wann zu tun ist. Auch das ist eher plangetrieben als agil. Generelle Leitlinie ist also, dass die konsequente Anwendung agiler Praktiken eher in kleinen Projekten infrage kommt.

- **Kritikalität:** Geht es um Geld, geht es um Menschenleben, oder gar um viele Menschenleben? Dann empfiehlt sich doch etwas mehr Plangetriebenheit, Verifikation von Softwareeigenschaften und bewiesenermaßen abdeckendes Testen. Verfechter strikter Agilität mögen einwenden, dass nichts besser zu hoher Qualität von Software führen kann als agile Techniken. Nehmen wir für einen Moment an, dass das stimmt. Nehmen wir sogar an, dass das nicht nur für kleine Teams gilt, sondern skaliert. Dann bleibt übrig, dass für kritische Software die höchste Wahrscheinlichkeit auf korrekte Software nicht reicht. Manchmal muss Softwarekorrektheit bewiesen sein. Dazu muss sie spezifiziert werden. Alles Dinge, die in der reinen Agilitätslehre keinen Platz finden. Deshalb gilt die generelle Leitlinie: Je kritischer, desto mehr plangetriebene Elemente und desto mehr Big-up-front-Tätigkeiten (Meyer 2014, Kap. 3) sind erforderlich.
- **Dynamik:** Je dynamischer der Projektkontext und das Einsatzumfeld der zu erstellenden Software sind, desto größer ist der Nutzen, den agile Techniken stiften. Denn bei großer Dynamik kommen die Stärken agiler Techniken besonders ausgeprägt zum Tragen. Dynamik kann dabei ganz unterschiedliche Auslöser haben. Sie kann exogen verursacht sein, weil der Markt des Unternehmens, in dem die Software zum Einsatz kommen soll, in Bewegung ist und damit gerechnet werden muss, dass diese Bewegung auf die Software wirkt (während ihrer Entwicklung oder während ihres danach folgenden Einsatzes). Sie kann unternehmensbedingt sein, weil das Unternehmen gerade umorganisiert wird. Ursachen für Dynamik können auch im Projekt liegen, weil bestimmte lösungsbezogene Anforderungen hart umkämpft sind, Konflikte absehbar sind oder schlicht nicht ausreichend viel Domänenkenntnis vorhanden ist. Dynamik der letzten Art muss nicht einmal die gesamte Software gleichermaßen betreffen. Womöglich sind manche Teile gut verstanden und einfach abzustimmen und andere nicht. Generelle Leitlinie ist also, dass ein Projekt je mehr agilen Techniken zuneigt, desto dynamischer der Kontext ist.
- **Qualifikation des Personals:** Auch wenn's schön wäre: Nicht mit jeder Entwicklungsmannschaft lässt sich agil entwickeln. Agile Entwicklung erfordert die Auseinandersetzung mit Kunden, Anwendern und der Domäne. Hat die Mannschaft dazu nicht die Fähigkeiten oder Kenntnisse, muss der Transfer von Wissen zwischen Anwendern und Entwicklern meist nicht-agil (d. h. über ausführliche Spezifikationsdokumente) bewerkstelligt werden – und geht dann oft genug schief. Man könnte also sagen, dass ohne Domänenkenntnisse bei den Entwicklern eine Softwareentwicklung ohnehin von Vornherein gefährdet ist. Wenn man es trotzdem riskieren möchte (oder muss), dann geht es wahrscheinlich nicht rein agil, aber auch nicht rein plangetrieben, sondern nur in einem situativen Mix beider Ansätze. Die generelle Leitlinie lautet: Je weniger Sprachfähigkeit das Entwicklungsteam mit den Anwendern hat, desto stärker kommt es auf einen geeigneten Mix von agilen und plangetriebenen Instrumenten an, um dieses Defizit zu kompensieren.

- **Kultur:** Unternehmen mit gleichem Geschäftszweck, gleicher Größe, ähnlichen Produkten und dem gleichen Markt können sich trotz ihrer Gemeinsamkeiten kulturell erheblich unterscheiden. Oft manifestieren sich kulturelle Differenzen in der Frage, wie mit vermeintlichen Fehlern und tatsächlichen Änderungsnotwendigkeiten umgegangen wird. Auf der einen Seite finden sich Unternehmen, in denen Sitzungsprotokolle von allen Teilnehmern unterschrieben werden müssen und in denen die Änderungshistorien den Nutzteil von Dokumenten längenmäßig übertreffen. Auf der anderen Seite finden sich Unternehmen, in denen man sich darauf konzentriert, wesentliche Ergebnisse festzuhalten und dabei in Kauf nimmt, dass Entscheidungen nicht für alle Betroffenen transparent sind, hin- und her diskutiert werden müssen oder schlicht unterschiedlich ausgelegt werden können. Je nach eigenem Standpunkt mag man diese Gegensätze als „kontrollorientiert versus pragmatisch" oder als „sorgfältig versus hemdsärmelig" bezeichnen. Beides ist genauso parteiisch wie das Widerspruchspaar „wasserfallgetrieben versus agil". Tatsächlich ist es meist so, dass die Kultur eines Unternehmens den Einsatz agiler Techniken entweder empfehlenswert machen kann (nach dem Motto: hier tut Agilität aber nun wirklich mal not) oder andererseits begrenzen sollte (nach dem Motto: so agil geht's hier nun wirklich nicht). Generelle Leitlinie ist, dass kontrollorientierte/sorgfältige Unternehmenskulturen grundsätzlich eher zu plangetriebenen Ansätzen neigen und von agilen Injektionen besonders profitieren könnten, während es bei den pragmatischen/hemdsärmeligen Unternehmenskulturen gerade umgekehrt ist.

1.3 Ein pragmatischer Mittelweg

Wir sehen: Die Herausforderungen der New School of IT erfordern einen pragmatischen Mittelweg zwischen klassischen und agilen Softwareentwicklungsprozessen, in dem weder versucht wird, Planungssicherheit, Vertrauen und Wertorientierung per umfangreicher Spezifikation zu garantieren, noch erwartet wird, dass sich diese Qualitäten im freien Spiel der Kräfte von allein herausbilden.

In großen, digitalen Unternehmen ist vielmehr ein *gezähmtes Maß an Agilität* vonnöten, um die nötige Flexibilität und die unverzichtbare grobe Planung (Budgetplanung, Portfolioplanung und IT-Controlling) unter einen Hut zu bringen. Gezähmte Agilität ist ein Mittelweg für IT-Projekte, die zwar von der Flexibilität agiler Ansätze profitieren können, die hinsichtlich Fachkomplexität, Rahmenbedingungen, Vertragsanforderungen etc. jedoch Erwartungen erfüllen müssen, die eine stärkere Vorausplanung unumgänglich machen.

Dabei werden die sinnvollen Techniken aus agilen Ansätzen mit Planungs- und Management-Methoden kombiniert. Vor allem aber wird darauf hingewirkt, dass alle Projektbeteiligten zu Beginn eines Projektes ein gemeinsames Verständnis dafür entwickeln, was die essenziellen Anforderungen sind – nämlich diejenigen Anforderungen, an deren passender Realisierung die Akzeptanz der Software hängt (McMenamin und Palmer 1984). Aber wie ermittelt man diese Anforderungen? Wie separiert man sie von den vielen anderen, womöglich auch relevanten, aber eben nicht essenziellen Anforderungen? Und wie bildet man eine Vision des zu realisierenden Systems auf der Grundlage der Kenntnis der essenziellen Anforderungen? All das klappt nicht ohne Abstraktion, ohne vorläufiges Weglassen von Unwichtigem, ohne Konzentration auf das Wesentliche. Und vor allem nicht ohne Kompromisse und Respekt vor dem Anwendungswissen.

Bevor wir uns anschauen, wie das in der Softwareentwicklung erreicht werden kann, gehen wir zunächst einmal einen Schritt zurück und betrachten eine Situation, die nichts mit Software zu tun hat: Einen Manager, der verstehen möchte, wie das neue Bürogebäude aussehen und funktionieren wird. Er will nicht im Detail wissen, wie die Heizungsanlage funktioniert, wie dick das Wärmedämm-Verbundsystem ist oder wieviel Luft die Lüftungsanlage stündlich tauscht. Aber er möchte wissen, wie das Gebäude aussieht, wo sein Büro ist und wie die Sicht aus seinem Büro ist. Womöglich ist ihm das aber auch gar nicht im Detail bewusst, und er fragt die Projektleiterin leichtsinnigerweise einfach nur nach dem Stand der Gebäudeplanung. Pflichtschuldigerweise schickt sie ihm dann 15 PDF-Dateien, die über alles Auskunft geben: die Ansicht, den Bürolageplan, die Haustechnik, das Zugangskonzept und vieles mehr. Nun merkt der Manager, dass er so viele Details gar nicht wollte. Nach einigem Hin und Her stellt sich vielleicht heraus, dass im Projektbüro ein Holzmodell steht, und dass an den Wänden darum herum die wichtigsten Baupläne aufgehängt sind. Viel besser als 15 PDF-Dateien – nicht für jeden Zweck, aber für den Zweck, eine Idee zu vermitteln, einen Ankerpunkt zu liefern, an dem viele weitere Fragen festgemacht werden können.

Wir sehen an diesem Beispiel, dass unterschiedliche Kommunikationssituationen unterschiedliche Modelle erfordern. Der Manager braucht ein Überblicksmodell. Weder muss das in einem mathematischen Sinn präzise sein, noch muss es detailliert sein. Stattdessen muss es die intuitive Verständlichkeit unterstützen. Der Baubehörde, die den Bauantrag bearbeitet, muss ein Modell des zu erstellenden Gebäudes vorgelegt werden, das in einigen Dimensionen präzise ist. Um maximale Traufhöhe und Einhaltung von Abstandsflächen zu beurteilen, reicht kein ungefähres Modell. Andere Details, wie die technische Ausgestaltung der Haustechnik, interessieren die Baubehörde weniger – die sind jedoch für den Heizungsinstallateur relevant. Und natürlich sind noch mal andere Modelle gefragt, wenn es um den dekorativen Innenausbau geht.

Rund um die Softwareentwicklung kommt es zu einer mindestens ebenso großen Vielfalt von Modellen. Vielleicht auch deshalb, weil das finale Artefakt, nämlich die zu liefernde Software, selbst nur ein Modell eines Weltausschnitts ist. Es gibt Modelle, aus denen Software generiert werden soll – diese müssen eine andere Detailfülle und Präzision aufweisen als Anforderungsdokumente und Spezifikationen. Gerade in den frühen Phasen braucht es aber auch Modelle, die nur klar machen müssen, worum es geht, was der Kern des Projektziels ist und welche Anmutung die zu erstellende Software haben wird. Und dann sind wir wieder beim Manager, der das Gebäude verstehen will: Ebenso wenig, wie ihm 15 PDF-Dateien helfen, kann ein Manager, der die Idee einer Softwareentwicklung verstehen will, mit einer 500-Seiten-Spezifikation anfangen.

Deshalb halten wir fest, dass unpräzise, unvollständige, vielleicht sogar inkonsistente Modelle in den frühen Phasen einer Softwareentwicklung Sinn machen können. Manchmal sind sie sogar genau das richtige Kommunikationsmittel. In solch frühen Phasen eines Projektes ist Vollständigkeit nämlich nicht das Ziel. Stattdessen gilt es herauszufinden, was zur zu erstellenden Software dazu gehört und was nicht. Es gilt also, die Grenze zwischen dem eigentlichen System und seinem Kontext festzulegen. Und es gilt insbesondere, die wirklich wesentlichen lösungsneutralen Anforderungen zu identifizieren und von den sonstigen Anforderungen zu trennen. Nicht nur, weil sie nicht übersehen werden dürfen, sondern vor allem, weil der Blick auf die essenziellen Anforderungen den nicht domänenkundigen Stakeholdern verdeutlicht, worauf es wirklich ankommt. Gerade für das initiale Scoping einer Softwareentwicklung brauchen wir deshalb abstrakte Modelle, die von allen Stakeholdern verstanden werden können.

Das gelingt am besten, wenn diese Modelle gemeinsam erarbeitet werden. Beim *tatsächlich* gemeinsamen Erarbeiten (im Gegensatz zum nur *vermeintlich* gemeinsamen Erarbeitungsmodell, bei dem der eine etwas allein erarbeitet und der andere es bloß absegnet) ist das Miteinander-Sprechen und das gemeinsame Ringen um die beste Lösung unschlagbar effizient. Auf der Basis der gemeinsam erarbeiteten (und damit auch gleich verstandenen!) Modelle findet eine grobe Aufwandsschätzung statt (wobei alle Beteiligten sich stets daran erinnern müssen, dass eine solche Aufwandsschätzung grob und damit per se vorläufig ist).

Die Entwicklung erfolgt dann unter Einsatz der nötigen Agilität, denn späte Anforderungen sind unvermeidlich, und Prioritäten können sich während der Entwicklung ändern. Um zu vermeiden, dass die zu erstellende Software immer nur fetter wird, werden späte Anforderungen gegen frühe getauscht. Soll heißen, es kommen nicht nur neue hinzu, sondern es wird auch kontinuierlich aufgeräumt. Vielleicht reicht ein bisschen weniger Software ja auch aus. Und mit jedem Fortschritt bezüglich der Struktur der zu erstellenden Software und ihrer Konstruktion wird die Aufwandsschätzung angepasst. In der Konstruktion selbst werden die kommerziellen Risiken zwischen Auftraggeber und -nehmer fair verteilt, sodass alle auf das gemeinsame Ziel möglichst schlanker Software geeicht sind. Und solchermaßen gezähmte Agilität hört sich dann gar nicht mehr bedrohlich an – auch nicht für den IT-Manager.

1.4 Gezähmte Agilität in der Praxis

Gezähmte Agilität ist nicht nur ein Buzzword für eine weitere agile Philosophie. Sie manifestiert sich in konkreten Instrumenten und Vorgehensweisen für Scoping, Design, Entwicklung und Abrechnung von komplexen agilen Projekten, die in den folgenden Kapiteln beschrieben sind:

Der **Interaction Room** (Teil II) hilft Teams, sich über Fachlichkeit und Technik, Aufwände und Risiken, Umgebung und Abhängigkeiten ein Gesamtbild zu machen, ohne sich in umfassenden Spezifikationsdokumenten zu verlieren. Der Interaction Room heißt nicht nur so, er ist auch ein echter, physischer Raum. Er ist zentraler Ort der Verständigung und Kommunikation im Projekt, wo die Interaktion zwischen allen Beteiligten im Mittelpunkt steht. An den Wänden des Interaction Rooms skizzieren die Stakeholder Modelle der zu unterstützenden Geschäftsprozesse, der zu verwaltenden Daten und der zu berücksichtigenden Anwendungslandschaft. In freier Syntax, ohne feste Notation, ganz so wie den Teilnehmern der Stift in der Hand liegt. Mit grafischen Annotationen werden besonders kritische Elemente – d. h. besondere Wert-, Aufwands- oder Risikotreiber – markiert. Hierdurch erleben die Stakeholder, was anderen Abteilungen wichtig ist und warum. Das passiert durch persönliche Interaktion miteinander, nicht durch lange Spezifikationen und nicht durch asynchrone Kommunikation. Auf der Basis dieser Interaktion entwickelt sich unmittelbar – ohne den Umweg über Dokumente – ein gemeinsames Verständnis vom Umfang des Projekts und der voraussichtlichen Komplexität einzelner Features.

Das **Vertragsmodell adVANTAGE** (Teil III) sorgt während des Projektverlaufs dann dafür, dass die Agilität, die sich alle Stakeholder wünschen, nicht zwischen starren Vertrags-, Abnahme- und Abrechnungsmodalitäten auf der Strecke bleibt, sondern in einer fairen Kooperation zwischen Dienstleister und Kunde tatsächlich gelebt werden kann. Im Interaction Room werden Sprints geplant, neue und alte Anforderungen gegeneinander abgewogen, Aufwandsschätzungen vor dem Hintergrund des „Big Picture" verfeinert, und der tatsächliche Fortschritt mit der Planung verglichen. Das adVANTAGE-Modell regelt dabei die sprintweise Abrechnung des Projekts und sorgt dafür, dass – anders als in Festpreis- oder Time-and-Materials-Projekten – die Preisrisiken fair zwischen Auftraggeber und Auftragnehmer verteilt werden. Alle werden im Interesse geeint, schlanke Software zu entwickeln, da Zusatzaufwände zu Lasten beider Seiten gehen.

Literatur

Ambler SW (2001) Agile modeling and the Rational Unified Process (RUP). http://www.agilemodeling.com/essays/agileModelingRUP.htm. Zugegriffen: 23. Febr 2016

Andreessen M (2011) Why software is eating the world. Wall Street Journal, 20 Aug 2011. http://www.wsj.com/articles/SB10001424053111903480904576512250915629460. Zugegriffen: 23. Febr 2016

Beck K et al (2001) Manifesto for agile software development. http://www.agilemanifesto.org. Zugegriffen: 23. Febr 2016

Boehm B, Turner R (2003) Balancing agility and discipline: a guide for the perplexed. Addison-Wesley

Cohn M (2010) Succeeding with agile. Addison-Wesley, S 166–171

Cusumano MA (1992) Shifting economies: from craft production to flexible systems and software factories. Res Policy 21(5):453–480. doi:10.1016/0048-7333(92)90005-O

Duvall PM, Matyas S, Glover A (2007) Continuous integration: improving software quality and reducing risk. Addison-Wesley

Gartner, Inc. (2012) Gartner says every budget is becoming an IT budget. http://www.gartner.com/newsroom/id/2208015. Zugegriffen: 23. Febr 2016

Humble J, Farley D (2010) Continuous delivery: reliable software releases through build, test, and deployment automation. Addison-Wesley

Leffingwell D (2011) Agile software requirements: lean requirements practices for teams, programs, and the enterprise. Addison-Wesley

McMenamin SM, Palmer JF (1984) Essential systems analysis. Yourdon

Meyer B (2014) Agile! The good, the hype and the ugly. Springer

Moore G (2011) Systems of engagement and the future of enterprise IT: a sea change in enterprise IT. http://www.aiim.org/futurehistory. Zugegriffen: 23. Febr 2016

Ries E (2011) The lean startup: how today's entrepreneurs use continuous innovation to create radically successful businesses. Crown Business

Schwaber K, Sutherland J (2012) Software in 30 days: how agile managers beat the odds, delight their customers, and leave competitors in the dust. Wiley, S 6

Teil II

Der Interaction Room

2 Gedanken einen Raum geben

Inhaltsverzeichnis

Nimmt man die Grundgesamtheit aller Vorgehensmodelle, Softwareprozessmodelle und organisatorischer Softwareprozess-Leitlinien, dann lässt sich aus ihnen kondensieren, dass Softwareentwicklung Modellbildung ist – letztlich ist ja auch der Programkmtext nur ein Modell des betrachteten Weltausschnitts. Modellbildung erfordert Abstraktion, also das Weglassen von Details. Dieses Weglassen bezieht sich aber nicht nur auf die rein syntaktische Ebene – etwa, dass Datenstrukturen in einem Objektmodell nicht bis ins trivialste Attribut ausmodelliert werden müssen. Viel wichtiger (und schwieriger) ist das Weglassen auf der funktionalen Ebene, also die Entscheidung, welcher Ausschnitt der Wirklichkeit durch die Software abgebildet werden sollte. Eine Entscheidung für das Weglassen erfordert eine Vorstellung des durch die zu erstellende Software zu erzielenden Nutzens. Und vor allem erfordert sie Mut. Mut deshalb, weil es in der Natur der Modellbildung

M. Book et al., *Erfolgreiche agile Projekte*, Xpert.press,
DOI 10.1007/978-3-662-53330-7_2

und der Ungewissheit der Softwareentwicklung liegt, dass hier und da das Falsche weggelassen wird. Dieser Mut ist unverzichtbar, denn sicherheitshalber alles Denkbare ins Modell einzuschließen (also mit Software abzubilden), führt zu fetter Software – die ist aber nicht nur unnötig teuer in der Erstellung, sondern auch noch unnötig teuer in Wartung und Weiterentwicklung.

Richtiges Weglassen geht aber nur mit Domänenkenntnissen. Nehmen wir zum Beispiel an, wir haben keinerlei Ahnung davon, wie das Prüfungswesen an einer Universität aussieht. Wie wahrscheinlich ist es dann, dass wir die richtige Antwort auf die Frage geben können, was in ein Prüfungs-Informationssystem gehört, das von Prüfungsämtern, Juristen und Hochschullehrern benutzt werden soll? Sehr unwahrscheinlich. Mit anderen Worten: Die Unterscheidung von Wichtigem und Unwichtigem erfordert zwingend die Kenntnis der Domäne.

Genau hier setzt der Interaction Room an. Er bringt Menschen miteinander ins Gespräch, denen es in ihrer Gesamtheit obliegt, Software zu entwickeln. Das sind in aller Regel Entwickler und zukünftige Anwender, Technik- und Fachexperten. Sie alle müssen eine gemeinsame Idee davon entwickeln, was die zu entwickelnde Software leisten soll, was unabdingbar und was entbehrlich ist, was mit Technik geht und was besser nicht. All das geschieht, um sicherzustellen, dass die Software nicht nur *richtig entwickelt* wird (das können Entwickler mit einer gewissen Erfahrung in der Regel alleine), sondern dass die *richtige Software* entwickelt wird. Mit anderen Worten, dass unter Berücksichtigung der zur Verfügung stehenden Ressourcen die Software gebaut wird, die den größtmöglichen Nutzen stiftet. Um das beurteilen zu können, müssen die Entwickler die Ziele und Prioritäten der zukünftigen Anwender verstehen. Wo immer Ziele widersprüchlich sind, müssen sie aufgelöst werden; nur dann ist ein effizienter Mitteleinsatz zuverlässig möglich. Um dies zu erreichen, verzichtet der Interaction Room auf tradierte Mythen und Rituale der Softwaretechnik, insbesondere auf solche, die auf die Illusion von Vollständigkeit und Konsistenz setzen.

Der **Interaction Room (IR)** ist ein echter Raum. Ein Raum, an dessen Wänden im Rahmen von Workshops Modelle von Geschäftsprozessen, fachlichen und physischen Objekten, aber auch User Journeys und Systemlandschaften skizziert werden. Ein Raum, in dem Kommunikation stattfindet und dessen endliche Wände eindeutig klar machen, dass die Konzentration auf das Wichtige unvermeidbar ist. Ein Raum, in dem unmittelbar einleuchtet, dass ein fachliches Datenmodell besser 40 als 140 Objekttypen umfassen sollte und dass 15 Kerngeschäftsprozesse den Systemzweck besser beschreiben können als 50 Spezialfälle.

Die Arbeit im Interaction Room folgt keiner vollständig geschlossenen Methode (im Sinne einer Menge von Schritten, die in einer bestimmten Reihenfolge durchgeführt von einem Problem zu einer Lösung führen). Stattdessen beschreiben die folgenden Kapitel eine Reihe von Methodenfragmenten, die in unterschiedlichen Projektsituationen unterschiedlich komponiert werden können.[1]

[1] Der sprachlichen Handhabbarkeit halber bezeichnen wir die Summe der einzelnen Methodenfragmente im Folgenden aber dennoch als IR-Methode.

Ein Interaction Room fördert moderierte und zielgerichtete Kommunikation zwischen den Stakeholdern eines Projektes, erzwingt die Konzentration auf das Wesentliche und sorgt dafür, dass benötigte Features vor dem Hintergrund der angestrebten Wertschöpfung bewertet und priorisiert werden. Letzteres geschieht unter Einsatz von sogenannten Annotationen, die jeden Teilnehmer in die Lage versetzen, seine Vorstellungen von den wesentlichen Zielen und Merkmalen der angestrebten Lösung auszudrücken. Ein Interaction Room unterstützt das Scoping von Projekten ebenso wie das Verfolgen des Projektfortschritts auf qualitativer und quantitativer Ebene. Er schafft Transparenz und versetzt die Projektbeteiligten in die Lage, die Richtung von Projekten gemeinsam anzupassen, auf Risiken und geänderte Erwartungshaltungen zu reagieren und kontinuierlich auf die Schlankheit von Softwarelösungen hinzuwirken.

2.1 Kernprinzipien des Interaction Rooms

Im Interaction Room bleiben die übergeordneten Grundsätze eines jeden Projekts – Abstraktion, Wertorientierung, Kommunikation und Transparenz – keine bloßen Worthülsen, sondern werden sichtbar und greifbar:

- Der Grundsatz der **Abstraktion** fordert, dass wesentliche Zusammenhänge und wirklich richtungsweisende Entscheidungen in den Mittelpunkt gerückt werden. Es kommt darauf an, auf bestimmten Abstraktionsebenen Details unberücksichtigt zu lassen, wohl wissend, dass sie später ergänzt werden müssen und dass ihre Berücksichtigung dann sehr wichtig werden kann. Was an welcher Stelle weggelassen werden darf, ist Gegenstand von Vereinbarungen, Methodik, Pragmatik und gesundem Menschenverstand. Gerade in den frühen Phasen sind detail-überladene Modelle nämlich gefährlicher als unvollständige.
  Im Interaction Room manifestiert sich der Zwang zur Abstraktion in der Endlichkeit der für die Modellskizzen zur Verfügung stehenden Wände (Abschn. 3.2). Daran erkennt jeder Stakeholder, dass nicht jedes Detail Platz haben kann und Konzentration auf das Wesentliche nötig ist.
- Der Grundsatz der **Wertorientierung** fordert, dass für die Frage, ob und mit wieviel Aufwand Features realisiert werden sollen, das entscheidende Kriterium ist, wie bedeutsam diese Features für die Wertschöpfung innerhalb des durch Software zu unterstützenden Geschäftsmodells sind. Im Grunde geht es um nichts anderes als die Entscheidung, wie die teuren Aktivitäten der Softwareentwicklung (wie zum Beispiel ordentliches Implementieren, Usability Engineering, Performance Engineering, Security Engineering) auf verschiedene Bestandteile der Software konzentriert werden. Software ist in aller Regel nämlich nicht nutzungshomogen (in dem Sinne, dass alle Teile gleichermaßen intensiv genutzt werden), sie ist nicht risikohomogen (in dem Sinne, dass alle Teile die gleichen Schäden verursachen können), und sie ist auch in keiner anderen Qualität homogen. Der durch Software zu erzielende Nutzen im Sinne

der übergeordneten Wertschöpfung ist dabei durch schlanke, hinreichend gute Software am ehesten zu erreichen.
Im Interaction Room wird Wertorientierung durch Modell-Annotationen (Abschn. 3.3) ausgedrückt. Mit ihnen wird explizit hervorgehoben, was in welchen Dimensionen besonders wichtig ist. Eine Anforderungstauschbörse (Abschn. 8.3) stärkt zudem die Erkenntnis, dass alle Features ihren Preis haben und nur die wirklich wertschöpfenden Features gebaut werden sollten.

- Der Grundsatz der **Kommunikation** fordert, dass alle Stakeholder in die Festlegung des Ziels eines Entwicklungsprojektes und die Ausgestaltung eines Softwaresystems einbezogen werden – nicht notwendigerweise jede einzelne Person in alle Einzelheiten, aber alle Personengruppen in die jeweilig relevanten Festlegungen und Entscheidungen. Denn wer auf diese Weise eingebunden ist, empfindet das Projekt als „sein" Projekt, engagiert sich für schlanke Lösungen und partizipiert aktiv.
Der Interaction Room fungiert als zentraler Kommunikationsort und stellt damit sicher, dass die Kommunikation tatsächlich stattfindet – und zwar nicht nur durch den Austausch von Mails und Spezifikationen, sondern persönlich und auf Augenhöhe. In ihm werden Prioritäten (neu) verhandelt, in ihm werden die Auswirkungen später Anforderungen abgeschätzt und in ihm werden frühe und späte Anforderungen getauscht – kurz: alles, was eigentlich Diskussion verdient, bei schriftlicher Kommunikation aber nur gefühlt statt gesagt bliebe.
- Der Grundsatz der **Transparenz** fordert, dass Festlegungen und Entscheidungen in ihrer Vorläufigkeit oder Finalität allen relevanten Stakeholdern (im weitest möglichen Sinne) zugänglich gemacht werden. Gleiches gilt für Risikobetrachtungen und qualitative und quantitative Fortschritte. Nur auf der Grundlage von Transparenz bleiben die Stakeholder an Bord. Nur dann können sie Entscheidungen verstehen, mittragen und in ihrer Detailumsetzung sinnvoll interpretieren.
Der Interaction Room veranschaulicht jederzeit den aktuellen Projektstand und bildet damit den zentralen Orientierungspunkt und die Grundlage für transparente Strukturen und Abläufe im Projekt.

Diese Grundsätze gelten für Projekte aller Art. Softwareprojekte haben allerdings häufig mit sehr typischen Herausforderungen zu kämpfen, die eine konsequente Umsetzung dieser Grundsätze erschweren. Die folgenden Abschnitte nennen diese Herausforderungen beim Namen und stellen ihnen die Prinzipien und konkreten Methodenbausteine gegenüber, mit denen ihnen im Interaction Room begegnet wird.

2.2 Einbeziehung von Domänenexperten

Curtis et al. (1988) dokumentierten bereits, dass Softwareentwicklung je häufiger schief geht (im Sinne von Projektabbrüchen, erheblichen Verzögerungen oder Budgetüberschreitungen), desto weniger Kenntnisse die Entwickler in der Anwendungsdomäne haben. Etwas pointiert ausgedrückt: Wenn man keine Ahnung davon hat, worum es geht, soll man dafür auch keine Software bauen. Auch wenn diese Erkenntnis schon vor rund 30 Jahren klar war und ohnehin dem gesunden Menschenverstand entspricht, besteht wenig Anlass, daran zu zweifeln, dass der Erfolgsfaktor „ausreichende Domänenkenntnis“ in der Softwareentwicklung nach wie ungenügend berücksichtigt wird.

Der unmittelbare Lösungsansatz für das Problem der unzureichend ausgeprägten Domänenkompetenz scheint klar: Es sollten nur Personen Software entwickeln, die die Anwendungsdomäne verstanden haben, die das gleiche Problembewusstsein haben und denen nicht erklärt werden muss, was besonders wichtig und schwierig ist. Zugriff auf echte Domänenexperten sollte ebenfalls jederzeit gewährleistet sein. Das wäre die perfekte Lösung in der idealen Welt.

Im wirklichen Leben ist es oft weitaus schwieriger: Vielleicht gibt es ein paar einigermaßen domänen-kompetente Entwickler. Vielleicht lässt sich zeitweise auch noch ein Domänenexperte mit visionärem Weitblick und Problemverständnis einbinden. In den allermeisten Fällen gibt es aber auch Entwickler, denen die Domäne nicht komplett vertraut ist. Und mit großer Wahrscheinlichkeit ist es erforderlich, das allgemeine, grobe Problemverständnis des Teams um die gerade in diesem Projekt relevanten Details zu ergänzen. Soll heißen: Fast immer ist es nötig, fachliche Zusammenhänge zu vermitteln.

Dabei bedeutet diese Wissensvermittlung gar nicht, dass die fachliche Seite alle Zusammenhänge kennt und nur der technischen Seite verständlich machen muss. Vielmehr ist es so, dass die fachliche Seite Vorstellungen vom Problem und hier und da auch bezüglich möglicher Lösungen hat, und dass diese zum Zweck der Kommunikation explizit gemacht werden müssen. Dabei werden Probleme und Lösungen strukturiert, auf ein Abstraktionsniveau gebracht und erklärt. In Worten des Requirements Engineering heißt das, dass lösungsunabhängige (also ausschließlich durch die fachliche Domäne bedingte) Anforderungen und lösungsbezogene (also nur auf der Grundlage einer technischen Lösungsidee formulierbare) Anforderungen miteinander in Beziehung gesetzt und abgeglichen werden müssen. Schon in diesen ganz frühen Phasen stoßen also ganz unterschiedliche Terminologien und Hintergründe von Beteiligten aufeinander. Dies allein erfordert, dass sich alle Beteiligten auf einen Erkenntnisprozess einlassen.

Die grundlegende Idee des Interaction Rooms ist es, das für das Projekt erforderliche Domänenwissen möglichst einfach beschreiben zu lassen. Dabei sollen altbekannte Softwaretechnik-Schimären wie Vollständigkeit, Konsistenz und syntaktische Korrektheit eine untergeordnete Rolle spielen. Vorrangig ist, dass das zu bearbeitende Problem in einer verständlichen Weise beschrieben wird, dass die wichtigsten Zusammenhänge notiert werden, und dass alle Beteiligten die Chance nutzen, die als besonders wichtig, schwierig oder ungewiss wahrgenommenen Aspekte zu nennen.

Damit dabei wirklich jeder einbezogen wird, ist es wichtig, dass diese Kommunikation in einer offenen und brainstorming-artigen Atmosphäre erfolgt, in der alle Beteiligten miteinander reden und ihre Vorstellungen so äußern können, wie ihnen der Schnabel gewachsen ist. Das muss in einem Rahmen passieren, der die Hegemonie einzelner Stakeholder vermeidet. Auf diese Weise können individuelle und rollenbedingte Prioritäten abgeglichen und harmonisiert werden. Dabei müssen alle Teilnehmer, insbesondere die fachlichen und die technischen Vertreter, in die Lage versetzt werden, ihre Vorstellungen und Ziele ohne Eintrittsbarrieren zu äußern. Schreiben und Zeichnen können alle. Der Interaction Room setzt deshalb nur genau das voraus. Es muss keine Modellierungssprache erlernt werden, es wird kein erst noch einzuübendes Werkzeug eingesetzt. Es werden nur Box-and-Line-Diagramme erstellt. Und da das die geringstmögliche Eintrittshürde ist, ist die Gefahr gebannt, dass jemand die Diskussion dominiert, weil er über technische Vorkenntnisse (in Form von Sprachen- oder Werkzeugkenntnissen) verfügt.

Projektherausforderung: Unzureichendes Domänenwissen.
Lösungsstrategie: Fachexperten einbeziehen und ihnen ermöglichen, auf Augenhöhe mit Technologieexperten zu diskutieren.
Operationalisierung: Die IR-Methode definiert explizite Erwartungen an die Kompetenzen und Einstellung der Stakeholder, die an IR-Workshops teilnehmen (Abschn. 3.5) und definiert einfache Modellierungssprachen, die intuitiv für alle Stakeholder verständlich sind (Abschn. 3.1).

2.3 Kontinuierliche Schärfung des Projekt-Scopes

Systems of Records (Moore 2011) müssen, wann immer sie entwickelt werden, in Anwendungslandschaften von Unternehmen integriert werden. Oft sind gerade die Integrationsaufgaben besonders schwierig abzuschätzen und riskant. Weil die zu integrierenden Systeme alt sind, ihre Schnittstellen nicht gut dokumentiert sind, und weil Infrastrukturen miteinander in Beziehung gesetzt werden müssen, die nicht für eine solche Beziehung gedacht waren. Aber immerhin lässt sich mit Techniken des Integration Engineering (Gold-Bernstein und Ruh 2004) ein Überblick über die Integrationsaufgaben und die angestrebten Arten der Integration ermitteln. Das soll heißen, dass sich die Grenzen des zu entwickelnden Systems, sein Kontext und die Außengrenzen des Kontexts ermitteln und beschreiben lassen, wie Abb. 2.1 zeigt.

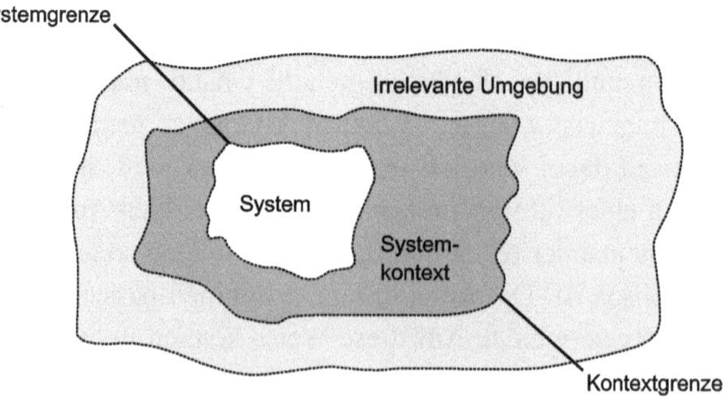

Abb. 2.1 Grenzen, Kontext und Außenwelt eines Systems. (Adaptiert aus Pohl und Rupp (2015))

Der **Systemkontext** ist der Teil der Umgebung eines Systems, der für die Definition und das Verständnis der Anforderungen des betrachteten Systems relevant ist. In ihm finden sich zu nutzende Funktionalitäten und zu integrierende Systeme, auf die zugegriffen werden kann, ohne dass sie gebaut werden müssen. Die **Systemgrenze** trennt das geplante System von seiner Umgebung. Sie grenzt den im Rahmen des Entwicklungsprozesses gestaltbaren und veränderbaren Teil der Realität von Aspekten in der Umgebung ab, die durch den Entwicklungsprozess nicht verändert werden können. Ein klares Bild von der Systemgrenze ergibt sich erst, wenn die Anforderungen einigermaßen stabil sind. Zuweilen kann das nach dem initialen Scoping der Fall sein, oft dauert es bis deutlich in die Realisierung hinein. Dabei kann sich die Grenze hier und da auch verschieben: Teile des Systemkontexts werden zum System, weil im angenommenen Kontext vielleicht nicht die ursprünglich angenommene Funktionalität zur Verfügung steht, oder weil der Kontext nicht angepasst werden kann. Oder Teile des Systems werden in den Systemkontext gerückt, weil Teile, die ursprünglich als „zu realisieren" klassifiziert wurden, im Kontext vorgefunden wurden und deshalb nicht neu gebaut werden müssen. Die **Kontextgrenze** trennt schließlich den relevanten Teil der Umgebung eines geplanten Systems vom irrelevanten Teil, d. h. dem Teil der Umgebung, der keinen Einfluss auf das geplante System und damit auch keinen Einfluss auf die Anforderungen des Systems hat.

Aber Systems of Records sind ja nur die eine Seite der Medaille. Auf der anderen Seite finden sich die Systems of Engagement (Moore 2011), deren Funktionalität zu Beginn eines Entwicklungsprojektes meist nicht fest umrissen ist. Systeme dieser Art entstehen eher, als dass sie strikt durchgeplant werden – mit anderen Worten: Sie sind emergent. Für solche Systeme ist die Einbettung in ihre Umwelt kaum planbar. Die Integrationsanforderungen wachsen ebenso wie die funktionalen Anforderungen im Laufe des Entwicklungsprozesses. Eine wirklich glasklare Trennung zwischen zu entwickelndem System, seinem Kontext und der Außenwelt ist nicht möglich. Stattdessen bleibt es bei unscharfen Grenzen.

Das ist nicht schlimm, solange alle Beteiligten bereit sind, die sich ergebenden Konsequenzen zu ertragen. Zu den Konsequenzen zählen, dass die Integrationskosten vorab gar nicht und während der Entwicklung nur vorläufig kalkuliert werden können, dass die Architektur des Systems und seine funktionale Ausprägung emergent sind, also erst während der Entwicklung entstehen, und dass deshalb einige der klassischen Planungs- und Controlling-Instrumente ins Leere laufen.

Projektherausforderung: Projektgrenzen bleiben lange Zeit unscharf.
Lösungsstrategie: Explizit zeigen und diskutieren, was Teil des Systems ist und was nicht.
Operationalisierung: Der Integration Canvas (Abschn. 5.5) zeichnet ein konkretes Bild des zu entwickelnden Systems und seiner Schnittstellen mit der Umgebung.

2.4 Relevanz vor Vollständigkeit

In vielen Projekten sind die wichtigsten Aspekte über ein 500-Seiten-Dokument verstreut, in dem die 250 wichtigsten Geschäftsprozesse notiert sind, während das Objektmodell Tapetenformat annimmt. Solche Dokumente und Artefakte sind nützlich – für denjenigen, der sie erstellt. In aller Regel hat der Autor beim Schreiben sortiert, strukturiert, klassifiziert und sinnvolle Namen vergeben. Schade nur, dass kaum jemand in der Lage ist, aus solchen Werken abzuleiten, worauf es denn nun wirklich ankommt. Wie soll das auch gehen? Wer kann 500-Seiten-Dokumente lesen und dabei im Auge behalten, was wirklich wichtig ist? Aber dennoch werden solche Dokumente reviewed und qualitätsgesichert. Die Ergebnisse bleiben meist auf syntaktischer Ebene hängen. Hier und da gibt es besonders viele Schreibfehler, hier und da fehlen Querbezüge und bestimmt fehlt auch irgendwas im Glossar. Echten Nutzen stiftet ein solches Review nicht. Wie auch? Erst einmal müsste man wissen, worauf es wirklich ankommt, was die essenziellen Anforderungen sind. Dieses „Big Picture", diese abstrakte Sicht, kann ein 500-Seiten-Dokument aber nicht vermitteln.

Nur das Big Picture zu skizzieren und auf Modelle und Spezifikationen für jegliche Details zu verzichten, kann aber offensichtlich auch nicht funktionieren. Nicht selten steckt der Teufel schließlich im Detail, und ist es nicht sinnvoll, Funktionalitäten, die schwierig erscheinen und die erfahrungsgemäß aufwändig umzusetzen sind, etwas detaillierter zu betrachten? Braucht man bei aller abstrakten Breite nicht hier und da mal eine Tiefenbohrung? Sicher – aber wo sollten diese Tiefenbohrungen am besten vorgenommen werden? Passiert das wirklich dort, wo man den Untergrund nicht genau kennt und durch die Probebohrung Klärung erwartet? Oder wird doch eher da gebohrt, wo man damit rechnet, auf Erwartetes zu stoßen?

Oft konzentrieren sich detaillierte Betrachtungen nicht auf die Stellen, an denen Unheil droht, sondern gerade diejenigen, an denen ohnehin nichts Unvorhergesehenes passieren kann. Das führt dann leicht zu Objektmodellen, die rund um die Darstellung von Adressen und Personen besonders detailliert ausfallen, nicht aber in den Bereichen, in denen es um rückwirkende Stornierungen aktiver Verträge geht (oder um anderes Schwieriges). Der Verdacht liegt nahe, dass dies daran liegt, dass Menschen sich gerne auf Bekanntes konzentrieren, auch weil Erkenntnisprozesse anstrengend sind. Der typische Informatiker (im weitesten Sinn) kann modellieren, also modelliert er. Rückwirkende Vertragsänderungen versteht er aber nicht direkt, den Zusammenhang von Adressen, Adresszusätzen und natürlichen und juristischen Personen aber schon (umso besser, hier kann sogar Vererbung eingesetzt werden). Eine Tiefenbohrung an dieser Stelle ist aber vergleichsweise nutzlos. Sie bringt keine neuen Erkenntnisse, sie fördert keine Risiken zu Tage, sie lenkt eher von den schwierigen Teilen ab.

Aber es kommt schlimmer. Wenn der Modellierer bei der Adressmodellierung nun alle verfügbare Modellierungskunst aufgeboten hat (gab es in Köln nicht die III. Irgendwas-Straße, mit drei großen I am Anfang, perfekte Ausnahme), dann ist er meist beseelt davon, sein Modell zu präsentieren. Der Fachvertreter wird nun mit Kompositionen, Aggregationen, Assoziationen und Vererbungen konfrontiert. Und dann soll er den typischen Durchlauf durch den Kundenbetreuungsprozess darstellen. Es scheint uns menschlich, dass hier nun auch aufgebauscht wird. Wie steht der Fachexperte auch da? Wenn schon die Modellierung von Adressen dermaßen kompliziert ist, dann kann der fachliche Prozess ja wohl nicht geradezu trivial sein. Also verschiebt sich Fokus vom typischen Prozessdurchlauf auf den Spezialfall des Kunden, der schon unterschrieben hat, zurücktreten will, auswandern will, aber noch vor Grenzübertritt verstirbt. Die Parität der nutzlosen Komplexität ist damit erreicht; Fachlichkeit und Technik sind beide so kompliziert, dass die jeweils andere Seite sie nie wird verstehen können. Andere reden an dieser Stelle von Analyse-Paralyse (Langley 1995).

Im Interaction Room besteht von vornherein kein Anspruch daran, ein System dermaßen vollständig und detailliert zu beschreiben. Die Stakeholder sollen lediglich festlegen, was die 15 wichtigsten Geschäftsprozesse sind (mit jeweils maximal 15 Aktivitäten), die 40 wichtigsten Objekttypen und die 20 wichtigsten zu integrierenden Systeme beschreiben. Und das soll reichen? Es reicht nicht nur aus, es führt sogar auf diesem Abstraktionsniveau zu tagesfüllenden Diskussionen, und alles Weitere lenkt nur vom Wesentlichen ab. Zugegebenermaßen kommt es natürlich überhaupt nicht darauf an, ob es nun 15 Geschäftsprozesse sind oder 17, ob es 40 Objekttypen sind oder 45. Aber es sind ganz sicher keine 150 Geschäftsprozesse, keine Modelltapeten und keine 500-Seiten-Dokumente. Diese Konzentration auf das Wesentliche funktioniert im Interaction Room, weil hier Modelle an Whiteboards skizziert werden. Die Endlichkeit der Whiteboards sorgt dafür, das Prinzip der Abstraktion in den Raum fest eingebaut ist.

Auch im Interaction Room sind Detailbetrachtungen natürlich zulässig, aber nur an den Stellen, an denen sie Erkenntnisgewinn versprechen und klar und deutlich einsortiert sind – als Tiefenbohrung jenseits des Big Pictures. Die Identifikation der geeigneten Bohrstellen erfolgt nach der abstrakten Darstellung (erst die abstrakte Ebene, dann das Detail), und sie basiert auf den Einschätzungen der Stakeholder zu Komplexität und Machbarkeit. Nur solche Stellen kommen in den Tiefenbohrungs-Kandidatenstatus, die mehrheitlich als komplex, nicht komplett verstanden und ungewiss bezüglich ihrer Machbarkeit eingeschätzt werden.

Projektherausforderung: Stakeholder verlieren sich in Detaildiskussionen.
Lösungsstrategie: Wichtiges deutlich hervorheben und Triviales weglassen, d. h. Relevanz vor Vollständigkeit gehen lassen.
Operationalisierung: Die Endlichkeit der IR-Canvases und die begrenzte Zahl der Artefakte, die für jeden Canvas empfohlen werden, forcieren eine Fokussierung auf die wichtigsten modellierbaren Aspekte (Abschn. 3.1). Annotationen heben Punkte hervor, an denen eine Vertiefung ins Detail weitere Einsichten verspricht (Abschn. 3.3).

2.5 Verständlichkeit vor syntaktischer und semantischer Präzision

Die allermeisten Softwareprojekte erfordern das Zusammenwirken von Fachbereichen und Enterprise IT. Das hört sich schon nach Kommunikationsschwierigkeiten an: Es werden verschiedene Sprachen gesprochen; gemeinsam benutzte Begriffe sind unterschiedlich belegt; bezüglich des Sinns und Zwecks von Abstraktion und Strukturierung bestehen unterschiedliche Vorstellungen. Ganz oft wird dieses Problem verschärft, indem die IT Beschreibungsmittel vorgibt, mittels derer gemeinsame Modelle erfasst werden sollen. Und dann muss ein Fachbereichsvertreter den Unterscheid zwischen Assoziation, Aggregation und Komposition verstehen. Dabei will er eigentlich nur sagen, dass es eine Beziehung zwischen Antrag und Vertrag gibt.

Meist ganz ohne böse Absicht macht die IT die Modellierung anwendungsnaher Sachverhalte zu einem Heimspiel – und hängt den Fachbereich ab. Da gibt es nämlich niemanden, der die Unified Modeling Language (UML) oder eine andere Sprache lernen möchte – der Fachbereich fühlt sich mit Box-and-Line-Diagrammen ohne feste Syntax und Semantik meist ganz wohl. Natürlich funktioniert das nicht auf Dauer – Modelle müssen im Lauf der Zeit mindestens an den schwierigen Stellen präziser werden, sie müssen eine präzise Semantik bekommen. Aber eben nicht notwendigerweise von Anfang an – am Anfang kommt es vor allem darauf an, keine unnötigen Kommunikationshürden aufzubauen.

Will man den Kommunikationsprozess zwischen IT und Fachbereich so gestalten, dass die Fachleute ihre Expertise möglichst einfach teilen können (so, dass jeder das aus seiner Sicht Wichtige zum Ausdruck bringen kann), dann kommt es darauf an, Einstiegshürden zur Beschreibung von fachlichen Zusammenhängen möglichst gering zu halten. Sachverhalte müssen so modelliert werden, dass die Domänenexperten mitmachen können, ohne dass unnötige Hürden aufgebaut werden. Zu solchen unnötigen Hürden zählen insbesondere Werkzeuge und Modellierungssprachen, die von Inhalten ablenken und den Fokus auf Methodik und Syntax richten.

Neben der Hürdenfunktion, die Modellierungssprachen und –werkzeuge in der Kommunikation zwischen Fachbereichen und Enterprise IT entfalten können, kann es – quasi als zusätzliches Unheil – geschehen, dass Fachbereiche, die sich gezwungen sehen, sich mit solcher Informatik-Komplexität auseinander zu setzen, ihrerseits das Gefühl verspüren, fachliche Zusammenhänge nicht allzu einfach aussehen zu lassen und deshalb in Versuchung geraten, deren Komplexität unter ausführlicher Darstellung pathologischer Randfälle überzubetonen. Leicht entsteht eine Komplexitätseskalation, die der in den frühen Phasen unverzichtbaren Konzentration auf die Grundzusammenhänge diametral zuwider läuft.

Der Interaction Room unterstützt in den frühen Phasen des Abgleichs von Fachbereichs- und IT-Vorstellungen informale Skizzen und den Einsatz von Kulturtechniken, die keine Hürden aufbauen: zeichnen, schreiben, annotieren.

Projektherausforderung: Korrektheits- und Konsistenzanforderungen vieler Modellierungssprachen fördern eher komplexe als klar verständliche Modelle.
Lösungsstrategie: Konzentration auf die inhaltliche Substanz anstelle der syntaktischen Korrektheit und semantischen Präzision von Modellen.
Operationalisierung: Die im Interaction Room verwendete Modellierungssprache ist bewusst auf ein Minimum an Syntax reduziert (Abschn. 3.1).

2.6 Definition von Wert- und Aufwandstreibern

Bei der Entwicklung von Softwaresystemen steht am Anfang fast immer die eine Frage: Was ist denn nun essenziell? Welche Features werden tatsächlich benötigt und sind wirklich unverzichtbar? Unverzichtbarkeit im Sinne der Wertorientiertheit bedeutet dabei, dass die bereitzustellenden Features tatsächlich zur Wertschöpfung des Unternehmens beitragen und dass diese Wertschöpfung ohne die Features geringer ausfallen würde (Wohlin und Aurum 2006). Nur bei wirklich kleinen und überschaubaren Systemen kann diese Frage von einer einzelnen Person entschieden werden. Bei großen Systemen ist in aller Regel nicht der eine Experte verfügbar, der durch individuelles Abwägen entscheiden kann, was wie zu priorisieren ist. Stattdessen müssen mehrere Experten befragt werden. Dabei kommt es naturgemäß zu Unschärfen, denn ob das, was der einzelne Experte für unverzichtbar hält, tatsächlich unverzichtbar ist, und wie die lokalen Unverzichtbarkeiten gegeneinander abgewogen werden können, ist letztlich eine Einschätzungsfrage, die nur vor dem Hintergrund von Domänenwissen entschieden werden kann.

Und weil der wahre – in der Wertschöpfung des die Software einsetzenden Unternehmens verankerte – Wert von Software kaum zu messen ist, weichen die meisten Versuche der Nützlichkeitsmessung von Software aus. Statt zu messen, ob die entwickelte Software wertschöpfend ist und ob sich der Aufwand für ihre Erstellung damit lohnt, wird die Produktivität der Softwareentwicklung in von der Wertschöpfung entkoppelten Maßen erhoben. Dass das Zählen von Code-Zeilen keinen Aufschluss über den Wert von Software gibt, leuchtet jedem ein, der weiß, was Copy and Paste bedeutet. Bei Function Points (Behrens 1983) und Weighted Function Points (McConnell 2006) fällt die Nutzlosigkeit nicht sofort auf, wird aber deutlich, wenn man bedenkt, dass der wahre Nutzen von Software bedeutet, mit möglichst wenig Aufwand ein geschäftsrelevantes Ziel zu erreichen. Dass das gleiche Ziel immer auch mit mehr Dialogen und Datenbankzugriffen erreicht werden kann, ist trivial. Die kompliziertere Software stiftet dabei aber gar keinen größeren Nutzen.

Dummerweise zielen die klassischen Softwaremetriken nur auf Quantität ab. Genau damit sanktionieren sie das, was uns besonders am Herzen liegt, statt es zu incentivieren: Schlanke Software, die ihren Zweck erfüllt, hat möglichst wenig Function Points und erst recht möglichst wenig Lines of Code. Zweckerfüllung im Sinne der Wertorientierung lässt sich aber nicht algorithmisch messen. Zweckerfüllung lässt sich nur vor dem Hintergrund der intendierten Anwendung bewerten. Und dazu muss man verstehen, was der Anwender mit der Software erreichen will. Worin liegt die Wertschöpfung? Was ist wirklich essenziell? Fragestellungen wie diese werden schon lange diskutiert (z. B. Essential Use Cases (Constantine und Lockwood 1999) oder Value-Based Software Engineering (Biffl et al. 2006)), ohne dass es klare Lösungen gibt.

Der Interaction Room ermöglicht es, unterschiedliche Dimensionen von „essenziell“ explizit zu machen. Stakeholder aus allen Bereichen markieren, was ihnen wichtig erscheint, und kommen zu einem gemeinsamen Bild der Werttreiber: Was sind die Features, derentwegen wir das System eigentlich bauen? Wer verspricht sich von ihnen was? Was sind die Features, die so ein System nun mal braucht, um zu laufen? Und braucht es die wirklich? Diese Wertkalibrierung passiert nicht nur einmal zu Projektbeginn, sondern kontinuierlich. Auf diese Weise trägt der Interaction Room dazu bei, dass die Orientierung an in der Anwendungsdomäne verankerten Werten jederzeit aktuell in den Köpfen der Beteiligten präsent bleibt. Auch im Vertragsmodell adVANTAGE spielt der Wert von Features bei der Priorisierung eine zentrale Rolle (Abschn. 15.2).

Projektherausforderung: Die wertschöpfenden Features geraten aus dem Blick.
Lösungsstrategie: Identifikation von Wert- und Aufwandstreibern, um zu verstehen, was die wirklich kritischen Anforderungen an das Projekt sind.
Operationalisierung: Wert- und Aufwandstreiber werden im Interaction Room durch grafische Annotation von Modellelementen hervorgehoben (Abschn. 3.3).

2.7 Management später Anforderungen

Ein typisches Anforderungsphänomen ist das der späten Anforderungen: Egal, wieviel Aufwand in die initiale Anforderungsanalyse von Informationssystemen gesteckt wird, ist es nahezu sicher, dass während der Entwicklung weitere Anforderungen auftreten – weil Informationssysteme soziotechnische Systeme sind, weil sich Anforderungen der Anwender mit der Zeit ändern, oder einfach, weil sie auf neue Ideen kommen, wenn sie erste Lösungsansätze sehen.

Sich ändernde Anforderungen gefährden also Projekte (wie Curtis et al. (1988) beschreiben), sind aber leider auch unvermeidlich. Sich ändernde Anforderungen sind somit Softwareentwicklungs-inhärente Risiken – sie können nicht vermieden, sondern nur gemanaged werden.

Klassische Reaktionen auf dieses Dilemma führen allesamt zu dem, was landläufig als „Change Request Theater“ bezeichnet wird, und was der Softwareindustrie immer noch und immer wieder Imageprobleme beschert: Change Request Theater bedeutet, dass zwischen Auftraggebern und Entwicklern Haare gespalten werden um die Frage, was versprochen war und was nicht, was Zusatzkosten verursachen darf und was nicht, und wer für die Zusatzkosten aufkommt.

Dieses Theater verschärft dann wieder den Wunsch nach ein für alle Mal vollständigen Anforderungen – die es aber nun mal nicht geben kann. Sollte man darum ganz auf Anforderungsdokumente verzichten, weil ja ohnehin klar ist, dass sie schnell veralten? Oder gleich ganz auf die Anforderungsanalyse, weil ja klar ist, dass sie nicht vollständig und abschließend gelingen kann? Lassen wir ideologisch gefärbte Antworten aus der Welt der agilen Mythen weg, dann ist die Antwort klar: Anforderungen müssen mindestens dann aufgeschrieben werden, wenn es um Informationssysteme geht, die von vielen Menschen lange genutzt werden sollen, oder wenn der Entwicklungsprozess zu einem vorab definierten Ergebnis führen muss. Ist beides nicht der Fall, kann auf ein Anforderungsdokument womöglich tatsächlich verzichtet werden.

Im Interaction Room geht man mit späten Anforderungen so um, dass Veränderungen zunächst auf abstrakter Ebene verfolgt werden. In den Modellskizzen sind die wichtigsten Features der zu erstellenden Software beschrieben. Späte Anforderungen, die sich auf dieser Ebene niederschlagen, sind tatsächlich bedeutsam, denn sie betreffen die grundlegende Funktionalität. Über die Auswirkungen solcher Veränderungen muss gesprochen werden – und zwar sowohl im Hinblick auf ihren fachlichen und technischen Impact als auch auf Budget, Termine und Prioritäten. Andere späte Anforderungen können auch auftreten, sind aber untergeordneter Natur. Das heißt nicht, dass sie im Einzelfall nicht auch beträchtliche Auswirkungen haben können, aber sie betreffen Struktur und Funktionalität der zu erstellenden Software weniger grundlegend.

Die Einschätzung des Impacts hilft dabei, frühe und späte Anforderungen hinsichtlich ihres Aufwands zu bewerten. Das Hinzufügen später Anforderungen ist dann zwar zulässig, muss aber durch das Streichen früherer Anforderungen aufgewogen werden, um Projektbudget und Zeitplan nicht aus der Bahn zu werfen.

Projektherausforderung: Illusion der Anforderungsvollständigkeit.
Lösungsstrategie: Späte Anforderungen werden hinsichtlich ihres Aufwands bewertet und nur angenommen, wenn sie durch Weglassen anderer Anforderungen, die ähnlichen Aufwand erfordern, aufgewogen werden können.
Operationalisierung: Späte Anforderungen werden im Interaction Room mit der Anforderungstauschbörse gemanaged (Abschn. 8.3). Das Vertragsmodell adVANTAGE wirkt den Risiken später Anforderungen durch verschiedene Risikoverteilungs- und Budgetsicherungs-Mechanismen entgegen (Abschn. 14.3 und 14.4).

2.8 Management früher Anforderungen

Dass Projekte sich mit *späten* Anforderungen auseinandersetzen müssen, ist allgemein bekannt. Aber es gibt auch *(zu) frühe* Anforderungen. Als frühe Anforderungen verstehen wir Wünsche, die es auf Grund von Zufälligkeiten in den Status einer von Projektbeginn an geltenden Anforderung geschafft haben. Solche Zufälligkeiten können verschiedener Art sein:

Vielleicht ist ein Projekt schon länger verschoben worden. Nun will keiner der potenziellen Anforderer riskieren, dass seine Wünsche unberücksichtigt bleiben. Manchmal entsteht angesichts der Erwartung, dass sowieso nicht alles umgesetzt wird, geradezu ein Anforderungswettlauf. Also werden alle noch so entfernten Ideen und Wünsche in den Anforderungstopf geworfen. Und wenn dabei niemand darauf achtet, dass dummes Zeug wieder aussortiert wird, entstehen Anfänge von Monsterprojekten.

Ganz unangenehm wird es, wenn sich einzelne Anforderer an dem Anforderungswettlauf nicht beteiligen und sich selbst auf die wirklich unverzichtbaren Anforderungen beschränken. Diese Anforderungen sind in einem beginnenden Monsterprojekt dann nämlich unterrepräsentiert und werden bei achtlosem Zusammenstreichen womöglich nochmal gekürzt. Dann hat man nicht nur ein Monsterprojekt ins Leben gerufen, sondern noch dazu eines mit falschem Fokus. Einfach, weil die Annahme Raum griff, dass jedes Feature, das es einmal in den Anforderungsstatus geschafft hat, wichtig ist.

Vielleicht ist es aber auch so, dass irgendjemand die Illusion genährt hat, dass es keine späten Anforderungen mehr geben wird, weil endlich mal eine vollständige Anforderungsbeschreibung erstellt werden soll, so dass dann anschließend nur noch Software gebaut werden muss. Dann startet erst recht der Anforderungswettlauf. Und im Anschluss wird die vermeintlich vollständige Anforderungsbeschreibung auch noch vorgestellt, abgestimmt, nachgebessert, etc. Währenddessen haben die Anforderer – auch die, die eigentlich gar nicht am Wettlauf teilnehmen wollten – nun die Gelegenheit, ausführlich über weitere Wünsche und potenzielle Software-Verfettungen nachzudenken.

Schlanker wird die Software dadurch sicher nicht. Im Anforderungstopf landen vielmehr allerlei Anforderungen, die dort gar nicht hinein gehören. Der erste unvermeidliche Schritt ist daher das Aufräumen, das Trennen von Wichtigem und Unwichtigem. Dabei dürfen die essenziellen Anforderungen (McMenamin und Palmer 1984) nicht verloren gehen. Aber auch nach dem Aufräumen werden sich noch Anforderungen im Topf befinden, die am Ende des Projekts gar nicht umgesetzt sein müssen. Denn genauso wie es späte Anforderungen gibt (also solche, die zu Beginn des Projektes nicht als nötig eingeschätzt und die im Laufe des Projektes als nötig erkannt werden), gibt es auch frühe Anforderungen (also solche, die zu Beginn des Projektes als nötig eingeschätzt wurden und die sich im Projektverlauf als überflüssig herausstellen).

Typischerweise werden solch frühe Anforderungen erst aussortiert, wenn der Liefertermin näher rückt, die Zeit knapp wird, und jemand endlich fragt: „Müssen wir das jetzt wirklich noch umsetzen?“. Bis zu diesem Zeitpunkt sind jedoch schon viele Anforderungen umgesetzt worden, und die Menge der Anforderungen, die noch aussortiert werden können, ist recht klein.

Im Interaction Room gilt daher die Regel, dass für eine späte Anforderung, die in den Topf kommt, eine frühe identifiziert werden soll, die aussortiert werden kann. Natürlich löst eine solche Anforderungstauschbörse nicht alle Probleme (das des ungleichgewichtigen Anforderungswettlaufs bleibt beispielsweise bestehen), aber sie trägt dazu bei, zwei Probleme systematisch anzugehen:

- Jeder Anforderer muss schon früh darüber nachdenken, wie schlank die Software ausfallen könnte. Auf Dauer führt diese Einstellung dazu, dass der Fokus von vollständiger, eher fetter Software auf wertorientierte, eher schlanke Software gerichtet wird.
- Der schleichenden Software-Verfettung durch späte Anforderungen wird durch das kontinuierliche Aussortieren früher Anforderungen entgegnet.

Projektherausforderung: Von Projektbeginn an verfettete Anforderungen.
Lösungsstrategie: Kontinuierliche Identifizierung und Eliminierung unnötiger Anforderungen.
Operationalisierung: Im Interaction Room hilft die Anforderungstauschbörse dabei, zu frühe Anforderungen auszusortieren, indem sie gegen späte, dringendere Anforderungen ausgetauscht werden (Abschn. 8.3). Das adVANTAGE-Vertragsmodell unterstützt die kontinuierliche Anpassung des Projekt-Scopes. (Abschn. 14.1).

2.9 Frühe Erkennung von Ungewissheit

Selbst der schönste und mit größter Sorgfalt erstellte Softwareentwicklungs-Plan wird meist nicht dogmatisch befolgt. Das ist fast unvermeidlich, denn Softwareentwicklung ist ein erkenntnisgetriebener Prozess, der gerade zu Beginn mit erheblichen Unschärfen konfrontiert ist – Unschärfen bezüglich der Details fachlicher Anforderungen, bezüglich der System- und Kontextgrenzen (Abschn. 2.3), und bezüglich der Fähigkeiten der beteiligten Stakeholder, ihres organisatorischen Unternehmenskontextes, ihrer Methodenfestigkeit und -gläubigkeit.

All diese Unschärfen werden im Laufe des Projektes ausgeräumt; Annahmen werden schrittweise durch Erkenntnisse ersetzt. Die Beteiligten lernen während der Entwicklung, was tatsächlich benötigt wird, was besonders günstig realisiert werden kann und was weggelassen werden kann. In einem solchen Prozess passiert es fast zwangsläufig, dass neue Erkenntnisse zu Planänderungen führen. Letztlich geht es im Softwareentwicklungsprozess darum, Unschärfen auszuräumen und Ungewissheiten zu managen.

Dass Ungewissheit in Softwareprojekten jeder Art unvermeidbar ist, ist deshalb seit Jahrzehnten akzeptiert (Boehm 1981; Lehman 1989). Zum richtigen Umgang mit dieser Ungewissheit haben sich seitdem jedoch zwei entgegengesetzte Philosophien entwickelt:

Plangetriebene Ansätze versuchen, die Ungewissheit zu Projektbeginn möglichst weitgehend aufzulösen, indem massiver Aufwand in präzise Anforderungsanalysen, Spezifikations- und Entwurfsarbeit investiert wird. Dass diese eingehende Beschäftigung mit der Materie zu einem Erkenntnisgewinn führt, dürfte unstrittig sein. Fraglich bleibt allerdings, ob die Ungewissheit letztlich soweit ausgeräumt werden kann, wie der Berg an entstehendem Papier suggeriert; ob der Aufwand zur Ungewissheitsbeseitigung effizient (nämlich vor allem an den kritischsten Punkten) eingesetzt wurde; und welcher Teil dieses Aufwands im Projektverlauf obsolet wird, da sich die Anforderungen doch wieder ändern.

Agile Ansätze verfolgen hingegen den (nahezu fatalistischen) Ansatz, dass gegen die Ungewissheit a priori ohnehin nichts auszurichten ist, und dass Fragen daher am besten nach und nach ausgeräumt werden, so wie sie sich im Projektverlauf stellen. In Kombination mit dem Prinzip, nur genau das zu bauen, was man (bzw. der Kunde) sich gerade für die nächsten Wochen vorgenommen hat, und weitergehende Features zunächst einmal bewusst auszublenden, ist das durchaus ein konsequenter und (lokal betrachtet) rationeller Ansatz. Er scheint allerdings deutlich besser auf Startups zugeschnitten, die ihren Produkt-Kristallisationskeim Stück für Stück auf der grünen Wiese ausbauen, als für die Entwicklung einer komplexen Fachkomponente in einer hochintegrierten Systemlandschaft.

Gezähmte Agilität bedeutet hier, einen Mittelweg zu gehen: Ebenso wie es aussichtslos ist, alle Ungewissheit zu Projektbeginn eliminieren zu wollen, ist es kurzsichtig, sie nur ad hoc auszuräumen, wo sie sich gerade akut zeigt. Ziel muss es vielmehr sein, sich über die bestehende Ungewissheit zumindest früh ein Bild zu verschaffen, um zu erkennen, wo Risiken liegen, und zu planen, wie mit ihnen umzugehen ist: Während einige Ungewissheiten sich durch kurze Recherchen auflösen lassen, erfordern andere unter Umständen das Hinzuziehen von Experten oder umfangreicheres Prototyping – und wieder andere haben unter Umständen das Potenzial, das ganze Projekt in Frage zu stellen. Auch wenn ein solches Bild naturgemäß selbst ungewiss und im Projektverlauf im Fluss sein wird, hilft es doch zu entscheiden, welche Ungewissheiten gleich zu Projektbeginn ausgeräumt werden müssen, und welche nach agilem Vorbild erst berücksichtigt werden müssen, wenn sie akut werden.

Eins bedeutet die prominente Rolle der Ungewissheit auf jeden Fall: Ungewissheit muss explizit gemacht und gemanaged werden. Alle Beteiligten sollten grundsätzlich darauf vorbereitet sein, dass Ungewissheit existiert und neue Bereiche der Ungewissheit auftreten können. Generelle Regel des Managements der Ungewissheit ist: Bekannte Ungewissheiten müssen erforscht werden (damit aus Ungewissheit Gewissheit wird), und es muss nach neuen Ungewissheiten geforscht werden (damit keine späten Ungewissheitsüberraschungen auftreten).

Projektherausforderung: Neue Erkenntnisse im Projektverlauf machen frühere Pläne obsolet und gefährden damit Budget, Zeitplan und Qualität des Projekts.
Lösungsstrategie: Ungewissheit früh aufdecken, um sie früh ausräumen zu können. Ungewissheit bereits in der vertraglichen Gestaltung des Projekts berücksichtigen.

Operationalisierung: Modellelemente können im Interaction Room mit der Ungewissheits-Annotation versehen werden, um den Klärungsbedarf der Stakeholder zu dokumentieren (Abschn. 3.3). Im adVANTAGE-Vertragsmodell ist Ungewissheit, die sich in Overspends oder unvollendeten Features manifestiert, kein Grund für Stress zwischen den Vertragspartien, sondern eine akzeptierte Projektsituation, für die faire Abrechnungsmodalitäten definiert sind (Abschn. 15.4).

2.10 Transparente Kostenschwankungen

Das wirklich Unangenehme in der Softwareentwicklung ist, dass man zu keinem Zeitpunkt vor der produktiven Nutzung einer eingeschwungenen Version der Software weiß, wie teuer die Entwicklung wird. Trotz umfangreicher Versuche, Kostenschätzungen präziser und zuverlässiger machen, trotz der Schärfung des Bewusstseins für die Schwierigkeiten und Probleme der Kostenschätzung durch COCOMO und Nachfolger (Boehm et al. 2000), trotz zahlreicher Metriken (von McCabe (1976) bis zu Function Points (Behrens 1983)) und trotz grundlegender Appelle, Softwareentwicklung zu quantifizieren (Denne und Cleland-Huang 2003), ist die Schätzung des Aufwandes für eine noch zu erstellende Software nach wie vor eine der typischen Bruchstellen in Projekten. Und das, selbst wenn wirklich riskante Aktivitäten wie die Integration der zu erstellenden Software in eine Anwendungslandschaft oder Datenmigrationen oftmals von vornherein ausgeklammert werden – obwohl gerade diese riskanten Aktivitäten im Grund die Gesamtwirtschaftlichkeit einer Softwareentwicklung, -einführung und -nutzung maßgeblich mitbestimmen.

Die Praxis der industriellen Softwareentwicklung basiert immer noch im Wesentlichen auf dem Prinzip der Expertenschätzung. Und wenn diese Experten das technologische und Domänen-Umfeld hinreichend gut kennen, ist ihre Schätzung womöglich tatsächlich die beste aller möglichen Prognosen. Während der Entwicklung wird dann aber oft erkannt, dass manche Dinge komplizierter sind als gedacht; manche sind vielleicht auch einfacher. Späte Anforderungen werden hinzugefügt, zu frühe Anforderungen werden entfernt. Diese unvermeidliche Dynamik und der Erkenntnisgewinn im laufenden Projekt bleiben aber oft von der initialen Expertenschätzung entkoppelt.

Eine Zusammenführung macht aber Sinn: Nehmen wir einmal an, dass auf irgendeine Weise eine Expertenschätzung auf Feature-Ebene zustande gekommen ist. Und nehmen wir an, dass die Softwareentwicklung iterativ auf der Basis einer klaren Definition of Done erfolgt (was nichts anderes bedeutet, als dass bestimmte Teile tatsächlich (und nicht nur vorläufig) fertig gestellt werden). Dann können die unvermeidlichen Unzulänglichkeiten der initialen Aufwandsschätzung teilweise kompensiert werden, indem die tatsächlichen Aufwände mit der initialen Schätzung verglichen und entsprechende Gesamthochrechnungen erstellt werden. Und all diese Zahlen werden allen Beteiligten transparent gemacht. Das heißt, die gewonnenen Erkenntnisse werden auf die Expertenschätzung abgebildet, und aus der Ermittlung der Abweichungen werden neue Prognosen abgeleitet.

Projektherausforderung: Stakeholder handeln, also ob die Projektkosten fix wären.
Lösungsstrategie: Erwartete Kostenänderungen (und ihre Gründe) transparent machen.
Operationalisierung: Die Technik des Cost Forward Progressing vergleicht ständig geschätzte und tatsächlich investierte Aufwände und erstellt daraus Budget-Vorhersagen (Abschn. 8.6). Das adVANTAGE-Vertragsmodell betrachtet Kostenänderungen als Normalfall, nicht als Ausnahme (Abschn. 14.1).

2.11 Analyse des Havarierisikos

Dass Projekte etwas teurer werden als erwartet, kann passieren. Manchmal werden sie auch etwas günstiger. Solange diese Abweichungen in einem gewissen Korridor bleiben (zum Beispiel ±10 % um den initial veranschlagten Wert), verursachen diese Abweichungen zwar Kommunikationsnotwendigkeiten, sind aber nicht existenzbedrohend. Gefährlich an Softwareentwicklungsprojekten sind aber nicht die moderaten Abweichungen, sondern die Ausreißer: Projekte, die doppelt so teuer werden, die doppelt so lange dauern wie geplant, oder die abgebrochen und rückabgewickelt werden. In solchen Situationen steckt erhebliches Schadenpotenzial; sie tendieren dazu, in juristischen Auseinandersetzungen zu münden.

Ermöglicht werden solche Havarien durch das Hiob-Prinzip: Fast alle ahnen, dass der Projekterfolg gefährdet ist, aber niemand möchte diese Erkenntnis explizit machen. Stattdessen werden Fortschritts- und Risikoampeln in angenehmen und leicht kommunizierbaren Farben dargestellt. Vielleicht mal etwas gelb, aber doch nicht gleich dunkelrot. Wenn überhaupt, wird über die Schieflage an der Kaffeemaschine, im kleinen vertrauten Kreis und ohne Ableitung von Gegenmaßnahmen gesprochen.

Diesem Phänomen kommt man bei, indem gemeinsame und einvernehmliche Projekteinschätzungen (die nicht nur den Fortschritt, sondern die Machbarkeit insgesamt betreffen) eingefordert werden: Wer sieht wo welche Risiken, wie hängen die Funktionalitäten zusammen, welche Integrations- und Datenmigrationsnotwendigkeiten für die Software gibt es?

Der Interaction Room widmet sich all diesen Fragen. Und zwar so, dass die Einvernehmlichkeit durch Synchronität befördert wird und so, dass das tatsächliche Grauen nicht weichgezeichnet wird. Es wird nämlich nicht von dem einen eine Einschätzung erstellt, die dann von einem anderen kommentiert wird, sodass der erste marginale Änderungen vornimmt. Auf diesem Wege kommt nämlich das immer Gleiche heraus: mittlere Risiken und schlimmstenfalls hellgelbe Ampeln.

Zur Havarie-Indikation im Interaction Room werden vielmehr einige Standardfragen, deren Beantwortung Hinweise auf mögliche Risiken gibt, synchron (das heißt von allen Stakeholdern gemeinsam) beantwortet. Die Risiken werden in verschiedenen Dimensionen beleuchtet, und kritische Einschätzungen werden transparent gemacht. Dies geschieht einmal zu Projektbeginn und dann in regelmäßigen Abständen. Gerade die Veränderungen der Einschätzungen können wertvolle Hinweise sein. Auf diese Weise wird die Kommunikation über den Projektstand explizit und allen Beteiligten zugänglich gemacht.

Projektherausforderung: Risiken bleiben unerkannt und treten überraschend ein.
Lösungsstrategie: Periodische Bewertung von Risiko-Indikatoren und Bewusstseinsbildung darüber unter den Stakeholdern.
Operationalisierung: Die Havariespinne dient als Werkzeug zur kontinuierlichen Risikoanalyse (Abschn. 8.4).

2.12 Vertrauensbildung zwischen den Stakeholdern

Softwareentwicklung als Vertrauenssache? In traditionellen Software-Prozessmodellen ist davon nicht viel zu spüren: In der Theorie entsteht Software dort durch die immer weitere Verfeinerung von Spezifikationen – vom Anforderungsdokument über die Spezifikation bis zum Code, wobei festgelegt ist, welche Dokumente von welcher Abteilung zu produzieren und von wem zu konsumieren sind.

Dass diese Verfeinerungsschritte nicht mechanisch ablaufen, sondern kreative und zwangsläufig interdisziplinäre Leistungen sind, zu denen Domänen- und Technikexperten gleichwertig beitragen können, wird oft ausgeblendet. In Prozessmodellen wie dem V-Modell erscheint der Weg von der Idee zur lauffähigen Software vielmehr als bürokratischer Marathon, der den Eindruck nahelegt, der Inhalt jedes Dokuments wäre gegenüber der nächsten Instanz einklagbar. Ob ein Dokument überhaupt hinreichend vollständig und korrekt ist, um auf seiner Basis den nächsten Verfeinerungsschritt zu gehen, ob Schreiber und Leser eines Dokuments dessen fachliche und technische Implikationen verstanden haben, tritt in den Hintergrund. Dennoch operieren Fach- und IT-Abteilungen in Großunternehmen, Kunden und Entwickler in Dienstleistungsverträgen, und sogar On-Shore- und Off-Shore-Parteien in verteilten Entwicklungsprojekten vielfach so, als könne man Spezifikationen inklusive Zeitplan einfach über den Zaun werfen und erwarten, pünktlich ein perfekt funktionierendes Produkt zurück zu bekommen. (Auch das beweist natürlich ein gewisses Vertrauen, wenn auch naiverer Natur, als uns lieb sein dürfte.)

Dieser „Gängelung", der sich Entwickler unter Umständen durch das Spezifikationsdiktat plangetriebener Softwareprozesse ausgesetzt fühlen, setzen agile Methoden den nahezu vollständigen Verzicht auf Spezifikationen entgegen. Sie werden ersetzt durch möglichst enge, intensive Kommunikation zwischen allen Stakeholdern, und insbesondere häufigen Feedback-Zyklen mit dem Kunden über Anforderungen, Prototypen und Releases. Relevant ist dort, was funktioniert und dem Kunden gefällt, nicht, was auf dem Papier steht. Diese Praxis funktioniert am besten in kleinen, überschaubaren und vor allem greifbaren (oberflächenintensiven) Anwendungen, deren Fortschritt sich gut an der Benutzerschnittstelle ablesen lässt. In großen Informationssystemen passiert jedoch eine Menge unter der Haube, wo es für Kunden nicht unmittelbar zugänglich ist – weder zum Review noch zur präzisen Beschreibung, sei sie schriftlich oder mündlich. Dass unter diesen Umständen gerade den nicht IT-affinen Stakeholdern aus dem Fachbereich oder Management das Vertrauen fehlt, dass ein solcher Prozess funktionieren kann, geschweige denn, dass er zu planbaren Ergebnissen führt, ist nicht verwunderlich.

Projektherausforderung: Stakeholder aus Fach- und Technik-Abteilungen sehen sich unter Umständen als Gegner.
Lösungsstrategie: Vertrauensbildung zwischen den Stakeholdern; Förderung eines Gefühls gemeinsamer Verantwortung für das Projekt.
Operationalisierung: Abteilungsübergreifende Zusammenarbeit wird durch die gemeinsamen Workshops im Interaction Room gefördert, zu der explizit Teilnehmer aus verschiedenen Abteilungen eingeladen werden (Abschn. 3.5). Das Vertragsmodell adVANTAGE erlaubt Kunden und Dienstleistern, Anforderungen während der Projektverlaufs transparent umzupriorisieren und für beide Seiten akzeptable Entscheidungen zu treffen (Abschn. 15.2).

2.13 Veranschaulichung des Projektfortschritts

Es ist oft schon schwierig genug, initial das Projektziel festzulegen und alle Stakeholder darauf zu verpflichten. Danach gilt es, kontinuierlich darauf zu achten, dass diese Richtung eingehalten wird (oder einvernehmlich angepasst wird), und dass alle Projektbeteiligten die Chance haben, den Projektfortschritt nachzuvollziehen. Ohne ein solches gemeinsames Beobachten des Fortschritts entwickeln sich die initial abgestimmten Erwartungen oft auseinander. Das passiert ganz ohne böse Absicht der Stakeholder – einfach, weil die Entwickler Erkenntnisse gewonnen haben, die sie nicht mit den fachlichen Stakeholdern teilen, oder weil die fachlichen Stakeholder das mitbekommen und unsicher werden, ob das initiale Projektziel noch gilt. Kommen hier und da noch ein paar Missverständnisse und Gerüchte hinzu, ist der initiale Harmonisierungseffekt schnell perdu, und die Erwartungen der Stakeholder entfernen sich wieder voneinander. Deshalb müssen zentrale Entscheidungen abgestimmt und Projektfortschritte (und auch Projektrückschritte) transparent gemacht werden.

Das Nachvollziehen des Projektfortschrittes hat zwei Dimensionen: Zum einen die rein aufwandsmäßige, quantitative Kontrolle des Projektfortschrittes (im Wesentlichen basierend auf dem agilen Vertragsmodell adVANTAGE (Kap. 15)), die vor allem Auskunft über die wirtschaftliche Seite des Projektes gibt; und zum anderen die inhaltliche, qualitative Seite, die Auskunft darüber gibt, wann welche Funktionalität nutzbar werden wird, welche

Bestandteile davon schon fertig sind und wie die nächsten Lieferungen aussehen werden (Abschn. 8.5).

Für Fachbereiche und zukünftige Anwender ist die qualitative Dimension oft wichtiger als Aufwandszahlen und Budgetüber- und -unterschreitungen. Die Einschätzbarkeit des inhaltlichen Fortschrittes durch die Fachbereiche ist maßgeblich für ihre Erwartungshaltung und Projektzuversicht. Ohne eine solche Zuversicht kann die Projektstimmung leicht kippen, ganz abgesehen davon, dass leicht an den Erwartungen der Fachbereiche vorbei entwickelt wird. Es gilt also, verständlich zu machen, was schon fertig ist, wie bisher gelieferte Software zukünftig erweitert werden wird und wie vergangene, aktuelle und zukünftige Lieferungen zueinander passen.

Gerade zu Projektbeginn ist das oft schwierig darzustellen, weil noch nicht viel zu sehen ist. Initiale Lieferungen bestehen dann oft aus arg vereinzelten Dialogen und Reports, die in ihrem späteren Zusammenhang kaum bewertet werden können. Ein Interaction Room unterstützt die Veranschaulichung des Projektfortschritts und die Verortung erzielter Ergebnisse im Projektkontext, sodass auch einzelne Dialoge in ihrem zukünftigen Kontext bewertet werden können.

Projektherausforderung: Den Stakeholdern fehlt der Überblick über den Zustand und Fortschritt des Projekts.
Lösungsstrategie: Kontinuierliche Veranschaulichung des Projektstatus, sodas alle Stakeholder jederzeit über den qualitativen Fortschritt im Bilde sind.
Operationalisierung: Der Interaction Room bietet Mechanismen zum Monitoring der Feature-Bearbeitung, des Anforderungsmanagements und des Budget-Controllings (Kap. 8).

Literatur

Behrens CA (1983) Measuring the productivity of computer systems development activities with function points. IEEE Trans Softw Eng 9(6):648–652. doi:10.1109/TSE.1983.235429

Biffl S et al (2006) Value-based software engineering. Springer

Boehm B (1981) Software engineering economics. Prentice Hall, Kap. 21

Boehm B et al (2000) Software cost estimation with COCOMO II. Prentice Hall

Constantine LL, Lockwood LAD (1999) Software for use: a practical guide to the models and methods of usage-centered design. Addison-Wesley, Kap. 5

Curtis B, Krasner H, Iscoe N (1988) A field study of the software design process for large systems. Comm ACM 31(11):1268–1287. doi:10.1145/50087.50089

Denne M, Cleland-Huang J (2003) Software by numbers: low-risk, high-return development. Prentice Hall

Gold-Bernstein B, Ruh W (2004) Enterprise integration: the essential guide to integration solutions. Addison-Wesley

Langley A (1995) Between „paralysis by analysis" and „extinction by instinct". Sloan Manage Rev 36(3):63–76

Lehman MM (1989) Uncertainty in computer application and its control through the engineering of software. J Softw Maint 1(1):3–27. doi:10.1002/smr.4360010103

McCabe TJ (1976) A complexity measure. IEEE Trans Softw Eng 2(4):308–320

McConnell S (2006) Software estimation: demystifying the black art. Microsoft Press, Kap 18.2

McMenamin SM, Palmer JF (1984) Essential systems analysis. Yourdon

Moore G (2011) Systems of engagement and the future of enterprise IT: a sea change in enterprise IT. http://www.aiim.org/futurehistory. Zugegriffen: 23. Febr 2016

Pohl K, Rupp C (2015) Requirements engineering fundamentals: a study guide for the certified professional for requirements engineering exam – foundation level – IREB compliant. Rocky Nook

Wohlin C, Aurum A (2006) Criteria for selecting software requirements to create product value: an industrial empirical study. In: Biffl S et al (Hrsg) Value-based software engineering. Springer, S 179–200

Interaction-Room-Grundlagen 3

Inhaltsverzeichnis

Eines der Hauptziele eines Interaction Rooms ist es, die abstrakten Zusammenhänge komplexer IT-Projekte möglichst intuitiv greifbar und damit diskutierbar zu machen. Dies wird durch skizzenhafte Modellierung verschiedener, komplementärer Blickwinkel auf das Projekt erreicht: Großflächige Modellskizzen an allen Wänden des Raums stellen den Dreh- und Angelpunkt der Kommunikation im Interaction Room dar. Auf großen Whiteboards skizzieren Fach- und Technologieexperten gemeinsam die wesentlichen Nutzungskontexte, Prozessabläufe, Datenstrukturen, Systemlandschaften und Nutzerschnittstellen.

Diese sog. Canvases eines Interaction Rooms helfen Stakeholdern, sich in geführter, aber pragmatischer Weise mit den Strukturen, Abläufen und Schnittstellen eines Informationssystems im Kontext seiner Fachdomäne auseinanderzusetzen. Die parallele Sicht auf Domäne und System aus verschiedenen Perspektiven hilft Stakeholdern aus allen Kompetenzbereichen, ein gemeinsames Gesamtverständnis des Systems zu entwickeln,

M. Book et al., *Erfolgreiche agile Projekte*, Xpert.press,
DOI 10.1007/978-3-662-53330-7_3

Abhängigkeiten, Widersprüche und Lücken zu identifizieren und wechselseitigen Respekt für Anforderungen, Komplexität und Rahmenbedingungen sowohl der Fach- als auch der Technologieseite zu schaffen.

In diesem Kapitel diskutieren wir dreierlei. Zunächst erörtern wir in Abschn. 3.1 die allgemeinen methodischen Grundlagen des Interaction Rooms. Danach gehen wir auf die Canvases (Abschn. 3.2) und ihre pragmatische Füllung mit Skizzen verschiedener Systemaspekte ein. In Abschn. 3.3 wird das Prinzip der Annotationen und ihre Verwendung zur Strukturierung von Diskussionen im Interaction Rooms vorgestellt. Abschnitt 3.4 gibt einen Überlick über die IR-Varianten. Danach werden in Abschn. 3.5 die in IR-Workshops involvierten Stakeholder-Rollen vorgestellt. Abschließend wird in Abschn. 3.6 und 3.7 erörtert, welche Vor- und Nachbereitungsmaßnahmen rund um eine IR-Befüllung zu leisten sind.

3.1 Methodenüberblick

Die Befüllung eines Interaction Rooms – d. h. die gemeinsame Skizzierung und Annotation von Modellen auf den Canvases – folgt keiner geschlossenen Methode, in dem Sinne, dass eine Reihe von klar umrissenen Aktivitäten von einem Ausgangszustand in einen Zielzustand führt. Vielmehr ist es so, dass es bewährte Methodenfragmente gibt, deren Anwendung in bestimmten Ausgangssituationen erfahrungsgemäß Sinn macht. Sie repräsentieren den geraden Pfad durch die Befüllung. Jenseits des geraden Pfades können Ausnahmesituationen während der IR-Befüllung oder auch nur spezifische Rahmenbedingungen der einzelnen Projektsituation dazu führen, dass die Methodenfragmente anders zusammengesetzt werden. Gute Gründe für eine solch geänderte Komposition sollten dabei stets mehr zählen als das konsequente Beharren auf der vordefinierten Methode. Ganz ohne Grund sollte die vordefinierte Methode allerdings auch nicht aufgegeben werden, denn immerhin kondensieren in ihr das Wissen und die Erfahrungen aus zahlreichen IR-Befüllungen. Ganz besonders liberal kann mit vorgeschlagenen Reihenfolgen von Methodenfragmenten umgegangen werden, so lange keine logischen Abhängigkeiten der Art „A muss vor B beendet werden, weil B das Ergebnis von A als Input benötigt“ verletzt werden. Für ein Aufweichen der vorgeschlagenen Reihenfolge oder für ein stärker parallelisiertes Befüllen einzelner Canvas reicht oft schon aus, dass sich die Teilnehmer an einem bestimmten Aspekt „festgebissen“ haben und an einer bestimmten Stelle nicht weiterkommen. Oft reicht ein Perspektivwechsel (zum Beispiel die Teil-Befüllung eines anderen Canvas) aus, um die Diskussionsblockade aufzulösen und den ursprünglich in Arbeit befindlichen Canvas weiter zu bearbeiten.

In der idealen Welt des Interaction Rooms werden alle Modelle komplett ohne Syntaxvorgaben erstellt. Das funktioniert, wenn alle Stakeholder mindestens etwas Erfahrung mit der Modellierung von Prozessen und Objekten haben. Dann werden mehr oder weniger intuitiv Box-and-Line-Diagramme erstellt, ohne dass deren Semantik diskutiert werden muss. Ein Grund für den Einsatz minimaler Notationsvorgaben ist, dass manchmal komplett modellierungs-unerfahrene Teilnehmer mitmachen. Und die tun sich womöglich schwer, wenn es gar keine Vorgaben gibt. Ein zweiter Grund für die Verwendung von minimalen Notationsvorgaben ist, dass damit etwaige Diskussionen um konkrete Modellierungssprachen unterbunden werden. Aus diesen beiden Gründen werden minimale Vorgaben zum Einsatz von Symbolen und deren Beziehungen auf den verschiedenen Canvases gemacht. Bei erfahrenen Modellierern, die insb. unter den technischen Stakeholdern häufiger zu finden sind, mag diese sehr pragmatische und unpräzise Modellierungsweise zunächst auf Widerstand stoßen – hier ist es wichtig, allen Stakeholdern in Erinnerung zu rufen, dass die Canvases keine vollständige, korrekte Spezifikation darstellen können, sondern lediglich zum Initialverständnis der Fachmaterie beitragen sollen. Die Minimalnotation soll nur dazu dienen, einen einfachen Einstieg zu ermöglichen. Entsprechend pragmatisch ist ihr Einsatz handzuhaben.

Sehr wahrscheinlich wird es erforderlich sein, im Rahmen späterer Entwurfs- und Entwicklungsphasen einzelne Prozesse und Strukturen noch einmal präziser und vollständig zu spezifizieren, und dabei natürlich auch auf die syntaktische Korrektheit Wert zu legen. Eine solche Spezifikation wird dann jedoch nicht im Interaction Room entwickelt und trägt nicht zum Gesamtverständnis des Teams bei, sondern dient zur Detailkommunikation zwischen dedizierten Experten für konkrete Problemlösungen.

Eines der Grundprinzipien des Interaction Rooms ist das Prinzip der Abstraktion: Beschränkung auf das Wesentliche statt Detailreichtum. Dieses Prinzip manifestiert sich bei der Befüllung einzelner Canvases in Form von Volumenregeln (zum Beispiel maximal 15 Geschäftsprozessmodelle auf dem Process Canvas mit maximal 15 Aktivitäten pro Geschäftsprozessmodell, maximal 40 Objekttypen auf dem Object Canvas, etc.). Diese Regeln sind nicht dogmatisch auszulegen. Letztlich sind 17 Geschäftsprozessmodelle mit jeweils 17 Aktivitäten genauso sinnvoll wie 15 mit 15 Aktivitäten. Allerdings ist es wichtig, darauf zu achten, dass die Dehnung der Regeln nicht zu einem völligen Ausufern führt. In den Abschnitten zu den einzelnen Canvases wird angegeben, wie die jeweilige Umfangsbeschränkung aussieht.

Während der Diskussion über die verschiedenen Canvases kommt es gelegentlich vor, dass die Stakeholder Fach- oder Lösungsaspekte ansprechen, die festgehalten werden sollten, die den aktuellen Diskussionsfaden aber unterbrechen bzw. von ihm ablenken würden. Um solche Informationen zu bewahren, ohne vom eigentlichen Diskussionsziel abzulenken, können sie auf Karteikarten notiert und zur späteren Wiederbetrachtung in einen dedizierten Notizbereich im Interaction Room geheftet werden. Je nach Art und Menge der Statements kann es hilfreich sein, sie zu gruppieren – z. B. in offene Fragen, Wünsche, Detailfakten etc. Die Notizfläche wird von den IR-Coaches (Abschn. 3.5.1 und 3.5.2) während der Befüllung der anderen Canvases parallel gepflegt und immer dann genutzt, wenn von den Teilnehmern Informationen geäußert werden, die zwar festhaltenswert sind, jedoch vom eigentlichen Diskussionsthema ablenken würden oder nicht sinnvoll in den anderen Canvases darzustellen sind.

Den Teilnehmern erlaubt dieses Vorgehen ein kognitiv freieres Arbeiten, da sie ohne „Schere im Kopf" diskutieren können – d. h. ohne die Sorge, wichtige (aber momentan zu tief ins Detail gehende oder nur am Rande bzw. in Sonderfällen relevante) Aspekte unter den Tisch fallen lassen zu müssen. Den IR-Coaches gibt die Notizfläche die Möglichkeit, Diskussionen ohne allzu strikt erscheinende Moderationstätigkeit fokussiert zu halten und die Kontrolle über den Workshop-Ablauf zu behalten: Neben den tatsächlich wichtigen Statements, die unter Umständen zu passenderer Gelegenheit im späteren Workshop-Verlauf noch einmal zur Sprache kommen, und offenen Fragen, die im Anschluss an den IR-Workshop mit anderen Ansprechpartnern zu klären sind, kann auch Detailwissen ohne konkrete Workshop-Relevanz hier abgelegt werden, ohne dass die Diskussion später unbedingt noch einmal darauf zurückkommen müsste. Bei Bedarf kann ein IR-Coach so auf diplomatische Weise auch irrelevanten Statements ihr Störpotenzial nehmen, ohne Teilnehmer zu frustrieren.

3.2 Canvases

Allen IR-Varianten ist gemein, dass Sachverhalte in abstrakter und prägnanter Form notiert werden. Das passiert je nach IR-Variante auf unterschiedlichen Canvases. Diese werden in diesem Abschnitt kurz eingeführt. Abbildung 3.1 gibt einen Überblick über den Zusammenhang der verschiedenen Canvases. Sie zeigt, dass die verschiedenen Canvases miteinander verbunden sind und dass einzelne Canvases im Rahmen verschiedener IR-Varianten zum Einsatz kommen. Details zu den Canvases werden bei ihrer erstmaligen Verwendung in den verschiedenen IR-Varianten erörtert.

- **Partner Canvas:** Auf dem Partner Canvas werden die mit dem zu digitalisierenden Unternehmen in Verbindung stehenden Partner identifiziert, und ihre Schnittstellen zum Unternehmen werden beschrieben (Abschn. 4.2).
- **Physical Object Canvas:** Auf dem Physical Object Canvas werden die Objekte identifiziert, die zur Laufzeit Zustände oder Ereignisse unmittelbar in die Geschäftsprozesse des zu digitalisierenden Unternehmens liefern sollen oder die aus diesen Geschäftsprozessen heraus gesteuert werden sollen (Abschn. 4.3).
- **Touchpoint Canvas:** Auf dem Touchpoint Canvas wird für einen Partner des zu digitalisierenden Unternehmens beschrieben, in welcher Reihenfolge er über welche Kanäle mit dem Unternehmen in Kontakt tritt (Abschn. 4.4 und 6.4).
- **Feature Canvas:** Auf dem Feature Canvas werden Funktionalitäten und Eigenschaften eines Softwaresystems beschrieben. Hierbei kann es sich um ein bereits existierendes oder ein noch zu entwickelndes Softwaresystem handeln (Abschn. 5.2).
- **Process Canvas:** Auf dem Process Canvas werden die wichtigsten Geschäftsprozesse grob beschrieben. Dabei liegt der Fokus auf den zentralen Durchläufen. Von Ausnahmen und Sonderfällen wird weitestgehend abstrahiert (Abschn. 5.3).
- **Object Canvas:** Auf dem Object Canvas werden die Typen der wichtigsten zu verwaltenden Objekte benannt und zueinander in Beziehung gesetzt (Abschn. 5.4).
- **Integration Canvas:** Auf dem Integration Canvas werden die Softwaresysteme identifiziert, mit denen das zu erstellende Softwaresystem integriert werden muss. Zentrale Merkmale der Schnittstellen zu diesen Systemen werden genannt (Abschn. 5.5).

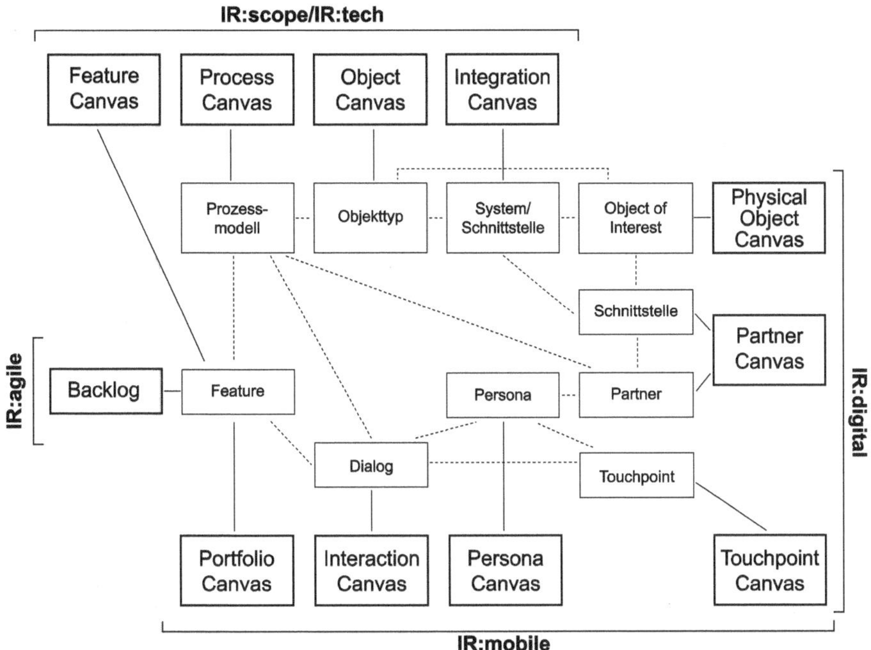

Abb. 3.1 Überblick über Zusammenhänge zwischen den IR-Canvases

- **Persona Canvas:** Personas sind Beschreibungen einzelner angenommener Anwender. Diese werden auf dem Persona Canvas detailliert und konkret beschrieben, um eine greifbare Vorstellung der angenommenen Anwender zu vermitteln (Abschn. 6.2).
- **Portfolio Canvas:** Auf dem Portfolio Canvas werden neu zu entwickelnde Services und Angebote in den Kontext des existierenden Unternehmensportfolios eingebettet. Es wird betrachtet, ob sich ein stimmiges Gesamtbild ergibt (Abschn. 6.3).
- **Interaction Canvas:** Auf dem Interaction Canvas wird beschrieben, welche Interaktionen zwischen der zu erstellenden mobilen Software und dem Anwender stattfinden werden und wie sie ausgelöst werden (Abschn. 6.5).

3.3 Annotationen

Nachdem die Projektmaterie durch die Füllung der Canvases greifbar gemacht worden ist, besteht der nächste Schritt in der Identifikation von Aspekten, die die Softwareentwicklung komplex, aufwändig, ungewiss oder sonstwie kritisch machen. Hierzu werden die Modellelemente auf den einzelnen Canvases mit Annotationen versehen, die verdeutlichen, was die Stakeholder in verschiedenen Dimensionen für wichtig und schwierig halten. In üblichen, nicht näher qualifizierten Modellen von Geschäftsprozessen und Softwaresystemen geht genau diese Einschätzung leicht unter. Aus vielen Modellen wir oft nicht unmittelbar deutlich, welche Aspekte besonders relevant bzw. kritisch für den Projekterfolg sind – seien es Tätigkeiten und Funktionen, die besonders wesentlich für die Wertschöpfung des Unternehmens oder des zu entwickelnden Softwaresystems sind; Aspekte der Fachlichkeit oder Implementierung, die als besonders komplex angesehen werden oder noch nicht hinreichend verstanden sind; oder fachliche oder technische Rahmenbedingungen, die bei der Realisierung zu berücksichtigen sind.

Annotationen sind ein Hilfsmittel, um all diese Aspekte auszudrücken, die in klassischen Prozess- und Systemmodellen unsichtbar bleiben. Die Platzierung der Annotationen auf den Canvases des Interaction Rooms führt dazu, dass Stakeholder sich überhaupt bewusst mit den annotierten Herausforderungen auseinandersetzen, und hilft, die identifizierten Werte, Aufwände und Risiken an konkreten Punkten in Prozessen und Systemen zu verorten – dies hilft sicherzustellen, dass sie im Projektverlauf nicht wieder untergehen. Die zu jeder Annotation festgehaltenen Hintergrundinformationen (Kap. 26) bieten darüber hinaus wertvolle Hinweise zur Art der annotierten Herausforderung, die nicht nur für die Problemlösung, sondern bereits für die Priorisierung und Aufwandsschätzung hilfreich ist. Es empfiehlt sich daher, Annotationen auf allen Canvases einzusetzen und sie nicht nur isoliert, sondern auch im Gesamtbild zu betrachten, um einen Eindruck von Aufwand und Komplexität des Gesamtprojekts zu erhalten und sicherzustellen, dass keine erfolgskritischen Aspekte und Zusammenhänge übersehen werden.

Ein wesentliches Ziel der Befüllung eines Interaction Rooms ist es, die individuellen Eindrücke von Wertschöpfung, Komplexität, Risiko und Ungewissheit bereits früh im Projekt ins Bewusstsein zu rücken, sie in Modellen explizit darzustellen, und sich im Team mit ihnen auseinander zu setzen. Dies ermöglicht den Stakeholdern ein besseres Verständnis der Projektherausforderungen und schafft somit eine Basis für belastbarere Aufwandsschätzungen und Prioritätensetzung.

Erreicht wird die explizite Visualisierung der Wert- und Aufwandstreiber eines Projekts durch Annotation der IR-Canvases mit einer Reihe von Symbolen, die als „Warnschilder" für im Projektverlauf zu klärende bzw. zu berücksichtigende Aspekte fungieren. Alle Annotationen stehen den Stakeholdern in physischer Form zur Verfügung – als Magnetsymbole, als Klebesymbole, als Stempelsymbole – um ganz einfach an allen Canvas-Elementen platziert werden zu können, für die sie relevant erscheinen.

Jede Annotation drückt eine bestimmte Art von Herausforderung aus – ein Qualitätsmerkmal wie bestimmte Sicherheitsanforderungen, ein Konstruktionsmerkmal wie eine externe Schnittstelle, aber auch „Bauchgefühle" wie eine besondere Komplexität oder eine besondere Ungewissheit.

Annotationen geben einen Eindruck von Wichtigkeit, Aufwänden, Risiken und Ungewissheiten, die einzelnen Elementen der Fachdomäne bzw. der angestrebten technischen Lösung innewohnen. Diese Einschätzungen sind besonders wertvoll, da sie in klassischen Software- oder Prozessmodellen verborgen bleiben – zum einen, weil dort keine Ausdrucksmöglichkeit für diese Informationen besteht, zum anderen, weil der Vollständigkeits- und Korrektheitsanspruch formaler Modellierungssprachen den Modellierer dazu drängt, Sachverhalte konkreter und detaillierter zu spezifizieren, als zu so einem frühen

Zeitpunkt eigentlich möglich ist. Klassische Modellierung kann so zu einer aktiven Maskierung von Komplexität und Ungewissheit führen, die im späteren Projektverlauf zu unvorhergesehenen Mehraufwänden führen kann.

Die Annotationstechnik im Interaction Room sorgt zum einen dafür, dass alle Stakeholder sich früh und explizit mit Wert-, Aufwands- und Risikotreibern auseinandersetzen. Zum anderen verankert sie die aus dieser Auseinandersetzung entstehenden Erkenntnisse sichtbar in den Überblicksdiagrammen des Interaction Rooms, die für alle Stakeholder verständlich sind. Selbst für Personen, die mit der Projektmaterie nicht vertraut sind, vermittelt ein annotierter informeller Object Canvas ein deutlich besseres Bild von der Projektkomplexität als ein zwar vollständig ausgearbeitetes, aber nicht annotiertes UML-Diagramm.

Zu jeder Annotation wird im Workshop protokolliert, worauf sie sich genau bezieht, welche konkrete Anforderung sie stellt, und welchen Nutzen ihre Umsetzung bzw. welchen Schaden ihre Nichtberücksichtigung verursachen könnte. Im Rahmen der Nachbereitung eines IR-Workshops können aus diesen Einschätzungen erste Ansatzpunkte für eine Priorisierung, tiefgehendere fachliche/technische Recherche und notwendige punktuelle Spezifikationsverfeinerungen abgeleitet werden.

Bewusst wird im Rahmen der Annotationspräzisierung darauf verzichtet, nach dem „Wie" der Realisierung zu fragen (z. B. „Auf welche Weise sollte die Annotation in einer etwaigen Realisierung berücksichtigt werden?"), da dies eine Vorwegnahme einer Diskussion in der Lösungsdomäne wäre – dazu ist es in einem IR-Workshop jedoch noch zu früh. Außerdem würde eine Lösungsdiskussion über jede Annotation schnell den Workshop-Zeitrahmen sprengen. Ziel des Interaction Rooms ist es lediglich, ein Bewusstsein darüber zu schaffen, an welchen Stellen Detaillösungen für nicht offensichtliche Anforderungen erforderlich sind.

Die Analyse der Annotationen auf einem Canvas kann schon früh erfolgen. Dabei werden in aller Regel keine strikten Fehler entdeckt, aber Verdachte und Implausibilitäten. Die Diskussion dieser Sachverhalte führt dann oft zu unterschiedlichen Vorstellungen, die nun auch früh ausgeräumt werden können.

Wir unterscheieden drei wesentliche Klassen von Annotationen:

- **Werttreiber** kennzeichnen Aspekte, deren Umsetzung voraussichtlich Auswirkungen auf den angestrebten Business Value bzw. User Value des Systems hat – z. B. das Potenzial von Produktivitätssteigerungen, aber auch das Risiko von Imageschäden. Sie drücken den Wert aus, den bestimmte System- oder Prozessteile liefern – seien es für den Softwareanbieter relevante Werte wie Image oder finanzieller Gewinn, oder vom Anwender wahrgenommene Leistungs- oder Begeisterungsfaktoren. Diese Wertbeiträge sind typischerweise nicht gleichmäßig über das System verteilt – vielmehr leisten einige Komponenten die Schlüsselbeiträge, die die Entwicklung des Gesamtsystems überhaupt erst rechtfertigen, während andere Komponenten nur sekundäre bzw. unterstützende Funktion haben. Mit den Annotationen „Business Value" und „User Value" können die aus Anbieter- bzw. Anwender-Sicht besonders zentralen Wertschöpfungsbeiträge hervorgehoben werden.

- **Aufwandstreiber** kennzeichnen Rahmenbedingungen oder Anforderungen, die sich in der Realisierung des zu entwickelnden Systems niederschlagen sollen. Oft sind dies Qualitätsmerkmale wie z. B. besondere Zeit- oder Sicherheitsanforderungen, Konfigurierbarkeit etc., aber auch funktionale Vorgaben wie die Entscheidung, eine bestimmte Aufgabe automatisch oder manuell erledigen zu lassen. Annotationen für Aufwandstreiber geben Stakeholdern die Möglichkeit, Aspekte auszudrücken, die nicht so greifbar sind wie konkrete Features, deren Umsetzung unter Umständen aber ebenso aufwändig ist und ebenso weitreichende Folgen für Design- und Architekturentscheidungen haben kann. Sie wirken damit der Verlockung entgegen, die die scheinbare Präzision formaler Modellierungssprachen ausübt: Stakeholder werden durch solche Sprachen darauf fokussiert, vor allem greifbare Aspekte des Systems zu beschreiben: Was soll das System tun? Welche Daten soll es verarbeiten? Wie soll es funktionieren? Dabei besteht die Gefahr, dass Stakeholder in eine „Anything goes"-Mentalität verfallen: Weil sich auf dem Papier alles vergleichsweise einfach fordern und planen lässt, wird der High-Level-Entwurf schnell zum Wunschkonzert. Die in der Umsetzung lauernden Aufwände, Risiken und Ungewissheiten werden währenddessen leicht ausgeblendet. Am Ende steht ein Modell, das solide aussieht und scheinbar nur noch ausprogrammiert werden muss, dem man seine innewohnende Komplexität, unter Umständen auch seine innewohnenden Widersprüche und die nicht zu Ende gedachten Features nicht ansieht. So ist z. B. eine Komponente zur Abwicklung von Vertragsänderungen auf klassische Weise schnell spezifiziert und erscheint in Prozess- und Strukturdiagrammen vergleichsweise harmlos. Der Hinweis, dass solche Änderungen zu bestimmten Stichtagen gehäuft auftreten und dann ein vielfaches der üblichen Systemlast verursachen, dass Ausfälle aufgrund von Systemüberlastung aus Image-Gründen nicht tolerabel sind, und Änderungen in einem gesetzlich festgelegten Zeitrahmen zu erfolgen haben, führt jedoch zur Betrachtung der Komponente in einem ganz anderen Licht – sie erfordert deutlich höhere Aufwände als auf den ersten Blick vermutet, und ist architektonisch anspruchsvoller, da sie z. B. Mechanismen zur Lastverteilung benötigt. In klassischen Systemmodellen wären diese Aspekte kaum darstellbar, mit Annotationen können Stakeholder sie jedoch genau dort hervorheben, wo sie sich niederschlagen – in den Process und Object Canvases des Interaction Rooms.
- **„Ungewissheit"** ist eine besondere Annotation, die am Ende des Annotationsprozesses eines Canvas benutzt wird, um jeden Teilnehmer ausdrücken zu lassen, was noch nicht genügend verstanden wurde. Sie sorgt dafür, dass Stakeholder auch solche Eindrücke offensichtlich machen, die normalerweise in Softwarespezifikationen überhaupt nicht vorgesehen sind: Nämlich, dass bestimmte Aspekte noch nicht verstanden sind, dass sie Recherche erfordern, dass Expertise im Team fehlt, kurzum: Dass die mühevoll erreichte Spezifikation lückenhaft oder womöglich sogar falsch ist. Stakeholder dazu herauszufordern, diese Einschätzung offensichtlich zu machen, ist einer der Schlüssel zum Risikomanagement im Interaction Room.

Die Auszeichnung von Canvases mit Annotationen erfolgt typischerweise, wenn die Canvases einen ersten stabilen Modellierungsstand erreicht haben. Es wird dabei immer genau ein Canvas annotiert. Das kann in einem oder mehreren Durchgängen erfolgen. In einem Durchgang erhalten die Workshop-Teilnehmer zehn Minuten Zeit, um eine canvas- und projektspezifisch ausgewählte Menge von Annotationen (z. B. in Form von Magnet- oder Klebesymbolen) entsprechend ihrer persönlichen Einschätzung auf den Canvases zu verteilen. Typischerweise sollten nicht mehr als fünf Symbole innerhalb eines Durchgangs verwendet werden, da ansonsten die Gefahr besteht, dass die Bedeutung der Symbole durcheinander geworfen wird oder sich Teilnehmer auf eine Teilmenge beschränken. Bieten sich mehr als fünf Annotationen zur Annotierung eines Canvas an, werden verschiedene Durchgänge mit jeweils maximal fünf Symbolen durchgeführt. Die Auswahl der Annotationen für die einzelnen Durchgänge obliegt den IR-Coaches, die den Workshop moderieren.

Dieser Annotationsprozess geschieht komplett unmoderiert, unabhängig und kommentarlos – die Stakeholder heften Annotationssymbole an Stellen, die sie für besonders wichtig, aufwändig oder kritisch halten. Jeder Stakeholder kann beliebig viele Annotationen an den zu annotierenden Canvas heften – auch, wenn das annotierte Element bereits gleiche oder andere Annotationen anderer Stakeholder trägt.

Die IR-Coaches sollten jedoch darauf hinweisen, dass die Annotationen nicht zur Darstellung genereller Implementierungsschwierigkeit oder übergreifender Rahmenbedingungen eingesetzt werden sollten, sondern zur Hervorhebung spezifischer Problempunkte. So ist es z. B. nicht sinnvoll, alle Schritte eines Prozesses mit Sicherheitsannotationen auszustatten, da dies meist projektübergreifende Querschnittsanforderungen sind, deren ubiquitäre Auszeichnung mit Annotationen zu keinem Erkenntnisgewinn, sondern nur zusätzlichem Modellierungs- und Interpretationsoverhead führt. Hilfreicher ist es, nur einzelne Elemente, an denen sich besondere oder zusätzliche Herausforderungen ergeben, mit Annotationen hervorzuheben.

Während die Annotationssymbole bereits einen groben Hinweis darauf geben, welcher Art die Herausforderungen an den markierten Stellen im Prozess bzw. System sind, sind für eine solide Bewertung zusätzliche Angaben erforderlich, die die genaue Ausprägung der Annotation im jeweiligen Kontext wiedergeben.

Um diese Ausprägungen zu erfahren, gehen die IR-Coaches im Anschluss an den unmoderierten Annotationsvorgang nacheinander alle Annotationssymbole durch und fragen jeweils in die Runde, wer die Annotation aus welchem Grund an der betreffenden Stelle angeheftet hat. Der Urheber der betreffenden Annotation erklärt kurz seinen Grund für die Auszeichnung, woraufhin die anderen Stakeholder kurz Gelegenheit zur Äußerung von Einwänden haben. Möchte der Stakeholder, der die Annotation geklebt hat, dass sie bestehen bleibt, so wird sie auf dem Canvas festgehalten und mit einer laufenden Nummer versehen. Unter dieser laufenden Nummer wird zugleich im Workshop-Protokoll die konkrete Ausprägung vermerkt, die der Stakeholder anmerken wollte (eine konkrete Ausprägung der Annotation „Rahmenbedingung“ wäre z. B. die Angabe von Paragraphen eines einschlägigen Gesetzestextes, der Vorgaben für die Art der Geschäftsabwicklung macht, oder die Angabe konkret erwarteter Zugriffszahlen für die Annotation „hohe Last“). Kapitel 26 gibt eine Übersicht aller Annotationen zusammen mit typischen Präzisierungsfragen, die bei ihrer Protokollierung beantwortet werden sollten. Entsteht weitergehender

Diskussionsbedarf über eine Annotation, so wird diese zusätzlich mit einem Ungewissheits-Symbol versehen und später außerhalb des Workshops weiter diskutiert. Findet sich kein Stakeholder, der die Annotation erläutern will (weil der Urheber unter Umständen zwischenzeitlich seine Meinung geändert hat), oder stellt sich im Verlauf der kurzen Diskussion heraus, dass der ursprünglich angemerkte Aspekt gegenstandslos ist, so wird die Annotation vom Canvas entfernt. Diese Annotationstechnik kann im Rahmen mehrerer Durchgänge wiederholt werden, in denen verschiedene Annotationen in den Vordergrund gestellt werden.

Die letzte Annotationsrunde ist jedoch immer ausschließlich der Ungewissheits-Annotation vorbehalten. In den Runden zuvor sollte diese Annotation nicht zur Wahl gestellt werden, da Stakeholder womöglich noch nicht bereit sind, offen und freiwillig Ungewissheit über einen System- oder Geschäftsaspekt zu kommunizieren, mit dem sie gefühlt eigentlich vertraut sein sollten. In der letzten Annotationsrunde zu jedem Canvas verlangen die IR-Coaches jedoch, dass jeder Teilnehmer mindestens eine Ungewissheits-Annotation in den Canvas heftet. Diese „Pflichtannotation" vermeidet zum einen den Stigmatisierungseffekt für denjenigen, der Ungewissheit zugibt, und führt zudem dazu, dass alle Stakeholder noch einmal darüber reflektieren, ob wirklich alle offenen Fragen beantwortet sind.

In der Praxis zeigt sich, dass die Ungewissheits-Annotationen häufig auch an Elemente geheftet werden, die zuvor nie kontrovers diskutiert oder mit anderen Annotationen versehen wurden, bei denen nun jedoch alle Teilnehmer zustimmen, dass es an dieser Stelle tatsächlich noch Klärungs- oder Vertiefungsbedarf gibt. Die Ungewissheits-Annotation kann damit auch als Weg dienen, einen möglichen „Elephant in the Room" aufzudecken, d. h. ein Problem, das zuvor niemand ansprechen mochte.

Wie in den anderen Annotationsrunden gehen die IR-Coaches auch die Ungewissheits-Annotationen nacheinander durch und bitten die Urheber, die wahrgenommene Ungewissheit zu beschreiben. Melden sich unter den Teilnehmern Stakeholder, die nachvollziehbar das Wissen haben, um diese Ungewissheit aufzulösen, so wird die Annotation entfernt, da es sich nicht um ein Problem des gesamten Teams, sondern allenfalls eine lokale Verständnislücke handelte. Die Entscheidung über das Entfernen oder Beibehalten der Annotation trifft das Team; im Zweifel bleibt sie bestehen. Findet sich unter den Teilnehmern kein Stakeholder, der die Ungewissheit auflösen könnte, so wird sie wie die anderen Annotationen im Protokoll vermerkt, idealerweise mit Nennung eines Verantwortlichen, der die notwendigen Schritte zur Aufhebung der Ungewissheit einleiten soll (z. B. Klärung strategischer Fragen mit dem Management, Hinzuziehung von externen Fach- oder Technologieexperten für spezifische Fragestellungen, etc.).

3.4 Varianten

In den vorherigen Abschnitten haben wir die Grundprinzipien der IR-Methode vorgestellt und sie aus den traditionellen Herausforderungen von Softwareprojekten abgeleitet. Wir haben zwischen der initialen Festlegung des Ziels eines Entwicklungsprojektes und dem Verfolgen des Projektfortschrittes mithilfe eines Interaction Rooms unterschieden (Scoping versus Monitoring). Die flexible Kombinierbarkeit der einzelnen Elemente des Interaction Rooms in der Praxis hat dazu geführt, dass sich fünf IR-Varianten herausgebildet haben, die die Instrumente des Interaction Rooms in unterschiedlicher Weise nutzen, um unterschiedliche Projektsituationen und Zielsetzungen zu unterstützen:

- Der **Interaction Room für Digitalstrategie-Entwicklung (IR:digital)** ist der Einstieg in die Identifikation innovativer Projekte und in deren Scoping im Kontext einer weit verstandenen Digitalisierung. In ganz besonderem Maße erfordert er das Zusammenspiel von Experten im aktuellen Geschäftsmodell und Experten für verschiedene Digitalisierungstechnologien. Denn gerade weil viele dieser Technologien noch nicht seit Jahren erprobt und bewährt sind, hat sich noch keine einheitliche Vorstellung davon eingestellt, was mit ihnen erreicht werden kann. Oft haben sie jedoch das Potenzial, existierende Geschäftsmodelle entscheidend zu verändern oder sogar neue Dienstleistungen zu ermöglichen. Und das lässt sich nur gemeinsam ermitteln, in Szenarien darstellen und am Ende per Business Case bewerten. Besonders wichtig im IR:digital ist, dass das Geschäftsmodell (sofern es durch die Digitalisierung geändert wird) systematisch im Hinblick auf seine Machbarkeit und Durchsetzbarkeit geprüft wird. Denn oft gibt es tolle Ideen zu digitalen Services, für die aber niemand zahlen möchte oder die ein sehr großes Marketing-Budget erfordern. Solche tendenziell auszusortierenden Lösungen werden im IR:digital als eben solche erkannt. Der IR:digital ist damit der Einstieg in das Scoping von Innovationen und kann als Vorstufe für konkretere Betrachtungen in anderen IR-Varianten dienen.
- Der **Interation Room für Mobilanwendungs-Entwicklung (IR:mobile)** geht von bekannten Geschäftsprozessen aus und rückt die Frage, an welchen Stellen diese Geschäftsprozesse und die sie unterstützenden Anwendungen und Daten sinnvoll mobilisiert werden können, in den Mittelpunkt. Dabei geht es um technische Fragestellungen (welche Daten und Anwendungen lassen sich mit welchem Aufwand mobil machen?), dedizierte Mobilisierungsrisiken (Sicherheit, Redundanz und Konsistenz von Daten) und vor allem auch um Fragen der Sinnhaftigkeit (wer soll/kann was mobil erledigen, und besteht dafür angesichts des Nutzungskontexts überhaupt Bereitschaft/Interesse?). Der IR:mobile erfordert zwingend die Teilnahme von Mobilisierungsexperten, insbesondere solchen, die eine Vorstellung davon haben, was mobilen Anwendern zuzumuten ist, was ihnen Spaß macht und was sie aus anderen mobilen Anwendungen gewöhnt sind. Der IR:mobile gibt dem zuweilen vagen und unterschiedlich interpretierten Bestreben nach Mobilisierung von Daten und Anwendungen eine Richtung, sodass die Stakeholder eine gemeinsame Zielsetzung verfolgen können. Der IR:mobile kann unmittelbar in einen IR:scope münden, in dem aus dem erkannten Mobilisierungspotenzial konkrete Prozessveränderungen und Softwareentwürfe entspringen. Im Anschluss lassen sich dann alle Instrumente, die im IR:agile zum Projekt-Monitoring zum Einsatz kommen, auch auf die mobile Softwareentwicklung anwenden.

- Der **Interaction Room für Technologie-Evaluation (IR:tech)** prüft aktuelle Technologien, vor allem aus dem Kontext der elastischen Infrastrukturen, im Hinblick auf ihr Einsatzpotenzial für die technologisch verbesserte Unterstützung existierender Geschäftsprozesse und -modelle. Der IR:tech adressiert die wahrgenommene Innovationsverdichtung im technischen Bereich und er reflektiert, dass Anwender und Fachbereiche immer mehr in technologischen Dimensionen denken und argumentieren. Beispiele für Technologien in diesem Kontext (oder auch nur technologisch besetzte Schlagwörter) sind Big Data, NoSQL, Continuous Integration and Delivery. Für solche Schlagwörter setzt sich auf Grund von populärer Presse und Messe-Small-Talk leicht der Eindruck fest „damit müssten wir uns doch auch mal auseinandersetzen". Der IR:tech zielt darauf ab, genau diese Auseinandersetzung zu unterstützen, Technologien im Hinblick auf ihr Potenzial zu bewerten und gegebenenfalls (nämlich nur genau dann, wenn ein allgemeines Wertversprechen im spezifischen Unternehmenskontext plausibel scheint) Einsatzszenarien zu skizzieren. Im Unterschied zu den anderen IR-Varianten umfasst der IR:tech eine deutlicher auf Technologieverständnis ausgerichtete Komponente. Zusätzlich beinhaltet er das methodisch verankerte Element des „über-den-Tellerrand-Blickens". Soll heißen, Einsatzszenarien der jeweils betrachteten Technologie in anderen Branchen werden systematisch betrachtet. Wird im IR:tech ein konkretes Nutzenpotenzial einer Technologie erkannt, so können die technischen und fachlichen Umbauten, die die Technologieeinführung mit sich bringen würde, in einem anschließenden IR:scope detaillierter beleuchtet werden.
- Der **Interaction Room für Softwareprojekt-Scoping (IR:scope)** startet von einer Projektidee und unterstützt die beteiligten Stakeholder in der Fokussierung auf ein gemeinsames Ziel (Scoping). Das Projektziel (die zu entwickelnde Software) weist dabei typischerweise Eigenschaften auf, die Elemente der agilen Softwareentwicklung nahe legen. So ist beispielsweise klar, dass die Anforderungen nicht komplett sind und sich im Laufe des Projektes weiter entwickeln werden, dass es Schnittstellen zu Menschen gibt (in Form von Dialogen, Reports), sodass späte Anforderungen unvermeidlich sind, und dass die Prioritäten immer mal wieder an den Stand der Erkenntnisse angepasst werden. In einer solchen Situation kommt es darauf an, die Vielfalt der Ideen und Vorstellungen unter einen Hut zu bringen, die einzelnen Ziele miteinander abzugleichen und die Stakeholder auf eine gemeinsame Idee bezüglich der zu entwickelnden Software zu verpflichten. Ein solcher Konsens kann dann der Startpunkt für das eigentliche Projekt sein, das idealerweise im IR:agile gemonitored wird.
- Der **Interaction Room für agiles Projekt-Monitoring (IR:agile)** unterstützt das konsequente Monitoring relevanter Phänomene während der gesamten Projektlaufzeit. Typischerweise folgt der IR:agile auf den IR:scope. Im IR:agile wird auf die Dynamik von Anforderungen, Indikatoren für Projekthavarien (und ihre Entwicklung mit der Zeit), das Planen und Kontrollieren von Iterationen und transparente Kostenverfolgung und -kontrolle Wert gelegt. Die Verfolgung der Dynamik in der Anforderungsmenge mithilfe der Anforderungstauschbörse (Abschn. 8.3) und das Vertragsmodell adVANTAGE (Abschn. 15.2) sind grundsätzlich während der gesamten Projektlaufzeit

relevant, gewinnen jedoch häufig erst mit nahendem Projektende an Prominenz und Visibilität. Noch anders sieht es mit der Kostenkontrolle aus. Ihre Anwendung führt gerade in den ersten Realisierungsaktivitäten zu interessanten Handlungsoptionen, zum Ende von Projekten sind die durch Kostenkontrolle und -hochrechnung Optionen in der Regel weniger wirkungsmächtig, aber umso erforderlicher, denn das Geld wird ja am Ende knapp.

Abbildung 3.2 zeigt den Zusammenhang zwischen den IR-Varianten schematisch. Sie zeigt, in welchen Projektphasen die unterschiedlichen Varianten des Interaction Rooms zum Einsatz kommen. Der IR:digital dient dazu, Digitalisierungschancen im weitesten Sinne zu identifizieren. Je nach Ausgestaltung entsteht dabei der Kristallisationspunkt einer digitalen Strategie. Häufig ist der IR:digital der Einstieg, der dazu führt, dass grob umrissene Ideen bezüglich zu entwickelnder Softwaresysteme, mobiler Softwaresysteme oder bezüglich des Einsatzes technischer Innovationen anschließend konkretisiert werden. Die Dauer der Vorbereitung, Durchführung und Nachbereitung eines IR:digital-Workshops erstreckt sich typischerweise über einen längeren Zeitraum als in den anderen IR-Varianten. Ist das Projektziel von Vornherein enger gefasst, kann der initiale IR:digital entfallen. Dann kann der Einstieg über den IR:mobile (für den Fall, dass eine Idee für die Mobilisierung von Teilen eines Geschäftsprozesses besteht) oder den IR:tech (für den Fall, dass die Einsatzchancen einer Technologie untersucht werden sollen) erfolgen. Auch diese beiden sind optional, denn für ein weder mobiles noch technologisch besonders herausforderndes Softwareentwicklungsprojekt ist der IR:scope der geeignete Einstieg (für den Fall, dass schon eine Idee für ein in bekannter Technologie zu realisierendes Softwaresystem besteht). Allen vier Varianten gemeinsam ist, dass die Ausgangslage durch unklare Vorstellungen auf Seiten aller beteiligten Stakeholder geprägt ist und dass die Harmonisierung dieser Vorstellungen ein wichtiger Schritt auf dem Weg in Umsetzungsprojekte sein kann.

Auf das Projekt-Scoping im IR:scope kann die gezähmt agile Entwicklung mit passendem Monitoring der Entwicklung im IR:agile folgen. Dies kann je nach Bedarf unterschiedlich weit in das Projekt hinein erfolgen. In dem Maße, wie die Beteiligten den Eindruck haben, dass die Anforderungen sich stabilisieren und das Kosten und Risiken gut beherrscht sind, wird das IR:agile-Monitoring zurückgefahren, allerdings kann es zu Beginn eines jeden Sprints erforderlich sein, einen „kleinen" IR:scope-Workshop zur Konkretisierung der im Sprint zu erledigenden Aufgaben durchzuführen. Sinnvoller ist es meistens, das Monitoring durchlaufen zu lassen und nur die Frequenz und Intensität des Monitorings der Reife der Projektsituation anzupassen.

Auch wenn die IR-Varianten aufeinander aufbauen und in der genannten Art und Weise natürlich anschlussfähig sind, können Interaction Rooms auch einzeln verwendet werden. Die initiale Befüllung eines jeden Interaction Rooms führt zu Ergebnissen, die nicht notwendigerweise im Rahmen von Softwareentwicklungsprojekten verwendet werden müssen, sondern die auch unabhängig davon Nutzen stiften und anders eingesetzt werden können.

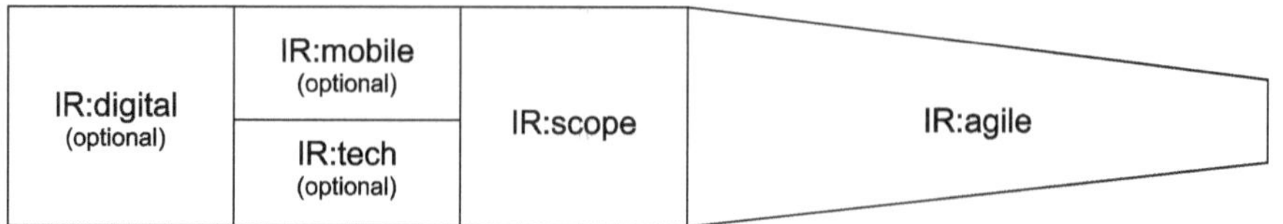

Abb. 3.2 Abfolge der IR-Varianten über die Projektlaufzeit

3.5 Stakeholder

Die IR-Methodik basiert maßgeblich darauf, die verschiedenen Stakeholder miteinander ins moderierte und fokussierte Gespräch zu bringen und dabei gemeinschaftliche Entscheidungen zu treffen und zu dokumentieren. Um dies zu ermöglichen, ist es unverzichtbar, dass die richtigen Menschen bei der Befüllung eines Interaction Rooms richtig mitmachen. „Richtig" hat dabei verschiedene Dimensionen.

Die Teilnehmer müssen zunächst in der nötigen Weise kompetent sein. Fachexperten müssen ihr Fach auch tatsächlich kennen, Technikexperten müssen die einzusetzenden und zu bewertenden Techniken tatsächlich kennen, Entwickler müssen wissen, was sich mit welchen Verfahren und Werkzeugen entwickeln lässt und was nicht. Weiterhin ist wichtig, dass die Teilnehmer über die nötige Entscheidungskompetenz verfügen. Das, was entschieden werden muss, sollten sie im Großen und Ganzen auch entscheiden dürfen. Natürlich gibt es diesbezüglich, gerade in großen, im Allgemeinen hierarchisch strukturierten Organisationen Grenzen; hier und da müssen Rücksprachen genommen werden und Entscheidungen vorläufig bleiben. Dies darf aber nicht zur Regel werden, ansonsten verkümmert die IR-Befüllung zu einer mehr oder weniger unverbindlichen Sammlung von Entscheidungsbedarfen. Schließlich müssen die Teilnehmer nicht nur fachkompetent und entscheidungsbefugt, sondern auch entscheidungsfreudig sein. Zauderei und das Vermeiden von Festlegungen mag hier und da nützlich und fehlervermeidend sein. Im Interaction Room darf es nicht überhand nehmen. Genauso wichtig ist es, dass die Teilnehmer ihre Fachposition argumentativ vertreten können, jedoch auch bereit sind, sich auf die Sichtweisen anderer Bereiche einzulassen und neuartige Wege zu gehen. Der Auswahl der Teilnehmer einer IR-Befüllung, die diese Fähigkeiten haben, kommt somit eine besondere Bedeutung zu.

Um sicherzustellen, dass die richtigen Teilnehmer geeignet zusammen arbeiten, Abstraktionsgrade einhalten und sich nicht in Details verheddern, wird die Befüllung eines Interaction Rooms moderiert und methodisch begleitet. Die Aufgaben der Teilnehmerauswahl, der Moderation und der methodischen Begleitung werden von zwei so genannten IR-Coaches wahrgenommen. Der IR-Methoden-Coach ist für die Methodik zuständig, der IR-Domänen-Coach hat einen breiten Überblick über die Branche, in der die IR-Befüllung stattfindet. IR-Methoden-Coach und IR-Domänen-Coach sind idealerweise extern zu besetzen – wobei „extern" bedeutet, dass sie extern zu dem betrachteten Projektkontext sind. Falls es im Unternehmen einen zertifizierten IR-Methoden-Coach gibt, dann kann er die Rolle wahrnehmen, insofern er kein Stakeholder im Projektkontext ist. Prinzipiell kann auch die Rolle des IR-Domänen-Coach unternehmensintern besetzt werden, allerdings nur, wenn unstrittig ist, dass der Kandidat einen breiten Branchenüberblick hat und seine Sicht nicht unternehmensspezifisch eingetrübt ist.

Alle IR-Varianten haben mit den Geschäftsprozessen des Unternehmens zu tun. Egal, ob nach digitalen Verbesserungschancen gesucht wird (IR:digital), ob Mobilisierungspotenziale ermittelt werden sollen (IR:mobile), ob Softwareentwicklung geplant (IR:scope) or begleitet (IR:agile) werden soll, oder ob neue Technologien evaluiert werden sollen (IR:tech): In allen Fällen ist die Kenntnis der aktuellen und der angestrebten Geschäftsprozesse unverzichtbar. Sie liegt in der Verantwortung des Process Owners, die neben den IR-Coaches die dritte Rolle ist, die in allen IR-Varianten zum Einsatz kommt. Im Folgenden werden diese Rollen näher beschrieben.

3.5.1 IR-Methoden-Coach

Auch wenn die Arbeit im Interaction Room keiner geschlossenen Methode folgt, die präzise vorgibt, welche Aktivität in welcher Intensität wann und für wie lange von wem durchgeführt werden, so erfordert insbesondere die initiale Befüllung eines Interaction Rooms methodische Kenntnisse. Nur auf der Basis dieser Kenntnisse lässt sich eine effiziente Befüllung durchführen, und nur mit einer solchen Methodenkenntnis kann ein zertifizierter IR-Methoden-Coach die Vielfalt der Teilnehmer koordinieren, Interessensausgleiche bewerkstelligen und Entscheidungen herbeiführen. Die dazu erforderliche Praxiserfahrung erlangt er durch einen Zertifizierungsprozess. Die Aufgaben des IR-Methoden-Coaches sind:

- Gewährleisten, dass alle Stakeholder in der IR-Befüllung **ausreichend Gelegenheit haben, ihre Vorstellungen und Ziele zu äußern,** und dass alle an der Erstellung der Canvases mitwirken. Hierbei kommt es insbesondere darauf an, die Diskussionsatmosphäre offen und fair zu halten, dominante Teilnehmer zu zügeln und zurückhaltende zu ermuntern.
- **Durchsetzen der folgenden Kommunikationsregeln:**
  - Eine Diskusion zu einer Zeit: Auch wenn viele Personen dabei sind, auch wenn es viele offene Punkte zu klären gibt, wird zu jeder Zeit nur so diskutiert, dass alle Stakeholder an der Diskussion teilnehmen können.
  - Nebenthemen werden gesammelt, aber dominieren nicht: Angesichts der ganz unterschiedlichen Hintergründe der Teilnehmer werden viele verschiedene Themen als unterschiedlich wichtig eingeschätzt. Dennoch sind nicht alle Themen gleich wichtig für eine ausgewogene Befüllung des Interaction Rooms. Der IR-Methoden-Coach stellt sicher, dass die diskutierten Themen auf das Workshop-Ziel hinführen.

- Keine Bewertung; jede Meinung ist gültig: Gerade die Annotationen sollen helfen, die essenziellen Anforderungen zu ermitteln. Was essenziell ist, hängt davon ab, welche Features welchen Stakeholdern aus welchen Gründen wichtig sind. Um das herauszufinden, müssen alle Meinungen auf den Tisch kommen. Das gelingt dauerhaft nur, wenn alle Meinungen als gültig akzeptiert werden. Gerade wenn eine Einzelmeinung der Mehrheit der Teilnehmer abwegig vorkommt, macht es Sinn, sich mit ihr auseinander zu setzen.

- **Trennen von Wichtigem und Unwichtigem,** um dazu beizutragen, dass die Canvases als Orientierung dienen, und um zu vermeiden, dass Details überbewertet werden. Hierzu ist der IR-Methoden-Coach in der Regel auf die Unterstützung und Einschätzung des IR-Domänen-Coaches angewiesen. Bei der Erstellung eines jeden Canvases muss er die Konzentration auf die wichtigen Entitäten unterstützen und immer wieder den Anspruch auf Vollständigkeit zurückweisen.
- **Sicherstellen der korrekten Anwendung der IR-Methodenfragmente,** um auszuschließen, dass die methodischen Vorgaben ignoriert werden. Der offene Ansatz der IR-Methode lässt zu, dass in Abhängigkeit von einzelnen Situationen einzelne Methodenfragmente vorgezogen werden oder auch ausgelassen werden. Innerhalb der Methodenfragmente gibt es wenig Spielraum. Wenn beispielweise ein Geschäftsprozessmodell annotiert wird, dann passiert dies gemäß der Annotationsregeln. Gerade angesichts der Methodenflexibilität ist es nicht immer einfach, den Methodenkern strikt durchzusetzen. Genau dies tut der IR-Methoden-Coach.
- **Managen der zur Verfügung stehenden Zeit,** um zu gewährleisten, dass das gesetzte Ziel des IR-Workshops insgesamt erreicht wird. Das kann beispielsweise bedeuten, dass Diskussionen beendet werden, um zu verhindern, dass bestimmte Canvases gar nicht erstellt werden können. Wann immer sich ein zeitliches Problem abzeichnet, ist der IR-Methoden-Coach dafür verantwortlich, die Abwägung zwischen konkurrierenden Zielen anzustoßen und auf eine einvernehmliche Priorisierung hinzuwirken.

3.5.2 IR-Domänen-Coach

Wann immer es innerhalb eines Unternehmens gilt, Sachverhalte zu dokumentieren, Kriterien zu nennen und Abwägungen vorzunehmen, droht die Gefahr, dass historisch bedingte Verschleißerscheinungen und Verkrustungen auftauchen, dass Details bezüglich ihrer Bedeutsamkeit überbewertet werden und dass das große Bild außer Sicht gerät. In dem Moment, in dem sich diese Gefahr materialisiert, ist es schwierig, auf ein höheres Abstraktionsniveau zurückzukehren und Details ihrer Relevanz angemessen einzuordnen.

Der IR-Domänen-Coach stellt sicher, dass die IR-Befüllung sich nicht in unternehmensspezifischen Details verliert, die im jeweiligen Unternehmenskontext bedeutsam erscheinen, letztlich aber weit weniger relevant sind als von den Teilnehmern angenommen. Er hinterfragt fachlich umkämpfte Details, indem er sie ins große Bild einordnet. Diese Aufgabe gelingt nur, wenn die anderen Fachvertreter die fachliche Expertise des IR-Domänen-Coaches anerkennen und das von ihm postulierte große Bild zulassen. Der IR-Domänen-Coach muss folglich einen fachlich fundierten Überblick über die Branche haben, in der Lage sein, die Spezialterminologie eines einzelnen Unternehmens auf allgemeine Begrifflichkeiten zurückzuführen und im Groben wissen, wie die aktuellen Branchentrends aussehen. Seine Aufgabe ist es, zusammen mit dem IR-Methoden-Coach auf die Einhaltung geeigneter Abstraktionsniveaus zu drängen und fachliche Argumente im Hinblick auf ihre Stichhaltigkeit zu prüfen. Gerade Argumentationsmuster der Art „das war hier schon immer so, so etwas braucht man hier gar nicht erst auszuprobieren, der Vorstand will das nicht" rufen ihn auf den Plan und lassen ihn nach der fachlichen Substanz hinter solchen Argumenten forschen. Die hierzu erforderliche Unabhängigkeit von der Unternehmenspolitik legt eine externe Besetzung der Rolle nahe.

3.5.3 Process Owner

Da es in IR-Befüllungen oft um mehr als einen einzelnen Kerngeschäftsprozess geht, ist die Rolle des Process Owners oft mehrfach ausgeprägt. Die Process Owners haben die Deutungshoheit über die aktuellen Prozesse, wissen, wie sie aussehen und welche Probleme sie aufweisen. Ein Process Owner muss den Prozess aber nicht nur in Idealform beschreiben können – viel wichtiger: Er muss den Prozess tatsächlich von Anfang bis Ende kennen, wie er im Unternehmen gelebt wird, ohne sich auf Prozessdokumentationen oder Hörensagen zu verlassen. Dennoch muss er den Prozess auf hinreichend abstraktem Niveau beschreiben können. Wenn es um heikle Details eines Prozesses geht (beispielsweise im IR:mobile) wird der Process Owner durch echte Anwender verstärkt. In allen Situationen gilt, dass tatsächliches Wissen erforderlich ist und von vagen, ungeprüften Vorstellungen differenziert werden muss.

3.5.4 Weitere Rollen

Tabelle 3.1 zählt die in den verschiedenen IR-Varianten vorkommenden Rollen auf. Wir unterscheiden zwischen grundsätzlich externer und und interner Besetzung. Grundsätzlich extern zu besetzende Rollen können dabei intern besetzt werden, wenn Projektexternalität und unabhängige Expertise gewährleistet sind. Interne Besetzung ist alternativlos, denn bei diesen Rollen kommt es darauf an, dass unternehmensspezifische Detailkenntnisse eingebracht werden. Die Rollen werden in den folgenden Kapiteln jeweils in der zuerst vorgestellten IR-Variante, in der sie auftreten, beschrieben.

Tab. 3.1 Stakeholder-Rollen in verschiedenen IR-Varianten

Rolle	extern	IR:digital	IR:scope	IR:mobile	IR:tech	IR:agile
IR-Methoden-Coach	X	X	X	X	X	X
IR-Domänen-Coach	X	X	X	X	X	X
Process Owner		X	X	X	X	X
Business Developer				X	X	
Anwendungsentwickler			X	X	X	X
Betriebsexperte			X	X	X	X
Digital Business Expert	X	X				
Digital Technology Expert	X	X				
Interaction Engineer	X	X		X		
Anwender			X			X
Mobilitätsexperte	X			X		
Enterprise Architect					X	X
Technologieexperte					X	

3.6 Workshop-Vorbereitung

Auch wenn es mehrere IR-Varianten und eine gewisse Bandbreite an Anforderungen an die zu beteiligenden Stakeholder gibt, bestehen in der Vorbereitung von IR-Workshops dennoch einige Gemeinsamkeiten. Dazu gehört, dass die grundlegenden Projektziele vorab skizziert werden sollten, um die Diskussion im Interaction Room zielgerichtet und produktiv führen zu können.

Ein einfaches Mittel zur ganz abstrakten Beschreibung des Projektziels ist das Format der so genannten Presseinfo. Dieser Text von maximal einer Seite wird so formuliert, dass der interessierte Laie ihn verstehen kann. Der Text gibt Auskunft darüber, warum der Kunde die zur Entwicklung anstehende Software entwickeln will. Er fokussiert die Ziele, darf ruhig etwas plakativ sein und vermittelt auf diese Weise das übergeordnete Ziel. Er erklärt zudem, ob das Projektziel in einer Neuentwicklung, der Ablösung eines Legacy-Systems, der Migration eines Systems, der fachlichen oder technischen Analyse oder Strategieentwicklung besteht. Trotz dieser vordergründig geringen Präzision hat die Presseinfo eine vereinheitlichende Wirkung, denn sie kann im Laufe der IR-Befüllung und im Laufe des Projektes immer wieder herangezogen werden, um zu prüfen, ob das Projekt noch auf Zielerreichungskurs ist, und um alle Beteiligten auf das Ziel zu verpflichten.

Um zu gewährleisten, dass die IR-Coaches den Kontext, in dem eine IR-Befüllung stattfindet, geeignet einordnen können, sollten sie vorab in Zusammenarbeit mit den Projektverantwortlichen zudem die folgenden Punkte erörtern:

- Mit welchen Problemen haben Projekte im Unternehmen typischerweise zu kämpfen? (z. B. Anforderungsmanagement, Stakeholder-Kommunikation, Integrationsgrad, Nutzerakzeptanz, etc.)
- Welche Aspekte sind im geplanten Projekt voraussichtlich besonders kritisch?
- Welches sind die am dringendsten benötigten Erkenntnisse, über die die IR-Befüllung Aufschluss geben soll (z. B. Zieldefinition, Anforderungserhebung, Nutzeranalyse, Prozessanalyse, Architekturentwurf, Priorisierung, Aufwandsabschätzung etc.)?
- Sind komplexe Abhängigkeiten bei der Integration alter und neuer Komponenten aufzulösen?
- Sind innovative Lösungen für neue Dienstleistungen zu entwickeln? Oder muss zunächst überhaupt erst einmal analysiert werden, welches Optimierungspotenzial die gelebten Prozesse aufweisen?
- Welche Abteilungen und Stakeholder werden voraussichtlich Treiber, welche werden Bremser, und welche werden Enabler von Veränderungen sein?

Die Antworten auf diese Fragen liefern ein Bild der Erwartungen und Herausforderungen, die im Projekt aufeinander treffen werden und bilden damit eine sinnvolle Grundlage für die IR-Befüllung. Vorstellungen, Befürchtungen und Fokussierung der einzelnen Stakeholder sind für die IR-Coaches einzuordnen. Das Verhalten der einzelnen Stakeholder kann in einen Gesamtkontext einsortiert werden.

Auf Basis dieser Erkenntnisse lassen sich die Canvases und der Aufwand, der zu ihrer Befüllung und der Annotation und Diskussion ihrer Modellelemente verwendet wird, auf die konkrete Ausgangssituation hin anpassen. Die Fragmente der IR-Methode lassen sich zu einem IR-Workshop kombinieren, der genau auf die „Pain Points" des zu betrachtenden Projekts zugeschnitten ist.

Unter Umständen legen die Antworten auf die obigen Reflektionsfragen auch die Wahl der am Besten geeigneten IR-Variante nahe. Geht es zunächst erst einmal um die digitale Geschäftsmodellentwicklung, so bietet der IR:digital den idealen Startpunkt (Kap. 4). Soll eine konkrete mobile App entwickelt werden, so ist der IR:mobile besser auf die mobilspezifischen Analyse- und Entwurfstätigkeiten abgestimmt (Kap. 6). Und geht es darum, das Potenzial neuer Technologien wie z. B. Big Data für existierende Systeme und Prozesse zu untersuchen, so ist der IR:tech das Werkzeug der Wahl (Kap. 7).

Eine weitere wichtige Maßnahme der IR-Vorbereitung ist die Auswahl der Stakeholder. Während die auszufüllenden Rollen im Großen und Ganzen vorgegeben sind (Abschn. 3.5.4), müssen die Personen, die die Rollen ausfüllen, benannt und auf die IR-Befüllung eingestimmt werden.

3.7 Ergebnisdokumentation und Anschlusstätigkeiten

Die im Interaction Room erstellten Modelle werden grundsätzlich nachdokumentiert. Je nach Wunsch können sie dabei auch in eine bestimmte Syntax übertragen werden. Der

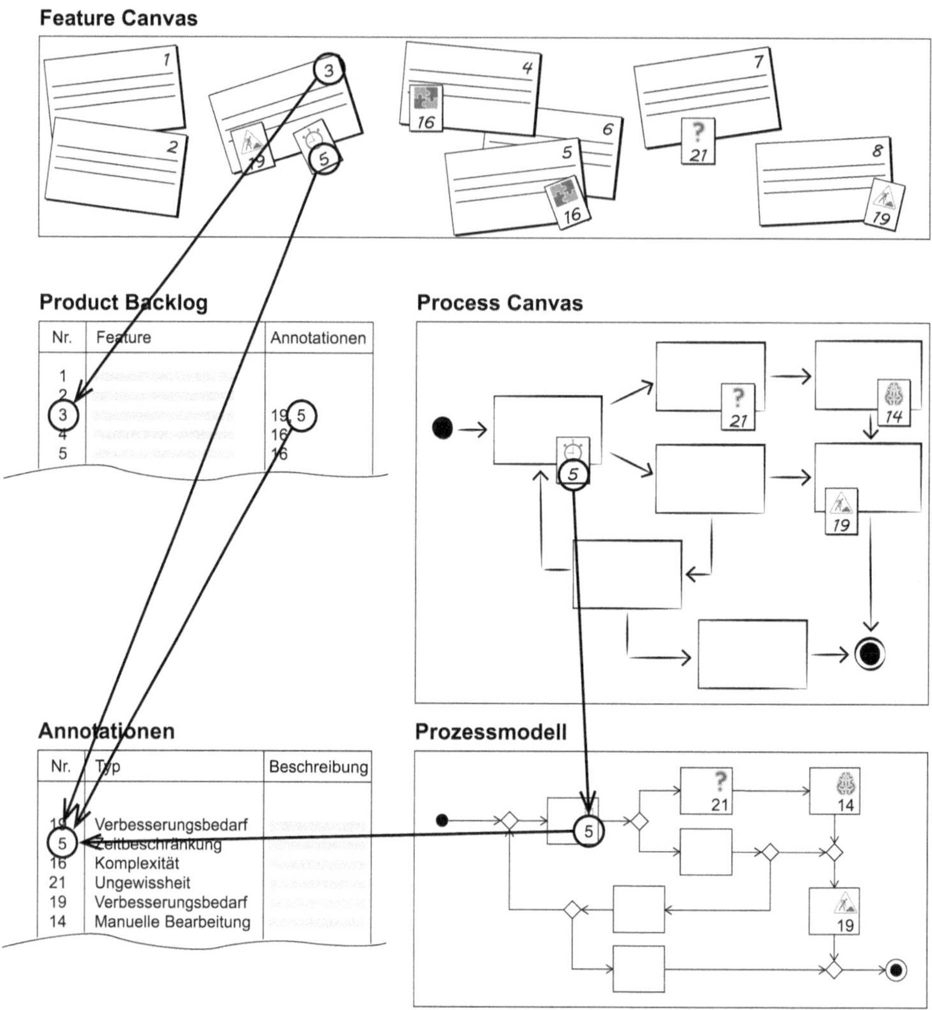

Abb. 3.3 Zusammenhänge zwischen IR-Canvases und Artefakten

Detaillierungsgrad der Dokumentation kann dabei angepasst werden, sodass bestimmte Canvases in mehr oder weniger Details nachdokumentiert werden. Grundsätzlich gilt die Leitlinie, dass alle Modelle dokumentiert werden und dass die Annotationen inklusive der bei der Annotationserläuterung ermittelten Begründungen verschriftlicht werden. Die Dokumentation erfüllt den Zweck, dass im Interaction Room erzielte Ergebnisse und getroffene Entscheidungen dauerhaft gemacht werden. Ein zweiter Zweck ist, dass diese Ergebnisse in die gegebenenfalls folgenden Softwareentwicklungs- oder Entscheidungsprozesse einfließen sollen. Die Ergebnisse einer IR:digital-Befüllung werden beispielsweise oft in strategischen Entscheidungen oder Portfolioprozessen verwendet. Die Ergebnisse eines IR:scope werden häufig in traditionellen Spezifikationsprozessen weiterverwendet. Und selbst die natürliche Weiterverwendung im Rahmen eines IR:agile kann die zwischenzeitliche Persistierung der IR:scope-Ergebnisse erfordern, einfach weil es zu Lücken zwischen IR:scope und IR:agile kommen kann. Ziel der Nachdokumentation der IR-Ergebnisse ist somit die breite Anschlussfähigkeit an Folgeprozesse aller Art.

Abbildung 3.3 zeigt ein typisches Nachdokumentationsschema. Aus dem Feature Canvas auf der linken Seite wird ein Product Backlog erstellt. Annotationen des Feature Canvas werden genauso wie Annotationen des Process Canvas in die Annotationsdokumentation übernommen. Prozessmodelle werden im Rahmen der Dokumentation aus Process Canvases erstellt. Das Format der Dokumentation ist flexibel und kann gemäß der Anforderungen eines Vorgehensmodells, nach dem eine anschließende Entwicklung erfolgen soll, angepasst werden.

Der Interaction Room für Digitalstrategie-Entwicklung (IR:digital) 4

Inhaltsverzeichnis

Digitalisierung ist ein schillernder Begriff. Digitalisierung umfasst die „normale“ Automatisierung, die das über Jahrzehnte hinweg eingeübte Ziel des Einsatzes von IT ist. Digitalisierung treibt auch die Mobilisierung von Daten und Anwendungen, denn wenn Daten und andere Inhalte erst mal digital sind, will man auf sie oft auch von überall zugreifen können. Und Menschen, die sich erst mal an den mobilen Zugriff gewöhnt haben, digitalisieren vor Ort munter weiter. So treibt die Digitalisierung die Mobilisierung und umgekehrt. Digitalisierung umfasst auch die unmittelbare Verzahnung von realen Objekten mit Geschäftsprozessen, die auf Informationen aus der realen Welt basieren. Westerman et al. (2014) unterscheiden zwei Dimensionen, die die Bemühungen von Unternehmen in der digitalen Transformation maßgeblich prägen:

M. Book et al., *Erfolgreiche agile Projekte*, Xpert.press,
DOI 10.1007/978-3-662-53330-7_4

- **Digital Capabilities** bedeutet, dass das Potenzial der Digitalisierung systematisch untersucht wird und dass am Ende dieser Untersuchung klar ist, an welchen Stellen und in welcher Weise in die digitale Transformation investiert wird. Offensichtlich kann das nur auf der Grundlage von Kenntnissen über Produkte, Vertriebswege und essenzielle Kundenanforderungen gelingen. Genauso offensichtlich kann es nur gelingen, wenn man eine Vorstellung davon hat, welche Technologie in welcher Weise eingesetzt werden kann, um Medienbrüche zu verhindern, um Schnittstellen zu automatisieren und um Objekte aus der realen Welt unmittelbar in die Geschäftsprozesse einzubinden.
- **Leadership Capabilities** bedeutet, dass die emergente Natur neuer Lösungen akzeptiert ist und dass alle Stakeholder wissen, dass die Transformation eines Geschäftsmodells in Richtung Digitalisierung noch weniger als andere IT-Projekte präzise planbar ist. Hier gilt es, Raum für Experimente zu lassen, ohne dass der Digitalisierungsfokus verloren geht. Dieser Fokus muss zentral vorgegeben werden, er muss dauerhaft unterstützt und immer wieder verdeutlicht werden.

Für die Enterprise IT bedeutet das, dass sie neue Methoden zur Ermittlung und Bewertung von Digitalisierungspotenzialen benötigt und dass sie Ideen davon vermitteln muss, was die Digitalisierung im Einzelnen und für die einzelne Anwendergruppe bedeutet. Sie muss flexible Wege finden, um emergente Systeme zu entwickeln die entsprechenden Entwicklungs- und Betriebsprozesse zu managen. Darüber hinaus muss sie klassische Digitalisierungstechnologien und -architekturen kennen.

Der **Interaction Room for Digitalstrategie-Entwicklung (IR:digital)** dient zur Unterstützung der Ermittlung von Digitalisierungspotenzialen. Er spielt eine besondere Rolle für Unternehmen, die de facto schon digital sind oder sich auf dem Weg zum digitalen Unternehmen befinden.

Unter digitalen Unternehmen verstehen wir dabei Unternehmen,

- deren Kerngeschäftsprozesse in nahezu allen Aktivitäten von nichts anderem mehr abhängen als von funktionierender IT, und
- deren Produkte sich ausschließlich digital manifestieren.

Gemäß dieser Begriffsbildung sind Versicherungen, Banken und Telekommunikationsunternehmen digitale Unternehmen. Es gibt keine oder kaum physische Abhängigkeiten, und die Produkte sind fast ausschließlich digital (wenn man von Randerscheinungen wie gedruckten Policen, Kontoauszügen und Rechnungen abstrahiert). Logistik-Unternehmen sind hingegen keine rein digitalen Unternehmen, weil der Transport von Gütern maßgeblich von der physischen Beschaffenheit der Güter abhängt. Auch Automotive ist keine digitale Branche, denn obwohl der Produktionsprozess von vielerlei IT abhängt und auch wenn Fahrzeuge ohne IT nicht mehr vorstellbar sind, ist die Abhängigkeit von zugelieferten physischen Komponenten noch größer – ohne Blech wird auch mit der tollsten IT kein Auto fertig.

Aber natürlich spielen IT und Digitalisierung auch in den nicht digitalen Branchen eine immer größere Rolle. Es bleibt jedoch eine erhebliche Bindung an Gesetze der Physik und an reale Objekte. Interessanterweise ist gerade dieser Rest an Physik (oder an Relevanz physischer Objekte) ein über die „normale" Automatisierung und Mobilisierung hinausgehender Treiber für die Digitalisierung, denn gerade diese Objekte sind immer mehr miteinander vernetzt und in rein digitale Kommunikationsstrukturen eingebunden. Die entstehenden Systeme bezeichnen wir zusammenfassend als Cyber-Physical Systems (CPS). Die drei Digitalisierungstreiber lassen sich wie folgt näher charakterisieren:

- **Automatisierung** bedeutet, dass Mechanismen und Tätigkeiten, die zuvor das Eingreifen und Mitwirken von Menschen erforderten, zukünftig ohne dieses Mitwirken auskommen, weil Entscheidungen, Datenübertragungen und Prüfungen in Algorithmen verschwinden. Um Automatisierung betreiben zu können, müssen sowohl die Eingaben (zum Zwecke der algorithmischen Weiterverarbeitung) als auch die Ausgaben automatischer Aktivitäten digital repräsentiert werden. Mit anderen Worten: Der im Grunde originäre Einsatzzweck von IT – nämlich die Automatisierung – treibt zwangsläufig die Digitalisierung voran.
- **Mobilisierung** bedeutet, dass Aktivitäten von Geschäftsprozessen an unterschiedlichen, zu Beginn des Prozesses nicht präzise feststehenden Orten durchgeführt werden können. Damit geht einher, dass die für solche Aktivitäten benötigten Informationen, Dokumente oder Unterlagen an diesen Orten bereitgestellt werden müssen. Und da die Orte nicht im Vorhinein feststehen, muss die Bereitstellung spontan erfolgen. Informationen müssen im Grunde komplett ortsungebunden sein. Eben das kann nur mit digitalen Informationen erfolgen. Mit anderen Worten: Mobilisierung treibt die Digitalisierung weiter voran. Bleibt die Frage, wo der Trend zur Mobilisierung herkommt. Hier scheint es sich um eine technologisch induzierte Veränderung (Telekommunikation war irgendwann in nötiger Qualität, Quantität und zu akzeptablen Kosten verfügbar) zu handeln, die in der Mitte Gesellschaft angekommen ist und mittels schicker, einfach bedienbarer Endgeräte auch für nicht-IT-affine Bevölkerungsgruppen attraktiv ist. Digitalisierungspotenziale durch Mobilisierung werden im IR:mobile (Kap. 6) näher untersucht.
- **Cyber-Physikalisierung** bedeutet, dass Objekte aus der realen Welt digital kommunikationsfähig werden. Maschinen und Geräte können regelmäßig und unter Verwendung von nahezu flächendeckend verfügbarer Telekommunikation ihren Status äußern, Zustandsveränderungen bekannt geben, Auslastungsreserven und Wartungsnotwendigkeiten bekannt geben oder in irgendeiner anderen Weise kommunizieren. Das können sie untereinander tun oder mit einer Zentrale. Internet-basierte Kommunikation macht all das gleichermaßen möglich. Besonderheit ist dabei, dass der Umweg über die informationstechnische Modellbildung entfallen kann: Statt den Zustand von realen Objekten in Informationssystemen zu speichern (was erfordert, dass die Modelle der Objekte im Informationssystem per Geschäftsprozessen, Ausnahmebehandlungen und menschlicher Interaktion aktuell und konsistent zur realen Welt halten werden müssen), können reale Objekte in Cyber-Physical Systems zu jedem Zeitpunkt selbst befragt werden, wenn aktuelle Informationen über sie benötigt werden. Abbildung 4.1 veranschaulicht diesen Paradigmenwechsel.

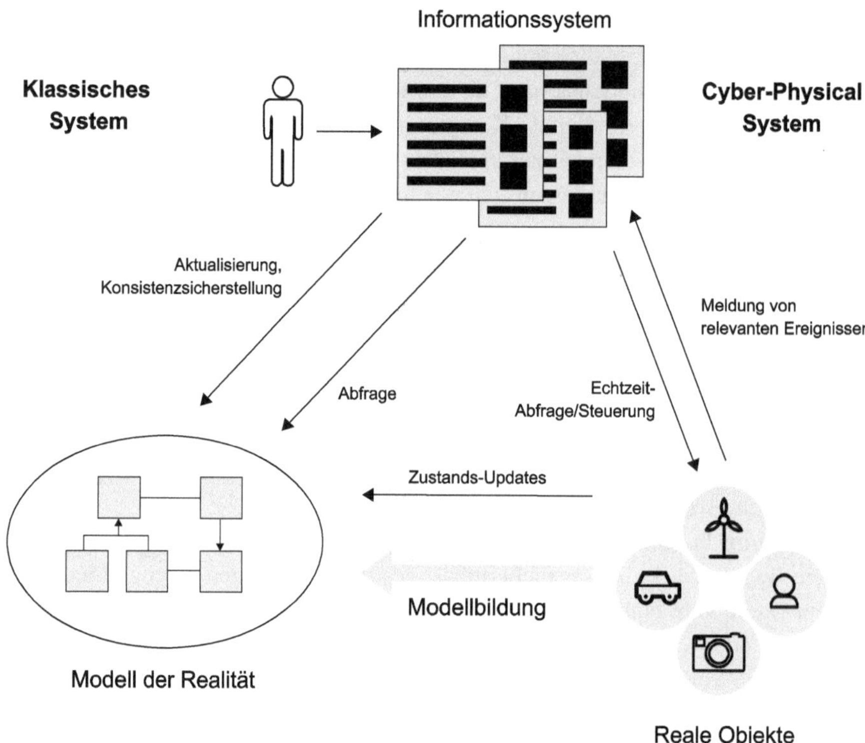

Abb. 4.1 Paradigmenwechsel von traditionellen zu cyber-physischen Systemen

Offensichtlich klappt das nur in wenigen Situationen. Wenn es darauf ankommt, Aussagen über die Gesamtheit aller Objekte machen zu können und darauf, dass diese hundertprozentig präzise sind, dann ist der Umweg über die Modellbildung der sicherere. Wenn es aber reicht, dass bei einer großen Zahl von zu befragenden Objekten 95 % der Objekte antworten, und wenn gewisse Unschärfen vertretbar sind, dann ist die Kommunikation mit realen Objekten ein angemessener Weg.

Ideen aus der Welt der Cyber-Physical Systems haben den Begriff der Industrie 4.0 geprägt (Schwab 2016), ihre Protagonisten sprechen von der vierten industriellen Revolution (nach Dampfmaschine, Elektrizität und IT). Aber nicht nur in industriellen Größenordnungen, sondern auch in kleinerem Maßstab eröffnet die digitale Verfügbarkeit von Informationen über vielerlei Dinge (eben nicht nur Industriemaschinen, sondern auch Alarmanlagen, Haustechnik, Kopierer und den unvermeidlichen Kühlschrank) das Potenzial für innovative Funktionalitäten und Dienstleistungen. Dass diese Daten anderen Konsistenzanforderungen genügen, dass sie unterschiedlicher Herkunft und damit unterschiedlicher Zuverlässigkeit sein können, dass ihre Auswertung hohe Anforderungen an Geschäftsrelevanz, statistische Kenntnisse und Plausibilisierung stellt, macht ihre Digitalisierung zu einer besonderen Herausforderung. Eines aber ist klar: ein enormer Digitalisierungstreiber sind sie alle Mal.

Eine Variante von Cyber-Physical Systems – aber eine mit erheblichem Zusatzpotenzial – ist, dass die realen Objekte nicht nur Dinge sein können, sondern auch Menschen. Menschen zählen ihre Schritte, protokollieren ihre Aufenthaltsorte, melden Gesundheits- und Vitaldaten. Krankenversicherer bieten Zusatztarife für bewegungswillige und bewegungsmeldende Menschen. Datenschutz, Privacy und ethische Argumente sind bei der Entwicklung solcher Dienste offensichtlich von besonderer Bedeutung. Aufhalten werden sie den Trend jedoch nicht. Um mit Schmidt (2015) zu sprechen: Frag die Menschen, ob ihnen Privacy wichtig, super-wichtig oder extrem super-wichtig ist. Die meisten sagen „extrem super-wichtig" (Deutsche auch öfter mal „extrem super-hyper-wichtig"). Und frag kurz danach, ob sie nicht vielleicht doch ein paar Privacy-Einschränkungen in Kauf nehmen mögen (gegen einen Rabatt, die Chance auf ein iPad, ein paar Meilen im Kundenbindungsprogramm). Und siehe da, Privacy ist nicht mehr ganz so super-hyper-wichtig. Wearables, Social Networks und User-generated Content treiben die Digitalisierung; die Frage ist nicht, ob es neben dem Internet of Things auch ein Internet of Humans geben wird, sondern nach welchen Regeln es funktionieren wird (Davies et al. 2015).

In zunehmend digitalen Unternehmenswelten, in denen vieles automatisiert und mobilisiert ist und in denen reale Objekte keine große Rolle spielen (zum Beispiel in Banken und Lotterien, eingeschränkt auch in Versicherungen) gibt es eine Variante des Digitalisierungstreibers der Cyber-Physikalisierung. Dieser betrifft die Verdichtung ohnehin schon digital vorliegender Information zum Zwecke der Entscheidungsunterstützung in Geschäftsprozessen und zum Zwecke der Ableitung von Empfehlungen. Ein Beispiel sind Banken, die als vollständig digital aufgefasst werden können und eine ausgesprochen dichte Menge von Informationen über ihre Kunden haben. Diese Informationen spiegeln sich auf dem Kontoauszug wider. Sie lassen umfangreiche Rückschlüsse über das Verhalten und die finanzielle Situation der Kunden zu. Ohne größere algorithmische Mühe könnte eine Bank ermitteln, dass ein Bankkunde einen verhältnismäßig hohen Teil seines freien Budgets für Reisen ausgibt, dass sein finanzieller Freiraum zunimmt oder dass sich eine Bahncard lohnen könnte (zugegebenermaßen mit einer gewissen durch Barzahlung verursachten Unschärfe). Dass die meisten Banken das heute nicht tun, hat mit Vertrauen, Einschätzung der Bedeutung von Privacy und Datenschutz zu tun, wobei das Datenschutz-Argument durch Zustimmung des Kunden ausgeräumt werden könnte. Wie auch immer: In bereits digitalen Unternehmen kann die nächste Stufe der Digitalisierung erfolgen, indem digitale Informationen verdichtet werden und zu neuen Services führen.

Unterschiedliche Branchen sind im Hinblick auf ihre Affinität zu den Digitalisierungstreibern unterschiedlich. Das hat damit zu tun, dass Geschäftsprozesse in unterschiedlichem Maße automatisiert sind. Auch die Mobilisierungsaffinität variiert von Branche zu Branche. Die unterschiedliche Digitalisierungsaffinität hat auch damit zu tun, dass reale Objekte unterschiedlich prominent sind. In der Fertigungsindustrie sind reale Objekte, deren Abfrage und Steuerung aus Geschäftsprozessen heraus Sinn macht, offensichtlich. In Dienstleistungsunternehmen muss man die realen Objekte erst ermitteln, indem man die Objekte sucht, auf die sich die Dienstleistungen beziehen. Und in Branchen mit

Geschäftsmodellen, die nahezu komplett von realen Objekten entkoppelt sind, muss man auf verdichtete Informationen ausweichen, denn ab einer bestimmten Ebene der Abstraktion sind Dienstleistungsunternehmen komplett entkoppelt von Objekten der realen Welt – sie beschäftigen sich mit verdichteten (Banken) oder rein künstlichen Objekten (Lotterien, Rabattsysteme); ihr Geschäftsgegenstand ist rein virtuell. Nach oben gibt es in dieser Hierarche keine echte Grenze – Banken sind insgesamt losgelöst, wobei Investment-Banken noch einmal abstrakter sind als Retail-Banken. Die Welt der von Objekten losgelösten Unternehmen ist also nicht flach, sondern in sich selbst auch noch hierarchisch gegliedert.

Diese Unterscheidung nach dem Abstraktionsgrad der Digitalisierung macht hier besonderen Sinn, weil mit dem Grad der Digitalisierung auch die Angreifbarkeit des Geschäftsmodells zunimmt. Ein komplett digitales Unternehmen hängt von guten Produkten, passenden Vertriebskanälen und funktionierender IT ab. Grundsätzlich sind diese Faktoren einfacher kopierbar (und verbesserbar!) als der nicht digitale Anteil. Es ist für einen neuen Marktteilnehmer zum Beispiel einfacher, eine Versicherung aufzubauen als ein Automotive-Unternehmen. Nichtsdestotrotz gibt es eine Reihe von Faktoren, die digitale Unternehmen vor solchen Gefährdungen schützen. Dazu gehören die Marke und das damit verbundene Vertrauen, flächig verteilte, physikalisch verankerte Berührungspunkte mit den Kunden (Annahmestellen, Geldautomaten, Agenturen) und die Verhaltensmuster der Kunden, die sich nur langsam ändern.

Die linke Seite von Abb. 4.2 zeigt das traditionelle Paradigma: Informationen über reale Objekte werden in einem Informationssystem gespeichert. Auf der Grundlage dieses Informationssystems werden Geschäftsprozesse durchgeführt und Entscheidungen getroffen. Erheblicher Aufwand wird darauf verwendet, die Modelle der realen Objekte im Informationssystem aktuell zu halten. Strukturelle Änderungen an den realen Objekten lassen sich im Informationssystem nur mit Mühe nachvollziehen, denn sie erfordern Schema-Änderungen.

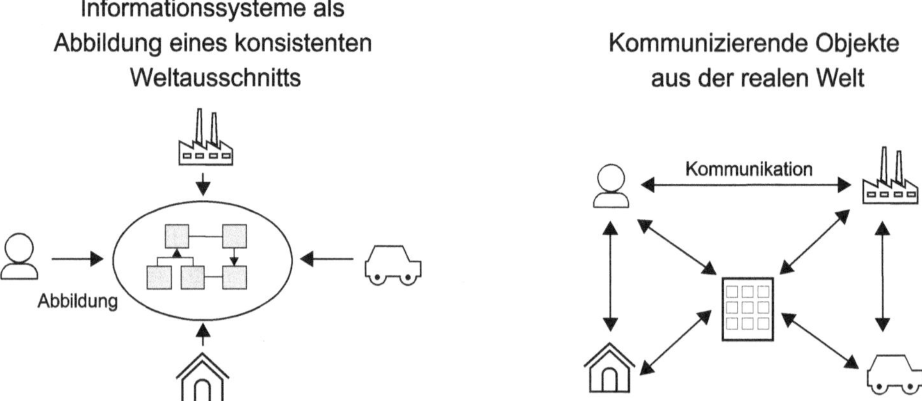

Abb. 4.2 Modellierung physischer Objekte in einem Informationssystem

Hinzu kommt, dass im Rahmen der Modellbildung Konsistenzbedingungen eingeführt werden, die für fast alle realen Objekte gelten. Aber eben nur fast alle. Die Behandlung der Ausnahmen, verbunden mit zeitlich beschränkten oder punktuellen Verletzungen von Konsistenzbedingungen, machen Informationssysteme sowohl im Hinblick auf ihre Persistenz als auch im Hinblick auf ihre Algorithmen kompliziert. Ein bedeutsamer Teil des Aufwands für Erstellung, Pflege und Betrieb von Informationssystemen ist in der Behandlung solcher Ausnahmen gebunden. Oft mit dem Ergebnis, dass einige der ursprünglich als substanziell erachteten Konsistenzbedingungen nach und nach aufgegeben – oder noch viel schlimmer: irgendwie gebeugt – werden. Die inkrementelle Beugung und das Zurechtbiegen von Daten, sodass die Konsistenzchecks befriedigt werden, führt in aller Regel auf kürzestem Weg in die Unwartbarkeit, was das Problem der Aufwandsexplosion schneller als erforderlich und wünschenswert auf den Tisch bringt.

Die rechte Seite von Abb. 4.2 zeigt das alternative Paradigma. Statt der Verwendung eines zentralen Modells werden die relevanten Objekte der realen Welt (die zudem auch untereinander in Beziehung stehen können) aus dem Unternehmen heraus abgefragt. Womöglich melden sie sich bei besonderen Statusänderungen auch proaktiv. Es wird jedoch darauf verzichtet, alle Informationen über alle irgendwann einmal potenziell benötigten Objekte jederzeit konsistent zu halten. Da der Umweg über ein schönes, geschlossenes Weltmodell wegfällt, ist auch von vornherein klar, dass der realen Welt kein hundertprozentiger Konsistenzbegriff aufgezwungen werden kann. Reale Objekte sind eben vielfältiger und bunter als ihre gleichförmigen Abbilder nach Modellbildung. Algorithmisch bleibt das nicht ohne Auswirkungen. Statt eines strikten Konsistenzbegriffes auf den Daten ist eine gewisse Robustheit und Fehlertoleranz in den Algorithmen erforderlich. Diese lässt sich nach Festlegung von Kommunikationsstandards und Protokollen in aller Regel einfacher beherrschen, als sich konsistente Weltausschnittsmodelle („Closed World Assumption") erstellen lassen.

Der IR:digital gibt Unternehmen die Möglichkeit, sich zwischen diesen Paradigmen zu orientieren und ihre potenziellen Auswirkungen auf Geschäftsprozesse und IT-Landschaften zu untersuchen, um eine solide Entscheidungsgrundlage für das Vorantreiben konkreter Digitalisierungsprojekte aufzubauen.

4.1 Relevante Stakeholder

Neben den in allen Interaction Rooms unverzichtbaren **IR-Methoden- und -Domänen-Coaches** und den **Process Ownern** (Abschn. 3.5.1–3.5.3) kommen im IR:digital die Rollen des Digital Business Experts, des Digital Technology Experts und des Interaction Engineers zum Einsatz. Der Digital Business Expert bringt die branchenübergreifende Perspektive auf die Digitalisierung und ihr Veränderungspotenzial im Hinblick auf komplette Geschäftsmodelle ein. Der Digital Technology Expert kennt die im Rahmen von Digitalisierungsprojekten zum Einsatz kommenden Techniken – sowohl diejenigen, die eher von der Mobilisierung von Daten und Anwendungen geprägt sind als auch solche, die eher aus dem Bereich der Cyber-Physical Systems stammen. Der Interaction Engineer betrachtet die vom Digital Business Expert und Digital Technology Expert zur Diskussion gestellten Szenarien aus strikter Anwendersicht. Im Folgenden werden diese drei IR:digital-spezifischen Rollen detaillierter vorgestellt.

4.1.1 Digital Business Expert

Im Kontext der Digitalisierung entstehen in verschiedenen Branchen ganz unterschiedliche Lösungen:

- Versicherungen entdecken den Menschen als krankenversichertes Objekt und sammeln Daten ein. Aber wie können diese Daten gegen unberechtigten Zugriff und gegen Manipulation gesichert werden?
- Neobanks analysieren die Budgetpositionen ihrer Kunden und schlagen Umwidmungen vor. Aber inwieweit empfindet der Kunde das als Unterstützung und ab wann als übergriffig? Ist er womöglich sogar bereit, für einen solchen Service zu bezahlen? Wie wird die Unabhängigkeit von Empfehlungen gewährleistet?
- Automobilhersteller sammeln Daten über das Nutzungs- und Fahrverhalten ihrer Autos und würden am liebsten die Versicherungen mit verkaufen. Aber wollen die Kunden einen Hersteller als Versicherer? Und können Tarife und Produkte von Automobilherstellern berechnet werden? Aber auch die Versicherer finden Pay-as-You-Drive-Konzepte spannend und schrammen an der Auflösung des Solidarprinzips vorbei, indem sie Risiken individuell tarifieren. Steht hier das grundlegende Prinzip einer ganzen Branche zur Disposition? Und wenn ja, wie sortieren sich Märkte dann typsicherweise neu?
- Amazon, Google, eBay und Apple sammeln so viele Daten über das tatsächliche Verhalten von Menschen, dass traditionelle Marktforschung einen Bedeutungswandel erlebt.
- Musikverlage gibt es noch, sie verdienen das meiste Geld aber nicht mehr mit dem Verkaufen von Musik, sondern mit Konzerten und Fan-Artikeln. Reichen diese Zahlungsströme für die Musikverlage aus, so dass sie den Musikverkauf iTunes und ähnlichen überlassen können? Oder wird Musik gar nicht mehr einzeln gekauft, sondern per Spotify als Service bereitgestellt?
- Von wem akzeptieren die Kunden wiederkehrende Rechnungen? Von ihrer Bank, von ihrem Telekommunikationsdienstleister, von ihrem Energieversorger?
- Zeitungsverlage bauen Portale, oft mit Regionalbezug. Die Kunden sind nicht gewohnt, für diesen Content zu bezahlen, nutzen ihn aber gerne. Die Auflage von regionalen Print-Medien geht flächig zurück. Ist der Umweg des Contents über Papier noch zeitgemäß? Verkauft ein Verlag seine Papier-Zeitungen besser, wenn er mobile und digitale Inhalte anbietet?
- Hat Neckermann nicht bis zum Schluss die schönsten Versandkataloge hergestellt? Und war im ersten e-Business/e-Commerce-Hype nicht mal gewiss, dass emotional

besetzte Güter wie Schuhe und Autos nicht nennenswert übers Internet verkauft werden können?

Der Digital Business Expert kennt Fragen der genannten Art. Er kennt die Antworten, die aktuell in Branchen und Unternehmen favorisiert werden. Er kennt die Antworten, die früher gängig waren und hat verfolgt, ob sich an diesen Antworten mit der Zeit etwas geändert hat. Kurzum, er kennt die Chancen und Risiken der Digitalisierung (und zwar sowohl im Hinblick auf Automatisierung, Mobilisierung und Cyber-Physikalisierung) existierender Geschäftsmodelle und kann Herausforderungen und Lösungen aus anderen Branchen auf die betrachtete Situation transferieren.

Der Digital Business Expert wirkt vor allem dadurch, dass er die richtigen Fragen stellt. Diese Fragen beziehen sich auf die folgenden Komplexe:

- **Geschäftsmodell:** Wird das aktuelle Geschäftsmodell durch Digitalisierungstrends infrage gestellt? Lassen sich durch neue Services bzw. Produkte neue Erlösquellen erschließen?
- **Wettbewerb:** Welche Digitalisierungsinitiativen gibt es in der Branche? Wie reagieren die Marktführer? Welche Innovationen gibt es bei Nischenanbietern innerhalb der Branche? Welche neuen, nicht aus der Branche kommenden Marktteilnehmer gibt es?
- **Marke:** Wie lassen sich Marke und Image auf neue Angebote übertragen (hier steckt viel Vorteil gegenüber neuen Marktteilnehmern)? Wie lässt sich die aktuelle Kundenbasis für neue, zusätzliche Services und Produkte gewinnen?
- **Altlasten:** Wie lassen sich historische Verpflichtungen angesichts neuer Potenziale über Bord werfen? (Dies ist oft nötig, um einfache digitale Lösungen aufzusetzen. Gelingt diese Vereinfachung nicht, besteht die Gefahr, dass neue Marktteilnehmer Vorteile erlangen.) Wie kann mit den Pfründen aktueller Kundenbetreuer und Vertriebskanäle umgegangen werden? Wie kann die Kannibalisierung zwischen neuen und alten Kanälen vermieden werden?
- **Akzeptanz:** Ist der Kunde bereit, einen neuen digitalen Ansatz oder neue digitale Produkte und Services zu akzeptieren? Gibt es emotionale oder organisatorische Hürden? Welche Datenschutz-Probleme werden wahrgenommen, und gibt es plausible und vor allem einfach erklärbare Lösungen dafür?
- **Monetarisierung:** Wer ist bereit, wofür zu zahlen? Reichen diese Zahlungsströme aus, um Konstruktions- und Betriebsaufwand zu decken? Welche Anschluss-Ertragsmodelle sind denkbar? Gibt es Premium-Services und -Produkte? Die Diskussion der Monetarisierung ist insofern heikel, als viele Geschäftsmodelle und Services genau an dieser Stelle scheitern. Gerade wenn es um den Endkunden geht, muss kritisch geprüft werden, ob der erlebte Nutzen (oftmals gemessen in Bequemlichkeit, die ja eh schwer zu beurteilen ist) ausreicht, um den Kunden zum Zahlen zu bewegen. In allen Internet-basierten Geschäften ist die Zahlhürde initial höher als durch den eigentlichen Preis gerechtfertigt. Kunden zögern, mit neuen Lieferanten Zahlungsstrombeziehungen aufzunehmen. Das hat mit Vertrauen und Ungewissheit zu tun. Aber selbst wenn man zum Ergebnis

kommt, dass die Zahlhürde grundsätzlich überwunden werden kann, bleibt die Frage, ob genügend Kunden erreicht werden können. Hierzu braucht man oft ein enormes Marketing- und Werbebudget oder eben eine ohnehin schon starke Marke. Kurzum: Endkundengeschäfte sind im Hinblick auf die Monetarisierung schwierig. Was umso mehr gilt, als die großen Internet-Player viele Services aufsetzen können. Lässt sich ein Service also leicht nachbauen, ist die Monetarisierung ausgesprochen fraglich. Aber auch wenn das Geschäftsmodell nicht auf den Endkunden abzielt, müssen die Umsatzverteilung zwischen den Partnern, die Preise für verschiedene Arten von Kunden, die Provisionen für Vertriebspartner und die Konstruktions- und Betriebskosten im Auge behalten werden. Natürlich ist es dabei so, dass neue Produkte und Services sich während ihrer Entwicklung verändern. Ries (2011) beschreibt das Phänomen als eines, das IT-basierten Innovationen nahezu inhärent ist. Folglich ist die Monetarisierungsfrage nicht nur einmal zu Beginn (quasi fallabschließend) zu beantworten, sondern immer mal wieder. Und dummerweise kann sie auch immer mal wieder negativ ausfallen.
- **Einführung:** Wie lassen sich neue digitale Modelle in den Markt transportieren? Wie lassen sie sich testen? Wer ist in der Lage, geeignete A/B-Tests zu etablieren und auszuwerten? Welche Erwartungen bestehen bezüglich der Ertrags- und Kundenbasis-Entwicklung? Ist die Organisation resilient genug, um Abweichungen zu ertragen und Geschäftsmodelle anzupassen?
- **Monitoring:** Wie lassen sich die Erfolge oder Misserfolge der neuen digitalen Lösungen messen? Was sind die Kenngrößen, und wie lassen sich die zugehörigen Werte automatisch ermitteln? Wem müssen diese Werte wie berichtet werden?

4.1.2 Digital Technology Expert

Der Digital Technology Expert kennt die Potenziale, Reifegrade und wichtigsten Einsatzszenarien der gängigen Digitalisierungstechniken. Hierzu gehören Trends und Technologien im Kontext mobiler Anwendungen, im Interaktions-Entwurf und im Elastizitätskontext im weitesten Sinne. Gerade im Kontext Elastizität, dazu passender Betriebsmodelle und Persistierungsmöglichkeiten ist die Technologiewelt aktuell unsortiert. Sicherlich muss der Digital Technology Expert cloud-artige Strukturen und Betriebsmodelle kennen (unabhängig davon, ob von privaten oder öffentlichen Clouds die Rede ist), er muss auch nicht-relationale Speicherungskonzepte kennen und einordnen können und er muss die Anwendungsmöglichkeiten von Techniken aus dem Dunstkreis Big Data (Hashem et al. 2015) einschätzen können. Der Digital Technology Expert sortiert die entstehenden Ideen im Hinblick auf ihre technische Machbarkeit. Zu seinen Aufgaben zählen:

- Der Digital Technology Expert prüft, ob und welche Automatisierungs-, Mobilisierungs- und Cyber-Physikalisierungs-Initativen dazu beitragen können, Geschäftsprozesse zu verbessern. Sein Fokus liegt dabei auf den einzusetzenden Techniken. Gerade für den Aspekt der Cyber-Physikalisierung betrachtet er alle Objekte der realen Welt, die in den Informationssystemen des Unternehmens als auftauchen und prüft sie im Hinblick auf ihr Einbindungs- und Steuerungspotenzial.

- Der Digital Technology Expert schaut sich die durch den Interaction Engineer identifizierten Interaktionen an und prüft, welche dieser Interaktionen mobil unterstützt werden können/sollten. Hierbei spielen folgende Fragen eine Rolle:
  - Ist die mobile Bereitstellung von Daten und Anwendungen aus Sicherheitsaspekten heraus möglich? Wie ist die öffentliche Wahrnehmung der branchenspezifischen Sicherheitspositionierung? Gibt es regulatorische Vorgaben oder branchenspezifische Vorgaben, die berücksichtigt werden müssen? Welche echten Schadenpotenziale und Eintrittswahrscheinlichkeiten sind mit Verfälschung, unberechtigtem Datenzugriff und Datenverlust verbunden?
  - In welchem Kontext findet die Interaktion statt? Der Begriff des Kontextes fasst hier die Menge der exogenen Faktoren zusammen. Diese können maßgeblichen Einfluss auf die sachgerechte Gestaltung einer Interaktion haben.
  - Werden Daten mobil nur gelesen oder auch erfasst/manipuliert? Müssen Vorkehrungen für den Fall nicht verfügbarer Telekommunikation getroffen werden? Welche Arten von Inkonsistenzen und welche Inkonsistenzzeiträume können auftreten, welche sind tolerabel? Sind konkurrierende Schreibzugriffe organisatorisch möglich/ausschließbar?

4.1.3 Interaction Engineer

Der Interaction Engineer wird benötigt, weil viele der im IR:digital identifizierten Lösungen neu sind und potenziell neue Interaktionsmöglichkeiten mit sich bringen. Hierzu zählen unter anderem zahlreiche Gesten, Spracheingaben und Eingaben über neuartige Geräte (Armbanduhren, Brillen etc.). Diese neuen Interaktionsmöglichkeiten sollten untereinander abgestimmt werden, sodass nicht unnötig viele Bedienungsweisen erlernt werden müssen. Sie sollten außerdem mit den klassischen Interaktionsmöglichkeiten nach WIMP (Windows-Icons-Menus-Pointers) harmonisiert werden, sodass sich dem Anwender ein stimmiges und vor allem einheitliches Interaktionskonzept darstellt. Gerade bei neuen Digitalisierungslösungen, die auf den Möglichkeiten cyber-physikalischer oder mobiler Plattformen basieren, kommt es oft zu multimodalen Interaktionen (z. B. Sprache bei gleichzeitiger Touch-Bedienung). Solche Interaktionen müssen besonders kritisch auf ihre intuitive Erlernbarkeit geprüft werden.

Ein anderer wichtiger Fokus des Interaction Engineers sind Geschäftsprozesse, die häufig den übergeordneten Kontext einzelner Interaktionen bilden, ohne dass dieser Kontext für den (unternehmensinternen) Anwender oder (unternehmensexternen) Partner im Vordergrund steht. Sind diese Interaktionen dann nicht einheitlich gestaltet, entsteht für den Anwender bzw. Partner eine insgesamt unübersichtliche Schnittstelle. In all diesen Situationen kommt es darauf an, die digitale Lösung aus Sicht des potenziellen Anwenders zu betrachten, seine kognitive Last zu berücksichtigen und Medien-/Interaktionsbrüche kritisch zu hinterfragen. Überlässt man diese Aufgabe den Technologieexperten, besteht die Gefahr, dass der Anwender zu wenig im Mittelpunkt steht und stattdessen technische Spielereien ausprobiert werden. Überlässt man diese Aufgabe den Domänenexperten, passiert es leicht, dass die fachlichen Zusammenhänge dominieren. Die ausgezeichnete Rolle des Interaction Engineers stellt sicher, dass der Anwenderfokus gelingt.

4.2 Partner Canvas

Der IR:digital verwendet drei Canvases:

- Der **Partner Canvas** wird benutzt, um die wichtigsten Partner mit ihren Schnittstellen zum betrachteten Unternehmen zu identifizieren.
- Der **Physical Object Canvas** (Abschn. 4.3) wird benutzt, um die unmittelbar anzusprechenden realen Objekte und ihre Integration in die internen Geschäftsprozesse zu ermitteln.
- Der **Touchpoint Canvas** (Abschn. 4.4) wird benutzt, um pro Partner aufzuzeigen, in welcher Reihenfolge und über welche Kanäle der jeweilige Partner mit dem betrachteten Unternehmen in Kontakt kommt.

Der Partner Canvas gibt Auskunft darüber, mit welchen Arten von Partnern, Kunden, Lieferanten, Vertriebspartnern und/oder Anwendern (im Folgenden alle vereinfacht als Partner bezeichnet) Informationen oder reale Objekte ausgetauscht werden. Im Rahmen der Erstellung des Partner Canvas werden bis zu zehn der wichtigsten Partner identifiziert. Zu diesem Zweck umfasst der Partner Canvas alle innerhalb des Unternehmens auftretenden Geschäftsprozesse (ohne dass diese ausformuliert werden). Die externen Schnittstellen dieser Geschäftsprozesse werden ermittelt. Sie geben Auskunft darüber, welche Daten und Produkte nach außen geliefert werden und welche Daten und Produkte von außen bezogen werden, und machen deutlich, mit welchen Partnern kommuniziert wird.

4.2.1 Methodik und Notation

Schnittstellen zu Partnern werden unterschieden in Eingabe- und Ausgabeschnittstellen. Alle Schnittstellen werden auf einer Ellipse notiert, die die Unternehmensgrenze darstellt. Auf dieser Ellipse werden die Schnittstellen zwischen betrachtetem Unternehmen und Außenwelt als Kreise aufgetragen. Sie werden nach innen mit denjenigen Aktivitäten von Geschäftsprozessen verbunden, die die Schnittstellen beliefern oder aus ihnen lesen. Interne Geschäftsprozessanteile werden nur schematisch dargestellt. Außerhalb der Ellipse werden alle Partner notiert, die aus den Schnittstellen lesen und in die Schnittstellen schreiben. Um alle relevanten Schnittstellen zu identifizieren, werden die Kerngeschäftsprozesse

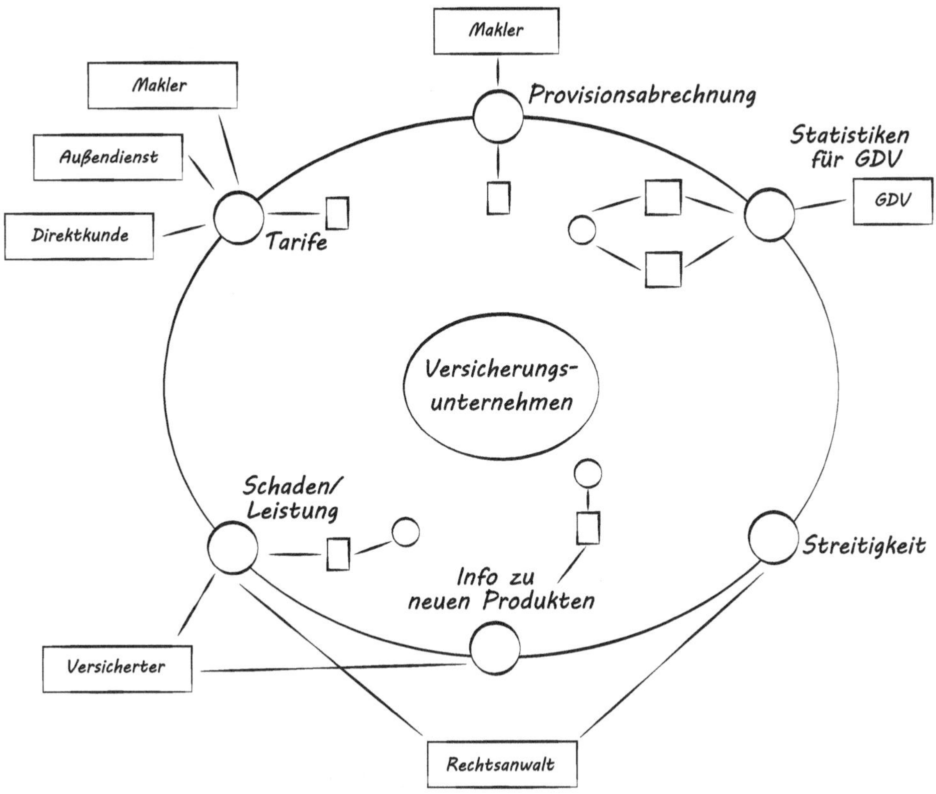

Abb. 4.3 Beispiel eines Partner Canvas für ein Versicherungsunternehmen

des Unternehmens durchgespielt und die involvierten Schnittstellen gesammelt. Abbildung 4.3 zeigt ein Beispiel eines Partner Canvas für ein Versicherungsunternehmen.

Um zu ermitteln, ob entlang einer Schnittstelle reale Objekte betroffen sind, werden die Schnittstellen untersucht. Im Beispiel in Abb. 4.3 könnte die Schnittstelle zwischen Maklern und Tarifen links oben folgendermaßen beschrieben werden:

> Tarife werden den Maklern im Format BiPRO XY4001 bereitgestellt. Das passiert monatlich und proaktiv durch das Versicherungsunternehmen. Der Austausch von Tarifinformation wird dokumentiert und archiviert.

Aus dieser Beschreibung geht hervor, was ausgetauscht wird, in welchem Format der Austausch erfolgt, wie oft er erfolgt und welche zusätzlichen Regelungen gelten. Das konkrete Beispiel kann Anlass zur Automatisierung sein; ein reales Objekt, dessen Einbindung in die Geschäftsprozesse lohnt, lässt sich nicht identifizieren.

In einem Beispiel aus der Fertigungsindustrie könnte eine Schnittstelle wie die folgende vorkommen:

Maschinen werden an Kunden ausgeliefert. Dazu gehört eine Bedienungsanleitung, eine Beschreibung der technischen Eigenschaften und eine Wartungsvereinbarung. Alles wird durch das Unternehmen bereitgestellt und online verfügbar gemacht. Der Abruf von Information wird nicht protokolliert.

Aus dieser Beschreibung geht ebenfalls die typische Information über die Handhabung einer Schnittstelle hervor. Zusätzlich wird deutlich, dass eine Maschine geliefert wird. Die ist sicherlich ein reales Objekt. Die Nutzung von Laufzeit-Information über dieses Objekt innerhalb der internen Geschäftsprozesse sollte näher untersucht werden.

Zur Systematisierung der Sammlung der Schnittstellen wird jeder Berührungspunkt eines Partners mit dem Unternehmen gemäß der folgenden Kategorien erfasst:

- **Partner:** Welche Partner sind involviert?
  - Beispiel: Eine Versicherung, die ihre Digitalisierungspotenziale identifizieren will, ermittelt die Rollen aller Menschen, mit denen sie in Beziehung tritt. Das können Versicherungsnehmer, Außendienstmitarbeiter, Makler und Rechtsanwälte sein.
- **Schnittstellen:** Welche Partner greifen auf welche Schnittstellen zu?
  - Beispiel: Makler und Interessenten greifen auf Produktinformationen zu.
- **Geschäftsprozesse:** Innerhalb welcher Geschäftsprozesse ist der Partner involviert? Wie werden die Schnittstellen gelesen/beliefert?
  - Beispiel: Ein Makler tritt in verschiedenen Geschäftsprozessen mit dem Versicherungsunternehmen in Interaktion. Zum Beispiel in den Prozessen Beratung/Tarifierung, Vertragsabschluss, Provisionsabrechnung, Schadenregulierung.
- **Häufigkeit:** Wie oft tritt diese Art der Interaktion auf?
  - Beispiel: Der Makler hat eine monatliche Schnittstelle im Kontext der Provisionsabrechnung, und öfter mit Vertragsabschlüssen zu tun als mit Schadenregulierung. Der Vertragsabschluss passiert entweder im Maklerbüro oder – viel häufiger – beim Versicherungsnehmer.
- **Endgeräte/Medien:** Welche Arten von Endgeräten sind in die Interaktion involviert und welche Arten von Eingabe-/Ausgabemedien spielen eine Rolle?
  - Beispiel: Die Prozesse „Beratung/Tarifierung" und „Vertragsabschluss" finden teilweise mobil statt. Hierbei kommen Tablets zum Einsatz. Ansonsten werden Laptops und stationäre PCs benutzt.
- **Fertigkeiten:** Ist davon auszugehen, dass die interagierenden Menschen nur gelegentlich am Prozess teilnehmen (und dementsprechend viel Hilfe und Anleitung benötigen), oder werden sie zu schnell zu Experten und erwarten deshalb größtmögliche Effizienz?
  - Beispiel: Der Makler erwirbt in den Prozessen „Beratung/Tarifierung" und „Vertragsabschluss" schnell Expertenstatus (wegen der Prozesshäufigkeit). Gleiches gilt für den Prozess der Provisionsabrechnung (wegen des besonderen Eigeninteresses). In Schadenprozessen muss hingegen mehr Hilfestellung geboten werden.
- **Kommunikationseigenschaften:** Objekte und Dokumente welcher Typen und Formate werden in welcher Richtung ausgetauscht? Passiert das analog oder digital? Wie häufig wird

eine Schnittstelle genutzt, welche Service Levels und Reaktionszeiten müssen gewährleistet werden? Gibt es Sicherheitsanforderungen? Muss der Austausch dokumentiert werden?

Bei der Betrachtung der Partner eines Unternehmens kommt es in natürlicher Weise zur Differenzierung von Partnergruppen. In einem Versicherungsunternehmen gibt es z. B. die Versicherten, Außendienst-Mitarbeiter und Makler. In der Beschreibung der Schnittstellen werden diese benannt. Damit wird eine erste Differenzierung der Außenwelt eines Unternehmens geleistet, ohne dass das zur Ausformulierung von Personas wie im Design Thinking (Brown 2009) oder im IR:mobile führt. Dennoch kann es im Einzelfall sinnvoll sein, Partnergruppen zu unterteilen. Vielleicht gibt es große und kleine Makler, die im Sinne des Partner Canvas auseinander gehalten werden sollen. Im Unterschied zu Personas bleibt es jedoch bei der Unterteilung in als homogen angenommene Gruppen von Partnern. Eine weitere Ausdifferenzierung geschieht im IR:digital nicht, da keine konkreten Dienstleistungen für konkrete Zielgruppen formuliert werden. Eine solche detailliertere Betrachtung findet jedoch im IR:mobile statt (Kap. 6).

4.2.2 Annotationen und Analyse

Die Annotation des Partner Canvas erfolgt mit Hilfe der Annotationen in Tab. 4.1, die sich jeweils auf Schnittstelle/Partner-Paare beziehen.

Die Analyse des Partner Canvas zielt im Wesentlichen auf folgende Punkte ab:

1. Sind alle relevanten Schnittstellen zu jedem Partner erfasst, oder gibt es Lücken? Dies kann insbesondere entlang der ermittelten Schnittstellen erfolgen. Wenn der Partner über eine Schnittstelle eine Information bekommt, stellt sich die Frage, was er damit tut und ob es eine Rückmeldung gibt. Wenn ja, dann sollte diese Rückmeldung über eine andere Schnittstelle wieder im Unternehmen auftauchen.
2. Für den Fall, dass die verschiedenen Schnittstellen zu einem Partner sehr unterschiedliche Annotationen aufweisen, sollte mit dem Partner explizit diskutiert werden, ob ihm diese Varianz bewusst ist. Es kann unstrittig richtig sein, dass die eine Schnittstelle hochsicherheitskritisch ist und die andere nicht. Bei großer Annotationsbandbreite sollte eine Plausibilitätsprüfung stattfinden, um etwaige Annotationslücken oder -fehler ausgleichen zu können.
3. Wurde ein Modellelement mit mindestens drei verschiedenen Annotationen versehen, sollte im Detail geprüft werden, ob es machbare technische Lösungen gibt, die die geforderten Qualitäten gewährleisten können.
4. Gibt es intensive Hin-und-Her-Schnittstellen mit einem Partner (also Schnittstellen, über die an einen Partner geliefert wird, eine nächste über die empfangen wird, eine weitere über die dann wieder geliefert etc.), dann sollte eine Plausibilitätsprüfung dahingehend stattfinden, ob das Zersplittern des übergeordneten Geschäftsprozesses gewollt und unvermeidbar ist.

Tab. 4.1 Annotationen für Schnittstelle/Partner-Paare auf dem Partner Canvas

Symbol	Bezeichnung	Interpretation
	Hohe Last	Über eine einzelne Schnittstelle können in unterschiedlicher Frequenz Informationen ausgetauscht werden. Je öfter eine Schnittstelle genutzt wird, desto enger muss die Schnittstelle beobachtet werden. Mittels der Annotation „hohe Last" wird zum Ausdruck gebracht, dass eine Schnittstelle häufig verwendet wird oder dass zumindest zeitweise viele Partner über diese eine Schnittstelle kommunizieren.
	Korrektheit	In manchen, tendenziell kommerziellen und vertraglich unterfütterten Beziehungen kommt es zum Austausch von Informationen, die präzise stimmen müssen. Der Konsistenz der über solche Schnittstellen ausgetauschten Information kommt eine große Bedeutung zu, da Inkonsistenzen Missverständnisse auslösen und wirtschaftliche Schäden zur Folge haben können. Andere Schnittstellen dienen eher zur Information über Sachverhalte und Ereignisse, ohne dass diese notwendigerweise korrekt beschrieben werden müssen. Mittels der Annotation „Korrektheit" wird ausgedrückt, welche Schnittstellen hohe Korrektheitsanforderungen erfüllen müssen.
	Zuverlässigkeit	Das Schnittstellen/Partner-Paar muss bestimmte Service Levels erfüllen. Das kann die Geschwindigkeit der Kommunikation über eine solche Schnittstelle betreffen oder auch die Frage, wie wichtig es ist, dass über diese Schnittstelle ausgetauschte Informationen nicht verloren gehen dürfen. Mittels der Annotation „Zuverlässigkeit" werden diese und verwandte Zusammenhänge ausgedrückt. In der Einzelerörterung zu den Annotationen wird dann diskutiert, welche Art von Zuverlässigkeit gemeint ist.
	Sicherheit	Sicherheit hat viele Aspekte. Deshalb kommt es darauf an, bei Sicherheitsbedenken zu verdeutlichen, welche Art von Sicherheitsanforderung gemeint ist. Mittels der Annotation „Sicherheit" an einem Partner/Schnittstellen-Paar kann ausgedrückt werden, dass der einzelne Stakeholder eine bestimmte Schnittstelle in irgendeiner Weise als sicherheitskritisch empfindet. Im Rahmen der Erörterung der Annotation wird die Ausprägung des einzelnen Sicherheitsbedenkens ermittelt. Hier kann es z. B. um Anforderungen an Datenintegrität, Schutz gegen unberechtigten Zugriff oder Unverfälschbarkeit der Inhalte gehen.

4.3 Physical Object Canvas

Viele Digitalisierungschancen ergeben sich daraus, dass Informationen über reale Objekte nicht mehr in Modelle (typischerweise Informationssysteme) übertragen werden müssen, sondern dass reale, physikalische Objekte direkt befragt werden können, respektive

Daten über ihren Zustand preisgeben. Um den Digitalisierungstreiber der Einbindung realer Objekte in die Geschäftsprozesse klarer fassen zu können, führen wir im Folgenden den Begriff des Object of Interest (OoI) ein. Als ein Object of Interest wird ein Objekt bezeichnet, dessen unmittelbare Einbindung in die Geschäftsprozesse des Unternehmens das Potenzial hat, diese Geschäftsprozesse maßgeblich zu vereinfachen. Ein OoI ist in der ganz überwiegenden Mehrheit aller Fälle ein reales Objekt, kann aber auch ein Mensch sein, der bereit ist, Informationen über seinen Zustand, Ort oder Kontext zu liefern. In seltenen Fällen kann es ein rein virtuelles Objekt sein, das quasi als Stellvertreter („Proxy") eines realen Objekts dient. Es zeichnet sich dadurch aus, dass es entweder kontinuierlich oder zumindest auf Anfrage Daten über seinen Zustand liefert, die an anderer Stelle ausgewertet werden, und dass es Daten zu seiner Steuerung empfangen kann.

Die Identifikation und Beschreibung der OoIs erfolgt mit Hilfe des Physical Object Canvas. Dort kommt es darauf an, die bis zu zehn wichtigsten OoIs zu identifizieren, deren direkte Einbindung in die Geschäftsprozesse zu erheblichen Vereinfachungen oder neuen Geschäftsmodellen führen kann, ihren Lebenszyklus zu betrachten und Ereignisse zu ermitteln, die zu Datenlieferungen führen könnten. Zur Ermittlung der zehn wichtigsten OoIs kann es nötig sein, mehr Kandidaten zu ermitteln und die größere Menge dann schrittweise auf die wichtigsten Kandidaten zu reduzieren.

Ein OoI in dem Sinne, dass kontinuierlich oder auf Anfrage Daten geliefert werden, kann auch der Mensch sein. Mit Wearables, Uhren oder sonstigen mobilen Geräten ausgestattet liefert er Daten, die in aller Regel gar nicht gespeichert, sondern nur ausgewertet werden müssen, um auf bestimmte Zustände zu reagieren oder sonstige Maßnahmen anzustoßen.

4.3.1 Methodik und Notation

Im Rahmen des IR:digital kommt es noch nicht darauf an, im Detail zu entwerfen, wie sich Geschäftsprozesse verändern, indem OoIs direkt eingebunden werden. Wichtiger ist es, herauszubekommen, wie breit OoIs in die Prozesslandschaft wirken, und die Geschäftsprozesse zu identifizieren, die von OoIs (gegebenenfalls auch von OoIs unterschiedlichen Typs) profitieren könnten. Der Zugang zu diesen Abhängigkeiten erfolgt deshalb über die OoIs und nicht in erster Linie über die Geschäftsprozesse.

Zunächst einmal werden OoIs auf der Grundlage des Partner Canvas ermittelt. Hierzu werden alle auf dem Partner Canvas identifizierten Schnittstellen zwischen Unternehmen und Außenwelt betrachtet. Die erste Kategorie von Objekten sind hierbei solche, die explizit hergestellt und ausgeliefert werden und solche, die explizit von außen ins Unternehmen eingebracht werden. Diese Art von realen Objekten spielt typischerweise bei produzierenden Unternehmen eine maßgebliche Rolle.

Es lassen sich jedoch auch OoIs ermitteln, die mittelbar an den von einem Unternehmen erbrachten Services hängen, nämlich immer dann, wenn sich die Dienstleistung (zum Beispiel die Versicherung eines Wohngebäudes oder die Bereitstellung eines Druck-Services) auf ein relevantes reales Objekt bezieht (zum Beispiel auf ein Wohngebäude oder einen Drucker). In diesem Kontext benutzen wir den Begriff des service-bezogenen OoIs.

Bei manchen rein digitalen Unternehmen lassen sich weder über die Schnittstellenanalyse noch über die service-bezogenen Betrachtungen OoIs ermitteln. Dies ist beispielsweise für Banken und Lotterieunternehmen der Fall. Solche Unternehmen sind komplett von den Objekten der realen Welt entkoppelt und arbeiten ausschließlich auf virtuellen Objekten. Hier wird dann Bezug zu den Objekten genommen, die reale Objekte oder Verläufe verdichten. In einer Bank gibt es keine realen Objekte, und die Services einer Bank beziehen sich auch nur auf virtuelle Konstrukte. Aber es gibt das zentrale Objekt „Konto". Und dieses Objekt verdichtet Information über eine Perspektive auf das reale Objekt „Mensch" (nämlich genau die Perspektive, die sich in Zahlungsströmen ausdrückt). Veränderungen auf diesem verdichteten Objekt können als Zustandsänderungen aufgefasst werden, die genau wie die Zustandsänderungen realer OoIs Anlass zu bestimmten Maßnahmen sein können. Wir sprechen von virtuell verdichteten OoIs.

Mittels Schnittstellenanalyse und systematischer Betrachtung dieser Schnittstellen im Hinblick auf reale OoIs, service-bezogene OoIs und verdichtete OoIs lässt sich eine Grundmenge von OoIs identifizieren, selbst wenn sie nicht unmittelbar als Typisierung der Schnittstellen auftauchen.

OoIs, die sich unmittelbar auf physische Objekte beziehen, lassen sich in aller Regel einfach ermitteln, weil sie entweder von Lieferanten oder an Kunden geliefert werden. Sie treten an irgendeiner Schnittstelle als Typisierung auf. Hierbei treten OoIs auf, die direkt als Produkte des Unternehmens eine Rolle spielen (Autos, Kühlschränke, Maschinen).

Service-bezogene OoIs findet man, indem man bei Serviceprodukten auf die bezogenen Objekte achtet. Was ist das Objekt, auf das sich eine Betriebsunterbrechungsversicherung bezieht? In der Regel wird es eine Betriebsanlage sein, und die ist ein reales OoI, die als versichertes Objekt auftaucht. Erneut treten Autos als OoIs auf, nämlich als reale Objekte, auf die sich der Service „Kfz-Haftpflicht" eines Versicherungsunternehmens bezieht. Der Service „Wartung der Heizungsanlage" bezieht sich auf eine Heizungsanlage. Der Service „Managed Drucker" bezieht sich auf Drucker.

Durch dieses Sammeln von OoIs entlang der Schnittstellen nach außen lässt sich die deutlich überwiegende Zahl von OoIs ermitteln. Einzelne zusätzliche OoI-Kandidaten können innerhalb der internen Geschäftsprozesse versteckt sein. In einem produzierenden Unternehmen können das Maschinen und Anlagen sein. Die müssen zwar grundsätzlich auch mal geliefert worden sein, aber womöglich tauchen solche Lieferungen nicht auf dem Partner Canvas auf, weil Maschinen-Lieferungen nur selten sind. Diese lassen sich finden, indem nach realen Objekten unter interner Verwaltung gefragt wird. In aller Regel werden dabei zwar nur wenige neue OoIs identifiziert, zur Abrundung der entlang der externen Schnittstellen ermittelten Objekte macht diese Ergänzung aber dennoch Sinn. Entsteht bei dieser Ergänzung der Eindruck, dass intern viele relevante OoIs auftauchen, empfiehlt sich der zusätzliche Einsatz des Object Canvas (Abschn. 5.4). Die Prüfung der Objekte des Object Canvas im Hinblick auf ihr OoI-Potenzial führt dann zu einer systematischen Ermittlung auch der internen Digitalisierungspotenziale.

Zwei weitere Objekte kommen standardmäßig in die Menge der näher zu untersuchenden OoIs:

- Zum einen das Objekt „Kunde“, denn in dessen Lebenszyklus können relevante Ereignisse auftreten, die ihn mit den Produkten und Services des Unternehmens in Beziehung setzen. Diese lassen sich womöglich auch über die Betrachtung der Produkte identifizieren (und die müssten ja an den Schnittstellen des Unternehmens auftauchen und somit ohnehin schon in der Menge der zu untersuchenden OoIs gelandet sein). Diese kleine methodische Redundanz wird jedoch bewusst in Kauf genommen, um Lücken an zentralen Stellen zu vermeiden.
- Das zweite Default-OoI ist daher das Objekt „Produkt“. Bei service-bezogenen und produktorientierten Unternehmen taucht dieses OoI mit hoher Wahrscheinlichkeit ohnehin in den Schnittstellen auf. Bei Unternehmen, deren Objekte von der realen Welt völlig entkoppelt sind, kann es jedoch leicht passieren, dass das eigentliche Produkt nicht in der Schnittstellenbetrachtung auftaucht, daher wird seine Betrachtung explizit gefordert.

Für von realen Objekten entkoppelte Unternehmen passiert es oft, dass die Grundgesamtheit der zu untersuchenden Objekte tatsächlich nur die beiden Default-Objekte „Produkt“ und „Kunde“ umfasst.

Nach diesen Schritten sollte eine hinreichend vollständige Menge an OoIs vorliegen. Für jedes OoI wird geprüft, ob es während seines Lebenszyklus Daten über seinen Zustand erzeugen könnte, die für die Geschäftsprozesse des Unternehmens relevant, legal nutzbar und ertragreich sein könnten. Wichtige Indizien werden durch die folgenden Lebenszyklus-Fragen geliefert:

- Welchen Ortswechseln unterliegt ein Objekt während seines Lebenszyklus?
- Welchen Zustandswechseln unterliegt das Objekt während seines Lebenszyklus?
- Welche Kontextinformationen des Objektes existieren zur Laufzeit? Lassen sich diese digital erheben?
- Welche wichtigen Ereignisse treten während des Lebenszyklus des Objektes auf?
- Was passiert am Ende des Objektlebenszyklus, und wodurch wird es ausgelöst?
- Mit welchen anderen Objekten kommt das betrachtete OoI in Kontakt, und ergeben sich daraus unmittelbare Kommunikationssituationen?

Alle Situationen, in denen Menschen die OoIs sind, werden vor dem Hintergrund folgender Privacy-Fragestellungen besonders intensiv betrachtet:

- Welche Daten werden automatisiert über das Verhalten von Menschen gesammelt (Bewegungsverhalten, Navigationsverhalten, Nutzungsverhalten in Bezug auf Geräte)? Das können auch Daten sein, die schon in verdichteter Form vorliegen. Ein Beispiel hierfür ist das Objekt „Konto“ im Kontext einer Bank. Ein solches Objekt kann als Verdichtung des Kontoinhaber-Verhaltens verstanden werden.

- Zu welchem Zweck werden diese Daten verwendet? Ist dem Menschen, dessen Daten verwendet werden, diese Art der Verwendung transparent, stimmt er ihr zu?
- Welcher Nutzen für den Dateneigentümer lässt sich aus diesen Daten generieren? Gibt es Services, Vergünstigungen oder Statusänderungen, die dem Dateneigentümer angeboten werden? Inwiefern stärken diese Services oder Vergünstigungen die Kundenbeziehung?
- Wie können missbräuchliche Verwendungen ausgeschlossen werden? Welche Risiken sind mit dem unerlaubten Zugriff auf die Daten verbunden (Image, finanzieller Schaden, Vertrauensverlust)?
- Können alle Vorgaben und Richtlinien zum Umgang mit personenbezogenen Daten eingehalten werden?
- Bietet die (Teil-)Anonymisierung der personenbezogenen Daten einerseits genügend Datenschutz und erlaubt sie andererseits noch nützliche Verwendung? Welche Art der Anonymisierung kann automatisch durchgeführt werden?

Nach der Prüfung dieser beiden Fragekomplexe bleiben Objekte mit hohem OoI-Potenzial und ohne allzu große Privacy-Bedenken übrig. Für diese wird geprüft, ob die OoIs technisch in der Lage sind, Informationen über ihren Zustand im weitesten Sinne bereitzustellen und wie teuer ihre Ausstattung werden könnte. Es wird untersucht, wie diese Informationen in den aktuellen Geschäftsprozessen genutzt werden könnten. Weiterhin wird untersucht, ob auf der Grundlage dieser Informationen neue Geschäftsprozesse möglich werden und ob es weitere, womöglich auch externe Verwertungspotenziale für diese Daten gibt. Hierbei muss – typischerweise vom Digital Technology Expert – geprüft werden, wie damit umgegangen werden kann, dass womöglich nicht alle OoIs jederzeit erreichbar sind, wie die Menge der von vielen OoIs zu liefernden Informationen statistisch verdichtet werden kann, welche Telekommunikationsvorkehrungen nötig sind, welche Telekommunikationskosten anfallen können und welche Sicherheitsfragen zu berücksichtigen sind.

Nach den Prüfungen aller Rahmenbedingungen bleibt eine Menge von OoIs übrig, für die eine Einbindung in die Geschäftsprozesse des Unternehmens infrage kommt. Für jedes dieser Objekte wird untersucht, welche Geschäftsprozesse betroffen sein können. Dies passiert als freies Assoziieren, gemäß der Frage: Wie können jederzeit aktuelle Informationen über den Zustand des Objekts (beispielsweise Maschine, Nutzungsverhalten Mensch, Navigationsverhalten Mensch, Lokationsverhalten Mensch, Windkraftwerk, Auto, Solarzelle, Alarmanlage, Beratungsverhalten Vertriebler) in die Geschäftsprozesse des Unternehmens eingespeist werden?

Im Folgenden diskutieren wir einige Beispiele für OoIs und ihr Potenzial.

- Ein Mensch – hier aufgefasst als OoI für einen Krankenversicherer – unterzieht sich medizinischen Untersuchungen unter Einsatz von Gerätemedizin. Die hierbei zum Einsatz kommenden Geräte können diagnostische und administrative Informationen direkt und medienbruchfrei für Diagnostik und auch Abrechnung zur Verfügung stellen. So kann ein Kernspin-Tomograph direkt an die Krankenkasse melden, welche Körperregion welches Patienten wie lange einem MRT unterzogen wurde.

- Ein Kernspin-Tomograph – hier aufgefasst als OoI für einen Hersteller medizinischer Geräte – übermittelt seine Betriebszeiten an den Hersteller, sodass dieser die Wartungsintervalle im Auge behalten kann und das Service-Personal frühzeitig disponieren kann.
- Ein Kernspin-Tomograph – hier aufgefasst als OoI im Sinne eines Betriebsmittels eines Krankenhauses – übermittelt seine Ergebnisdaten automatisch und unter Bezugnahme auf den untersuchten Patienten an den zuständigen Facharzt.
- Ein Lufttrockner für Gebäude – hier aufgefasst als geliefertes Objekt eines Facility-Management-Unternehmens – übermittelt seinen Standort alle 30 Minuten an das Unternehmen, sodass dieses jederzeit weiß, wo welche Geräte stehen. Ist das Gerät in Bewegung (unterliegt es also gerade einem Ortswechsel), wird dem Empfänger eine Nachricht gesendet, wenn das Gerät unterwegs ist. Die Nachricht enthält Standort, Uhrzeit, Entfernung zum Zielort, sodass der Empfänger nicht Halb-Tages-Zeiträume für die Annahme des Gerätes reservieren muss. Weiterhin unterliegt das Gerät relevanten Zustandswechseln (beispielsweise in den Zustand „Kondenswasser-Behälter ist zu zwei Dritteln gefüllt"). Dieser Zustandswechsel wird an den aktuellen Betreiber geschickt, sodass dieser daran erinnert wird, den Behälter zu wechseln.
- Ein Gabelstapler – hier aufgefasst als geliefertes Objekt eines Gabelstapler-Herstellers – liefert Information zu seiner Benutzung (Fahrweise und Hebeleistung) an den Hersteller, sodass dieser neue Produkte wie „Hebeleistung as a Service" und vorausschauende Wartung entwickeln kann. In Abhängigkeit von dem jeweiligen Anwenderverhalten können sie individuell bepreist werden.
- Ein Katze – hier aufgefasst als OoI eines Tierfutter-Herstellers (identifiziert über die Betrachtung des Lebenszyklus des OoI „Tierfutter") – liefert Vitaldaten. Diese werden in verdichteter Form dem Tierhalter angeboten, der so Aufenthaltsort und Bewegungsprofil seines Haustiers kontrollieren kann.
- Baumaschinen – verstanden als OoIs im Sinne von Betriebsmitteln eines Bauunternehmens – melden ihren Aufenthaltsort, wenn sie ihren Ort wechseln. Passiert das innerhalb bestimmter Zeitfenster, zum Beispiel nachts, wird ein Alarm ausgelöst.
- Ein Auto – verstanden als geliefertes OoI eines Automobil-Herstellers – meldet detaillierte Verschleißerscheinungen an die Vertragshändler, sodass diese passgenaue Wartungs-Services anbieten können. Ab einer bestimmten Frequenz von Verschleißerscheinungen wird der Vertrieb informiert. Ab einer bestimmten Lebensdauer wird das baldige Ende des Lebenszyklus angenommen und der Vertrieb intensiviert.
- Ein Auto – verstanden als geliefertes OoI eines Automobil-Herstellers – meldet die Nutzungsintensität bestimmter Ausstattungsmerkmale (zum Beispiel Standheizung, Lenkradheizung, Fahrmodus-Wahl). Stellt sich dabei heraus, dass sie von der Grundgesamtheit der Kunden häufig bestellt, aber nur selten benutzt werden, dann ist das für das einzelne Auto-Objekt keine relevante Information, kann aber für Werbung, Marketing, Pricing und sogar das Usability Engineering dieser Ausstattungsmerkmale relevant sein.
- Eine Maschine – verstanden als geliefertes OoI eines Maschinenherstellers – liefert Information zu Umgebungstemperatur, Luftfeuchtigkeit und anderen Kontextparametern.

Auf der Grundlage dieser Informationen und der Informationen über Wartungsintervalle und -kosten kann der Hersteller gegebenenfalls Verbesserungen an seinen Produkten vornehmen.

- Eine Photovoltaik-Anlage – verstanden als ein von einem Energieerzeuger betriebenes OoI – liefert Information über seinen Zustand, um Wartungsintervalle zu optimieren und Abrechnungen der Einspeisevergütung zu plausibilisieren.
- Eine Maschine – verstanden als OoI eines Betreibers – meldet freie Fertigungskapazitäten an eine Plattform, auf der Aufträge vergeben werden, und nimmt an Auftragsauktionen teil.
- Ein Mensch – verstanden als OoI eines Versicherers – meldet seine Vitaldaten an seine Krankenversicherung. Je nach Krankheitszustand können daraus unmittelbare therapeutische Maßnahmen oder auch nur Statistiken abgeleitet werden.
- In einer Bank ist das zentrale Objekt „Konto" ein OoI. Ein Konto ist zwar kein reales Objekt, aber von allen Objekten, die die Bank verwaltet, hat es die größte Nähe zum realen Objekt „Kunde". In gewisser Weise spiegelt das Objekt „Konto" eine Dimension des eigentlichen Objects of Interest „Kunde" wider, nämlich die Dimension des sich in Überweisungen niederschlagenden Verhaltens des Kunden.

Am Ende der Befüllung des Physical Object Canvas sind entlang solcher Überlegungen OoIs identifiziert, für die relevante Ereignisse, zu liefernde Daten und betroffene Geschäftsprozesse angegeben sind. Weiterhin ist vermerkt, ob die OoIs sich bei einem Einzelereignis proaktiv melden, um Daten zu liefern, oder ob sie abgefragt werden sollen (reaktiv aus Sicht des OoI). Abbildung 4.4 zeigt eine entsprechende Auflistung für das OoI „Maschine" eines Maschinenbauers.

Neben der Betroffenheit existierender Geschäftsprozesse ist weiterhin zu prüfen, welche zusätzlichen Geschäftsprozesse, die es ohne die neue, breite Datenbasis gar nicht gab, möglich werden. Zum Beispiel kann es hier um Prozesse im Product Engineering auf der Basis von Nutzungsverhalten oder Kundenbeschwerden gehen. Zuweilen sind auch neue Produkte und Services auf der Grundlage der neu erschlossenen Datenquellen denkbar. Zum Beispiel ist es typischerweise möglich, Maschinen nicht nur zu verkaufen, sondern Service-Modelle anzubieten, die die von den Maschinen erbrachten Leistungen in den Mittelpunkt stellen. Das geht aber erst und lässt sich insbesondere auch nur dann sinnvoll mit Preisen versehen, wenn Informationen darüber vorliegen, in welchen Situationen welche Maschinen wie benutzt werden. Das kann nach Kontext und Kunde erheblich variieren. Und das wiederum lässt sich erst mit Maschinen, die regelmäßig melden, wie sie benutzt werden, einfach herausbekommen. Solche Geschäftsmodelle werden also überhaupt erst dadurch möglich, dass detaillierte Informationen über OoIs gesammelt werden. Ein weiteres Geschäftsmodell kann darin bestehen, dass gesammelte Daten weiter verkauft oder für statistische Erhebungen zur Verfügung gestellt werden. Bei all diesen ergänzenden Geschäftsmodellen sollte besonderes Augenmerk auf Datenschutz und Eigentumsrechte gelegt werden.

OoI Maschine	
Ereignis:	*Installation*
Daten:	*Ort, Zeit, Kennung, Installateur*
Lieferung:	*proaktiv*
betroffene Geschäftsprozesse:	*Maschinenverwaltung, Marketing*
Ereignis:	*Fehler*
Daten:	*Ort, Zeit, Fehlerart*
Lieferung:	*proaktiv*
betroffene Geschäftsprozesse:	*Maschinenverwaltung, Produktmanagement, Wartung*
Ereignis:	*Reparatur*
Daten:	*Zeit, Art der Reparatur, Kosten, Techniker*
Lieferung:	*proaktiv*
betroffene Geschäftsprozesse:	*Wartung, Wiederanlauf-Management*
Ereignis:	*Prüfung*
Daten:	*Testidentifikation*
Lieferung:	*reaktiv*
betroffene Geschäftsprozesse:	*Wiederanlauf-Management, Wartung*

Abb. 4.4 Beispiel eines Object of Interest auf einem Physical Object Canvas

4.3.2 Annotationen und Analyse

Die Annotation des Phyiscal Object Canvas erfolgt mit Hilfe der Annotationen in Tab. 4.2, die sich jeweils auf OoIs beziehen.

In der Gesamtbetrachtung werden folgende konkurrierende Annotationen als verdächtig eingestuft – OoIs, die so annotiert werden, sollten im Hinblick auf diese Konkurrenzen geprüft werden:

- „Hohe Last“ und „Zeitbeschränkung“: Die Annotation „hohe Last“ bedeutet, dass viele der Objekte zeitgleich auftauchen können. Die Annotation „Zeitbeschränkung“ bedeutet, dass die von den OoIs gelieferte Information in definierten Zeiträumen weiter verarbeitet werden muss. Beides zusammen stellt eine Skalierungsanforderung an die zentrale Infrastruktur. Ob diese mit sinnvollem Mitteleinsatz erfüllt werden kann, sollte geprüft werden.
- „Zuverlässigkeit“ und „Flexibilität“: Die Annotation „Zuverlässigkeit“ bedeutet, dass die OoIs außerhalb der vollständigen Kontrolle des zentralen Systems liegen und dass die angenommene Ausfallwahrscheinlichkeit der OoIs ein Problem für die

Tab. 4.2 Annotationen für Objects of Interest auf dem Physical Object Canvas

Symbol	Bezeichnung	Interpretation
	Business Value	Das Wertschöpfungspotenzial des OoI wird besonders hoch eingeschätzt – sei es durch das Entstehen neuer Produkte oder Dienstleistungen oder die Optimierung existierender Abläufe, aber auch durch abgeleitete Geschäftsmodelle wie z. B. den Weiterverkauf gesammelter Daten.
	User Value	Die entstehende Lösung würde besonders die Anforderungen von Kunden oder Partnern bedienen, sodass der Umgang mit dem OoI für sie besonders attraktiv oder komfortabel würde.
	Hohe Last	Diese Annotation bedeutet, dass das annotierte OoI mindestens zu bestimmten Zeitpunkten in besonders hoher Zahl auftauchen kann oder dass die von diesem Objekt zu liefernden Informationen ein hohes Datenvolumen bzw. eine hohe Lieferfrequenz verursachen können. Ein Beispiel sind alle Windräder einer Region, die bei bestimmten Wetterverhältnissen melden, dass sie sich nun abschalten.
	Zeitbeschränkung	Diese Annotation bedeutet, dass Daten, die von dem annotierten Objekt geliefert werden, in fest definierten, tendenziell auch kurzen Zeiträumen weiter verarbeitet werden müssen. Ein Beispiel ist ein Auto, dass getriggert vom Sensor des ausgelösten Airbags einen Notruf absetzt. Diese Information muss in kurzer Zeit verarbeitet werden, asynchrone Liegezeiten sind unbedingt zu vermeiden.
	Zuverlässigkeit	OoIs sind dezentrale Teile eines Gesamtsystems. Sie entstammen unterschiedlicher Herkunft und spielen im Gesamtsystem unterschiedlich wichtige Rollen. Für jedes OoI wird angegeben, ob die angenommene Ausfallwahrscheinlichkeit der Einzelausprägungen des OoI als problematisch für das Gesamtsystem angesehen wird. Ein Beispiel sind mobile Ampelanlagen, die ereignisgesteuert reagieren und melden, wenn sie die Signale wechseln. Falls eine lückenlose Überwachung für wichtig gehalten wird und falls angenommen wird, dass bei der Datenübermittlung zu viele Fehler auftreten, kann dies durch diese Annotation verdeutlicht werden.
	Korrektheit	Diese Annotation eines OoI bedeutet, dass die von den OoIs zu liefernden Daten, die auf Grund ihrer vielfältigen Provenienz tendenziell fehlerbehaftet sind, erst auf die Korrektheitsanforderungen der internen Geschäftsprozesse angepasst werden müssen, bevor sie weiter verarbeitet werden können. Ein Beispiel sind Vitaldaten von krankenversicherten Personen, die im Hinblick auf ihre Prämienrabattrelevanz geprüft werden müssen. Solche Daten stammen von vielen verschiedenen Personen und werden von vielen verschiedenen Endgeräten und Apps erstellt und übermittelt. Es ist damit zu rechnen, dass es hier zu vielfältigen Varianten und Abweichungen von definierten Formaten kommt. Vor einer Weiterverarbeitung sind Bereinigungen einzukalkulieren.

Tab. 4.2 (Fortsetzung)

Symbol	Bezeichnung	Interpretation
	Flexibilität	Diese Annotation eines OoI bedeutet, dass die entsprechenden Objekte gemäß ihrer Lebenszyklusanalyse zwar definierte Daten liefern sollen, dass auf Grund von technologischen, regulatorischen oder Datenschutz-Änderungen jedoch damit zu rechnen ist, dass sich Inhalt, Format, Frequenz der Datenlieferungen zuweilen ändern werden.
	Komplexität	Die Einbindung des OoI würde zu besonders komplexen Lösungen führen. Dies kann daran liegen, dass die Daten am OoI schwer zu erfassen sind, dass sie in einer Weise strukturiert sind, die die Auswertung erschwert, oder dass die Anbindung des OoI in ein digitales System aus anderen Gründen besondere Konstruktionsherausforderungen stellt.

Funktionsfähigkeit des Gesamtsystems sein könnte. Die Annotation „Flexibilität" bedeutet, dass die Formate der zu liefernden Daten sich voraussichtlich ändern werden. Beides zusammen kann bedeuten, dass die Datenlieferungen – gerade nach Formatänderungen – fehleranfällig sein könnten. In solchen Situationen sollte zumindest jede Änderung durch eine geeignete Teststrategie abgedeckt werden.

- „Hohe Last" und „Korrektheit": Ein skalierendes Datenaufkommen, das vor Verarbeitung erfordert, dass Bereinigungen vorgenommen werden, kann Indiz für ein potenzielles Performance-Problem sein. Es sollte deshalb die Berechnungskomplexität der Bereinigung untersucht werden.

4.4 Touchpoint Canvas

Auf dem Touchpoint Canvas geht es darum, für maximal fünf Partner zu analysieren, welche wahrscheinlichen Kontaktreihenfolgen es gibt, durch welche Ereignisse die Kontakte ausgelöst werden und über welche Kanäle und in welchen Kontexten sie stattfinden. Das heißt, die Schnittstellen aus dem Partner Canvas werden in typische Wahrnehmungsreihenfolgen (bezogen auf den jeweiligen Partner) gebracht.

Für jeden der bis zu fünf wichtigsten Partner gibt es einen eigenen Touchpoint Canvas. Jeder Touchpoint Canvas führt bis zu zehn so genannte Touchpoint Events auf. Ein Touchpoint Event ist ein Ereignis, das einen Kontakt auslöst. Es wird zwischen fünf bis zehn Zugangskanälen/Kontexten, über die und in denen ein Kontakt stattfinden kann, unterschieden. Die hier dargestellten Informationen werden in anderen Ansätzen, die ebenfalls den Kunden in den Mittelpunkt der Betrachtung stellen, auch als Customer Safaris oder Customer Journey Maps bezeichnet (und sind wiederum von Service Blueprints (Shostack 1984) abgeleitet).

4.4.1 Methodik und Notation

Ziel des Touchpoint Canvas ist es, potenzielle Interaktionsbrüche aus Sicht der bis zu fünf wichtigsten Partner zu ermitteln und festzustellen, ob sich aus den einzelnen Services für und Berührungspunkten mit jedem Partner ein für den Partner kohärentes und plausibles Bild ergibt. Es soll vermieden werden, dass der Partner – je nach Berührungspunkt – unterschiedliche Zugänge wählen muss. Die Interaktion mit dem Unternehmen soll ihm wie aus einem Guss vorkommen. Dabei werden einige Touchpoints besonders ausgezeichnet – nämlich solche, an denen die Gefahr besteht, dass die Interaktion insgesamt abreißt, weil der Partner verärgert ist oder eine Usability-Hürde nicht nehmen kann oder mag. Diese Touchpoints werden Trust Points genannt.

Für die fünf wichtigsten Partner (einer davon ist immer der Partner „Kunde") werden die Touchpoint Events, die dazu führen, dass der Partner mit dem betrachteten Unternehmen in Kontakt kommt, auf einem Zeitstrahl (horizontale Achse des Canvas) angesiedelt. Dabei ist der Begriff des Zeitstrahls nicht so zu interpretieren, dass eine strikte Linearisierung der Kontakte stattfinden soll. Es darf verzweigt werden und es darf auch zurück gesprungen werden, beispielsweise wenn sich an einem Touchpoint eine Ausnahme ergibt, die erfordert, dass zu einem schon besuchten Touchpoint zurückgekehrt wird. Es soll jedoch keine vollständige, alle Ausnahmebehandlungen widerspiegelnde Menge von Kontaktreihenfolgen (d. h. bei weitem kein komplettes Prozessmodell) angestrebt werden, da dies den „normalen" Durchlauf zu stark verschleiern würde.

Für jedes Touchpoint Event wird notiert, mittels welchen Kanals und in welchem Kontext der Kontakt unterstützt werden kann. Hierbei ist es möglich, dass zu einem Touchpoint Event mehrere Kanäle infrage kommen. In der Regel obliegt dann dem Partner die Wahl des Kanals. Zu jedem Partner müssen mindestens die ihm zugeordneten Schnittstellen des Partner Canvas als Touchpoint Events auftauchen. Kanäle und Kontexte können entlang der vertikalen Achse mittels so genannter Touchpoint Lanes notiert werden. Während im Rahmen des IR:digital insbesondere die Zugangskanäle in den Lanes notiert werden, tauchen bei der Verwendung des Touchpoint Canvas im IR:mobile (Abschn. 6.4) in erster Linie Kontextinformationen als Lanes auf. Wir unterscheiden typischerweise folgende Touchpoint Lanes:

- **Reale Objekte:** Diese Lane wird gewählt, wenn OoIs ausgetauscht werden.
- **Papier:** Diese Lane wird gewählt, wenn Papier ausgetauscht wird.
- **Elektronische Nachrichten:** Diese Lane wird gewählt, wenn elektronische Nachrichten ausgetauscht werden.
- **Website:** Diese Lane wird gewählt, wenn sich ein Partner auf der Website des Unternehmens informiert. Es kann differenziert werden zwischen mobilem oder stationärem Web-Zugang (insbesondere im Kontext des IR:mobile).
- **Soziale Medien:** Diese Lane wird gewählt, wenn Informationen über soziale Medien bezogen/ausgetauscht werden.

Die Menge der Touchpoint Lanes ist erweiterbar. Ein Versicherungsunternehmen nimmt für die Kunden vielleicht die Lane „Kunden-Service-Center“ auf, eine Bank vielleicht die Lane „Geldautomat“.

Die Touchpoints werden als einfache Kreise in das Koordinatensystem eingetragen. Sie zeigen, über welche Kanäle die Touchpoint Events unterstützt werden. Die Platzierung eines Touchpoint Events auf dem Canvas bedeutet, dass ein Kontakt in dem durch die Lane benannten Kontext respektive unter Nutzung des benannten Zugangskanals stattfindet (wobei ein Zugangskanal typischerweise eine Medienklasse bezeichnet). Trust Points, also Touchpoints mit Gefahr des Interaktionsabbruchs, werden als Doppelkreise eingetragen.

Einer der fünf zu untersuchenden Partner ist per default der Partner „Kunde“. Für diesen Partner entspricht der Lebenszyklus des auf dem Physical Object Canvas betrachteten OoIs „Kunde“ der Beschriftung der horizontalen Achse des Touchpoint Canvas des Partners „Kunde“.

Abbildung 4.5 zeigt als Beispiel den Touchpoint Canvas eines Kunden eines Auto-Herstellers. Er beginnt mit dem Produktinteresse, das sich auf vielen Kanälen manifestieren kann. Nähere Informationen werden typischerweise zunächst auf der Website des Herstellers eingeholt – bereits hier kann der Kontakt abbrechen, wenn der Kunde nicht sucht, was er findet, oder ihn die Präsentation nicht anspricht. Wurde dieser Trust Point überwunden, geht der Weg des Kunden in der Regel mit einer Probefahrt weiter, die ein reales Objekt (nämlich das Probe zu fahrende Auto) einschließt. Der Kauf erfolgt stationär beim Händler; auch dabei kann es noch zum Abbruch der Kundenbeziehung kommen. Die anschließenden Touchpoints „Service“ und „Reparatur“ sind weiterhin stark physisch geprägt.

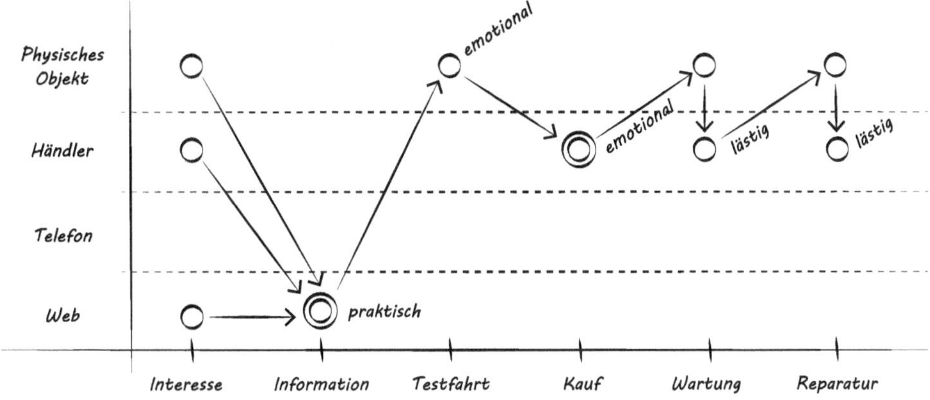

Abb. 4.5 Beispiel eines Touchpoint Canvas für einen Kunden beim Autokauf

4.4.2 Annotationen und Analyse

Anstelle der Vergabe von Wert- und Aufwandsannotationen wird jeder eingetragene Touchpoint aus Partnersicht auf einer Emotionsskala bewertet, die die Attribute „lästig“, „nötig“, „praktisch“, „erwünscht“ oder „emotional“ umfasst:

- **Lästig:** Als lästig werden vom Partner Touchpoints empfunden, die er bedienen muss, ohne dass das aus seiner Sicht nötig ist. Grundsätzlich als nötig betrachtete Touchpoints können trotzdem leicht als lästig empfunden werden, wenn sie schlecht gemacht sind, das heißt, wenn ihre Nutzung länger dauert, als es aus Sicht des Partners dauern müsste, wenn sie als nicht robust oder unzuverlässig empfunden werden, oder wenn sie beim Partner Ungewissheit hinterlassen („hat nun alles geklappt?“). Lästig (weil leicht als unnötig empfunden) ist es z. B., wenn sich bei der Anmeldung zu einer Firmenveranstaltung alle Mitarbeiter rückmelden müssen (und nicht nur die vermuteten 10 % Absager). Lästig (weil schlecht gemacht) ist z. B. ein Shop-System, das den Kunden darüber im Unklaren bleibt, ob seine Zahlung akzeptiert wurde, bis er eine Stunde später eine E-Mail bekommt.
- **Nötig:** Manche Touchpoints sind nötig und werden als solche akzeptiert. Wenn der Kunde in einem Online-Shop etwas kaufen will, muss er sich identifizieren und seine Lieferadresse angeben. Wenn das gut gemacht ist, ist der Kunde bereit, diesen „Bürokratie-Schritt“ zu akzeptieren.
- **Praktisch:** Nötige Touchpoints werden gerade zu Beginn ihrer Einführung als praktisch empfunden, wenn sie andere Tätigkeiten obsolet machen. Ein Parkknöllchen für einen amerikanischen Mietwagen zu bezahlen, kann ganz schön schwierig sein, weil Touristen in der Regel keine Schecks besitzen, die sie einfach in die Post stecken können. Wenn es dann aber eine QR-Code-basierte Bezahl-App für Knöllchen gibt, mittels derer man per Kreditkarte zahlen kann, dann überlagert die Praktikabilität dieser Anwendung womöglich sogar den unerfreulichen Anlass.
- **Erwünscht:** Manche Touchpoints existieren noch gar nicht voll funktional, werden aber vom Partner gewünscht. Hier entsteht dann echter Touchpoint-Ausbauwunsch. So kommt der Kunde vielleicht auf die Idee, dass er durch eine einmalige Adressänderung seiner Adresse bei seiner Bank alle Unternehmen mit Einzugsermächtigung automatisch über die geänderte Adresse informieren möchte. In einer solchen Situation existiert der Touchpoint „Kunde ändert Adresse bei Bank“. Die erweiterte Funktionalität ist aber noch nicht verfügbar. „Erwünscht“ ist insofern eine schwierige Klassifizierung, weil sie die Bewertung existierender mit Wünschen bezüglich zukünftiger Klassifikation vermischt. Sie ist aber gerade deshalb auch besonders nützlich, denn sie gibt unmittelbare Hinweise auf Verbesserungspotenziale.
- **Emotional:** In manche Touchpoints ist der Partner emotional involviert. Das kann unterschiedliche Gründe haben. Beschwerde-Hotlines haben typischerweise mit emotional involvierten Partnern zu tun, aber auch die Abholung eines Autos beim Hersteller, das Einchecken in einem Hotel nach langer Reise und das Umbuchen eines ausgefallenen Verkehrsmittels können auf Partner mit emotionaler Involviertheit treffen.

Solche Schnittstellen müssen idealerweise besonders robust und mit einer freundlichen Benutzerschnittstelle versehen sein.

Die im Beispiel in Abb. 4.5 auf der Emotionsskala vergebenen Attribute spreizen erheblich. Mindestens der Kauf wird von den meisten Käufern als angenehm und emotional empfunden, auch die Reparatur wird hier und da eine emotionale Involviertheit des Kunden vermuten lassen. Schon diese einfache Annotation zeigt, dass es aus Sicht des Automotive-Herstellers darauf ankommt, den initialen und positiv besetzten Touchpoints weitere positive folgen zu lassen, um den Kunden über den Lebenszyklus eines Autos hinaus zu binden.

Touchpoint Canvases sind nicht falsch oder richtig; ihre Analyse ergibt keine Fehler im strikten Sinn. Stattdessen weist ihre Untersuchung auf Verdachtsmomente hin, die es näher zu betrachten gilt. Typische Verdachtsmomente sind:

- Viel Hin und Her zwischen den Touchpoint Lanes, denn das kann den einheitlichen Eindruck stören oder auf Medienbrüche in der Ausführung von Aktionen hinweisen.
- Viele Wahlmöglichkeiten an einzelnen Touchpoint Events (also vertikale Linien, die mehrere Lanes schneiden), denn das kann den Partner mit der kognitiven Last konfrontieren, den passenden Kanal zu wählen, respektive sich zu erinnern, welchen er zuletzt wählte.
- Viele Schnittstellen, die als „erwünscht" klassifiziert sind, denn das weist auf funktionale Lücken hin.
- Viele web-basierte Schnittstellen, die als „emotional" klassifiziert sind, denn hier droht die Gefahr, dass Zugangsprobleme aufgrund einer mangelnden Telekommunikationsabdeckung dem Unternehmen angelastet werden, was gerade bei emotionaler Involviertheit des Kunden zu kaum reparabler Verärgerung führen kann.
- Jede einzelne als „lästig" klassifizierte Schnittstelle. Wenn der Partner eine Schnittstelle als lästig empfindet, sollte sie entweder abgeschafft oder automatisiert werden, oder ihre Notwendigkeit sollte verdeutlicht werden.
- Jeder lästige Trust Point, denn hier droht der Interaktionsausstieg ganz unmittelbar.

4.5 Canvas-übergreifende Analysen

Die Analyse der einzelnen im IR:digital verwendeten Canvases führt während der IR-Befüllung typischerweise bereits zu Verdachtsmomenten und nahe liegenden Verbesserungen. Nach Erstellung und Verbesserung der Modelle schließt sich ein zweiter Analyseschritt an, in dem eine Canvas-übergreifende Analyse durchgeführt wird. Wir unterscheiden dabei zwischen Vollständigkeitsanalyse, Annotationsanalyse und Plausibilisierung.

In der **Vollständigkeitsanalyse** wird untersucht, ob die auf einem Canvas verwendeten Modellelemente auf anderen Canvases aufgegriffen werden. Das muss nicht für alle Modellelemente erfolgen, aber für die wesentlichen. Werden bestimmte Modellelemente nicht weiter behandelt, obwohl sie aus Sicht eines einzelnen Canvas als relevant erscheinen, so kann es dafür durchaus gute Gründe geben. Die Vollständigkeitsanalyse will lediglich sicherstellen, dass vermeintliche Lücken tatsächlich gut begründet sind. Einige Beispiele für Verdachtsmomente auf ungeeignete Unvollständigkeit sind:

- Tauchen auf dem Partner Canvas wichtige Partner auf (also solche, zu denen viele und intensiv genutzte Schnittstellen bestehen), ohne dass deren Lebenszyklus auf einem Touchpoint Canvas beschrieben wird? Typischerweise sollten die wichtigsten Partner als Ankerpunkt von Touchpoint Canvases auftauchen.
- Treten Objekte in vielen Schnittstellen oder zumindest in intensiv genutzten Schnittstellen auf, ohne dass sie auf dem Physical Object Canvas dargestellt sind? Typischerweise sollte dann über die Ergänzung des Physical Object Canvas nachgedacht werden.
- Wenn es OoIs gibt, für die es viele relevante Ereignisse gibt, tauchen diese Ereignisse dann auch in Touchpoint Canvases auf? Ist das nicht der Fall, so ist das ein Indiz dafür, dass die betrachteten Touchpoint Canvases nicht genügend auf OoI-Potenziale fokussiert sind. Es kann dann nützlich sein, zu überlegen, im Rahmen welcher Touchpoint Canvases die OoIs auftauchen würden, und diese zu beschreiben (selbst wenn sie noch reine Zukunftsmusik sind).

In der **Annotationsanalyse** wird untersucht, ob die auf dem Partner Canvas, Physical Object Canvas und Touchpoint Canvas verwendeten Annotationen in ihrem Zusammenspiel Anlass für Verdachtsmomente und Inkonsistenzen bieten. Im Folgenden erörtern wir Kombinationen, die im Großen und Ganzen auf Klärungsbedarfe hinweisen.

- Kombinationen von Annotation an Schnittstellen und Annotationen an OoIs sind fast immer verdächtig, wenn sie nicht gut aufeinander abgestimmt sind:
  - Eine Schnittstelle, die vermeintlich eine hohe Last aushalten muss, und ein über die Schnittstelle ausgetauschtes OoI, das gar keine hohe Last erzeugt, passen nicht zueinander. Es sollte geprüft werden, wie Last- und Performanzanforderungen tatsächlich aussehen.
  - Eine sicherheitskritische Schnittstelle, über die ein OoI ausgetauscht wird, für das eine hohe Flexibilität angenommen wird, scheint ebenfalls heikel, denn bei jeder Veränderung müssen die Sicherheitsmechanismen potenziell angepasst werden. Meistens macht es dann Sinn, die Sicherheitsanforderungen zu detaillieren.
  - Eine Schnittstelle, über die eine hohe Last abgewickelt werden soll, und ein über diese Schnittstelle auszutauschendes OoI, für das strikte Zeitbeschränkungen einzuhalten sind, passen auf den ersten Blick nicht zueinander. Typischerweise sollten die Lastszenarien näher betrachtet werden.
  - Eine Schnittstelle, für die eine hohe Zuverlässigkeit gefordert wird, und ein Objekt, das mittels der Annotation „Zuverlässigkeit" als kritisch im Hinblick auf seine Ausfallwahrscheinlichkeit eingestuft wird, passen im Hinblick auf die Zuverlässigkeit des Gesamtsystems womöglich nicht zueinander.

- Wird ein OoI mit einem hohen Business Value annotiert und tauchen die zum OoI genannten Ereignisse nicht auf mindestens einem Touchpoint Canvas auf, so sollte hinterfragt werden, wie der angenommene Business Value realisiert werden soll.
- Ereignisse aus dem Lebenszyklus von OoIs mit Attraktivitäts-Annotationen können auf Touchpoint Canvases auftauchen. Sind die entsprechenden Touchpoints dort als „lästig" annotiert, stellt sich die Frage, für wen der OoI-Einsatz attraktiv ist. Häufig verbergen sich hinter solchen Annotationskombinationen Situationen, die nicht für alle Beteiligten gleichermaßen attraktiv sind. Oft ist es so, dass die Attraktivität für das Unternehmen sogar im Widerspruch zur Attraktivität für den Anwender steht. Das kann beispielsweise der Fall sein, wenn die Datenerfassung nach außen verlegt wird. Für das Unternehmen kann dies Einsparungen bedeuten, für den Anwender aber lästig sein. Typischerweise sind Maßnahmen erforderlich, um ein Attraktivitätsgleichgewicht zwischen den Beteiligten herzustellen.

In der **Plausibilisierung** werden einige Fragen aufgeworfen, deren Beantwortung Hinweise auf zusätzliche Verbesserungspotenziale liefern kann:

- Sind die Informationen an den Schnittstellen womöglich leicht digitalisierbar, während die sie verarbeitenden Aktivitäten in den internen Geschäftsprozessen nicht Gegenstand von Automatisierung sind?
- Sollen Aktivitäten automatisiert werden, ihre Inputs/Outputs aber nicht alle digitalisiert werden?
- Passen die Annotationen an den OoIs zu denen der sie anfragenden Aktivitäten der Geschäftsprozesse? (Dies kann nur geprüft werden, wenn entsprechende Details zusätzlich auf einem Process Canvas erfasst wurden.)

Mittels dieser Analysen und Plausibilisierungen lassen sich Lücken, Widersprüche und vermeintliche Inkonsistenzen aufdecken. In der Regel sind diese nicht algorithmisch zu beseitigen. Es kommt bei der übergreifenden Analyse im Wesentlichen darauf an, frühzeitig auf Verbesserungspotenziale hinzuweisen.

4.6 Workshop-Ablauf und Anschlusstätigkeiten

Die Vorstellung der Canvases des IR:digital in the vorangehenden Abschnitten ging einher mit Hinweisen zu ihrer individuellen Skizzierung. Offen blieb bisher die Frage, wie die Canvases des IR:digital im Zusammenspiel erstellt werden. Das ist nicht nur eine Frage der Reihenfolge, sondern insbesondere eine Frage der Verzahnung, denn es gilt, das während der Erstellung eines Canvas zu Tage geförderte Wissen über einen anderen Canvas unmittelbar zu sammeln und zu notieren. Diese Verzahnung und Ganzheitlichkeit ist einer der Vorteile der synchronen Modellbildung im Interaction Room. Um sie zu erreichen, sollte die Befüllung eines IR:digital der folgenden Methode folgen. Eine dazu passende Agenda für einen zweitägigen IR:digital-Workshop ist in Abschn. 25.1 zu finden.

- Klassifikation des betrachteten Unternehmens, so dass deutlich wird, wie sich die OoIs auf dem Physical Object Canvas identifizieren lassen.
  - Ergebnis: Unternehmenstyp im Sinne der Digitalisierung
- Erstellung des Partner Canvas, dabei Sammlung aller OoI, die beim Beschreiben der Schnittstelle auftauchen.
  - Ergebnis: Partner Canvas, erste Einträge auf dem Physical Object Canvas
- Annotation des Partner Canvas in einem Annotationsdurchgang und Analyse
  - Ergebnis: annotierter Partner Canvas und Hinweise auf Verdachte
- Ermittlung der fünf wichtigsten Partner auf dem Partner Canvas. Mindestens für diese fünf Partner wird später ein Touchpoint Canvas erstellt; darunter immer der Touchpoint Canvas für den Partner „Kunde".
- Beispielbezogener Technologiedurchlauf, um einen Überblick über das technisch Machbare zu bekommen: Ein solcher Durchlauf ist erforderlich, weil die Möglichkeiten zahlreicher Digitalisierungstechnologien (insbesondere solcher, die sich aus den Trends Mobilisierung, Cyber-Physikalisierung und Auswertung von verdichteten Lebenszyklusobjekten) von den Teilnehmern eines IR:digital-Workshops oft nicht eingeschätzt werden können, sodass ein Ausflug in die Lösungsdomäne helfen kann, Ideen über Digitalisierungspotenziale in der Anwendungsdomäne zu befeuern.
- Erstellung des Physical Object Canvas durch systematischen Durchlauf aller Schnittstellen, dabei Berücksichtigung des OoI „Produkt" und des OoI „Kunde".
  - Ergebnis: initialer Physical Object Canvas
- Gegebenenfalls Ermittlung weiterer OoIs über den Umweg des Object Canvas und deren Abstraktion. Das bedeutet, dass genau dann, wenn über den Partner Canvas wenige OoIs identifiziert werden konnten und vermutet wird, dass sich in den Informationssystemen weitere OoIs verbergen, ein Object Canvas (Abschn. 5.4) erstellt und dort nach OoIs gesucht wird.
  - Ergebnis: Physical Object Canvas
- Annotation des Physical Object Canvas in einem Annotationsdurchgang und Analyse
  - Ergebnis: annotierter Physical Object Canvas und Hinweise auf Verdachte
- Reduktion des Physical Object Canvas auf die zehn wichtigsten OoIs.
- Betrachtung der OoI-Lebenszyklen und Ermittlung der lieferbaren Informationen und ihrer Verwendung auf dem Partner Canvas (in welche Geschäftsprozesse werden Daten welcher OoIs eingespeist, wo können OoIs gesteuert werden?).
  - Ergebnis: Detailbeschreibung der OoIs, die auf dem Physical Object Canvas identifiziert wurden
- Erstellung des Touchpoint Canvas für den Partner „Kunde"
  - Erstellung des Touchpoint Canvas für den Partner „Kunde"
  - Annotation und Analyse des Touchpoint Canvas für den Partner „Kunde"
  - Ergebnis: annotierter Kunden-Canvas und Hinweise auf Verdachte
- Erstellen der Touchpoint Canvases für die maximal vier wichtigsten Partner aus dem Partner Canvas
  - Annotation und Analyse der einzelnen Touchpoint Canvases
  - Ergebnis: annotierte Touchpoint Canvases und Hinweise auf Verdachte

- Übergeordnete Analyse der erstellten Canvases (Vollständigkeitsanalyse, Annotationsanalyse, Plausibilisierung)
  - Ergebnis: Hinweise auf Verdachte für die Ergebnisse der IR:digital-Befüllung
- Ableitung der Digitalisierungsschwerpunkte aus den Touchpoint Canvases und deren Analysen, Festlegung von Arbeitsschwerpunkten und Prioritäten für das weitere Vorgehen, Ranking der OoIs, Schnittstellen-Ausprägungen, Zielsetzung von Realisierungen
  - Ergebnis: Ranking von Digitalisierungsansätzen
- Formulierung von Presseinfos zu den Top 5 Realisierungsvorschlägen
  - Ergebnis: Kurzbeschreibungen von Projektideen

Am Ende der IR:digital-Befüllung liegen priorisierte und bewertete Vorschläge für Arbeitsschwerpunkte bzw. Projekte im Kontext der Digitalisierung vor. Diese fallen in die Kategorie mobil-getriebener, technologiegetriebener oder klassischer Entwicklungsvorhaben. In den ersten beiden Fällen ist im Fall einer ausgeprägten Risikostruktur und des Analyseergebnisses heterogener Zielsetzungen der Stakeholder eine Vertiefung mithilfe des IR:mobile oder IR:tech sinnvoll. Im Fall eines klassischen Entwicklungsvorhabens macht es Sinn, dieses mithilfe des IR:scope einzugrenzen und damit die Voraussetzung für die Entwicklungsunterstützung mithilfe des IR:agile zu leisten.

Weitere Anschlussmöglichkeiten sind denkbar. Offensichtlich ist es möglich, eine im IR:digital identifizierte Projektskizze in anderer Weise als in einem Interaction Room weiter zu entwickeln. Hier bietet die Dokumentation der Ergebnisse einer IR-Befüllung Anschlussmöglichkeiten an nahezu beliebige Vorgehensmodelle und Dokumentationsstandards. Einzige inhaltliche Anforderung ist, dass das anzuschließende Vorgehen auf der Annahme basieren sollte, dass die Ergebnisse aus dem IR:digital abstrakt sind, dass Inkonsistenzen vorkommen können und dass im weiteren Verlauf von Entwicklungsprozessen Konkretisierungen und Ergänzungen nötig sein werden.

Literatur

Brown T (2009) Change by design: how design thinking transforms organizations and inspires innovation. HarperBusiness

Davies N et al (2015) Security and privacy implications of pervasive memory augmentation. IEEE Pervas Comput 14(1):44–53. doi:10.1109/MPRV.2015.13

Hashem IAT et al (2015) The rise of „big data“ on cloud computing: review and open research issues. Inf Syst 47:98–115. doi:10.1016/j.is.2014.07.006

Ries E (2011) The lean startup: how today’s entrepreneurs use continuous innovation to create radically successful businesses. Crown Business

Schmidt A (2015) Societal discussion required? Ubicomp products beyond Weiser’s vision. IEEE Pervas Comput 14(1):8–10. doi:10.1109/MPRV.2015.15

Schwab K (2016) The fourth industrial revolution. World Economic Forum

Shostack GL (1984) Designing services that deliver. Harv Bus Rev 62(1):133–139

Westerman G, Bonnet D, McAfee A (2014) Leading digital: turning technology into business transformation. Harvard Business Review Press

Der Interaction Room für Softwareprojekt-Scoping (IR:scope)

5

Inhaltsverzeichnis

Agile Prozessmodelle fordern häufige Kommunikation zwischen den Stakeholdern, können jedoch nicht garantieren, dass diese Kommunikation zu wertvollen Einsichten führt. Der **Interaction Room für Softwareprojekt-Scoping (IR:scope)** füllt diese methodische Lücke: Er bietet allen Stakeholdern im Team ein Forum für die Kommunikation, ermöglicht es, das Projekt sichtbar und greifbar zu machen und Ideen und Risiken darin zu verorten, und bietet methodische Leitlinien für die Fokussierung der Kommunikation auf die wirklich kritischen Projektaspekte. All dies geschieht in einem bewusst pragmatischen

M. Book et al., *Erfolgreiche agile Projekte*, Xpert.press,
DOI 10.1007/978-3-662-53330-7_5

Rahmen, der nicht als methodischer Ballast wahrgenommen wird, sondern sich auf natürliche Weise in die agile Arbeitsweise einfügt.

Wie in Abschn. 2.1 beschrieben, ist eines der Hauptziele eines Interaction Rooms, die abstrakten Zusammenhänge komplexer IT-Projekte möglichst intuitiv greifbar und damit diskutierbar zu machen. Dies wird durch skizzenhafte Modellierung verschiedener, komplementärer Blickwinkel auf das Projekt erreicht: Großflächige Modellskizzen an allen Wänden des Raums stellen den Dreh- und Angelpunkt der Kommunikation im Interaction Room dar. Auf großen Whiteboards entwerfen Fach- und Technologieexperten gemeinsam die wesentlichen Prozessabläufe, Datenstrukturen, System- und Nutzerschnittstellen.

Die verschiedenen Canvases eines Interaction Rooms helfen Stakeholdern, sich in geführter, aber pragmatischer Weise mit den Strukturen, Abläufen und Schnittstellen eines Informationssystems im Kontext seiner Fachdomäne auseinanderzusetzen. Die parallele Sicht auf Domäne und System aus verschiedenen Perspektiven hilft Stakeholdern aus allen Kompetenzbereichen, ein gemeinsames Gesamtverständnis des Systems zu entwickeln, Abhängigkeiten, Widersprüche und Lücken zu identifizieren und wechselseitigen Respekt für Anforderungen, Komplexität und Rahmenbedingungen sowohl der Fach- als auch der Technologieseite zu schaffen.

Nachdem die Projektmaterie auf diese Weise greifbar gemacht worden ist, besteht der nächste Schritt in der Identifikation von Aspekten, die die Systementwicklung komplex, aufwändig oder unbestimmt machen. Hierzu werden die verschiedenen Canvases mit Annotationen versehen, die im Nachgang der IR-Befüllung analysiert werden, um Handlungsempfehlungen für die detaillierte Anforderungsanalyse und das Risikomanagement zu geben.

Der IR:scope hilft, ein gemeinsames Verständnis der fachlichen und technischen Ausgangslage zu entwickeln, Anforderungen wertorientiert zu erfassen und kritisch zu diskutieren, grundlegende Entwurfs- und Priorisierungsentscheidungen zu treffen und Wechselwirkungen bzw. Abstimmungsbedarfe mit externen Komponenten zu identifizieren. In dieser Phase hat sich die Durchführung von Workshops bewährt, zu denen Vertreter aller am Projekt beteiligten Stakeholder im Interaction Room zusammenkommen und die grundlegenden Fragen klären.

5.1 Relevante Stakeholder

Neben den **IR-Coaches** sowie dem **Process Owner** als Vertreter der Fachseite (Abschn. 3.5.1–3.5.3) müssen im IR:scope auch die technischen Stakeholder an Bord geholt werden, die das System bauen und betreiben werden, d. h. Anwendungsentwickler und Betriebsexperten. Die Fachseite wird zudem durch Anwendervertreter verstärkt.

5.1.1 Anwendungsentwickler

Um zu verhindern, dass lediglich in der Anwendungsdomäne qualifizierte Teilnehmer munter über die Frage beratschlagen, welche Art von Software denn gebraucht würde, wie sich diese erstellen ließe und welche Technologie dabei zum Einsatz kommen könnte, wird die Rolle des Anwendungsentwicklers besetzt. Ob es sich hierbei tatsächlich um einen Anwendungsentwickler handelt oder ob stattdessen jemand teilnimmt, der profundes Wissen über die Anwendungsentwicklung und die Unternehmensarchitektur hat, spielt keine Rolle. Entscheidend ist, dass der Anwendungsentwickler offensichtlich nicht umsetzbare Ideen frühzeitig als solche klassifiziert. Er achtet stets auf die Machbarkeit (im Sinne von Erstellbarkeit und Integrierbarkeit) von sich abzeichnenden Softwarelösungen. Zusammen mit dem Betriebsexperten ist er dafür zuständig, dass die Fantasie von Process Ownern, Business Developern und Technologieexperten nicht allzu exotische Blüten treibt.

5.1.2 Betriebsexperte

Die Rolle des Betriebsexperten ist – wie die Rolle des Anwendungsentwicklers – eine zügelnde. Er ist dabei, um die Machbarkeit (in diesem Fall die Betreibbarkeit) neuer Softwarelösungen früh zu bewerten. Noch mehr als der Anwendungsentwickler hat der Betriebsexperte dabei die Kosten im Auge. So weist er beispielsweise früh darauf hin, dass bestimmte Service Levels für bestimmte Plattformen/Basissysteme teuer werden können, von den IT-strategischen Vorgaben abweichen oder sonstige Risiken bergen. Je nach Organisationsform des Unternehmens kann es vorkommen, dass Anwendungsentwickler und Betriebsexperte in einer Person gebündelt werden.

5.1.3 Anwender

Neben den Process Owners für die tangierten Geschäftsprozesse sollten am IR:scope auch Anwender der zu erstellenden Software teilnehmen, die die Geschäftsprozesse aus dem Tagesgeschäft kennen. Sie wissen zum einen, inwieweit definierte und gelebte Prozess auseinanderklaffen, welche Ausnahmesituationen in der Praxis wie häufig auftreten, und wo besondere Aufwandssenken liegen. Zum anderen können sie Feedback dazu abgeben, wie gut geplante Lösungen auf konkrete Anwendungsprobleme eingehen, inwiefern sie ihrer Arbeitswirklichkeit entsprechen, etc.

5.2 Feature Canvas

Die Erfassung der Anforderungen an die zu erstellende Software ist der erste Schritt der Befüllung eines IR:scope. Dies geschieht auf dem Feature Canvas, einer Wand, auf der die im Projekt umzusetzenden Anforderungen gesammelt und priorisiert werden.

Die Teilnehmer tragen dazu typischerweise mehrere Dutzend Anforderungen zusammen, die aus ihrer Sicht im Projekt umzusetzen sind. Für die ausführliche Diskussion im IR:scope werden aus dieser Sammlung maximal ein halbes Dutzend Kernaspekte ausgewählt, wie im Folgenden beschrieben.

5.2.1 Methodik und Notation

Um unter den Workshop-Teilnehmern einen Konsens über den Umfang der im Projekt zu entwickelnden Software zu schaffen, werden die Anforderungen aller Teilnehmer auf dem Feature Canvas gesammelt. Die IR-Coaches laden die Teilnehmer dazu ein, ihre Anforderungen an das Projekt, bzw. auch die von ihnen wahrgenommenen Problembereiche im Projekt, auf Karteikarten zu notieren und diese an den Canvas zu heften.

Die Formulierungen müssen dabei nicht so vollständig und präzise sein wie User Stories (oder gar wie die Anforderungsdokumente, die im klassischen Requirements Engineering entstehen), da aus ihnen noch keine konkreten Implementierungsaufgaben abgeleitet werden sollen, sondern lediglich ein Überblick über die im Projekt umzusetzenden Anforderungsbereiche entstehen soll. Es reicht, Stichworte oder Satzfragmente zu notieren, die bestimmte Geschäftsprozesse oder Anwendungsfunktionen beschreiben, die vom geplanten System zu unterstützen bzw. zu berücksichtigen sind.

Beim Anheften der Karten an den Feature Canvas sind die Teilnehmer angehalten, ihre Beiträge möglichst pragmatisch zu konsolidieren, indem sie Karten mit Doppelnennungen entfernen und Karten gruppieren, die Aspekte der gleichen Geschäftsprozesse betreffen. Die IR-Coaches können diesen Prozess unterstützen, indem sie bei der Vorbereitung eines Workshops zusammen mit den Projektverantwortlichen bereits denkbare Cluster von Anforderungen bzw. Kernprozesse identifizieren und den Feature Canvas initial mit diesen „Cluster-Überschriften“ bestücken.

Nachdem alle Teilnehmer ihre Karten in einer solchen freien Brainstorming-Sitzung eingebracht haben, werden die Anforderungen in der Teilnehmerrunde diskutiert, um sicherzustellen, dass sie von allen gleich interpretiert werden. Im nächsten Schritt werden die Anforderungen im Hinblick darauf priorisiert, wo die Teilnehmer den dringendsten Gesprächsbedarf zur Klärung und Verfeinerung der Anforderungen wahrnehmen. Dabei helfen die nachfolgend vorgestellten Annotationen.

5.2.2 Annotation und Analyse

Zur Unterstützung der Priorisierung versehen die Teilnehmer die Karten, die sie für besonders diskussionswürdig halten (und zwar nicht nur die eigenen), mit den Annotationen in Tab. 5.1.

Die an die Karten gehefteten Annotationen werden im Anschluss von den Teilnehmern diskutiert und präzisiert – der User Value kann z. B. gemäß Kano et al. (1984) nach der Erwartungshaltung der Anwender klassifiziert werden:

- **Basismerkmale** werden vom Anwender grundsätzlich erwartet – ihre Präsenz wird vom Anwender nicht positiv wahrgenommen, fehlen sie jedoch, ist der Anwender enttäuscht.
- **Leistungsmerkmale** werden vom Anwender zur Differenzierung zwischen Angeboten herangezogen – die Qualität ihrer Umsetzung kann sich sowohl positiv als auch negativ auf die Zufriedenheit des Anwenders auswirken.

Tab. 5.1 Annotationen für Anforderungen auf dem Feature Canvas im IR:scope

Symbol	Bezeichnung	Interpretation
	Business Value	Die Anforderung hat aus Unternehmenssicht einen hohen Wert. Dieser kann sich darin äußern, dass die Anforderung in besonderem Maße zu Produktivität, Außendarstellung, Verkaufszahlen o.ä. beiträgt. Für einen Online-Shop kann z. B. die Cross-Selling-Funktion („andere Kunden kauften auch ... ") von besonderem Business Value sein.
	User Value	Die Anforderung hat aus Anwendersicht einen hohen Wert – sei es, weil sie eine grundsätzliche Erwartung ausdrückt, weil sie ein Schlüsselbedürfnis des Anwenders deckt (und somit ein Grund ist, die zu erstellende Software zu nutzen), oder weil sie in besonderem Maße zur Zufriedenheit des Anwenders mit der Software beiträgt. Für einen Online-Shop kann z. B. die Anforderung, Produktbewertungen abzugeben und einzusehen, ein wesentlicher Treiber des User Values sein.
	Komplexität	Die Realisierung der Anforderung stellt besondere fachliche oder technische Herausforderungen. Dies kann bedeuten, dass die Geschäftsdomäne komplizierten prozessualen oder strukturellen Vorgaben unterworfen ist, dass die Integration von technischen Komponenten kompliziert oder dass die Entwicklung von Algorithmen besonders schwierig ist. Ein Beispiel kann in einem Online-Shop die Anforderung sein, dem Anwender die hilfreichsten Produktbewertungen als erstes zu zeigen.
	Ungewissheit	Es besteht Ungewissheit über die Hintergründe oder die Ausgestaltung zentraler fachlicher oder technischer Aspekte der Anforderung. Diese Ungewissheit kann punktueller Natur sein – z. B. könnte zu klären sein, ob ein Online-Shop nur Debit- oder auch Kreditkarten akzeptieren soll. Sie kann aber auch umfassenderer Natur sein und z. B. besagen, dass die gesetzlichen Regelungen für das Rückgaberecht im internationalen Handel noch unklar sind und ihre Auswirkungen auf die zu entwickelnde Software in Erfahrung gebracht werden müssen.

- **Begeisterungsmerkmale** werden vom Anwender nicht erwartet – ihr Fehlen wird vom Anwender nicht negativ wahrgenommen, sind sie jedoch vorhanden, ist der Anwender beeindruckt.

Diese Annotationen helfen, Wert- und Aufwands- bzw. Risikotreiber besser zu erkennen: „Business Value" und „User Value" sind offensichtliche Werttreiber, während die Annotationen „Komplexität" und „Ungewissheit" zumindest höheren Aufwand, meist aber auch höheres Risiko anzeigen.

Die Annotationen helfen insbesondere dabei, die Priorität der Anforderungen zur Besprechung im IR:scope festzulegen:

- Karten, die mit einer oder mehreren Werttreiber-Annotationen versehen sind, sollten eine hohe Priorität bekommen, denn sie beschreiben Features, derentwegen die Software überhaupt gebaut wird, bzw. derentwegen Anwender sich überhaupt für diese Software entscheiden. Sie zu verstehen, ist essenziell für den Projekterfolg.
- Besonders kritisch sind Karten, die nicht nur als Wert-, sondern auch als Aufwands- bzw. Risikotreiber markiert sind (z. B. in der Kombination von „User Value" und „Komplexität"): Der erwartete Nutzen des Features ist hier durch das Risiko gefährdet, dass die Komplexität der Fachmaterie zu unbefriedigenden oder fehlerhaften Lösungen führt – umso wichtiger ist es, die Materie zu verstehen, die Anforderung ggf. zu präzisieren und die Lösung im Anschluss an die Entwicklung eingehend zu testen.
- Auch Kombinationen von Komplexitäts- und Ungewissheits-Annotationen signalisiert, dass eine Anforderung im Interaction Room detaillierter besprochen werden sollte, da an diesen Punkten besonderes Risiko für den Projekterfolg besteht – die Implementierung wird voraussichtlich nicht nur schwierig, einige ihrer Details liegen sogar noch im Dunkeln.

Die Priorität der Anforderungen orientiert sich bei all dem nicht rein algorithmisch an Zahl und Art der Annotationen, sondern wird von den Teilnehmern durch ein Priorisierungsverfahren wie Card Sorting bestimmt. Dabei arrangieren die Teilnehmer die Anforderungskarten nach und nach in einer nach Priorität geordneten Reihe, indem sie reihum je eine Karte in die Reihe einfügen oder die Position einer Karte in der Reihe ändern. Diese sukzessive Ein- und Umsortierung von je einer Karte pro Teilnehmer erfolgt so lange, bis keiner der Teilnehmer mehr die Notwendigkeit sieht, eine Kartenposition zu ändern, und somit Konsens über die gefundene Priorisierungsfolge besteht.

Die auf diese Weise am höchsten priorisierten Features werden sodann im IR:scope aus den Perspektiven der anderen Canvases ausführlicher beleuchtet, wie in den folgenden Abschnitten beschrieben.

5.3 Process Canvas

Der Process Canvas ist der Darstellung der Geschäftsprozesse gewidmet, die durch ein IT-System realisiert werden. Domänenexperten skizzieren hier Abläufe, in die das System eingebunden ist, bzw. die vom System automatisiert werden sollen.

Ein Process Canvas hat nicht den Anspruch, jeden Geschäftsprozess präzise und vollständig zu spezifizieren. Wichtiger ist vielmehr, unter den beteiligten Fachexperten einen Konsens darüber zu erzielen, wie ein Prozess in der Praxis typischerweise abgewickelt wird bzw. abgewickelt werden soll, welche Daten dabei anfallen und welche Schnittstellen zu beteiligten Systemkomponenten, Rollen und Anschlussprozessen existieren. Um die

Darstellung übersichtlich zu halten und zu verhindern, dass sich die Diskussion in nicht zielführenden Details verliert, sollte der Umfang des Process Canvas daher ein Maximum von 15 Prozessen mit jeweils bis zu 15 Schritten nicht überschreiten.

Nicht selten birgt bereits dieser Schritt, in dem es zunächst noch gar nicht um eine technische Ausgestaltung bzw. Unterstützung der Prozesse geht, durchaus Diskussionspotenzial – so zum Beispiel, wenn offiziell spezifizierte Prozesse von tatsächlich im Unternehmen gelebten abweichen, oder wenn Prozesse bislang nie formal dokumentiert wurden, sondern sich mit der Zeit etabliert oder verändert haben. Einen Konsens über diese prinzipiellen Prozessabläufe zu finden, ist der erste Schritt zum Verständnis der Anforderungen an die IT, der Bewertung von Entwurfs- oder Strategieentscheidungen und der Auswahl von technischen Lösungsoptionen.

5.3.1 Methodik und Notation

In einem Interaction Room kommen Stakeholder zusammen, die sehr unterschiedliche Erfahrungen in der Prozessmodellierung mitbringen – unter den Teilnehmern finden sich typischerweise sowohl Technologieexperten, für die abstrakte Modelle eine tägliche Kommunikationsform sind, wie auch Domänenexperten, die zwar mit komplexen Fallsituationen umgehen können, jedoch keine Erfahrung darin haben, diese in abstrakten Diagrammen aufzuschreiben. Um beide Seiten gleichberechtigt in die Befüllung des Process Canvas einzubinden und beider Wissen zu nutzen, werden die methodischen Schwellen bewusst möglichst niedrig angesetzt:

Der IR-Methoden-Coach erläutert eingangs lediglich den Zweck des Process Canvas und wählt dann zusammen mit den Teilnehmern auf Basis der zuvor auf dem Feature Canvas priorisierten Anforderungen (Abschn. 5.2) die zu skizzierenden Prozesse aus.

Die Prozesse werden sodann von den Teilnehmern gemeinsam skizziert. Idealerweise arbeiten die Teilnehmer dabei zusammen am Whiteboard: um die Diskussion in Gang zu bringen, kann es aber hilfreich sein, wenn der IR-Domänen-Coach „auf Zuruf" durch die Teilnehmer oder zusammen mit einem Prozessexperten die Modellierung übernimmt, bis die Teilnehmer die Scheu vor der gemeinsamen Modellierung abgelegt und Erfahrung im angestrebten Abstraktionsniveau gewonnen haben.

Zur Skizzierung der Prozesse wird keine bestimmte Notation wie z. B. UML oder BPMN vorgeschrieben – erlaubt ist, was von allen Stakeholdern intuitiv verstanden oder ad hoc vereinbart wird. In der Praxis entwickelt sich so meist eine stark vereinfachte Version von UML-Aktivitätsdiagrammen, mit der sich die wesentlichen Konzepte von Prozessabläufen ausdrücken lassen (Abb. 5.1):

- Einzelne Prozessschritte (Aktivitäten) werden durch Rechtecke dargestellt.
- Die Abfolge der Aktivitäten (Kontrollfluss) wird durch Pfeile dargestellt.
- Ausführungsalternativen (Verzweigungen) werden durch Beschriftung der Pfeile mit Bedingungen dargestellt.

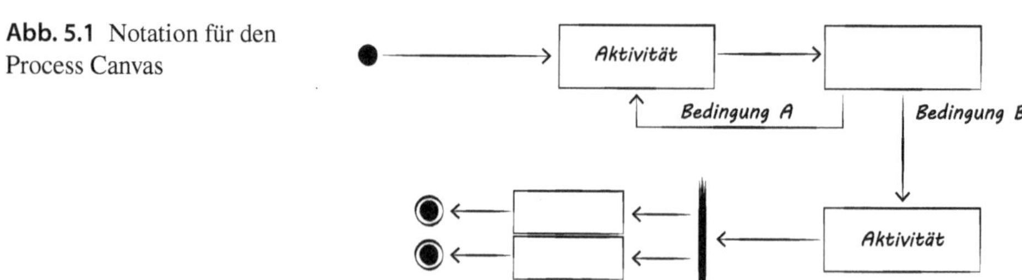

Abb. 5.1 Notation für den Process Canvas

Zur klareren Darstellung etwas komplexerer Prozesse kann der IR-Methoden-Coach bei Bedarf zudem die folgenden Symbole einführen:

- Ein rechtwinklig zur Kontrollflussrichtung stehender Balken stellt Beginn oder Ende eines parallelen Ablaufs dar.
- Eine schwarze Scheibe markiert den Beginn des Ablaufs.
- Eine umkreiste schwarze Scheibe markiert das Ende des Ablaufs.

Um den möglichst intuitiven Modellierungsfluss nicht durch Syntaxvorgaben oder Diagramm-Refactorings zu unterbrechen, wird auf die strikte Einhaltung von Vorgaben aus der UML (z. B. Verzweigung nur an Rautensymbolen, alle Zweige über äquivalente Symbole wieder zusammenführen) verzichtet, da die Ablaufsemantik meist ohnehin aus dem Kontext deutlich wird.

Abbildung 5.2 zeigt ein Beispiel eines Process Canvas, der ohne explizite Notationseinführung von einem gemischten Team aus Fach- und Technologieexperten entwickelt wurde, um ein gemeinsames Verständnis eines Prozesses zur regelmäßigen Tarifsanierung in einer Krankenversicherung zu entwickeln.

Der Prozess wurde hier auf einer hohen Ebene skizziert, die die erforderlichen Schritte der Tarifsanierung incl. möglicher Alternativen zeigt, ohne die exakte Umsetzung der einzelnen Schritte im Detail zu spezifizieren. Auch wenn im Zuge der späteren Implementierung noch genau zu spezifizieren sein wird, wie z. B. konkret die Sanierungskriterien geprüft werden, reicht die vorliegende Ansicht aus, um Fach- und IT-Experten die Orientierung und Diskussion über die grundlegenden Anforderungen der einzelnen Schritte zu ermöglichen.

Die IR-Coaches moderieren die Modellierung in mehrfacher Hinsicht: Zum einen achten sie auf die Einhaltung eines Abstraktionsniveaus, das angemessen für die Verständnisbildung unter allen Stakeholdern ist – die Darstellung darf nicht so trivial werden, dass die charakteristischen Strukturen, Anknüpfungspunkte und ggf. auch Ungewissheiten verdeckt bleiben, jedoch auch nicht so detailliert, dass zum Verständnis Spezialwissen erforderlich ist oder die Teilnehmer „den Wald vor lauter Bäumen nicht sehen“.

Dazu achten die Coaches nicht nur darauf, dass die Prozessschritte mit einer sinnvollen Granularität beschrieben werden (insbesondere sollten die Teilnehmer nicht der Versuchung erliegen, jeden Interaktionsschritt mit dem Informationssystem als einzelnen Prozessschritt zu modellieren). Der IR-Domänen-Coach bricht insbesondere auch Diskussionen ab, die sich in technischen Details oder fachlichen Spezialfällen verlieren, und achtet darauf, dass

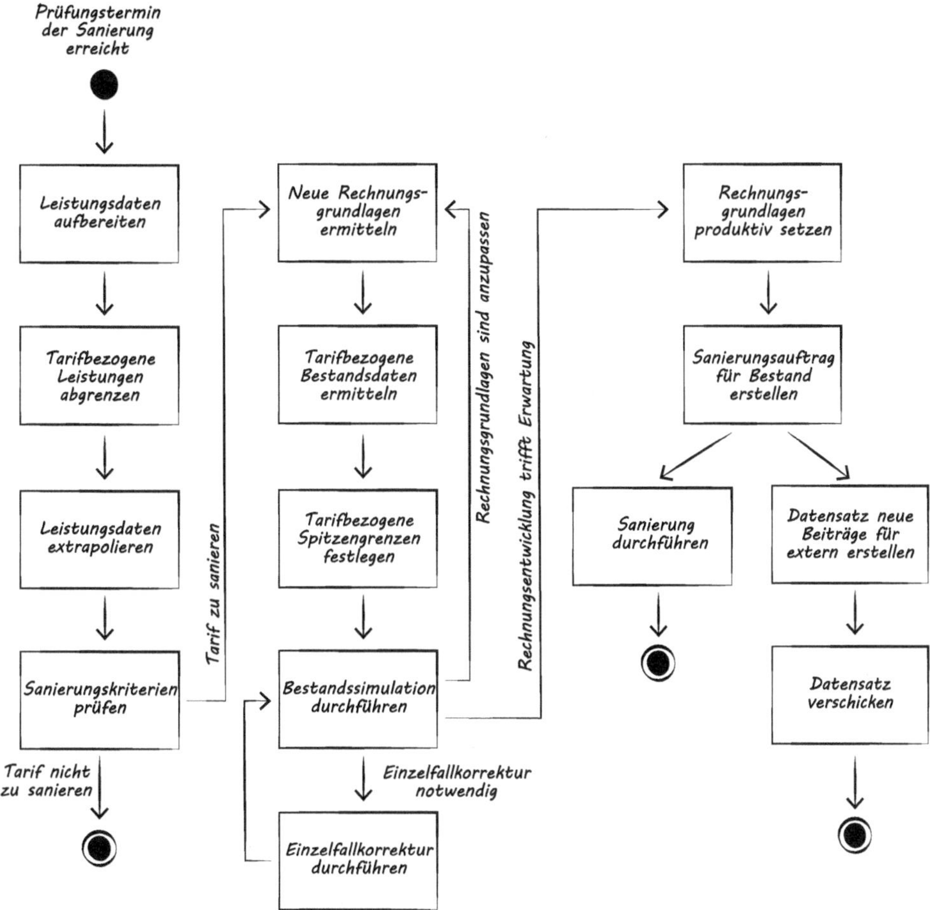

Abb. 5.2 Beispiel eines Geschäftsprozesses auf dem Process Canvas

die Process Canvases in erster Linie den Standardfall einer Prozessabwicklung widerspiegeln: Ausnahmebehandlungen, Prozessabbrüche und andere Sondersituationen sind für das angestrebte Grundverständnis eines Prozesses in der Regel nicht unbedingt erforderlich und oft sogar kontraproduktiv. Sie sollten allenfalls modelliert werden, wenn sie zum einen nicht nur selten auftreten und zum anderen voraussichtlich signifikanten Einfluss auf spätere Entwurfsentscheidungen haben werden – hilfreicher ist aber oft, zunächst nur mit einer Annotation auf die zugrundeliegenden „Störfaktoren" hinzuweisen, wie in Abschn. 3.3 beschrieben, damit dem Problem später nachgegangen werden kann.

Die IR-Coaches sollten aber durchaus nachhaken, wenn sie im Zuge der Modellierung Punkte wahrnehmen, über die die Teilnehmer nicht deutlich kommunizieren – seien es Ungewissheiten über Prozessdetails, Widersprüche bzw. Lücken in Ablaufbedingungen, Missverständnisse oder divergierende Modellinterpretationen, oder Prozessabschnitte, an deren Modellierung sich niemand „herantraut". Diese Kommunikationsschwächen haben oft Verständnislücken zur Folge, aus denen im späteren Projektverlauf Probleme erwachsen können. Hier müssen die IR-Coaches früh den Finger in die Wunde legen und die Teilnehmer ermuntern, die erkannten Lücken entweder durch Korrektur oder Erweiterung der Modellskizze aufzulösen, oder mit einer geeigneten Annotation auf weiteren Gesprächsbedarf hinzuweisen.

Darüber hinaus ist es eine Aufgabe insb. des IR-Methoden-Coaches, alle Teilnehmer gleichberechtigt in die Diskussion einzubinden – das bedeutet nicht nur, ruhigere Teilnehmer zur Mitdiskussion anzuregen, um von ihrem Wissen profitieren zu können, sondern vor allem auch, allzu dominante Teilnehmer zu bremsen, damit sie die Meinungsbildung nicht beherrschen.

Schließlich hat der IR-Methoden-Coach auch die Aufgabe, die Beziehungen des Process Canvas zu den anderen Canvases im Blick zu halten und auf Konsistenz der Inhalte zu achten. Der Konsistenzanspruch ist dabei – getreu dem pragmatischen Modellierungsansatz – wiederum nicht dogmatisch zu verstehen: Es ist nicht zwingend erforderlich, dass jedes von einem Prozessablauf tangierte strukturelle Detail auch in einem Object oder Integration Canvas erscheint; die offensichtlich wichtigen Elemente sollten sich jedoch in beiden Sichten wiederfinden, um zu verdeutlichen, welche Systemkomponenten in welche Prozesse eingebunden sind, und welche Datenstrukturen durch die Prozesse verarbeitet werden.

Dieser unterschiedliche Anspruch spiegelt sich auch im Umfang der im Interaction Room erzeugten Prozessdiagramme wieder, der zum einen durch den auf den Whiteboards verfügbaren Platz und zum anderen durch die kognitive Kapazität der Stakeholder begrenzt ist: Typischerweise wird ein Process Canvas nicht mehr als 15 Prozesse mit bis zu 15 Schritten umfassen. Komplexere Canvases lassen sich im Rahmen einer einzelnen IR-Befüllung kaum entwickeln – ist die Fachdomäne komplexer, sollte sie in einer Serie von Workshops erarbeitet werden, die sich jeweils auf einzelne Ausschnitte der Prozesslandschaft konzentrieren.

5.3.2 Annotationen und Analyse

Der Process Canvas beschreibt die wesentlichen Abläufe in den betrachteten Prozessen, gibt jedoch (ähnlich wie klassische Modellierungssprachen) noch keine Auskunft darüber, wie die einzelnen Prozessschritte zu bewerten sind: Welche Schritte sind besonders komplex? Welche sind besonders zeitkritisch? Welche müssen besondere Rahmenbedingungen erfüllen? Welche sind noch unverstanden?

All diese Zusatzinformationen hat ein Fachexperte, der täglich mit den Prozessen umgeht, unbewusst verinnerlicht, während sie für andere Stakeholder völlig unbekannt – und vor allem auch nicht unmittelbar aus den Modellen ableitbar – sind. Umgekehrt erkennt der Fachexperte nicht, an welchen Stellen unter Umständen technische Fallstricke lauern, die für IT-affine Stakeholder durch bloßes Hinschauen klar sind.

Um dieses Wissen für alle Stakeholder offensichtlich zu machen, bekommen die Stakeholder Gelegenheit, die Elemente des Process Canvas mit Annotationen zu versehen, die eine Reihe von Wert- und Aufwandstreibern beschreiben. Tabelle 5.2 zeigt das Spektrum der Annotationen für den Process Canvas.

Tab. 5.2 Annotationen für Abläufe auf dem Process Canvas

Symbol	Bezeichnung	Interpretation
	Business Value	Der Prozessschritt erzeugt oder unterstützt einen besonderen Wert für das Unternehmen. Oder zugespitzter: Der Prozessschritt ist einer der Gründe, warum der vorliegende Prozess als Ganzer überhaupt näher betrachtet wird. Ein Beispiel für einen solchen Schritt kann die Risikoprüfung im Rahmen eines Angebotsprozesses für eine Versicherung sein.
	User Value	Der Prozessschritt ist von besonderem Wert für den Ausführenden. Dieser Wert kann mit den Werten und Zielen des Unternehmens übereinstimmen (eine unmittelbare Deckungszusage für eine beantragte Versicherung erspart z. B. sowohl dem Versicherungsnehmer als auch dem Versicherungsunternehmen zeitaufwändige Nachfragen und Diskussionen), der Wert kann Geschäftszielen des Unternehmens jedoch auch entgegen laufen (ein potenzieller Kunde ist z. B. an möglichst langer Gültigkeitsdauer eines Angebots interessiert, ein Unternehmen hingegen an möglichst kurzer).
	Hohe Last	Der Prozessschritt wird besonders häufig durchlaufen und benötigt daher überdurchschnittlichen Ressourceneinsatz (sei es in Personal, Material oder IT). Bei der hohen Last kann es sich um eine kontinuierlich hohe Nachfrage oder zeitweise vorkommende Nachfragespitzen handeln – seien es planbare Ereignisse wie die Bearbeitung des Weihnachtsgeschäfts im Einzelhandel oder der Stichtag zum Wechsel der Kfz-Versicherung, oder unplanbare Ereignisse wie Lotto-Jackpots, Naturereignisse o.ä.
	Zeitbeschränkung	Der Prozessschritt muss besondere Zeitanforderungen wie z. B. feste Bearbeitungszeiten oder Fristen einhalten. Auch wenn Informationssysteme selten Echtzeitanforderungen unterliegen, ist es nicht unüblich, dass bestimmte Prozessabläufe mit Fristen versehen sind, deren Einhaltung von einer zu entwickelnden Software durchgesetzt oder zumindest unterstützt werden sollte. Das können z. B. Widerrufsfristen im e-Commerce sein, aber auch Zahlungsfristen.
	Sicherheit	Der Prozessschritt muss besondere Sicherheitsanforderungen erfüllen – sei es eine Beschränkung der Akteure, die autorisiert sind, den Schritt auszuführen, die Sensibilität der verarbeiteten Daten, oder die persönliche Zuordnung und Nichtabstreitbarkeit der durchgeführten Aktion. Bei der Pflege von Patientenakten kann z. B. die Anforderung bestehen, dass nur bestimmte Rollen Einblick in diese Akten haben dürfen und nachvollziehbar ist, wer daran welche Änderungen vorgenommen hat.

Tab. 5.2 (Fortsetzung)

Symbol	Bezeichnung	Interpretation
	Zuverlässigkeit	Der Prozessschritt muss besonders zuverlässig ausgeführt werden, d. h. es darf bei seiner Ausführung nicht zu Fehlern kommen, und seine Ausführbarkeit muss jederzeit garantiert sein. Dies kann z. B. bedeuten, dass zur Sicherstellung der korrekten Durchführung eines Schritts eine Vier-Augen-Kontrolle durchgeführt wird, oder dass eine Vertreterregelung für den Fall besteht, dass der primär für den Schritt verantwortliche Akteur ausfällt.
	Flexibilität	Es ist absehbar, dass der Prozessteil nicht immer exakt wie spezifiziert ablaufen wird, sondern dass er sich künftig an neue Bedingungen anpassen muss bzw. vom Ausführenden situativ angepasst werden wird. Dies kann z. B. im Gesundheitswesen der Fall sein, wo sich Behandlungs- oder Rehabilitationsprozesse nicht fest definieren lassen, sondern von individuellen Diagnosen abhängen, oder in anderen Domänen, wenn z. B. gesetzliche Änderungen, die Einführung neuer Produkte, die Abschaffung alter Zahlungswege o.ä. absehbar sind.
	Mobilität	Der Prozessschritt soll auf mobilen Endgeräten ausführbar sein. Diese Annotation ist hilfreich, wenn im Interaction Room die Mobilisierung eines Prozesses geplant wird, damit die Stakeholder bereits früh markieren können, welche Anteile auch auf mobilen Endgeräten zur Verfügung gestellt werden sollten und welche weiterhin auf klassischen Kanälen bereitstehen. Für ein Verkehrsunternehmen könnten das z. B. Prozessschritte wie Fahrkartenkauf und –prüfung sein.
	Automatisierung	Der Prozessschritt soll automatisiert werden. Insbesondere in Digitalisierungsprojekten kann mit dieser Annotation dargestellt werden, welche bislang noch offline stattfindenden Prozessschritte künftig durch IT gestützt werden sollen. Dies könnten z. B. einfache Prozesse wie Adressänderungen, aber auch komplexere Funktionen wie automatische Deckungszusagen in einem Versicherungsunternehmen sein.
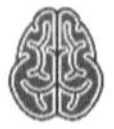	Manuelle Bearbeitung	Der Prozessschritt kann und soll nicht automatisiert werden. Auch im Angesicht fortschreitender Digitalisierung wird es Prozessschritte geben, die menschliche Expertise erfordern, um z. B. Entscheidungen auf Basis einer Vielzahl von Kriterien zu treffen, Ausnahmefälle zu behandeln etc. Beispiele solcher Prozesse können unter anderem das Underwriting komplexer Risiken in der Rückversicherung sein, aber auch die Entscheidung über Therapiemaßnahmen im Rehabilitationsbereich.

Tab. 5.2 (Fortsetzung)

Symbol	Bezeichnung	Interpretation
§	Rahmenbedingung	Der Prozessschritt unterliegt bestimmten gesetzlichen oder organisatorischen Rahmenbedingungen, die bei der Umgestaltung oder technischen Umsetzung zu berücksichtigen sind. Solche Rahmenbedingungen können vielfältiger Natur sein, wie z. B. die Verbraucherschutzrichtlinien für Investitionsgeschäfte, die von der Markets in Financial Instruments Directive (MiFID) vorgeschrieben werden, oder auch unternehmensinterne Richtlinien zur Handhabung von Kulanzfällen.
	Komplexität	Die Ausführung des Prozessschritts ist komplexer, als es auf den ersten Blick erscheinen mag. Um ihn durchzuführen (oder technisch zu unterstützen), sind Experten hinzuzuziehen. Die Komplexität von Prozessschritten wird sich in der Regel in fachlichen Aspekten äußern (z. B. der Errechnung von Zöllen im internationalen Warenverkehr).
	Verbesserungsbedarf	Der Prozessschritt sollte umgestaltet werden, um ihn zu optimieren oder an neue Anforderungen anzupassen. Die Motivation für diese Veränderung kann vielfältig sein – sei es, weil diese Verbesserung Kern des geplanten Projekts ist, sei es, weil sie erforderlich ist, um Umbauten an anderer Stelle zu ermöglichen, oder sei es, weil sie sich „nebenbei" anbietet, wenn ein Prozess ohnehin modernisiert wird.
	Externe Ressource	Der Prozessschritt wird von einem Akteur außerhalb der eigenen Organisation ausgeführt – z. B. greifen e-Commerce-Anbieter unter Umständen auf Drittanbieter zu, um Auskunft über die Kreditwürdigkeit von Kunden zu erhalten. Die Annotation weist auf Risiken hin, die sich durch die Abhängigkeit vom Drittanbieter ergeben, wie z. B. gelegentliche Nichtverfügbarkeit oder wechselnde Preismodelle.
?	Ungewissheit	Über zentrale Aspekte der Ausführung oder Unterstützung des Prozessschritts besteht Ungewissheit. Dies können recht präzise Fragen sein, zu denen noch Antworten einzuholen sind (z. B., bis zu welchem Liefergewicht ein Online-Shop versandkostenfreie Bestellungen anbieten will), aber auch größere Themenbereiche, die noch ungeklärt bzw. unverstanden sind (z. B. wie bestimmte Jugendschutz-Richtlinien im Versand umgesetzt werden sollen). Der Unterschied zwischen den Annotationen „Komplexität" und „Ungewissheit" liegt dabei darin, dass ein komplexes Problem bereits i.W. verstanden und als aufwändig erkannt wurde, im Gegensatz zur Ungewissheit dort aber keine wesentlichen Fragen mehr offen sind.

Aus dieser Palette sollten den Stakeholdern nur fünf bis sieben Annotationen auf einmal zur Verwendung angeboten werden, um sie nicht mit der Auswahl zwischen zu vielen Symbolen zu überfordern. Für die erste Annotationsrunde sollten dies die Annotationen „Business Value", „User Value", „Rahmenbedingung", „Komplexität" sowie ein bis zwei weitere zur Fachlichkeit passende Aufwands-Annotationen sein (z. B. „hohe Last" und „Zeitbeschränkung", „Sicherheit" und „Flexibilität" o.ä.). Haben die IR-Coaches (insb. der IR-Domänen-Coach) den Eindruck, dass weitere Aspekte für die zu annotierenden Prozesse relevant sind, können sie weitere Annotationsrunden mit je bis zu fünf anderen Annotationen folgen lassen. Die Ungewissheits-Annotation wird jedoch erst in einer letzten, dedizierten Ungewissheits-Runde vergeben, wie in Abschn. 3.3 beschrieben.

Im Anschluss an die Annotation des Process Canvas erläutern und diskutieren die Stakeholder die von ihnen vergebenen Annotationen. Auf diese Weise wird vielfältiges Detailwissen über Rahmenbedingungen, Wert- und Aufwandstreiber, das üblicherweise in den Köpfen einzelner Stakeholder verborgen bliebe, explizit genannt und protokolliert. Zur Protokollierung kann das Formular in Abschn. 26.4 dienen, in dem die genaue Lokalisierung, Ausprägung und Begründung jeder Annotation festgehalten werden kann.

Die Analyse der einzelnen Annotationen und ihrer Kombination an verschiedenen Prozessschritten liefert zudem Erkenntnisse für die Priorisierung und Aufwandsschätzung ihrer IT-Unterstützung:

- Isolierte „Business Value"- oder „User Value"-Annotationen von Prozessschritten, die keine Aufwandsannotationen tragen, zeigen, dass ein Prozessschritt zentral für die Betreiber oder Benutzer des Systems ist, ohne jedoch eine allzu aufwändige Implementierung zu erfordern. Dieser Aspekt kann somit bei der späteren Priorisierung von Implementierungsaufgaben als „Quick Win" betrachtet werden, mit dem früh vorzeigbare Ergebnisse erreicht werden können.
- Isolierte Aufwands-Annotationen sind bereits für sich genommen als Warnungen vor hohen Konzeptions- oder Implementierungsherausforderungen zu verstehen. Der zu ihrer Implementierung erforderliche Aufwand sollte besonders kritisch gesehen werden, wenn keine Wertannotationen dem gleichen Prozessschritt besondere Priorität verleihen.
- Kombinationen mehrerer Annotationen sind kritisch zu betrachten, da diese nicht nur aufwands-, sondern auch risikoverstärkend wirken können. So ist die Kombination von Aufwands- und Wertannotationen z. B. immer als besonders risikobehaftet zu verstehen, da gerade ein besonders wertvoller Teil des Prozesses besonderer Komplexität ausgesetzt ist. Ist ein Prozessschritt z. B. sowohl mit der Annotation „Automatisierung" als auch „Business Value" annotiert, so ist nicht nur davon auszugehen, dass die angestrebte Automatisierung überdurchschnittlich aufwändig zu realisieren sein wird, sondern auch, dass sie von besonders hoher Qualität sein muss, um den vom Prozessschritt erwarteten Business Value tatsächlich zu produzieren. Wird die erforderliche Qualität nicht erreicht, besteht das Risiko, dass auch der angestrebte Geschäftswert (und damit eines der wesentlichen Ziele, aufgrund dessen die Anwendung überhaupt gebaut wird) nicht erreicht wird. Dies stellt ein Risiko dar, das im Risikomanagement des Projekts explizit beobachtet werden muss.

- Besonders kritisch sind Prozessschritte zu sehen, die nicht nur mit einer Wert- und/ oder Aufwandsannotation versehen sind, sondern ebenso mit einer Ungewissheits-Annotation. Zu dem Anspruch bzw. Aufwand, den die Wert- bzw. Aufwandsannotation symbolisiert, kommt in diesem Fall das Risiko, dass der Prozessschritt bzw. die Anforderungen an ihn vom Team noch nicht ausreichend verstanden wurden, was zu Verzögerungen in der Realisierung und unter Umständen sogar Fehlimplementierungen führen kann, wenn die Ungewissheit nicht hinreichend gründlich aufgelöst wird.

Bei der Analyse der Annotationen sind die Prozessschritte jedoch nicht nur isoliert zu betrachten – ebenso wichtig ist es, den Blick auf mehrere semantisch verbundene und voneinander abhängige Modellelemente zu richten. Eine unheilvolle Kombination wie z. B. eine externe Ressource, die gleichzeitig einen wesentlichen Business Value liefert, besteht in dieser Perspektive nicht nur dann, wenn die entsprechenden Annotationen am gleichen Element notiert sind, sondern auch dann, wenn z. B. auf einem Process Canvas eine wertschöpfende Aktivität auf eine Aktivität folgt, die von einem externen Akteur ausgeführt wird – ist die externe Ressource nicht verfügbar, hat dies Auswirkungen auf die „stromabwärts" liegenden Aktivitäten, was insbesondere im Fall der als besonders wertschöpfend markierten Aktivität zu unerwünschten Funktions- oder Qualitätseinbußen führen kann. Umgekehrt sollte auch betrachtet werden, ob „stromaufwärts" liegende Aktivitäten bestimmte Herausforderungen einführen, die stromabwärts nicht mehr berücksichtigt werden – denkbar wäre z. B. die Annotation einer regulatorischen Rahmenbedingung, die unter anderem bestimmte Datenschutzanforderungen stellt, stromabwärts jedoch (insbesondere an externen Schnittstellen) nicht mehr durch Sicherheitsannotationen aufgegriffen wird.

5.4 Object Canvas

Während der Process Canvas die dynamischen Abläufe der Anwendungsdomäne darstellt, liegt der Fokus des Object Canvas auf den Geschäftsdaten und Artefakten, die durch diese Prozesse verarbeitet werden. Wichtiger als eine vollständige und präzise Darstellung ist auch hier die Schaffung eines Gesamtüberblicks, der allen Projektbeteiligten ein möglichst intuitives Verständnis der tangierten Datenstrukturen ermöglicht. Der Object Canvas sollte mit einem Umfang von maximal 40 Objekttypen einen Überblick über die Informationswelt der Anwendungsdomäne vermitteln, jedoch nicht in den Detaillierungsgrad eines Klassendiagramms ausufern. Zur Schaffung dieses Überblicks wird eine ähnlich pragmatische Methodik und Notation verwendet wie für den Process Canvas.

5.4.1 Methodik und Notation

Je nach Anwendungsdomäne und Projektfokus können sich verschiedene Strategien zur pragmatischen Skizzierung des Object Canvas anbieten:

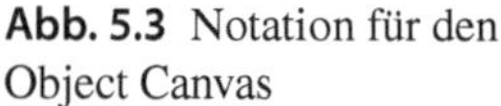

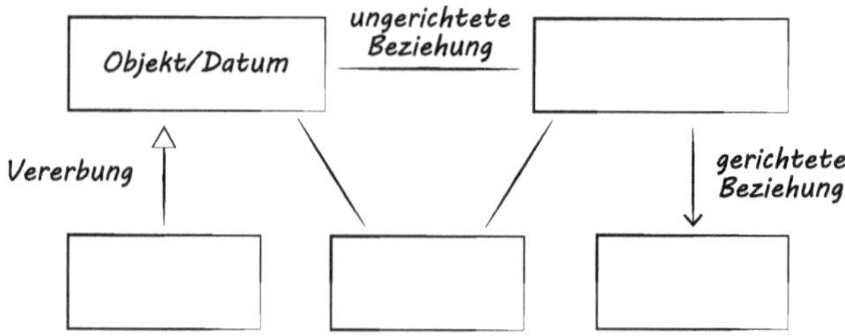

Abb. 5.3 Notation für den Object Canvas

Sind Domäne und Projekt stark durch die *Datenstrukturen* geprägt (wenn sich z. B. die Prozesse i.W. im Lesen und Schreiben der Daten erschöpfen), so kann es sinnvoll sein, die Befüllung des IR:scope mit dem Object Canvas zu beginnen. In einer Brainstorming-Runde wird von den Stakeholdern zunächst eine Handvoll Datenobjekte gesammelt, die ihnen als besonders zentral für das Projekt in den Sinn kommen. Ausgehend davon identifizieren die Stakeholder sodann weitere, zu ihnen in Bezug stehende Objekte, bis die Teilnehmer den Eindruck haben, ein hinreichend vollständiges Bild der projektrelevanten Datenstrukturen gezeichnet zu haben.

Sind Domäne und Projekt jedoch stärker durch die *Handlungen* verschiedener Akteure, d. h. durch Geschäftsprozesse geprägt, so bietet es sich an, die Modellierung wie in Abschn. 5.3 beschrieben mit dem Process Canvas zu beginnen. Dabei werden alle in den Prozessschritten tangierten Objekte auf dem Object Canvas notiert – zunächst nur als lose, unverbundene Sammlung. Nach Fertigstellung des Process Canvas beginnen die Stakeholder dann, die Begriffe auf dem Object Canvas zu strukturieren, indem sie Zusammenhänge einzeichnen, weitere Objekte ergänzen oder irrelevante bzw. redundante Begriffe wieder entfernen.

Zur Darstellung des Object Canvas wird bewusst auf eine formale Notation wie z. B. UML-Klassendiagramme verzichtet, um die Lernkurve möglichst flach zu halten und auch Teilnehmer, die nicht mit formalen Modellierungssprachen vertraut sind, ohne Scheu vor Syntax-Vorgaben in die Skizzierung einsteigen zu lassen.

Stattdessen verwenden wir lediglich die in Abb. 5.3 dargestellte Minimalnotation aus folgenden Elementen:

- Rechtecke stellen Objekttypen dar, die in der Anwendungsdomäne relevant sind.
- Linien stellen ungerichtete Beziehungen zwischen den Daten dar.

Diese ausgesprochen generische Semantik wurde gewählt, um keine Annahmen über die Art der beschriebenen Daten zu treffen – ein durch ein Rechteck symbolisiertes Datum kann eine Klasse im Sinne der objektorientierten Analyse sein, aber auch ein Attribut einer solchen Klasse (welche Daten letztlich als Klassen und welche als Attribute realisiert werden, ist eine Entwurfsentscheidung, für die es hier noch zu früh ist). Ebenso kann das Rechteck ein Dokument darstellen, das unstrukturierte Informationen enthält, oder ein abstraktes Konzept, das keine unmittelbare Entsprechung im implementierten Informationssystem hat.

Ebenso generisch ist die Darstellung der Beziehungen zwischen den Daten als undekorierte Linien. Die Basis-Notation verzichtet bewusst auf Pfeilspitzen, da deren Semantik in Datenstrukturen nicht so eindeutig ist wie in Prozessabläufen: Ein Pfeil zwischen zwei Modellelementen könnte als „ist Teil von“ oder „enthält“ interpretiert werden, alternativ als „erzeugt“, „beeinflusst“, „hängt ab von“ oder anderen widersprüchlichen Bedeutungen. Die ungerichtete Linie drückt hingegen lediglich einen intuitiv identifizierten Zusammenhang aus, der in weiteren Modellen zu konkretisieren ist, ohne aber eine bestimmte Bedeutung zu suggerieren (die ohnehin unter den verschiedenen Objekten variieren würde).

Bei Bedarf können jedoch auch Object Canvases durch zusätzliche Notationselemente verfeinert werden, um Zusammenhänge in besonders komplexen Datenstrukturen zu verdeutlichen:

- Gerichtete Beziehungen können durch Linien mit offenen Pfeilspitzen dargestellt werden. In diesem Fall sollte die Semantik der Beziehung in Verbform am Pfeil notiert werden.
- Vererbungsbeziehungen können durch Linien mit geschlossenen Pfeilspitzen dargestellt werden, wobei der Pfeil analog zur UML auf die Oberklasse zeigt.

Vererbungsbeziehungen und Multiplizitäten sollten sparsam eingesetzt und allenfalls zur Verdeutlichung von Zusammenhängen zwischen bestimmten Datenstrukturen verwendet werden – ein Object Canvas soll und kann im Rahmen eines IR:scope nicht zu einem Klassendiagramm verfeinert werden.

Die Spezifikation von Aggregations- und Kompositionsbeziehungen, wie sie in der UML beschrieben werden, ist selbst in der erweiterten Notation nicht vorgesehen und für Object Canvases aufgrund der Missverständlichkeit der Symbolik (insb. für Teilnehmer ohne Modellierungserfahrung) grundsätzlich nicht zu empfehlen. Stattdessen können Aggregations- oder Kompositionsbeziehungen über entsprechend beschriftete gerichtete Kanten und/oder die Angabe von Multiplizitäten dargestellt werden.

Abbildung 5.4 zeigt ein Beispiel eines Object Canvas, der von einem gemischten Team aus Fach- und Technologieexperten entwickelt wurde, um ein gemeinsames Verständnis der Konzepte und Elemente eines Bestandsführungssystems für eine Krankenversicherung zu entwickeln.

Dieser Canvas setzt die wichtigsten Daten zueinander in Bezug, die zur Beschreibung von Versicherungstarifen benötigt werden, ohne jedoch eine konkrete Realisierung (z. B. in Form einer objektorientierten oder relationalen Struktur) vorzugeben. Während Daten wie z. B. die Preisstufe und Angaben zur steuerlichen Abzugsfähigkeit in einfachen Attributen eines Tarifobjekts münden dürften, sind Versicherungsbedingungen und Leistungsbeschreibungen in unstrukturierter Form vorliegende Textdokumente, die sich nicht in klassischen Datenstrukturen fassen lassen. Wichtig ist in dieser Darstellung jedoch lediglich, zu zeigen, welche Daten mit welchen Bezügen die Fachlichkeit ausmachen und somit in der zu entwickelnden Software abgebildet werden müssen.

Die IR-Coaches haben bei der Skizzierung eines solchen Object Canvas zwei Aufgaben: Zum einen müssen sie darauf achten, dass alle Teilnehmer unter den Begriffen, die

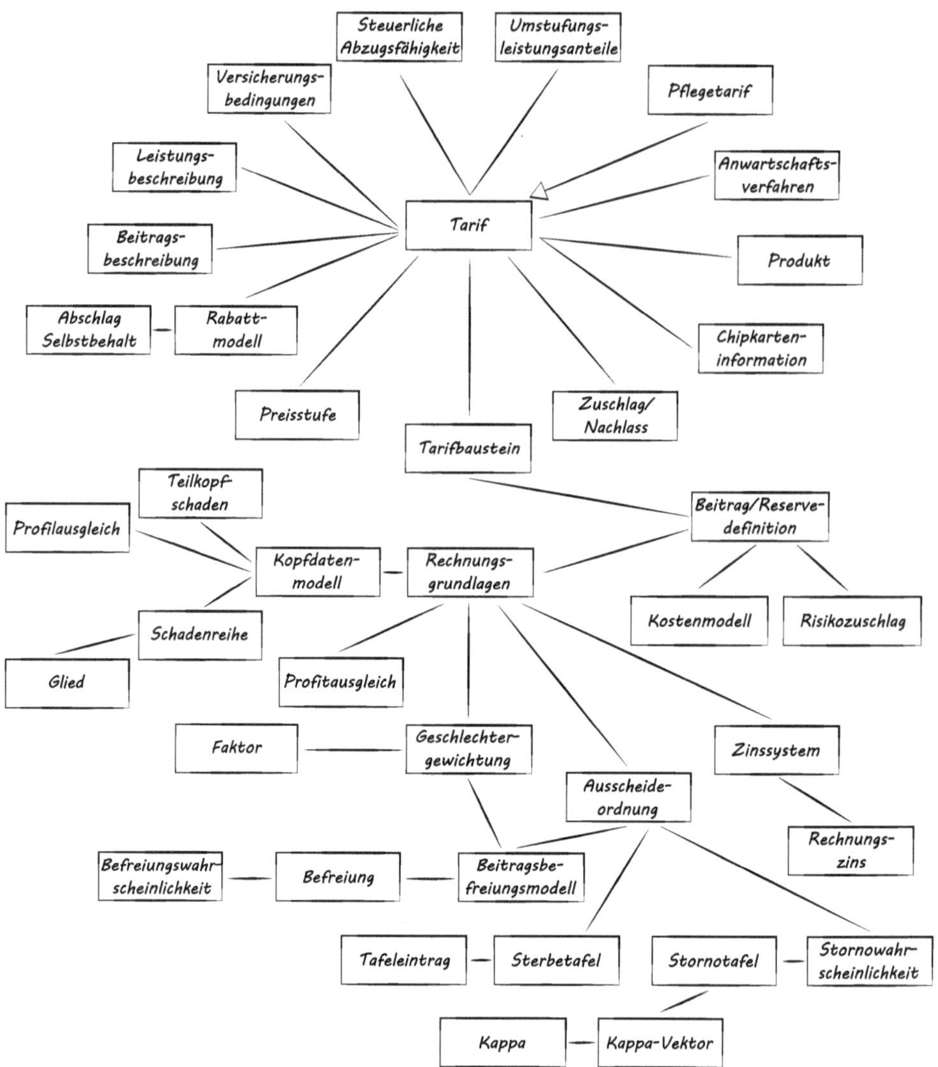

Abb. 5.4 Beispiel eines Object Canvas

im Object Canvas verwendet werden, das gleiche verstehen. Nicht selten interpretieren Teilnehmer aus verschiedenen Domänen einen bestimmten Begriff leicht unterschiedlich, ohne sich darüber bewusst zu sein, dass andere Interpretationen existieren könnten. Zeigt sich dies im Verlauf der Diskussion, so ist es Aufgabe des IR-Domänen-Coaches, mit den Teilnehmern eine gemeinsame Definition festzulegen.

Zum anderen ist insbesondere in den Bereichen der Anwendungsdomäne, die bereits besonders gut verstanden sind (und bei denen jeder mitreden kann), typischerweise die

Versuchung groß, allzu viele Details auf dem Canvas festzuhalten. In weniger gut verstandenen Aspekten fällt die Skizze hingegen oft sehr dünn aus. Dies ist insofern gefährlich, als beim späteren Blick auf das Modell nicht mehr klar ist, ob die täuschend überschaubar anmutenden Bereiche tatsächlich strukturell so simpel sind, oder ob den Modellierern das Wissen über ihre tatsächliche Komplexität fehlte. Ebenso können auf den ersten Blick sehr dichte Modellbereiche eine Komplexität suggerieren, die bei näherem Hinsehen nicht gegeben ist. Aufgabe der IR-Coaches ist es, solche Ungleichgewichte im Auge zu behalten und den Diskussionsfokus auf die Aspekte zu legen, die besonders komplex oder noch nicht hinreichend verstanden erscheinen.

5.4.2 Annotationen und Analyse

Hinter vermeintlich einfachen Objektmodellen verbirgt sich oft ein weites Feld an Hintergrundwissen, Rahmenbedingungen, Ungewissheiten und anderen Stakeholder-Bauchgefühlen, das sich in klassischen, formalen Modellierungssprachen nicht explizit ausdrücken lässt. Für die korrekte Implementierung der Datenstrukturen sind diese informellen Zusatzinformationen jedoch mindestens ebenso wichtig wie die in einem Objektmodell spezifizierten Details. Um diese Einschätzungen explizit auszudrücken, können die Teilnehmer im Interaction Room den Object Canvas mit den Annotationen in Tab. 5.3 versehen.

Die Annotation des Object Canvas beginnt typischerweise mit den Annotationen „Business Value", „User Value", „Rahmenbedingung", „Komplexität" sowie ein bis zwei weiteren zur Fachlichkeit passenden Aufwands-Annotationen (z. B. „Korrektheit" und „Sicherheit", „Flexibilität" und „externe Ressource" o.ä.). Weitere Annotationen können je nach Bedarf in weiteren Runden vergeben werden.

Im Anschluss an die Annotation des Object Canvas fordert der IR-Domänen-Coach die Stakeholder auf, die von ihnen vergebenen Annotationen zu erläutern und zu diskutieren. Die dabei genannten Detailanmerkungen werden protokolliert und stehen so in späteren Projektphasen zur Verfügung. Die Analyse der einzelnen Annotationen und ihrer Kombination an verschiedenen Datenstrukturen liefert zudem Erkenntnisse für die Priorisierung und Abschätzung ihrer Implementierungsaufwände. Neben den offensichtlichen Aufwänden, die durch annotierte Anforderungen wie „Korrektheit", „Sicherheit" und „Flexibilität" impliziert werden, sind besonders Kombinationen von Wert- und Aufwandstreibern, aber auch Kombinationen bestimmter Aufwandstreiber als besonders aufwands- oder risikointensiv einzuschätzen:

- Während z. B. die Kombination der Annotationen „Flexibilität" und „manuelle Bearbeitung" als unproblematisch erscheint (und wahrscheinlich sogar eine Annotation die andere begründet), ist die Kombination von „Flexibilität" und „Automatisierung" besonders kritisch: Einerseits sollen hier Daten automatisch erfasst bzw. verarbeitet werden, andererseits ist bereits absehbar, dass diese Daten strukturellen Veränderungen

Tab. 5.3 Annotationen für Datenstrukturen auf dem Object Canvas

Symbol	Bezeichnung	Interpretation
	Business Value	Die Daten sind für den Anbieter des zu erstellenden Softwaresystems von besonderem Wert. Dies kann z. B. für Nutzerprofile von Kunden in einem Online-Shop gelten.
	User Value	Die Daten sind für die Anwender des zu erstellenden Softwaresystems von besonderem Wert. Ein Beispiel dafür sind z. B. die Kundenbewertungen in einem Online-Shop.
	Korrektheit	An die Daten werden besonders hohe Anforderungen hinsichtlich ihrer Aktualität, Präzision oder Konsistenz gestellt. Dies betrifft typischerweise z. B. die Aktualität von Wertpapierkursen, die Präzision von Sensordaten, oder die Konsistenz zwischengespeicherter Daten.
	Sicherheit	Die Daten sind besonders sensibel und daher vor unautorisiertem Zugriff und/oder Verlust zu schützen. Der Schutz kann dabei vielfältige Form annehmen, sei es eine Verschlüsselung bei der Übertragung, das Anlegen von Sicherheitskopien oder die Signierung. Das genaue Schutzbedürfnis sollte im Rahmen der Annotationsdokumentation (Abschn. 26.4) präzisiert werden.
	Flexibilität	Die Daten sind absehbaren strukturellen Veränderungen ausgesetzt, sei es aufgrund technischer oder gesetzlicher Änderungen. Besonders für Unternehmen, die rein digitale Produkte anbieten, ist solche Flexibilität wichtig: Versicherungsunternehmen müssen z. B. eine Vielzahl von Verträgen aus unterschiedlichen Produktgenerationen parallel pflegen. Ähnliches gilt für Mobilfunkanbieter, die jedoch pragmatischer mit der Umstellung von Altverträgen umgehen können.
	Mobilität	Die Daten sollen auf mobilen Endgeräten zur Verfügung stehen bzw. werden auf mobilen Endgeräten erfasst. Relevant ist diese Annotation vor allem dann, wenn das auf mobilen Geräten bereitzuhaltende Datenvolumen umfangreich oder hohen Aktualitätsanforderungen ausgesetzt ist, oder wenn die Weiterleitung mobil erfasster Daten an ein zentrales Backend kritischer Natur ist.
	Automatisierung	Die Daten sollen automatisiert erfasst bzw. verarbeitet werden. Insbesondere im Rahmen von Digitalisierungsprojekten ist diese Annotation relevant, wenn alte Datenbestände einer digitalen Verarbeitung zugänglich gemacht werden sollen.

Tab. 5.3 (Fortsetzung)

Symbol	Bezeichnung	Interpretation
	Manuelle Bearbeitung	Die Daten liegen in einem Format vor, das nicht zur automatischen Verarbeitung geeignet ist. Dabei kann es sich z. B. um Textdokumente oder anderweitig unstrukturierte Datenquellen handeln, deren Aufbereitung für eine automatische Verarbeitung aufgrund ihrer semantischen Komplexität nicht möglich oder nicht gewünscht ist, da der betreffende Prozess weiterhin manuell bearbeitet werden soll.
§	Rahmenbedingung	Die Erfassung, Verarbeitung oder Speicherung der Daten unterliegt besonderen fachlichen oder technischen Rahmenbedingungen. Dabei kann es sich z. B. um Aufbewahrungsfristen handeln, aber auch um Vorgaben dafür, welche Art von Daten zur Abwicklung eines Prozesses zu erfassen sind (z. B. Buchführungs- und Bilanzierungsvorschriften).
	Komplexität	Die Struktur oder Verarbeitung der Daten ist komplexer, als sie auf den ersten Blick erscheint. Diese Annotation ist hilfreich, wenn Stakeholder in Versuchung geraten, komplexe Datenstrukturen im Interaction Room im Detail zu modellieren, statt nur das „Big Picture" darzustellen. Die Annotation kann dann darauf hinweisen, welche der auf den ersten Blick allesamt einfach aussehenden Modellelemente besonders große Komplexität bergen.
STOP	Unveränderlichkeit	Die Datenstruktur kann/darf nicht verändert werden (da sie z. B. aus einem nicht veränderbaren Legacy-System stammt). Gerade in Migrations- und Adaptionsprojekten, in denen Software nicht „auf der grünen Wiese" entwickelt wird, sondern sich in eine existierende Systemlandschaft einfügen muss, ist es wichtig, den Überblick darüber zu behalten, wo Gestaltungsfreiraum besteht, und wo existierende Systemstrukturen berücksichtigt werden müssen.
	Ablösung	Die Daten werden künftig nicht mehr zur Verfügung stehen (da z. B. die Datenquelle künftig nicht mehr verfügbar ist). Auch diese Annotation wird vornehmlich in Migrations- und Adaptionsprojekten eingesetzt, um zu zeigen, welche Datenstrukturen in Zukunft durch neue Strukturen ersetzt werden müssen bzw. auf welche Daten sich das Neusystem nicht mehr stützen kann.
	Verbesserungsbedarf	Die Daten müssen strukturell oder qualitativ überarbeitet werden (um z. B. neue Arten von Analysen zu ermöglichen). Die Veränderung existierender Datenstrukturen ist eine tiefgreifende Änderung, die mit dieser Annotation frühzeitig markiert werden kann. Sie erfordert unter anderem sorgfältige Überlegungen zur Migration von Daten in alten Strukturen sowie zur Anpassung von Schnittstellen in allen Komponenten, die mit diesen Daten arbeiten.

Tab. 5.3 (Fortsetzung)

Symbol	Bezeichnung	Interpretation
	Externe Ressource	Die Daten stammen aus einer externen Quelle. Es sollte daher berücksichtigt werden, dass diese Quelle (z. B. ein Umrechnungsdienst für Währungskurse) nicht immer verfügbar sein könnte bzw. auf ihre Qualität und ihr Geschäftsmodell unter Umständen nur begrenzter Einfluss besteht.
	Ungewissheit	Es besteht Ungewissheit über zentrale Aspekte von Struktur oder Inhalt der Daten. Diese Ungewissheit kann punktueller Natur sein (z. B. hinsichtlich Datentypen, Wertebereichen oder Validierungsregeln für bestimmte Daten), sie kann aber auch großflächigere Bereiche des Entwurfs betreffen, solange z. B. in einem Logistiksystem noch unklar ist, welche Daten zur Beschreibung internationaler Frachtverkehre erforderlich sind.

ausgesetzt sein werden. Dies wird aller Voraussicht nach Zusatzaufwände erfordern, um die Datenstrukturen entweder jetzt schon hinreichend flexibel zu gestalten oder sie später noch einmal anzupassen – mit dem zusätzlichen Risiko, dass sich bei der Flexibilisierung oder den späteren Umbauten Inkompatibilitäten ergeben oder Fehler einschleichen.

- Als Warnsignale sind auch Konflikte zwischen Annotationen zu sehen: Eine Datenstruktur, die sowohl mit den Annotationen „Unveränderlichkeit" oder „Ablösung" als auch mit einer Wert- oder Aufwandsannotation wie z. B. „Flexibilität", „Mobilität" oder „Business Value" gekennzeichnet ist, soll einerseits einen (neuen?) funktionalen Anspruch oder Geschäftswert realisieren, wird andererseits aber offenbar als Legacy-Komponente eingestuft, in die keine weitere Entwicklung mehr fließen soll. Dies erfordert entweder die Realisierung aufwändiger Adaptions- oder Ersatzmechanismen für die betroffenen Datenstrukturen oder ein Überdenken der strategischen Bewertung des Legacy-Systems.
- Doch auch über die Kombinationen und Kollisionen hinaus kann ein Blick auf den ganzen Canvas aufschlussreich sein: Größere Bereiche ohne Annotationen sind verdächtig – deutlich wahrscheinlicher, als das dort allen Stakeholdern alles klar ist, erscheint es oft, dass kein Stakeholder intensiver über solche Bereiche nachgedacht und dort evtl. verborgene Herausforderungen identifiziert hat. Im Rahmen einer Ungewissheits-Annotationsrunde, bei der plötzlich Fragezeichen in die bislang freien Räume geheftet werden, wird dies manchmal deutlich.
- Ähnlich fragwürdig muss die Aussagekraft allzu ubiquitär vergebener Annotationen eingeschätzt werden: Der IR-Methoden-Coach weist zwar zu Beginn einer Annotationsrunde darauf hin, dass natürlich alle Daten einen Korrektheitsanspruch haben, aber nur diejenigen Strukturen mit der Annotation „Korrektheit" versehen werden sollten, die außergewöhnliche Aufmerksamkeit erfordern. Dennoch vergeben manche Stakeholder

Annotationen eher großzügig. Wird mehr als ein Drittel der Modellelemente mit Annotationen versehen, sollten die IR-Coaches hinterfragen, welche Elemente tatsächlich besondere Wert- oder Aufwandstreiber sind, die eine überdurchschnittliche Aufmerksamkeit benötigen.

5.5 Integration Canvas

Auf dem Integration Canvas wird das zu entwickelnde System im Kontext seiner umgebenden Systeme dargestellt, um die Kommunikation mit und Abhängigkeiten von anderen Komponenten der Systemlandschaft zu verdeutlichen. Typischerweise hat der Canvas eine sternförmige Struktur, bei der das zu entwickelnde Softwaresystem in der Mitte platziert und mit seinen Umsystemen durch Pfeile verbunden wird. Wie auch die anderen Canvases soll der Integration Canvas überschaubar bleiben und nicht in einen vollständigen Bebauungsplan ausarten. Er stellt die zu entwickelnde Software daher im Kontext der maximal 20 wichtigsten Umsysteme dar.

5.5.1 Methodik und Notation

Während der Modellierungsfortschritt im Interaction Room von der Skizzierung des Process und Object Canvas getrieben ist, wird der Integration Canvas typischerweise parallel mitentwickelt: Externe Komponenten oder Organisationen, die in Prozessschritten eine Rolle spielen, werden auf dem Integration Canvas um die zu entwickelnde Software herum angeordnet. Mit externen Akteuren auszutauschende Daten, die in Prozessschritten produziert oder konsumiert werden, werden als Datenobjekte auf dem Object Canvas und als Pfeile auf dem Integration Canvas festgehalten.

Die Notation des Integration Canvas beschränkt sich auf ein Minimum an Syntax, wie Abb. 5.5 zeigt:

- Rechtecke stellen Komponenten der Systemlandschaft oder andere Akteure dar, zu denen das zu entwickelnde System (im Zentrum platziert) Kommunikationsbeziehungen unterhält.
- Pfeile stellen die Richtung von Datenflüssen zwischen den einzelnen Komponenten dar; an ihnen werden die übermittelten Datenentitäten notiert.

Obwohl die Optik des Integration Canvas vor allem durch die Datenfluss-Pfeile geprägt wird, unterscheidet er sich in mehrfacher Hinsicht von klassischen Datenflussdiagrammen:

Zum einen ist das Ziel dieses Canvas lediglich, zu zeigen, welche Daten mit welchen Komponenten/Akteuren ausgetauscht werden, jedoch nicht, sämtliche Datenflüsse in der Systemlandschaft zu modellieren. Entsprechend werden in der Regel keine Datenflüsse

Abb. 5.5 Notation für den Integration Canvas

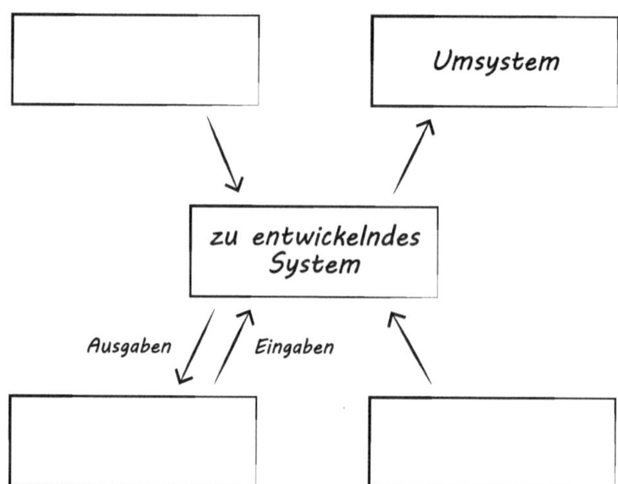

zwischen den Umsystemen eingezeichnet, sondern lediglich solche zum zu entwickelnden Softwaresystem.

Zum anderen wird nicht unterschieden, ob es sich bei den kommunizierenden Komponenten um organisations-interne oder -externe, um technische, institutionelle oder menschliche Kommunikationspartner handelt – wichtig für das Gesamtverständnis der Abhängigkeiten und Verantwortlichkeiten ist zunächst einmal nur das Bewusstsein über die Existenz der Beziehungen.

Entsprechend weit gefasst ist auch die Art der Daten, die mit diesen Kommunikationspartnern ausgetauscht werden können: Die an den Pfeilen notierten Begriffe können strukturierte oder unstrukturierte Daten beliebiger Natur beschreiben – diese sollten jedoch auch im Object Canvas notiert werden, um sicherzustellen, dass auch ihre Einordnung in den gesamten Datenhaushalt der zu entwickelnden Software betrachtet wird.

Im Sinne einer pragmatischen Modellierung bilden die Datenflusspfeile nicht das exakte Kommunikationsprotokoll ab, sondern beschränken sich auf die Hauptrichtung der Datenlieferung, um die Abhängigkeiten zu visualisieren (fragt die im Projektfokus stehende Komponente z. B. Bonitätsdaten bei der SCHUFA an, so wird lediglich ein eingehender Pfeil mit Beschriftung „Bonitätsdaten“ eingezeichnet, jedoch kein ausgehender Pfeil „Bonitätsanfrage“).

Abbildung 5.6 zeigt ein Beispiel eines Integration Canvas für ein Bestandsführungssystem einer Krankenversicherung, der von Fach- und Technologieexperten im Rahmen einer IR:scope-Befüllung erstellt wurde.

Bei den hier gezeigten Umsystemen handelt es sich sowohl um interne Komponenten des Versicherungsunternehmens (z. B. das Provisionssystem oder das Leistungssystem), als auch um externe Akteure und Dienste wie z. B. das Finanzamt oder Branchenverbände. Entsprechend vielgestaltig ist die Kommunikation mit den Umsystemen – sie kann in strukturierten, automatischen Datenaustauschen bestehen (z. B. dem Zugriff auf Tarifdefinitionen

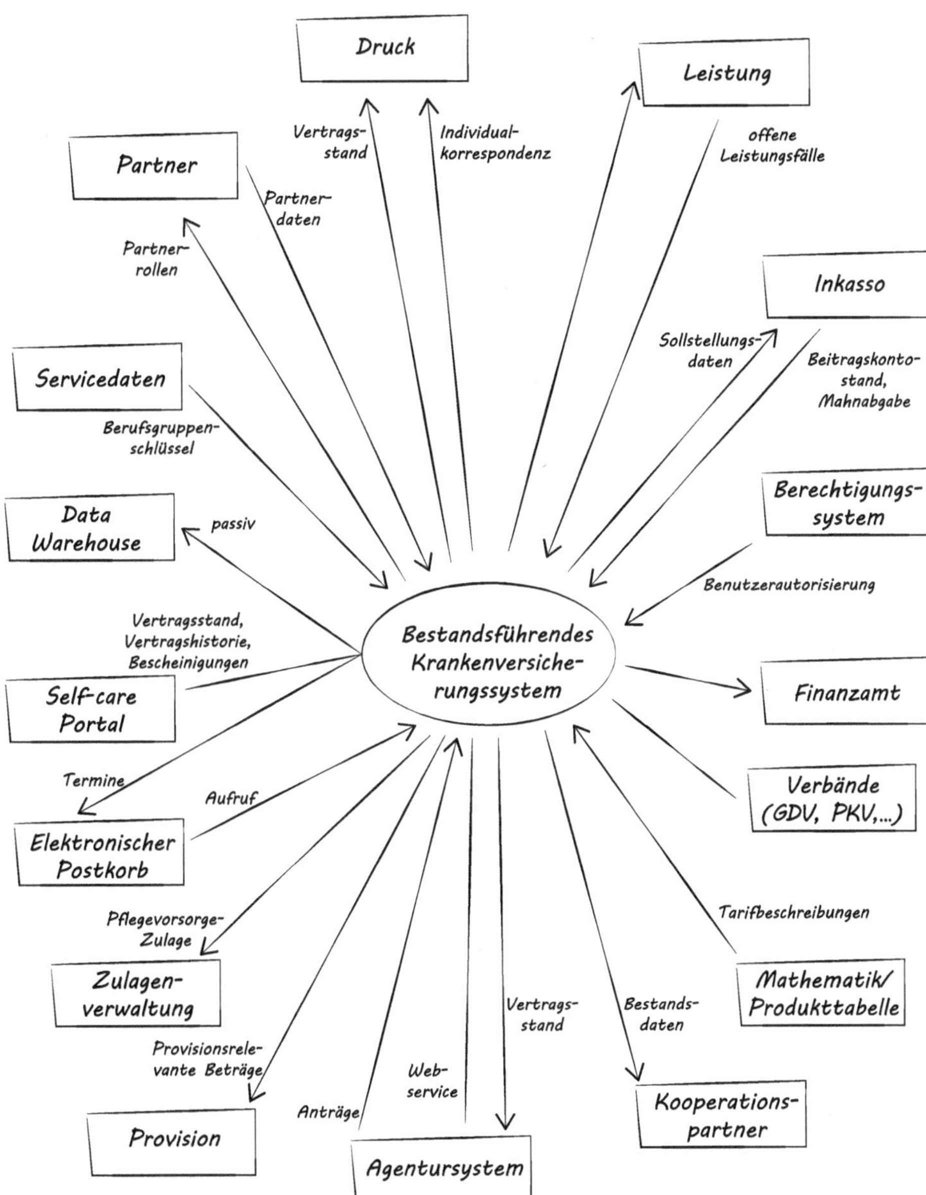

Abb. 5.6 Beispiel eines Integration Canvas

in der Produkttabelle), aber auch in der manuellen Übermittlung unstrukturierter Daten (wie z. B. Berichten an die Verbände). Auf dem Abstraktionsniveau des Integration Canvas ist für die Stakeholder dabei zunächst nur relevant, welcher Datenaustausch mit welchen Komponenten und Akteuren besteht. Die konkreten Austauschformate und -protokolle werden im späteren Systementwurf präzise spezifiziert.

Die parallele Modellierung von Process, Object und Integration Canvas stellt sicher, dass die informationstechnisch zu unterstützende Fachwelt aus drei komplementären Sichten beleuchtet wird: Welche Prozesse laufen ab, welche Daten werden dabei verarbeitet, und mit welchen externen Akteuren werden diese Daten ausgetauscht? Aufgabe der IR-Coaches ist es, den Überblick über die Inhalte dieser drei Canvases zu erhalten, und nachzufragen, wenn sich Lücken oder Widersprüche auftun.

5.5.2 Annotationen und Analyse

Auch auf dem Integration Canvas können die Stakeholder besonders kritische Aspekte markieren, die bei der Integration der verschiedenen Systemkomponenten zu beachten sind. Zum Einsatz kommt dabei die in Tab. 5.4 aufgeführte Menge von Annotationen.

Der Integration Canvas wird zunächst mit den Annotationen „Rahmenbedingung", „Komplexität", „externe Ressource", „Unveränderlichkeit" und „Verbesserungsbedarf" annotiert. In weiteren Annotationsrunden kann der IR-Domänen-Coach weitere Herausforderungen, die für das Projekt voraussichtlich charakteristisch sind, mit Annotationen markieren lassen.

Die nachfolgende Erläuterung und Diskussion der Annotationen fördert Hintergrundwissen, Anforderungen und Rahmenbedingungen zutage, die in klassischen Darstellungen einer Systemlandschaft verborgen bleiben und allenfalls in den Köpfen der integrations- oder betriebsverantwortlichen Stakeholder präsent sein würden. Die Analyse der einzelnen Annotationen und ihrer Kombination an verschiedenen Komponenten liefert zudem Erkenntnisse über Aufwände und Risiken, die sich bei der Integration ergeben.

Neben den Aufwänden und Risiken, die bereits durch die individuellen Annotationen dargestellt werden (z. B. das Risiko, dass der Anbieter einer externen Ressource kurzfristig seine Schnittstelle ändert, oder die erforderlichen Aufwände, um den Ausfall einer kritischen externen Ressource abzufedern), signalisieren Kombinationen verschiedener Annotationen wiederum besondere Aufwände:

- So impliziert die Kombination der Annotationen „hohe Last" und „externe Ressource" z. B. ein besonders hohes Risiko: Nicht nur ist das entwickelte System zeitweilig oder permanent einer hohen Auslastung ausgesetzt – diese Last wird sogar an eine externe Komponente weitergegeben, über deren Betrieb keine Kontrolle besteht. Fällt die externe Ressource aus, ist eine hohe Zahl von Nutzern betroffen, mit potenziell schwerwiegenden Konsequenzen.
- Auch Kombinationen wie „Mobilität" und „Komplexität" erscheinen kritisch: Ist die mobile Anbindung einer bestimmten Komponente schon in sich eine beträchtliche technische und prozessuale Herausforderung, so erscheint die Mobilisierung einer ohnehin als „komplex" gekennzeichneten Komponente besonders kritisch. Hier könnte es sich lohnen, in einem IR:mobile die Herausforderungen bei diesem Mobilisierungsvorhaben genauer unter die Lupe zu nehmen.

Tab. 5.4 Annotationen für Komponenten auf dem Integration Canvas

Symbol	Bezeichnung	Interpretation
	Hohe Last	Die Komponente oder Schnittstelle ist kontinuierlich oder zeitweise hoher Auslastung ausgesetzt. Dies ist typischerweise der Fall, wenn ein Prozessschritt, in den ein externer Dienstleister oder Akteur eingebunden ist, besonders häufig ausgeführt wird, so zum Beispiel im Rahmen des regelmäßigen Meldungsaustauschs zwischen den Organisationen der Sozialversicherung.
	Sicherheit	Die Komponente oder Schnittstelle muss besondere Anforderungen erfüllen, um ihre Funktion bzw. Daten vor Angriffen oder Verlust zu schützen. Je nach konkreter Schutzanforderung kann es z. B. erforderlich sein, die Kommunikation zum Schutz vor unbefugtem Zugriff zu verschlüsseln oder die externe Komponente zur Absicherung der Daten redundant auszulegen.
	Zuverlässigkeit	Die Komponente muss besonders zuverlässig verfügbar sein. Je nach konkreten Anforderungen der zu erstellenden Software kann dies bedeuten, dass Dauer und Häufigkeit von Ausfällen eine bestimmte Schwelle nicht überschreiten dürfen, oder dass Komponenten redundant ausgelegt sein müssen, um bei Ausfall einer Komponente auf eine Ersatzkomponente umzuschalten. Dies zieht evtl. zusätzliche Anforderungen an die Sicherstellung der Datenkonsistenz zwischen den redundanten Komponenten nach sich.
	Mobilität	Die Komponente soll auf mobilen Endgeräten verfügbar sein. Diese Annotation ist hilfreich, um anhand des Integration Canvas die Verteilung der Systemkomponenten über mobile Geräte und Back-End darzustellen. Komponenten, die mobil verfügbar sein sollen, ziehen typischerweise besondere Entwicklungs- und Testaufwände zur Sicherstellung der Kompatibilität mit verschiedenen mobilen Plattformen nach sich.
§	Rahmenbedingung	Die Komponente oder Schnittstelle ist besonderen fachlichen oder technischen Rahmenbedingungen ausgesetzt. Dies könnten z. B. gesetzliche Beschränkungen des Ausführungsorts von Cloud-Anwendungen sein, die bei Verarbeitung sensibler Daten unter Umständen nicht im Ausland erfolgen darf.
	Komplexität	Der Umgang mit der Komponente oder Schnittstelle ist komplexer, als es auf den ersten Blick scheint. Die Annotation dient als Hinweis, dass die Integration der Komponente besondere Aufwände erfordert – sei es z. B., weil Konvertierungen von Datenformaten erforderlich sind oder weil das verwendete Austauschformat bzw. Kommunikationsprotokoll besonders komplex ist.

Tab. 5.4 (Fortsetzung)

Symbol	Bezeichnung	Interpretation
STOP	Unveränderlichkeit	Die Komponente oder Schnittstelle kann bzw. darf nicht verändert werden (da es sich z. B. um ein Legacy-System handelt). Diese Einschränkung ist in gewachsenen Unternehmenslandschaften häufig zu finden, in denen Altsysteme nicht mehr verändert werden sollen, da zu ihrer Anpassung und Qualitätssicherung unverhältnismäßig hohe Aufwände erforderlich wären (sofern die erforderliche Kompetenz überhaupt noch im Unternehmen vorhanden ist).
	Ablösung	Die Komponente wird künftig nicht mehr zur Verfügung stehen. Insbesondere in Migrations- und Adaptionsprojekten können mit dieser Annotation Komponenten gekennzeichnet werden, die im Projektverlauf ersetzt werden sollen bzw. die in Zukunft ersatzlos entfallen werden.
	Verbesserungsbedarf	Bestimmte Aspekte der Komponente oder Schnittstelle müssen angepasst bzw. optimiert werden. Bei diesem Verbesserungsbedarf kann es sich um notwendige Arbeiten handeln, die erforderlich sind, um das Hauptziel des geplanten Projekts zu ermöglichen, oder um Optimierungen, die sich im Rahmen ohnehin geplanter Umbaumaßnahmen anbieten.
	Externe Ressource	Bei der Komponente handelt es sich um eine externe Ressource, auf deren Verfügbarkeit, Qualität etc. unter Umständen nur begrenzter Einschluss besteht. Ab wann eine Komponente als „extern“ zu bezeichnen ist, hängt von den Einflussmöglichkeiten des geplanten Projekts ab: Eventuell sind bereits Komponenten als „extern“ zu bezeichnen, die zwar unternehmensintern betreut, aber nicht im Rahmen des geplanten Projekts bearbeitet werden. In anderen Situationen kann es ausreichen, nur Komponenten als „extern“ zu bezeichnen, die tatsächlich von unabhängigen Organisationen betrieben werden. Empfehlenswert ist die Annotation in beiden Fällen, wenn Kontrollverluste und Zuverlässigkeitsrisiken ausgedrückt werden sollen, die sich aufgrund der Externalität der Komponente ergeben.
	Ungewissheit	Es besteht Ungewissheit über zentrale Aspekte der Komponente oder Schnittstelle, sei es z. B. über konkrete Details des Kommunikationsprotokolls oder umfassendere Fragen der Art und Weise der Einbindung eines externen Diensts.

5.6 Canvas-übergreifende Analysen

Die Annotationen geben erste Hinweise darauf, wo im Projektverlauf Schwierigkeiten lauern können, wo zusätzliche Kompetenz aufgebaut werden muss, und welche Bereiche wenig Freiraum für Kompromisse lassen.

Zusätzlich zur Betrachtung einzelner Canvases lohnt aber auch die Gesamtsicht auf alle Canvases im Interaction Room. Hier lassen sich wiederum die Muster aus den vorhergehenden Abschnitten anwenden, wobei semantisch zusammengehörige bzw. abhängige Modellelemente mit ggf. kollidierenden oder einander verschärfenden Annotationen auch auf unterschiedlichen Canvases zu finden sein können: Wird z. B. auf einem Process Canvas eine Aktivität als „wertvoll" markiert, das für die Datenlieferung verantwortliche System auf dem Integration Canvas jedoch als „abzulösend" dargestellt, muss diskutiert werden, wie eine künftige Lösung für den Erhalt der Daten aussehen kann.

Neben solchen über mehrere Canvases verteilten Annotationskombinationen und -kollisionen sollte jedoch auch geprüft werden, ob einzelne Canvases Herausforderungen einführen, die an korrespondierender Stelle auf anderen Canvases nicht berücksichtigt werden – so zum Beispiel, wenn eine bestimmte Datenstruktur auf dem Object Canvas als „sicherheitskritisch" markiert wird, auf dem Process Canvas jedoch keine entsprechenden Annotationen auftauchen und auf dem Integration Canvas keine Notwendigkeit von Sicherheitsvorkehrungen für die betreffende Komponente markiert ist.

Die folgenden Kombinationen konkreter Annotationen stellen deutliche Signale für künftig drohende Probleme dar, die sich zum Teil bereits im Projektverlauf, zum Teil erst im Betrieb des Systems manifestieren können. Während sie am gleichen Element leicht als kritische Kombination erkannt werden können, ist ihre Kombination bei Betrachtung des Gesamtbilds eines Canvas oder gar der Zusammenhänge zwischen mehreren Canvases oft nicht offensichtlich und sollte daher explizit überprüft werden:

- „Sicherheit" und „Flexibilität": Im Lebenszyklus des Systems sind wiederkehrende Schwierigkeiten bzw. zumindest Mehraufwände zu erwarten, um die Sicherheitsvorkehrungen an veränderliche Prozesse, Architekturen, Technologien etc. anzupassen. Es sollten Strategien dafür entwickelt werden, die sicherheitsstiftenden Infrastrukturen nach Möglichkeit von den veränderlichen Systembereichen zu isolieren.
- „Sicherheit" und „externe Ressource": Alle Stakeholder müssen sich bewusst sein, dass die Sicherheit typischerweise nur bis zur eigenen Systemgrenze garantiert werden kann, vom Nutzer aber für das Gesamtsystem erwartet wird. Es sind Maßnahmen zu entwickeln, mit denen der Kontrollverlust an der Systemgrenze möglichst minimiert werden kann.
- „Ablösung" und „Business Value" bzw. „User Value": Es ist sicherzustellen, dass der angemerkte Wert auch nach Ablösung der Komponente noch erbracht werden kann. Dabei besteht jedoch das Risiko von zumindest vorübergehenden Einschränkungen der annotierten Wertaspekte.
- „Externe Ressource" und „Business Value" bzw. „User Value": Es ist zu beachten, dass der durch die Annotation betonte Wert von einer Komponente erbracht wird, auf die das Unternehmen nur beschränkten Einfluss hat. Es besteht das Risiko, dass die betreffende Funktion künftig in einer Weise erbracht wird, die den Wertansprüchen nicht mehr genügt. Zu überlegen ist, ob die betreffende Funktion auch von einer intern betriebenen Komponente erbracht werden könnte, über die größere Kontrolle besteht.

- „Komplexität" und „Business Value" bzw. „User Value": Der betonte Wert soll von einer Komponente geleistet werden, deren Realisierung als überdurchschnittlich schwierig angesehen wird. Dies führt zu einem höheren Risiko, zu dessen Auflösung hinreichende Ressourcen bereitgestellt werden sollten.
- „Flexibilität" und „Business Value" bzw. „User Value": Der betonte Wert soll von einer Komponente geleistet werden, deren Anforderungen und Realisierung als stark veränderlich eingeschätzt werden. Dies birgt das Risiko, dass der Wert bei künftigen Änderungen nicht mehr in adäquater Qualität erbracht werden kann.

Als besonders riskant ist schließlich die Kombination von Ungewissheits-Annotationen mit anderen Annotationen anzusehen: In diesem Fall ist bereits ein Wert-, Aufwands- oder Risikotreiber bekannt; eine Ungewissheit in dieser Herausforderung (oder in einer anderen Herausforderung, die auf die Realisierung des Elements ausstrahlen könnte), kann jedoch zu unvorhergesehenen Problemen oder Mehraufwänden führen.

Einige Annotationen stehen in direktem Gegensatz zueinander – werden sie kombiniert, sollte die Konstellation noch einmal kritisch hinterfragt und mit den Stakeholdern eine Alternativdarstellung gefunden werden:

- „Unveränderlichkeit", „Ablösung" und „Verbesserungsbedarf": Jede dieser Annotationen schließt eine Kombination mit den beiden anderen aus, da die gleichzeitige Bewahrung, Veränderung oder Ersetzung eines Systems nicht sinnvoll ist.
- „Unveränderlichkeit" und „Flexibilität": Die durch die beiden Annotationen betonten Herausforderungen sind unvereinbar. Es muss eine andere Lösung für die betroffene Fachlichkeit und/oder Technik entwickelt werden.

Inkonsistenzen dieser Art – gerade bei Betrachtung über mehrere Canvases hinweg – sind aufgrund des pragmatischen Modellierungsprozesses im IR:scope an der Tagesordnung; die IR-Coaches sollten auch während der Brainstorming-Phasen mit den Teilnehmern keine Anstrengung unternehmen, den kognitiven Flow durch laufende Konsistenzforderungen zu unterbrechen. Im Rahmen einer intensiveren Analyse des Gesamtbilds im Nachgang kann es jedoch hilfreich sein, an besonders kritischen Stellen die Annotationen aus einem Canvas auf verknüpfte Elemente anderer Canvases zu übertragen.

5.7 Workshop-Ablauf und Anschlusstätigkeiten

Der Ablauf einer IR:scope-Befüllung ist nur wenigen Regeln unterworfen: Nach der initialen Zielbestimmung, die in eine „Presseinfo" (Abschn. 3.6) mündet, mit der der IR-Domänen-Coach die Stakeholder bei Bedarf wieder orientieren kann, wenn die Diskussion in Nebenschauplätze abzugleiten droht, erfolgt die ausführlichere Sammlung und Priorisierung der Anforderungen auf dem Feature Canvas.

Wie es danach weitergeht, ist vom Projekt und der Ausrichtung der anwesenden Stakeholder abhängig: Um sich die Fachdomäne und IT-Landschaft zu erschließen, in der das Projekt stattfinden soll, sind der Process, Object und Integration Canvas zu skizzieren. Die Reihenfolge, in der dies geschieht, ist jedoch nicht festgelegt, sondern hängt davon ab, welcher Canvas den intuitivsten Zugang zur Materie verspricht.

Für viele Informationssysteme ist es am einfachsten, sich die Domäne über die Skizzierung der Geschäftsprozesse auf dem Process Canvas zu erschließen, während Object und Integration Canvas „nebenbei" aufgebaut werden, wann immer Erkenntnisse über Daten- und Systemstrukturen bei der Prozessmodellierung abfallen. Ist das zu entwickelnde System hingegen tiefer im Back-End angesiedelt, weniger nutzergewandt, oder hat es Migrationscharakter, so kann es hilfreicher sein, sich den Anforderungen über die Objekte zu nähern, die vom System zu verwalten sind, und sich während der Modellierung des Object Canvas zu fragen, aus welchen Umsystemen diese Daten stammen und von welchen Prozessen sie geliefert bzw. verarbeitet werden. Gerade wenn die Fachexperten ihre Domäne eher über die Beschäftigung mit konkreten Fällen, Formularen und Dokumenten erfassen als durch die Abwicklung generischer Geschäftsprozesse, kann dieser Zugang für die Stakeholder leichter sein. Ein Zugang über den Integration Canvas als primärem Canvas ist seltener, bietet sich aber zum Beispiel an, wenn der Schwerpunkt des Projekts auf der Ablösung einer Legacy-Komponente durch eine neue Lösung liegt.

Während der primär betrachtete Canvas zusammenhängend skizziert wird, indem die Teilnehmer sich beispielsweise Schritt für Schritt an einem Prozess entlang bewegen, bleiben die Inhalte der nebenbei gefüllten Canvases zunächst fragmentarisch. Wenn die Arbeit am primären Canvas abgeschlossen ist, werden auch die anderen Canvases vervollständigt und zum Beispiel um noch fehlende Datenstrukturen und Umsysteme ergänzt.

Die Auswahl eines „führenden" Canvas, auf dessen Modellierung die Stakeholder sich bewusst konzentrieren, und das parallele Füllen und abschließende Vervollständigen der beiden anderen Canvases, hat sich als rationeller Weg erwiesen, zu einer hinreichend vollständigen und konsistenten Beschreibung der Domäne zu gelangen, ohne den (meist weniger modellierungs-affinen) Stakeholdern drei separate Modellierungsdurchgänge zuzumuten.

Teilnehmer mit klassischer Modellierungserfahrung mögen einwenden, dass es aufwändig und kaum realistisch sei, alle drei Sichten (Prozesse, Objekte, Integrationsschnittstellen) kontinuierlich konsistent zueinander zu halten und in der Gesamtsicht zu diskutieren. Bei der Arbeit mit klassischen, detaillierten Modellen (z. B. in UML) ist dieser Einwand auch durchaus berechtigt. Durch die Aufgabe des Vollständigkeits- und Präzisionsanspruchs im Interaction Room sowie die radikale Vereinfachung von Notationssyntax und Modellierungstiefe wird eine parallele Betrachtung jedoch möglich – und liefert gerade in frühen Projektphasen deutlich wertvollere Erkenntnisse als der Versuch einer Modellierung aller Aspekte im Detail.

Einen wesentlichen Beitrag zu diesen Erkenntnissen leisten auch die Annotationen, die von den Teilnehmern nach Abschluss der Skizzierung vergeben werden. In mehreren

Runden wird dabei zunächst der primäre Canvas, danach die beiden anderen Canvases mit den jeweils canvas-spezifischen Annotationen versehen, wie in Abschn. 3.3 beschrieben.

Die parallele Betrachtung von Prozessen, Daten und zu integrierenden Komponenten sowie die Auszeichnung wichtiger Wert- und Aufwandstreiber mit Annotationen führt dazu, dass alle Stakeholder ein grobes Gesamtverständnis über die Systemzusammenhänge entwickeln, dass Missverständnisse über Strukturen und Abläufe vermieden werden, und dass Inkonsistenzen, Lücken oder Redundanzen früh deutlich werden. Dieses Gesamtverständnis ist nicht nur Voraussetzung für die Ableitung verlässlicher Handlungsempfehlungen für die späteren Projektphasen, sondern hilft auch dabei, offene Fragen, bestehende Risiken und wichtige Rahmenbedingungen vollständiger und konkreter zu erfassen.

Der Abschluss der IR:scope-Befüllung markiert den Übergang vom Projekt-Scoping zur Projektdurchführung. Am Ende eines solchen Workshops stehen eine grobe Anforderungsliste und ein grobes Systemmodell, die zwar noch nicht vollständig sind, die aber von allen Stakeholdern getragen werden, und von denen alle Stakeholder den Eindruck haben, dass sie zumindest die kritischsten Konfliktpunkte ausräumen, die wesentlichsten Fragen beantworten und die größten Ungewissheiten offen benennen.

Mit anderen Worten: Die Spezifikation muss in jedem Fall noch detaillierter werden, und im Konzeptions- und Entwicklungsprozess werden sicher auch noch Fragen auftreten, aber die großen Überraschungen und Konflikte sollten ausbleiben. Und vor allem zeigen die Wert-, Aufwands- und Ungewissheits-Annotationen, auf welche Aspekte sich künftige Verfeinerungsschritte konzentrieren sollten, damit eine präzise Modellierung wirkliche Erkenntnisse stiftet und keine reine Fleißarbeit darstellt. Die Vergabe, Erläuterung, Diskussion und Protokollierung der Annotationen kann daher als wichtigster Erkenntnisschritt des IR:scope angesehen werden, der mit keiner anderen Modellierungsmethode so früh erreicht und so präzise dokumentiert werden kann.

Je nach Projektkomplexität und -rahmenbedingungen (z. B. Dienstleistungsprojekt vs. Inhouse-Entwicklung) kann die Detaillierung der im IR:scope entwickelten Features und Modellskizzen nun im Rahmen eines klassischen Requirements-Engineering- und Spezifikations-Prozesses erfolgen – mit dem Vorteil, dass dessen Aufwände nun gezielt auf die zuvor als kritisch annotierten Aspekte konzentriert werden können, statt in die Sisyphos-Arbeit einer in Breite und Tiefe vollständigen Systemspezifikation zu fließen. Oder es kann der direkte Einstieg in das agile Projektmanagement mit Unterstützung des IR:agile erfolgen, wo die Verfeinerung der Anforderungen und Spezifikationen von Sprint zu Sprint erfolgt (Abschn. 8.2).

Literatur

Kano N, Seraku N, Takahashi F, Tsuji S (1984) Attractive quality and must-be quality. J Jpn Soc Qual Control 14(2):147–156. ISSN 0386-8230 (auf Japanisch)

Der Interaction Room für Mobilanwendungs-Entwicklung (IR:mobile) 6

Inhaltsverzeichnis

Die Erwartungen an mobile Anwendungen haben sich in den vergangenen Jahren erheblich verändert. Aus der Anforderung, „auch eine App zu haben", ist die Frage nach der systematischen Bedeutung mobiler Anwendungen für den Erfolg des Unternehmens erwachsen.

Hinter dieser strategischen Frage steht die Feststellung, dass sich in den vergangenen Jahren die Informations- und Kommunikationsmuster von Mitarbeitern und Kunden gewandelt haben: Der Zugriff auf Informationen und die Durchführung von Transaktionen

M. Book et al., *Erfolgreiche agile Projekte*, Xpert.press,
DOI 10.1007/978-3-662-53330-7_6

zu jeder Zeit an jedem Ort ist Alltag geworden. Wie Schlüsselbund und Portemonnaie ist das Smartphone immer dabei und vor allem immer online. Zugangsgeschwindigkeiten und -kosten, Geräteleistung und -bedienbarkeit stellen keine Hindernisse mehr da – weder für anspruchsvolle Aufgaben noch für Freizeitbeschäftigungen. Nicht unerhebliche Teile ihrer wirtschaftlichen und sozialen Kommunikation organisieren Menschen heute über mobile Geräte.

Die privat gemachten Erfahrungen mit mobilen Anwendungen bilden bei Kunden wie bei Mitarbeitern eine Erwartungshaltung, die auf den geschäftlichen Bereich übertragen wird: Was mobil möglich ist, wird auch mobil erwartet, selbst wenn es keinen intrinsischen Mobilitätsbezug hat. Welche dieser Erwartungen auf welche Weise wirtschaftlich bedient werden können – und vor allem: wie durch innovative Nutzung des mobilen Kanals ganz neue Geschäftsmodelle erschlossen werden können – ist die große disruptive Herausforderung, der sich digitale Unternehmen stellen müssen.

Um das Potenzial mobiler Anwendungen für den Erfolg eines Unternehmens nutzbar zu machen, ist es erforderlich,

- den Nutzer mit seinen Bedürfnissen, Erwartungen und veränderten Verhaltensweisen konsequent in den Mittelpunkt der Betrachtung zu stellen,
- die neuen technischen Möglichkeiten mobiler Endgeräte effektiv einzusetzen, und
- die im Unternehmen bereits vorhandenen Strukturen und Prozesse zu berücksichtigen und erforderliche Anpassungen zu durchdenken.

Die Herausforderungen mobiler Anwendungsentwicklung können somit nicht auf technische Fragen wie etwa „web-basierte oder native App?" oder auf die richtige Wahl des „richtigen" mobilen Betriebssystems verkürzt werden. Sie liegen vor allem darin, angemessene Produktvariationen, ganz neue Formen der Kundenansprache und -betreuung sowie Veränderungen von Geschäftsprozessen und -modellen des Unternehmens kritisch zu betrachten.

Die neuen, mobil geprägten Informations- und Kommunikationsmuster treffen in Unternehmen verschiedener Branchen jedoch mit unterschiedlicher Intensität auf bewährte Muster von Produkt- und Dienstleistungsangeboten, auf etablierte Marketingansätze und fest verankerte Prozesse – sowohl in den Fach- als auch in den IT-Abteilungen. Die etablierten Muster haben die Unternehmen in der Vergangenheit erfolgreich gemacht und sind tief verwurzelt in den Köpfen der Entscheider und den Strukturen der Unternehmen.

Selbst die relativ jungen Unternehmen der Internet-Ökonomie tun sich gelegentlich damit schwer, auf die Erwartungs- und Anspruchshaltung der Nutzer in der mobilen Welt einzugehen, wie Facebooks lange Suche nach funktionierenden Monetarisierungsmöglichkeiten seiner mobilen Anwendung zeigt (Carmody 2012). Das Beharrungsvermögen großer Unternehmen aus Branchen wie Banken, Versicherungen, Medien und Gesundheitswesen ist demgegenüber noch deutlich stärker ausgeprägt.

Um in etablierten Unternehmen die Veränderungen anzustoßen, die zur Mobilisierung von Prozessen und Geschäftsmodellen erforderlich sind, sind gleichermaßen fachliche Expertise, konzeptionelle Fähigkeiten, Kreativität und technologisches Know-How gefragt. Die Erfahrung zeigt, dass die verschiedenen Stakeholder in einem Unternehmen nur in einem gemeinsamen, stark interaktiven Prozess ihre jeweiligen Kompetenzschwerpunkte in die Entwicklung mobiler Strategien oder konkreter Anwendungen einbringen können, ohne gegeneinander oder aneinander vorbei zu arbeiten. Der **Interaction Room für Mobilanwendungs-Entwicklung (IR:mobile)** bietet dafür den methodischen Rahmen.

Ziel eines IR:mobile ist es, die Vision einer mobilen Anwendung zu entwickeln, die auf die Anforderungen und Bedürfnisse der angepeilten Nutzergruppen zugeschnitten ist. Aufgrund der besonderen Möglichkeiten und Herausforderungen, die mobile Endgeräte bieten, vor allem aber aufgrund der vielfältigen Nutzungskontexte, in denen die App zum Einsatz kommen kann, erfordert diese Entwicklung eine deutlich intensivere Vorarbeit und Bewusstseinsschaffung über die Nutzer und Einsatzbereiche, als sie der Entwicklung klassischer Informationssysteme voraus geht. Die Konzeption einer mobilen Anwendung kann daher in aller Regel nicht im IR:scope erfolgen (Kap. 5), sondern erfordert das methodische Handwerkszeug des IR:mobile.

6.1 Relevante Stakeholder

In einem IR:mobile werden hauptsächlich Rollen erfordert, die auch im IR:scope eingesetzt werden: Der **IR-Methoden-Coach** (Abschn. 3.5.1) ist versiert im Umgang mit der IR:mobile-Methodik und leitet die Diskussion, während der **IR-Domänen-Coach** (Abschn. 3.5.2) mit der Fachdomäne vertraut ist und dafür sorgt, dass die IR-Methodenelemente möglichst effektiv zur Beantwortung der schwierigsten Fragen der Domäne eingesetzt werden. Neben diesen externen Experten sind die internen Experten essenziell: Der **Process Owner** (Abschn. 3.5.3) ist für die Geschäftsprozesse verantwortlich, die durch die mobile Lösung tangiert werden. **Anwendungsentwickler** (Abschn. 5.1.1) und **Betriebsexperten** (Abschn. 5.1.2) sind verantwortlich für Einschätzung der Entwicklungs- und Betriebsanforderungen der angestrebten Lösung. Insbesondere die Vertreter der Entwickler-Seite sollten dabei bereits Mobile-Implementierungs-Know-How mitbringen. Gleiches gilt für den **Interaction Engineer** (Abschn. 4.1.3), der neben allgemeiner Usability-Kompetenz vor allem mit den Interaktionsmöglichkeiten und -einschränkungen mobiler Endgeräte vertraut sein muss.

Zusätzlich erfordert die Auseinandersetzung im IR:mobile jedoch auch besonderes Mobility- und Business-Development-Know-How. Daher werden die in den nachfolgenden Abschnitten beschriebenen Rollen des Mobilitätsexperten und Business Developers hinzugezogen.

6.1.1 Mobilitätsexperte

Der Mobilitätsexperte ist einer der Innovationsmotoren im Team – er kennt die technischen Möglichkeiten mobiler Geräte, weiß, welche Funktionen auf welchen Geräten zur

Verfügung stehen, wie ausgereift und wie nützlich sie in der Praxis sind. Dabei ist der Mobilitätsexperte weit davon entfernt, reiner Hardware-Nerd oder Plattform-Evangelist zu sein: Viel wichtiger ist, dass er ein intuitives Gespür für die neuen Einsatzmöglichkeiten hat, die die Technologie den Nutzern bietet, dass er weiß, wie mobile Nutzer ticken, wie sie arbeiten, wie sie sich unterhalten, was sie erwarten. Der Mobilitätsexperte hat einen breiten Überblick über den Markt an mobilen Anwendungen, weiß, was angesagt ist, kann aber Hypes von langfristigen Trends unterscheiden. Der Mobilitätsexperte arbeitet eng mit dem Business Developer und dem Interaction Engineer zusammen – mit ersterem, um die neuen wirtschaftlichen Potenziale von Mobilität für das Unternehmen zu entdecken und herauszuarbeiten, und mit letzterem, um die mobile Lösung nicht nur benutzerfreundlich, sondern auch für anspruchsvolle Mobilnutzer begeisternd zu gestalten.

6.1.2 Business Developer

Der Business Developer muss die Unternehmensstrategie seines Unternehmens kennen. Er muss die Zusammensetzung der Kundschaft ebenso kennen wie strategische Vorgaben zu den Weiterentwicklungen von Produkten und Dienstleistungen. Er muss den Markt insofern kennen, als dass er die angestrebten Weiterentwicklungen der Geschäftsmodelle der Mitbewerber einschätzen kann. Auf Basis dieses Wissen kann der Business Developer im IR:mobile Digitalisierungs- und Mobilisierungspotenzial identifizieren. Seine Aufgabe ist ebenfalls, Ideen bezüglich neuer Produkte, Services und Kundengruppen unmittelbar mit den strategischen Vorgaben des Unternehmens abzugleichen und damit zu deren Priorisierung beizutragen.

6.2 Persona Canvas

Die Arbeit im IR:mobile konzentriert sich vor allem auf die strategischen und konzeptionellen Vorarbeiten der Entwicklung einer mobilen Anwendung, statt sich direkt mit konkreten Prozessen, Datenstrukturen und Technologien zu beschäftigen. Um die Ausgangssituation, die Nutzer und ihre Bedürfnisse zu verstehen und daraus ein Interaktionskonzept abzuleiten, arbeiten die Stakeholder im IR:mobile an vier Canvases:

- Der **Persona Canvas** betrachtet die verschiedenen Nutzergruppen, die mit der mobilen Anwendung arbeiten werden, und ihre individuellen Bedürfnisse.
- Der **Portfolio Canvas** (Abschn. 6.3) richtet den Blick auf das Marktumfeld aus eigenen und konkurrierenden Dienstleistungen, in dem die neue mobile Anwendung sich behaupten soll.
- Der **Touchpoint Canvas** (Abschn. 6.4) stellt dar, wie Nutzer in verschiedenen Situationen ihres Tagesgeschäfts mit der mobilen Anwendung arbeiten werden.

- Der **Interaction Canvas** (Abschn. 6.5) dient zur Visualisierung erster Entwürfe von Dialogen, mit denen die angestrebte Funktionalität umgesetzt werden soll.

Wie in jedem Interaction Room steht zu Beginn des IR:mobile die Definition des Projektziels, um die nachfolgenden Diskussionen zu fokussieren. Dazu formulieren die Teilnehmer eine Statement auf dem Abstraktionsniveau einer „Presseinfo" (Abschn. 3.6), in der Ausgangssituation und Anspruch der zu entwickelnden mobilen Anwendung umrissen werden.

Um den Business und User Value des angestrebten mobilen Angebots optimal auf die Bedürfnisse der Zielgruppe(n) abzustimmen, rücken auf dem Persona Canvas als nächstes die künftigen Nutzer in den Fokus des IR:mobile: Was sind ihre Vorlieben, worüber ärgern sie sich, welche Wünsche und Bedürfnisse haben sie? Kurzum: Was sind das für Menschen?

6.2.1 Methodik und Visualisierung

Im Gegensatz zur Entwicklung klassischer betrieblicher Informationssysteme, deren Zielgruppe (Mitarbeiter bzw. Geschäftspartner des Unternehmens) meist vergleichsweise homogen und gut bekannt ist, und aus der Vertreter direkt ins Team eingeladen werden können (Abschn. 5.1.3), sind die Zielgruppen mobiler Anwendungen oft stärker fragmentiert und nicht alle durch Vertreter im Team repräsentierbar.

Um die Nutzer im Design-Prozess dennoch präsent und lebendig werden zu lassen, entwickeln die Workshop-Teilnehmer daher Personas, d. h. detaillierte Profile fiktiver Nutzer, die typische Anwendergruppen repräsentieren (Cooper 2004). Eine Persona ist dabei mehr als ein anonymer Akteur in einem Beispielszenario – sie ist vielmehr mit einer „Back Story" ausgestattet, die es Teilnehmern ermöglicht, sich in die Person hineinzuversetzen und Anforderungen aus ihrer Sicht zu formulieren. Die detaillierte „Back Story" soll dazu beitragen, dass ein Teilnehmer sich nicht nur nominell in „den Anwender" versetzt (aber eigentlich doch nur seine eigenen Ansichten auf ihn projiziert) – vielmehr soll der Teilnehmer sich darüber bewusst werden, wie der Anwender sich von ihm unterscheidet, und welche unterschiedlichen Anforderungen er daher haben könnte.

Die Teilnehmer nähern sich den Personas über eine Reihe von Leitfragen: Was ist für den angenommenen Nutzer relevant? Wie ist er vernetzt? Wie kommuniziert er privat, wie geschäftlich? Wie sieht seine Lebenssituation aus? Welche allgemeinen und themenbezogenen Bedürfnisse hat er?

Während bei der Arbeit im Interaction Room typischerweise alle gemeinsam diskutieren, kann es hilfreich sein, die Teilnehmer zur Entwicklung der Personas in Kleingruppen arbeiten zu lassen – dies erzeugt erfahrungsgemäß ein vielfältigeres Spektrum verschiedener Personas als eine Diskussion in großer Runde, deren Kreativität sich schnell auf ein gemeinsames Muster hin kanalisiert. Um die Arbeit auf die wichtigsten Zielgruppen zu fokussieren, sollten im IR:mobile jedoch nicht mehr als fünf Personas entwickelt werden.

Die Eigenschaften jeder Persona werden in einem „Steckbrief" festgehalten, der das Persönlichkeits- und Erwartungsprofil der Persona zusammenfasst:

- Name, Alter, Familienstand, Beruf
- Profil: Demographische Informationen, Persönlichkeit, spezifisches Fachwissen, besondere Fähigkeiten
- Aktivitäten: berufliche Aufgaben und typische Tätigkeiten, private Aktivitäten (ehrenamtliche Arbeit, Freizeitinteressen); berufliche und private Interaktionspartner und Interaktionswege; Art der Informationsbeschaffung, Umgang mit Medien, Erwartungen an (technische) Produkte
- Bedürfnisse: Informationsbedürfnis, Sicherheitsbedürfnis, Geltungsbedürfnis
- Werte: Wertvorstellungen, Ansprüche an sich und andere, positive und negative Einflussfaktoren auf Entscheidungen
- Persönliche Ziele: intrinsische Motivation, Vorbilder, Lebensziele

Nachdem die Erstellung der Personas in Kleingruppen erfolgte, sollten sie allen Stakeholdern vorgestellt und im Team diskutiert werden, damit alle Stakeholder alle Personas kennenlernen. Die Steckbriefe werden dazu in Posterform an den Persona Canvas gehängt. Das Feedback aus der Diskussion wird sodann in die Persona-Beschreibung eingearbeitet.

6.2.2 Annotationen und Analyse

In der Regel ist davon auszugehen, dass nicht alle Benutzertypen die geplante mobile Anwendung in gleichem Umfang nutzen werden – Hauptzielgruppe werden je nach Anwendungsdomäne eher Neueinsteiger oder erfahrene Nutzer, eher technologie- oder business-affine, eher Gelegenheits- oder Power-User sein. Die einzelnen Personas erhalten daher eine Relevanzgewichtung, die besagt, wie kritisch die Anforderungen und Erwartungen der durch sie vertretenen Gruppe voraussichtlich für den Gesamtnutzen der mobilen Anwendung sein werden.

Die Relevanz der Personas wird dazu im Rahmen der Diskussion von den Stakeholdern mit „Business Value"-Annotationen bewertet, wie in Tab. 6.1 beschrieben.

Tab. 6.1 Priorisierung von Personas mit Wertannotationen

Symbol	Bezeichnung	Interpretation
	Business Value	Die Persona ist eine der Haupt-Zielgruppen der mobilen Anwendung. In einer Marktplatz-Anwendung könnten z. B. registrierte Käufer und Verkäufer von Waren zwei verschiedene Hauptzielgruppen sein, während unregistrierte (anonyme) Nutzer und Administratoren Nebenzielgruppen darstellen.

Die Zahl der pro Persona vergebenen Annotationen gibt einen ersten Eindruck von der Relevanzeinschätzung der Stakeholder. Die endgültige Gewichtung der Personas erfolgt sodann vor diesem Hintergrund in einer kurzen Diskussion im Team.

Bei der späteren Annotation der anderen Canvases sollte darauf geachtet werden, dass anwenderbezogene Annotationen wie „User Value" hauptsächlich aus der Perspektive derjenigen Personas vergeben werden, die auf dem Persona Canvas die höchste Gewichtung bekommen haben.

6.3 Portfolio Canvas

Im nächsten Schritt nähern die Stakeholder sich im IR:mobile dem angestrebten Funktionsumfang der mobilen Anwendung, indem sie die aktuelle Service- und Produktlandschaft des eigenen Unternehmens und der Branche erfassen und eine Vision für das Soll-Angebot erarbeiten.

Auch über den grundsätzlichen Anspruch an die mobile Lösung sollte Einverständnis geschaffen werden: Wie ist die Konkurrenz auf diesem Feld aktiv? Welche Innovationshöhe wird angestrebt? Will das Unternehmen neuartige, mobil-spezifische Angebote oder gar Geschäftsmodelle etablieren, oder kommt es nur darauf an, mobil präsent zu sein und mit Angeboten der Wettbewerber mitzuhalten? Beides können erfolgreiche Strategien sein, jedoch muss Klarheit darüber bestehen, welches Ergebnis angestrebt wird – ansonsten besteht die Gefahr, dass Aufwände falsch priorisiert werden oder die unterschiedlichen Ambitionen verschiedener Stakeholder-Gruppen zu Konflikten und Frustration führen.

6.3.1 Methodik und Visualisierung

Die Teilnehmer verschaffen sich daher zunächst einen Überblick über die Wettbewerbssituation – nicht in Form abstrakter Marktzahlen, sondern durch Visualisieren und Ausprobieren verschiedener Angebote – und werfen einen kritisch-distanzierten Blick darauf, welche Dienstleistung ihr eigenes Unternehmen aktuell anbietet. Gerade in großen Unternehmen sind die Mitarbeiter unter Umständen eher mit dem eigenen Intranet vertraut als mit der Breite und Tiefe des kundengewandten Angebots, den dort verfügbaren Informationen und Dienstleistungen.

Zur Visualisierung der verschiedenen Angebote dienen ausgedruckte Screenshots von Apps und Websites, Ausdrucke von Dienstleistungsangeboten, Formularen, Druckstücken – alles, was geeignet ist, die aktuelle Service-Landschaft des eigenen Unternehmens und der Konkurrenz greifbar zu machen. Das Anschauungsmaterial wird thematisch und nach Anbietern geclustert an den Portfolio Canvas gehängt, wie Abb. 6.1 zeigt. Um die Übersichtlichkeit zu wahren und sich auf die wichtigsten Player am Markt zu konzentrieren, sollten bis zu sechs Cluster (für das eigene Unternehmen und bis zu fünf Wettbewerber) mit maximal je sechs Artefakten gebildet werden.

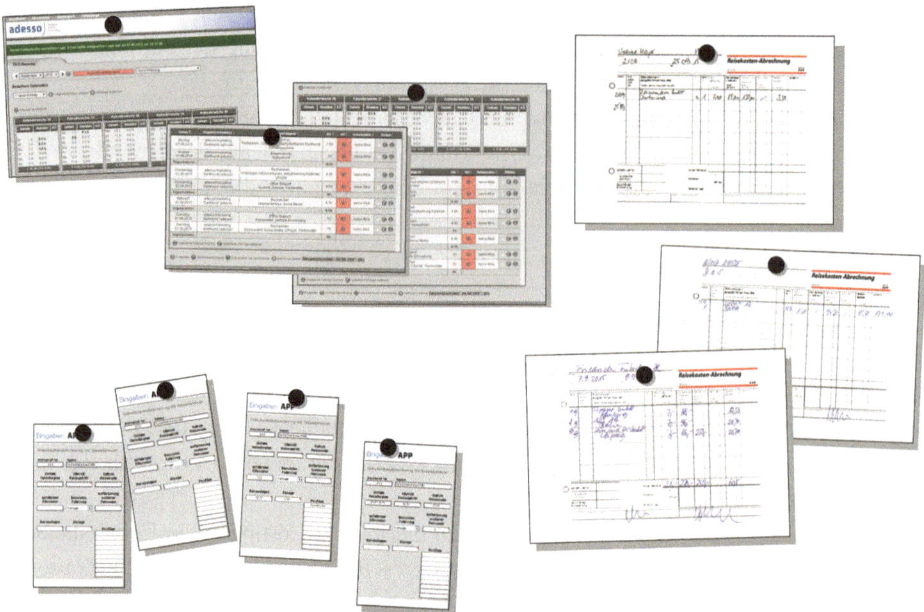

Abb. 6.1 Beispiel eines einfachen Portfolio Canvas

Die Teilnehmer diskutieren sodann, welche existierenden und neuen Dienstleistungen künftig zusätzlich oder ausschließlich mobil angeboten werden sollten. Bereits hier werden unterschiedliche Stakeholder mit unterschiedlicher Fachexpertise und unterschiedlicher Technikaffinität verschiedene Erwartungen haben, unter denen es abzuwägen gilt.

6.3.2 Annotationen und Analyse

Um diese Abwägung zu erleichtern, heben die Teilnehmer durch Annotation der Artefakte auf dem Portfolio Canvas hervor, was ihnen wertvoll erscheint, wo sie Innovationspotenzial, Veränderungsbedarf oder Lücken sehen. Zum Einsatz kommen dabei die Annotationen in Tab. 6.2.

Mit diesen Annotationen können sowohl Artefakte eigener wie auch fremder Angebote versehen werden, um nicht nur auf Punkte hinzuweisen, die im eigenen Angebot verbesserungswürdig sind, sondern auch Anregungen aus der Betrachtung von Konkurrenzangeboten zu ziehen.

Die Analyse der vergebenen Annotationen gibt einen ersten Eindruck vom Umfang und Nutzen potenzieller Mobilisierungen:

- Die Annotationen für „Business Value" und „User Value" markieren besondere Werttreiber, die sich durch die Mobilisierung im eigenen Service-Portfolio ergeben

Tab. 6.2 Annotationen für Artefakte auf dem Portfolio Canvas

Symbol	Bezeichnung	Interpretation
	Business Value	Die Mobilisierung des annotierten Elements leistet einen wichtigen Beitrag zu den Geschäftszielen des Unternehmens. So könnten z. B. Außendienst-Techniker eines Energieversorgers Beschreibungen und Lokationsdaten von Leitungs- und anderen Infrastruktur-Störungen mittels einer mobilen Anwendung präziser and rationeller erfassen als auf Papier.
	User Value	Die Mobilisierung des annotierten Elements schafft einen besonderen Nutzen für die Anwender. Ein Verkehrsunternehmen kann z. B. durch den Verkauf elektronischer Fahrscheine über eine mobile Anwendung den Komfort für den Kunden erhöhen.
	Innovation	Die Mobilisierung des annotierten Elements verspricht bzw. realisiert ein besonderes Innovationspotenzial. Die Annotation markiert damit besondere „Highlights" der Mobilisierung – oft sind dies ganz neue Dienste, die erst durch den mobilen Datenzugang bzw. die technische Ausstattung des mobilen Geräts ermöglicht werden, wie z. B. die Möglichkeit, in ein mit dem Mobilgerät aufgenommenes Kamerabild standortbezogene Zusatzinformationen einzublenden, um Touristen die Orientierung in einer fremden Stadt zu erleichtern.
	Mobilität	Das annotierte Element (z. B. eine Dienstleistung, eine Information, ein Prozess etc.) sollte mobil angeboten werden. Mit dieser Annotation werden auf dem Portfolio Canvas Artefakte annotiert, die derzeit noch nicht mobil verfügbare Prozesse oder Daten illustrieren, deren Mobilisierung jedoch angestrebt werden sollte.
	Verbesserungsbedarf	Das annotierte Element muss verändert werden, um eine an dieser oder anderer Stelle angestrebte Mobilisierung zu unterstützen. Nicht immer ist die Mobilisierung von Prozessen unmittelbar möglich – unter Umständen erfordert sie Anpassungen im betrachteten Prozess oder in mit ihm verwandten Prozessen. So erfordert die Mobilisierung des Fahrkahrten-Buchungsprozesses eines Verkehrsunternehmens auch eine Mobilisierung des Prozesses zur Fahrkartenkontrolle.

können oder sich in Konkurrenzangeboten unter Umständen schon ergeben haben. Ihnen werden an dieser Stelle bewusst noch keine Aufwands-Annotationen gegenüber gestellt, um die Diskussion zunächst auf die Erwartungen statt auf konkrete Lösungen zu konzentrieren.

- Ein zweischneidiges Signal stellt allenfalls die Annotation „Innovation" dar: Einerseits ist das Anbieten eines innovativen Features, das zuvor noch nicht am Markt verfügbar war und Nutzern einen besonderen Mehrwert bietet, ein starker Werttreiber – andererseits sind Innovationen jedoch typischerweise mit höherem Risiko in Umsetzung und Akzeptanz verbunden.
- Als Hinweis auf zusätzliche Aufwände ist auch die Annotation „Verbesserungsbedarf" zu verstehen, die fachliche oder technische Aspekte markiert, die zur Unterstützung einer Mobilisierung angepasst werden müssen. Diese Annotation ist zunächst jedoch nicht als einschränkender Gegenpol zu den Wertannotationen zu verstehen, sondern lediglich als Hinweis darauf, welche weiteren Prozessteile in der späteren konkreten Lösungsfindung (und dann erst möglichen Aufwandsabschätzung) nicht außer Acht gelassen werden dürfen.

Notwendigkeiten und Potenziale von Mobilisierung zu erkennen, ist jedoch nur eine Funktion des Portfolio Canvas. Mit der Markierung und Diskussion möglicher Innovationen und Prozessanpassungen wird auch die Bereitschaft des Unternehmens auf die Probe gestellt, sich auf die Veränderungen einzulassen, die die Mobilisierung mit sich bringt. Dabei kommen fördernde sowie hemmende Bedingungen im Unternehmen zur Sprache.

Im Eifer des Gefechts driftet die Diskussion von Veränderungsmöglichkeiten im aktuellen Service-Portfolio leicht zu weit in die Lösungsdomäne ab – schnell werden neue Prozesse für neue Features aus dem Ärmel geschüttelt, andere Ideen hingegen mit dem Killerargument althergebrachter Rahmenbedingungen im Keim erstickt, ohne dass über Bedarfe und Implikationen sorgfältig nachgedacht wird. Die IR-Coaches haben daher die Aufgabe, die Diskussion zunächst auf der Ebene der Bewusstseinsbildung über Chancen, Hemmnisse und Ziele der Mobilisierung vor dem Hintergrund des aktuellen Service-Portfolios zu halten. Vor einem Eintauchen in die Lösungsdomäne ist eine genauere Betrachtung von Nutzern und Nutzungskontexten erforderlich, die auf den Persona und Touchpoint Canvases erfolgt.

6.4 Touchpoint Canvas

Mit den Erkenntnissen aus den Portfolio und Persona Canvases ist das Bild über die Ausgangssituation und die Zielgruppen der geplanten mobilen Anwendung vollständig. Nun geht es daran, nachzuvollziehen, wie ein mobiles Angebot die Nutzer in verschiedenen Tätigkeitsphasen unterstützen kann: Auf dem Touchpoint Canvas werden die Personas im Rahmen sog. „User Journeys" gedanklich auf Schritt und Tritt begleitet sowie ihre Bedürfnisse analysiert: Wann befasst der Nutzer sich mit den Dienstleistungsangeboten des Unternehmens? Wie sehen die Kontextbedingungen an diesen Punkten aus? Was motiviert ihn, die mobile Anwendung aufzurufen? Welche Möglichkeiten stehen ihm dort zur Verfügung? Woran entscheidet sich, ob der Nutzer „bei uns bleibt" oder verloren geht?

6.4.1 Methodik und Visualisierung

Diese Überlegungen zu den User Journeys werden nacheinander für nicht mehr als die fünf wichtigsten Personas angestellt und auf Touchpoint Canvases skizziert. Die Stakeholder beschreiben darauf jeweils, in welchen Situationen (Touchpoints) der Nutzer mit der Fachdomäne bzw. dem Anbieter in Berührung kommt, und wie eine mobile Anwendung ihn an diesen Stellen unterstützen kann. Zu jedem Touchpoint suchen die Stakeholder Antworten auf eine Reihe von Fragen:

- Wann/wie oft wird der Touchpoint besucht (Timing, Trigger)?
- Wie sieht es am Touchpoint aus, welche Bedingungen herrschen (Location)?
- Wie wird dort kommuniziert?
- Welche Fragen und Bedürfnisse hat der Nutzer?
- Handelt es sich um einen Trust Point, d. h. entscheidet sich hier, ob der Nutzer das Angebot weiter nutzt oder nicht?

Gerade wenn es sich bei einer Station um einen Trust Point handelt, d. h. einen Punkt, an dem der Nutzer die Interaktion mit der Anwendung abbrechen könnte, sind weitere Fragen zu klären:

- Welche Aspekte machen die Station zu einem Trust Point?
- Welche Bedürfnisse des Nutzers sind hier besonders zu berücksichtigen?
- Sind diese Bedürfnisse dem mobilen Kanal geschuldet oder grundlegenderer Natur?

Bei der Identifikation der einzelnen Stationen auf der User Journey ist nicht nur darauf zu achten, wie der Nutzer derzeit das vorhandene Dienstleistungsangebot nutzt. Zusätzlich sollten die Teilnehmer auch neue Kontaktsituationen identifizieren, in denen der Nutzer – gerade aufgrund der Möglichkeiten des mobilen Kanals – die Gelegenheit bekommt, auf das Dienstleistungsangebot zuzugreifen. Dies können sowohl Kontakte sein, die vom Nutzer aus eigenem Interesse heraus angestoßen werden, als auch Kontakte, die vom Anbieter über die mobile Anwendung in neuen Nutzungskontexten angestoßen werden können. Der mobile Kanal sollte daher nicht nur als parallel existierende Ergänzung, sondern als Erweiterung der bestehenden Kontaktlandschaft zum Kunden aufgefasst werden. Die Stakeholder sind daher angehalten, Ideen für konkrete mobile Services zu entwickeln, die die Nutzer möglichst optimal unterstützen: An welchen Punkten der User Journey kann besser auf die Nutzerbedürfnisse eingegangen werden, wo können Mehrwerte für sie geschaffen werden, wo können ihnen neue Angebote gemacht werden, wo können ihnen unter Umständen sogar neue positive Erfahrungen ermöglicht werden?

Die Abfolge der Nutzerinteraktionen wird auf dem Touchpoint Canvas des Interaction Rooms festgehalten, wie in Abschn. 4.4 beschrieben. Wie im IR:digital werden pro User Journey bis zu zehn Touchpoints in einem Koordinatensystem aus Touchpoint Events und Touchpoint Lanes angeordnet, die Interaktionsauslöser und Interaktionskanäle

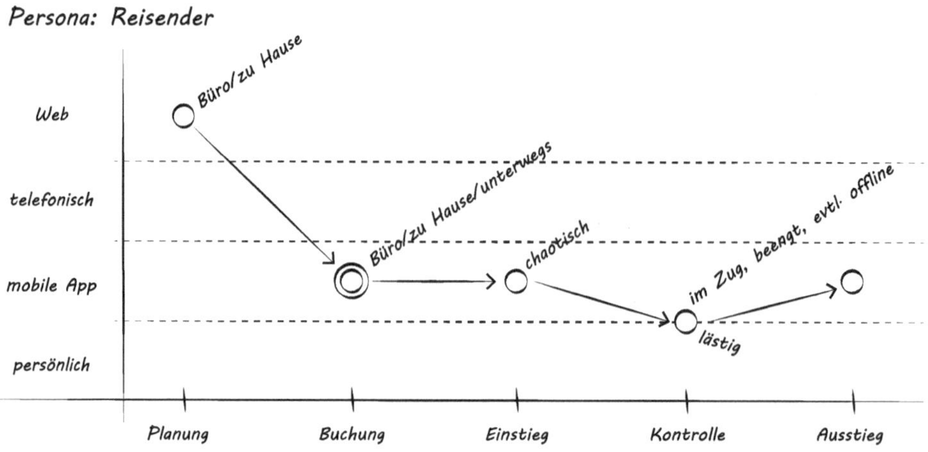

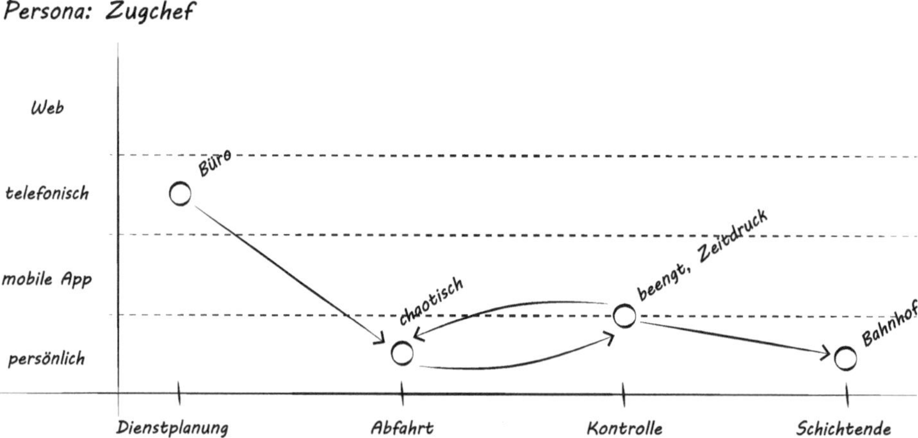

Abb. 6.2 Beispiel eines einfachen Touchpoint Canvas

beschreiben. Zu jedem Touchpoint wird stichwortartig die Situation beschrieben: Wo befindet sich der Anwender? Womit ist er beschäftigt? Welche Umgebungsbedingungen herrschen?

Abbildung 6.2 zeigt ein Beispiel eines einfachen Touchpoint Canvas mit User Journeys für einen Bahnreisenden und einen Zugchef. Beide nutzen verschiedene Kanäle, um sich in verschiedenen Aktivitäten auf die Bahnfahrt vorzubereiten – von der Reiseplanung über die Buchung des Tickets zum Einstieg auf dem richtigen Gleis und die Fahrkartenkontrolle bis zum Ende der Reise einerseits, und von der Dienstplanung über die mehrfache Abfahrt-Abfertigung und Fahrkartenkontrolle bis zum Schichtende andererseits. Die

Touchpoints sind mit Umgebungsbedingungen beschrieben – so ist es zum Zeitpunkt der Fahrkartenkontrolle im Zug oft beengt, ggf. steht kein Netz zur Verfügung, und für den Reisenden ist die Kontrolle lästig, da sie ihn bei anderen Aktivitäten unterbricht.

Für den Reisenden ist zudem der Buchungsschritt ein Trust Point – hier kann er entscheiden, doch mit einem anderen Verkehrsmittel zu reisen (weil z. B. die Bahnreise teurer, aber nicht schneller als eine Autofahrt erscheint, oder weil es keine attraktiven Verbindungen zu dem gewünschten Fahrtziel gibt). In das Touchpoint Event „Kontrolle" sind beide Personas involviert, d. h. diese Interaktion findet in der persönlichen Interaktion, aber unter Nutzung mobiler Endgeräte statt (sofern die Buchung zuvor mobil erfolgte).

Die IR-Coaches sollten darauf achten, dass die Reihe der Touchpoints nicht in die präzise Modellierung eines Geschäftsprozesses ausartet: Im Fokus steht hier nicht, wie ein konkreter Prozess abläuft (das wird in einem späteren Schritt betrachtet), sondern wie eine bestimmte Persona eine bestimmte Tätigkeit erlebt (z. B. eine Bahnreise), und in welchen Situationen sie dabei mit der geplanten mobilen Anwendung in Berührung kommt.

6.4.2 Annotationen und Analyse

Nach Skizzierung der User Journeys werden die Touchpoints mit den Annotationen in Tab. 6.3 versehen, um besonders kritische Aspekte hervorzuheben, die an diesen Kontaktpunkten zu beachten sind.

Die Annotationen werden in einer vom IR-Domänen-Coach moderierten Diskussion erörtert und ihre genauen Ausprägungen und Hintergründe nach dem Schema in Abschn. 26.4 dokumentiert. Sie sind wichtiger Ausgangspunkt für die ersten Aufwandsschätzungen und Feature-Priorisierungen in der sich anschließenden Softwareentwicklung.

Beim Blick auf das Gesamtbild der annotierten User Journeys der verschiedenen Personas kristallisieren sich bereits zu diesem Zeitpunkt Stellen heraus, die bei der Detailkonzeption besondere Aufmerksamkeit verdienen:

- Die User Journeys verschiedener Personas werden typischerweise in einigen Abschnitten divergieren, in anderen hingegen parallel verlaufen. An Touchpoints, die von den User Journeys mehrerer Personas passiert werden, sollte geprüft werden, zu welchem Grad die Annotationen übereinstimmen:
  - Besuchen verschiedene Personas den gleichen Touchpoint aus den gleichen Gründen, so führen sie dort in der Regel die gleiche Aktivität durch (z. B. Fahrkartenkauf eines Viel- und eines Gelegenheitsreisenden). Die betreffenden Touchpoints sollten in diesem Fall mit den gleichen Annotationen versehen worden sein. Ist das nicht der Fall, sollte geprüft werden, ob die Abweichungen begründbar sind (evtl. ist z. B. der Business Value des Touchpoints für den Vielreisenden stärker ausgeprägt und deshalb nur in dessen User Journey annotiert).

Tab. 6.3 Annotationen für Touchpoints auf dem Touchpoint Canvas

Symbol	Bezeichnung	Interpretation
	Business Value	Am Touchpoint manifestiert sich ein besonders aus Unternehmenssicht wichtiger Werttreiber. Solche Werttreiber werden meist die Gründe dafür sein, überhaupt eine mobile Anwendung zu entwickeln, die den Nutzer im Rahmen der beschriebenen User Journey unterstützt. Für ein Medienhaus kann es z. B. lohnend sein, eine App zu entwickeln, die Nutzer live über Ereignisse in laufenden Fußballspielen informiert – auch wenn die Funktion keinen unmittelbaren monetären Nutzen hat, kann sie dafür sorgen, dass der Nutzer sein mobiles Informationsbedürfnis nicht bei anderen Anbietern befriedigt, sondern an die Marke gebunden bleibt, die er von klassischen Kanälen bereits kennt.
	User Value	Am Touchpoint manifestiert sich ein besonders aus Nutzersicht wichtiger Werttreiber. Ein solcher Mehrwert für den Nutzer kann vielfältiger Natur sein – sei es ein originär mobiles Feature (wie z. B. die Navigationshilfe in einer unbekannten Stadt) oder eine Funktion, die einen spontanen Informations- oder Interaktionsbedarf eines Nutzers auf komfortable Weise deckt (z. B. das Buchen einer Kinokarte).
	Innovation	Am Touchpoint wird eine neuartige Form der Interaktion oder Geschäftsabwicklung realisiert. Diese Innovation kann auf den technischen Möglichkeiten des Mobilgeräts basieren (z. B. indem ein Live-Kamerabild durch eingeblendete Zusatzinformationen augmentiert wird), sie kann aber auch in einem neuartigen Geschäftsweg bestehen (z. B. der Identifikation eines Carsharing-Wagens über einen aufgedruckten Barcode, und der Übermittlung des Zugangscodes per Kurznachricht).
	Zuverlässigkeit	Die zuverlässige Abwicklung der Interaktion am Touchpoint ist von besonderer Bedeutung. Insbesondere an Trust Points (d. h. Touchpoints, an denen der Nutzer die mobile Dienstnutzung unter Umständen abbricht oder sich Konkurrenzangeboten zuwendet) ist es entscheidend, dass die Interaktion störungsfrei abläuft, da Störungen sich massiv auf die komplette User Journey auswirken können. Funktioniert z. B. der mobile Fahrkartenkauf oder die mobile Fahrkartenkontrolle nicht zuverlässig, ist die komplette User Journey einer ÖPNV-Nutzung gefährdet bzw. mit hohem Frustpotenzial verbunden.

Tab. 6.3 (Fortsetzung)

Symbol	Bezeichnung	Interpretation
	Attraktivität	Am Touchpoint soll ein besonderer Nutzungsanreiz geschaffen werden (bzw. es bietet sich an dieser Stelle an, einen solchen Nutzungsanreiz zu platzieren). Maßnahmen zur Steigerung der Attraktivität sind vor allem für solche Touchpoints interessant, die Nutzer eher widerwillig besuchen – sei es, weil der Interaktionsschritt unvermeidlich ist (z. B. Zahlung eines Parkscheins), oder weil er freiwillig, aber lästig ist (z. B. Umfrageteilnahme). Hängt vom Touchpoint jedoch ein hoher Business Value ab (z. B. Sammlung von Erkenntnissen über Nutzer-Vorlieben), so sollte über Incentive-Maßnahmen nachgedacht werden, die den Touchpoint für den Nutzer angenehmer oder wertvoller gestalten können – sei es z. B. durch eine spielerische Gestaltung der Interaktion, der Vergabe von Treuepunkten oder anderen Mechanismen.
	Verbesserungsbedarf	Die Interaktion an einem bereits bestehenden Touchpoint ist zu verbessern. Diese Annotation kann insbesondere dann zum Einsatz kommen, wenn eine bereits vorhandene mobile Unterstützung von Touchpoints aufgewertet werden soll (z. B. Ersetzung einer statischen Fahrplanauskunft durch eine Anwendung, die die aktuelle Position von Bussen und Bahnen berücksichtigt), oder wenn die dem Touchpoint zugrunde liegenden Geschäftsprozesse angepasst werden müssen, um die mobil bereitzustellende Funktionalität zu ermöglichen.
	Ungewissheit	Einige Aspekte des Touchpoints sind noch nicht ausreichend verstanden. Dabei kann es sich z. B. um die Umgebungsbedingungen vor Ort handeln oder auch die konkreten Informationsbedürfnisse des Anwenders in der betreffenden Situation.

- Besuchen verschiedene Personas den gleichen Touchpoint aus verwandten Gründen, so führen sie dort oft komplementäre Aktivitäten durch, d. h. sie interagieren miteinander (z. B. bei der Fahrkartenkontrolle eines Reisenden durch den Zugchef). In diesem Fall ist es nicht ungewöhnlich, dass sich die Touch-Point-Annotationen in den User Journeys unterscheiden, es sollte jedoch geprüft werden, ob sie die komplementären Aspekte der Interaktion sinnvoll abdecken.
- Besuchen verschiedene Personas den gleichen Touchpoint aus unterschiedlichen Gründen und führen sie dort verschiedene Aktivitäten durch, so sollte geprüft werden, ob es sich tatsächlich um den gleichen Touchpoint handelt, oder ob in den einzelnen User Journeys verschiedene Touchpoints für die betreffenden Aktivitäten definiert werden sollten.

- Die Kombination der Wertannotationen „Business Value“ und „User Value“ ist als Zeichen für einen besonders hoch zu priorisierenden Touchpoint zu bewerten:
  - Bei Kombination der Annotationen „Business Value“ und „User Value“ an Touchpoints der gleichen User Journey kommen die Interessen von Anbieter und Anwender zusammen, was ein besonders starkes Argument für die Mobilisierung des betreffenden Aspekts bietet (die Buchungsmöglichkeit für Online-Tickets bedeutet z. B. höheren Komfort für den Reisenden und niedrigere Kosten für das Verkehrsunternehmen).
  - Auch gleiche Touchpoints auf den User Journeys verschiedener Personas, die mit Wertannotationen versehen sind, implizieren besondere Priorität, da durch die Realisierung des betreffenden Features mehrere Zielgruppen befriedigt werden können.
- Als „Innovation“ annotierte Touchpoints lohnen sich aufgrund ihres inhärenten Risikos hingegen meist nur, wenn sie einen konkreten Nutzen bringen:
  - Innovations-Annotationen sollten idealerweise in Kombination mit „Business Value“ oder „User Value“-Annotationen auftreten oder zumindest zur Attraktivität des Systems beitragen.
  - Bei alleinstehenden Innovations-Annotationen ist kritisch zu betrachten, ob der anzunehmende Aufwand für die Umsetzung der Innovation gerechtfertigt ist.
  - Prüfenswert erscheint auch der Einsatz von Innovationen an Touchpoints, die besondere Zuverlässigkeit erfordern, da allein die Sicherstellung der Zuverlässigkeit oft schon signifikanten Aufwand bedeutet, der durch die Umsetzung einer riskanten Innovation in nicht genau abschätzbarem Umfang gesteigert werden dürfte.

Aus den auf dem Touchpoint Canvas skizzierten User Journeys ergibt sich eine Reihe von Anforderungen, die an die zu entwickelnde mobile Anwendung gestellt werden. Statt diese unmittelbar auf dem Feature Canvas eines IR:scope zu notieren und damit in die detailliertere Planung der Softwareentwicklung einzusteigen, lohnt es zunächst, die soeben erreichte Vertiefung der IR:mobile-Teilnehmer in die Anwenderperspektive zu nutzen, um erste Skizzen der mobilen Anwendung zu entwerfen.

6.5 Interaction Canvas

Der Interaction Canvas bietet Stakeholdern die Möglichkeit, auf Basis der Ideen, die sie bei der Befüllung des Touchpoint Canvas entwickelt haben, grob die User Experience (UX) zu skizzieren, die die geplante mobile Anwendung dem Anwender bieten soll. Wie alle Canvases eines Interaction Rooms hat auch der Interaction Canvas nicht den Anspruch, ein vollständiges Interaktionskonzept und ausgefeiltes Screen Design zu produzieren – dies ist und bleibt die Aufgabe spezialisierter UX-Designer. Auf Basis der ausführlichen Überlegungen zu Personas und User Journeys haben die IR:mobile-Teilnehmer zu diesem Zeitpunkt jedoch ein umfassendes Bild der Nutzungskontexte, in denen der Anwendungszugang typischerweise stattfinden wird, und damit die besten Ausgangsbedingungen, um

Lösungsansätze für die Nutzerinteraktionen zu skizzieren, die anschließend von UX-Experten verfeinert werden können.

6.5.1 Methodik und Visualisierung

Mithilfe von Storyboards skizzieren die Teilnehmer auf dem Interaction Canvas ihre Vision der Dialoge, über die Nutzer mit der geplanten mobilen Anwendung interagieren sollen. Unter einem Dialog ist dabei z. B. eine Webseite (in Web-Apps) oder ein Screen (in nativen Apps) zu verstehen.

Jeder Dialog wird als Rechteck dargestellt, das je nach Bedarf den Bildschirmausschnitt oder die komplette Webseiten- bzw. Screenlänge repräsentiert. Innerhalb dieser Dialoge werden die gewünschten Inhalte bzw. Eingabeelemente (Texte, Eingabefelder, Buttons, Abbildungen) auf simple Weise und ohne vorgegebene Notation skizziert. Die Anordnung der Elemente innerhalb eines Dialogs spielt dabei eine untergeordnete Rolle – Ziel ist nicht, zu definieren, wie der Dialog genau aussieht, sondern ein Gefühl dafür zu entwickeln, welche Informationseinheiten und Bedienelemente in seinem Rahmen sinnvoll präsentierbar sind.

Diese Form der Skizzierung von Benutzerschnittstellen ist nicht neu. Die Dialoge moderner Anwendungen sind jedoch selten so statisch, wie ein klassisches „Storyboard" suggeriert – oft verändert sich die Darstellung innerhalb eines Dialogs in Abhängigkeit von Benutzeraktionen, ohne dass ein komplett neuer Dialog aufgerufen worden wäre. Zur Darstellung solcher Änderungen können einfache Symbole (z. B. Bewegung symbolisierende Pfeile) in die Skizzen eingezeichnet werden. Auch hier gibt es bewusst keine Notationsvorgaben, da keine präzise Spezifikation angestrebt ist – erlaubt ist vielmehr jede Darstellung und Symbolik, unter der alle Stakeholder das gleiche verstehen.

Sind die Veränderungen innerhalb eines Dialogs so umfassend, dass sie sich nicht sinnvoll in der gleichen Zeichnung darstellen lassen, so können auch mehrere Versionen des Dialogs gezeichnet werden, die durch beschriftete Pfeile verknüpft sind. Um zu verdeutlichen, dass es sich dabei nicht um Wechsel zwischen verschiedenen Dialogen, sondern Veränderungen des gleichen Dialogs handelt, werden die verschiedenen Skizzen der gleichen Maske von einer gestrichelten Linie umrahmt.

Abbildung 6.3 zeigt ein Beispiel eines Dialogs zur Planung und Buchung einer Zugreise, der sich in Abhängigkeit von Nutzeraktionen verändert. Wie die Pfeile symbolisieren, verändert sich der Dialog „Reisebuchung", wenn der Nutzer die Checkbox „Hin- und Rückfahrt" aktiviert, indem ein zusätzliches Eingabefeld für das Rückfahrdatum erscheint. Die Dialoge „Ihr Ticket" und „Ihr Reiseplan" sind hingegen separate Dialoge (d. h. unterschiedliche Webseiten, falls diese Anwendung als web-basierte mobile App implementiert würde).

Der Übersichtlichkeit halber haben die Modellierer im Beispiel in Abb. 6.3 darauf verzichtet, weitere Navigations- und Interaktions-Möglichkeiten darzustellen, wie z. B. das Öffnen eines Menüs durch Antippen der oberen rechten Ecke, oder die Rückbewegung

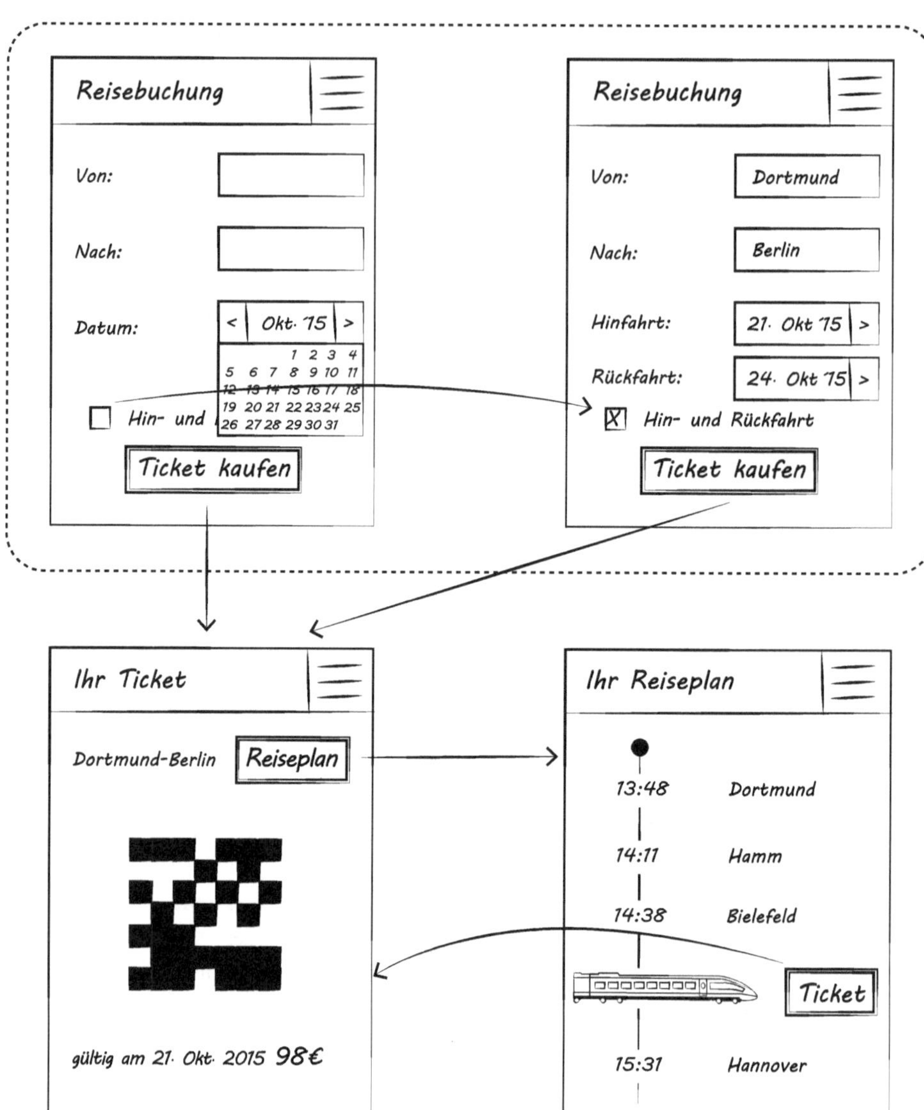

Abb. 6.3 Beispiel eines Interaction Canvas mit der Storyboard-Ansicht eines veränderlichen Dialogs

durch die Dialogsequenz mittels des „Zurück"-Buttons des Mobiltelefons oder Web-Browsers. Grund dafür ist, dass solche offensichtlichen Interaktionsmöglichkeiten sich pragmatischer in textueller Form beschreiben lassen (z. B. „von jedem Dialog muss es möglich sein, zum Startbildschirm der Anwendung zurückzukehren"), als all die entsprechenden Pfeile explizit einzuzeichnen und damit die eigentlich interessanten anwendungsspezifischen Interaktionen im Gewirr untergehen zu lassen.

Um sicherzustellen, dass die Stakeholder sich bei der Modellierung auf das Wesentliche konzentrieren, sollte der Interaction Canvas nicht mehr als zehn Dialoge umfassen, wobei von veränderlichen Dialogen nicht mehr als drei Versionen skizziert werden sollten.

Der Interaction Canvas kann auch in anderen IR-Varianten als Alternative zum Process Canvas als primärer Treiber der Erkenntnisgewinnung besonders dann hilfreich sein, wenn die Teilnehmer sich mit der (trotz aller Pragmatik) vergleichsweise abstrakten Darstellung des Process Canvas schwertun, weil sie z. B. das Denken und Handeln in konkreten Geschäftsvorfällen und auf Basis existenter Papierformulare gewohnt sind. Gerade bei der Neuentwicklung mobiler Anwendungen, die stark durch die Gestaltung ihrer Benutzeroberfläche geprägt sind, kann der Einstieg in die Modellierung über den Interaction Canvas einfacher sein als über den Process Canvas.

Bei der Initialmodellierung von Interaction und Process Canvases, aber auch bei der Ableitung eines dieser Canvases aus dem anderen, ist es wichtige Aufgabe des IR-Methoden-Coaches, die Stakeholder für die zum Teil subtilen, im Hinblick auf eine effiziente Lösungsfindung aber wichtigen Unterschiede zwischen Geschäfts- und Dialogprozessen zu sensibilisieren:

- **Geschäftsprozesse** umspannen typischerweise Abläufe, die sich über Stunden, Tage oder Wochen erstrecken, in denen mehrere Akteure zusammenarbeiten, in denen parallele Abläufe nicht unüblich sind, und die von externen Einflüssen beeinflusst werden können.
- **Interaktionsprozesse** umspannen hingegen Abläufe, die sich über Minuten bis max. Stunden erstrecken, in denen nur ein Akteur mit einer Benutzerschnittstelle interagiert, und in der parallele Handlungen oder externe Eingriffe in den Dialogablauf unüblich sind.

Auch wenn diese Unterschiede auf den ersten Blick offensichtlich erscheinen, zeigt sich, dass es in der Praxis (insb. für unerfahrene Modellierer) nicht leicht ist, das richtige Abstraktionsniveau bei der Skizzierung von Abläufen konsequent einzuhalten: Bei der Modellierung von Geschäftsprozessen rutscht der Detaillierungsgrad schnell auf das Niveau einzelner Dialogschritte, insbesondere wenn die Stakeholder sich Schritt für Schritt durch einen neu zu entwickelnden Prozess tasten, und sich dabei an ihrer persönlichen Vision des geplanten IT-Systems orientieren.

Erkennt der IR-Methoden-Coach, dass die Granularität eines Process Canvas auf Dialogfluss-Ebene rutscht, so kann er entweder versuchen, die Modellierung zurück auf Prozess-Niveau zu bringen (wenn er den Eindruck hat, dass die Dialogdetails keine neuen Erkenntnisse bringen), oder vorschlagen, statt des Prozesses tatsächlich zunächst den Dialogfluss zu modellieren (wenn er den Eindruck hat, dass den Teilnehmern der Zugang zur Materie auf diesem Weg leichter fällt).

Der umgekehrte Fall (Wahl eines zu hohen Abstraktionsniveaus bei Modellierung eines Interaction Canvas) tritt eher selten auf – er kann allenfalls ein Indiz dafür sein, dass die Teilnehmer die Details der Interaktionsschritte für unerheblich halten und vor allem den Gesamtprozess gedanklich erschließen wollen. Hat der IR-Methoden-Coach den Eindruck, dass der Wunsch, Oberflächendetails auszublenden, daher rührt, einer unbequemen Auseinandersetzung mit noch unverstandenen Domänendetails aus dem Weg gehen zu wollen, sollte er versuchen, die Teilnehmer zur Auseinandersetzung mit genau diesen Details zu bewegen. Hat der IR-Coach hingegen den Eindruck, dass die Oberflächendetails von den Teilnehmern nur als zeitraubende Manifestation ohnehin bekannter Prozessdetails aufgefasst werden, sollte er vorschlagen, direkt zur Prozessmodellierung überzugehen, um sich auf das „Big Picture" zu konzentrieren.

Häufiger tritt bei der Modellierung von Interaction Canvases das Problem auf, dass Teilnehmer sich in irrelevanten Details verlieren, zum Beispiel, wenn Diskussionen über die Platzierung einzelner Dialogelemente in Storyboards entbrennen. Ähnlich wie auf Object Canvases besteht auf Interaction Canvases die Gefahr, dass Trivialitäten umfangreich dargestellt werden, weil ihre Modellierung verlockend einfach und scheinbar produktiv ist, während die tatsächlich schwierigen Anteile (z. B. die Visualisierung komplexer Informationszusammenhänge oder die Realisierung einer intuitiven Gestensteuerung) nicht in notwendiger Tiefe betrachtet werden. Hier ist Aufgabe des IR-Methoden-Coaches, ein Abgleiten in irrelevante Details früh zu erkennen und die Diskussion zurück auf die Exploration noch nicht ausreichend verstandener Interaktionsaspekte zu führen.

6.5.2 Annotationen und Analyse

Mit Hilfe der Annotationen in Tab. 6.4 können die Teilnehmer auf dem Interaction Canvas besonders kritische Aspekte hervorheben.

In der ersten Annotationsrunde werden den Stakeholdern zumindest die Annotationen „Business Value" und „User Value" sowie „Verständlichkeit" angeboten, zusätzlich je nach Bedarf ein bis zwei weitere Annotationen, die für die Anwendungsdomäne besonders relevant erscheinen. In weiteren Annotationsrunden kann der Fokus bei Bedarf auf weitere Annotationen erweitert werden.

Anders als die Annotationen der übrigen IR:mobile-Canvases dienen die Annotationen des Interaction Canvas weniger zur Unterstützung von strategischen Entscheidungen über die Ausrichtung der mobilen Anwendung, sondern markieren bereits konkrete Wert- und Aufwandstreiber, die bei der Implementierung zu beachten sein werden. Die Diskussion und Dokumentation der Ausprägungen und Hintergründe der Annotationen sollte daher in detaillierter Form nach dem Schema in Abschn. 26.4 erfolgen.

Die Annotationen des Interaction Canvas zeigen auch bereits, an welchen Punkten später besondere Aufmerksamkeit bei der Verfeinerung der Dialogskizzen gefragt ist.

- Offensichtlich erfordern die mit den Aufwandstreibern „Korrektheit", „Verständlichkeit", „Attraktivität" oder „Flexibilität" annotierten Dialogelemente ein besonders detailliertes UX-Design, da hier Herausforderungen identifiziert wurden, die über grundsätzliche Usability-Erwartungen hinausgehen.

Tab. 6.4 Annotationen für Elemente auf dem Interaction Canvas

Symbol	Bezeichnung	Interpretation
	Business Value	Der Dialog, das Feature oder Dialogelement trägt wesentlich zum Wert der mobilen Anwendung für den Betreiber bei. Mit dieser Annotation können Modellelemente markiert werden, derentwegen die mobile Anwendung überhaupt realisiert wird, um sie von reinen Unterstützungsfunktionen abzugrenzen.
	User Value	Der Dialog, das Feature oder Dialogelement wird von Nutzern besonders gewünscht bzw. hat das Potenzial, Anwender besonders zu begeistern. Mit dieser Annotation können Modellelemente markiert werden, derentwegen Nutzer die mobile Anwendung voraussichtlich nutzen werden. Insbesondere an Trust Points ist eine hochwertige Ausführung solcher Elemente besonders kritisch, um keine Nutzer zu verlieren.
	Innovation	Der Dialog, das Feature oder Dialogelement stellt eine besondere fachliche oder technische Innovation dar. Neben fachlichen Innovationen wie z. B. der Bereitstellung einer neuartigen lokationsbasierten Dienstleistung kann diese Annotation auch eine technische Innovation wie z. B. den Einsatz von Gestensteuerung in der mobilen Anwendung markieren. Sie symbolisiert damit sowohl ein überdurchschnittliches Begeisterungspotenzial als auch mögliche höhere Risiken bei der Umsetzung der Funktion.
	Korrektheit	Die Sicherstellung korrekter Eingaben im Dialog(element) ist von besonderer Bedeutung. Während Robustheit gegenüber Fehleingaben eine grundsätzliche und somit üblicherweise nicht annotierungswürdige Anforderung ist, können mit dieser Annotation Hinweise auf besonders sorgfältig zu prüfende Eingaben oder besonders komplexe Eingabevalidierungen markiert werden. Ebenso kann die Annotation darauf hinweisen, dass bei der Nutzung von Sensordaten der Fall berücksichtigt werden muss, dass z. B. GPS-basierte Positionsdaten nicht oder nur mit eingeschränkter Genauigkeit erfasst werden können.
	Verständlichkeit	Die verständliche Darstellung bzw. intuitive Interaktion mit dem Dialog(element) ist von besonderer Bedeutung. Die Annotation sollte eingesetzt werden, um besondere Usability-Herausforderungen hervorzuheben, die über die üblichen Grundanforderungen an die Benutzerfreundlichkeit interaktiver System hinausgehen. Dabei kann es sich z. B. um die Eingabe oder Visualisierung besonders komplexer Daten handeln.
	Attraktivität	Durch die Art der Darstellung oder Interaktion mit dem Dialog(element) soll ein besonderer Anreiz geschaffen werden, das Feature zu nutzen. Diese Annotation greift die Attraktivitäts-Annotation auf dem Touchpoint Canvas auf, um zu markieren, an welchen Stellen z. B. durch Einsatz von Gamification-Techniken (Deterding et al. 2011) ein besonderer Anreiz zur Ausführung bestimmter Prozessschritte geschaffen werden soll.

Tab. 6.4 (Fortsetzung)

Symbol	Bezeichnung	Interpretation
	Flexibilität	Darstellung und/oder Funktion des Dialog(element)s sollen an verschiedene Nutzungskontexte anpassbar sein. Dabei kann es sich um verschiedene Zielgruppen handeln, die verschiedene Anforderungen oder Fähigkeiten haben (z. B. verschiedene Aufgabenbereiche, Sprachen oder Kompetenzen), aber auch verschiedene Nutzungssituationen (z. B. Arbeitszeit, Freizeit etc.), für die die Darstellungs- oder Funktionsweise jeweils geeignet anzupassen ist.
	Ungewissheit	Über die Ausgestaltung dieses Features besteht besondere Ungewissheit. Diese besteht auf dem Interaction Canvas typischerweise in umfassenderen Fragen zu den fachlichen Anforderungen an den Dialog (z. B. welche Daten genau abzufragen sind). Gestalterische Ungewissheit der Art „in welcher Ecke soll dieser Button stehen" wird auf dem Interaction Canvas hingegen bewusst ausgeblendet und auch nicht annotiert, da die visuelle Gestaltung ohnehin erst zu einem späteren Zeitpunkt konkretisiert wird.

- Besondere Sorgfalt ist an Dialogelementen erforderlich, die nicht nur mit Aufwands-, sondern auch den Werttreibern „Business Value" und/oder „User Value" annotiert wurden.
- Die Annotation „Innovation" markiert in Kombination mit den genannten Aufwandstreibern ein besonderes Risiko. Wie bereits bei der Betrachtung der Touchpoints sollten alleinstehende Innovations-Annotationen kritisch betrachtet werden – in der Regel sollte die Innovations-Annotation gepaart mit einer anderen Annotation auftreten, die den Einsatz einer innovativen Technologie und den damit verbundenen Mehraufwand rechtfertigt.

6.6 Canvas-übergreifende Analysen

Neben den Erkenntnissen, die sich aus der Befüllung der einzelnen Canvases ergeben (wie in den vorangehenden Abschnitten beschrieben), lassen sich auch aus der canvasübergreifenden Betrachtung der Skizzen und Annotationen im IR:mobile eine Reihe von Erkenntnissen ableiten:

- Grundsätzlich sollte bei der Befüllung der Canvases immer wieder geprüft werden, inwiefern sich die zuvor formulierten Eigenschaften der Personas in den User Journeys und Dialogskizzen niederschlagen – allzu leicht passiert es, dass Stakeholder bei der Diskussion vor allem aus der eigenen Perspektive argumentieren, statt sich in die Situation der Personas zu versetzen. Insbesondere bei der Annotation mit Werttreibern sollte darauf geachtet werden, dass User bzw. Business Value auf konkrete Personas bezogen werden.

- Ebenso sollte regelmäßig geprüft werden, wie sich die bei der Befüllung von Touchpoint Canvas und Interaction Canvas herauskristallisierende mobile Anwendung in die Marktlandschaft einfügt, die im Portfolio Canvas beschrieben wurde: Bildet sie die Features ab, die dort als besonders wichtig und wertschöpfend markiert wurden? Enthält sie Features, die dort im Praxisversuch als „schwierig“ empfunden wurden, und die daher auf andere, bessere Art und Weise realisiert werden sollten? Umfasst sie Features, die das eigene Angebot von dem der Mitbewerber absetzen?
- Nach der Annotation der User Journeys lohnt sich eine kurze Nutzenabschätzung: Wie aufwändig scheinen die User Journeys der verschiedenen Personas umzusetzen sein?
  - User Journeys, die kaum Werttreiber enthalten und womöglich sogar Personas mit geringer Relevanz zugeordnet sind, können Quellen für „zu frühe Anforderungen“ sein, deren Umsetzung viel Aufwand verursachen würde, ohne für die meisten Nutzer große Wertbeiträge zu leisten. Es sollte geprüft werden, ob diese zurückgestellt werden können.
  - User Journeys, die (z. B. aufgrund diverser Veränderungsbedarfe oder Innovationen an ihren Touchpoints) hohen Aufwand suggerieren, sind am ehesten gerechtfertigt, wenn sie Personas mit hoher Relevanz zugeordnet sind. Die Persona-Relevanz ist daher ein wesentliches Kriterium bei der Priorisierung von Touchpoints, die ansonsten vergleichbare Wert- und Aufwandsbewertungen haben.
- Eine ähnliche Nutzenabschätzung empfiehlt sich auch für den Interaction Canvas: Aufwändig zu realisierende Dialoge sollten nur dann hoch priorisiert werden, wenn sie Touchpoints von Personas mit hoher Relevanz realisieren, und anderenfalls eher zurückgestellt werden.
- Zu prüfen ist auch die Konsistenz der Annotationen von Interaction Canvas und Touchpoint Canvas:
  - Da die auf dem Interaction Canvas skizzierten Dialoge die konkrete Ausprägung der Interaktionen an den Touchpoints skizzieren, sollten sich die Wert- und Aufwandsannotationen des Touchpoint Canvas auf dem Interaction Canvas wiederfinden. Diese Konsistenz muss nicht exakt vollständig und präzise sein, da sich nicht alle Anforderungen an einen Touchpoint auf einzelne Dialogelemente herunterbrechen lassen. Falls die Ansprüche an Dialog und Touchpoint jedoch signifikant voneinander abweichen, sollte die Plausibilität der Annotationen geprüft werden.
  - Während die User Journeys persona-spezifisch ausgeprägt sind, werden die Dialoge einer mobilen Anwendung oft nicht strikt nach Personas getrennt sein, sondern die Anforderungen aller Personas vereinen. Nach der Skizzierung der Dialoge sollte daher sichergestellt werden, dass die Anforderungen der Personas (entsprechend ihrer Gewichtung) sinnvoll in den Interaction Canvases vereinigt wurden. Da ein Interaction Canvas die Oberfläche der mobilen Anwendung in der Regel nur ausschnittsweise zeigt, sollte insbesondere auf Inkonsistenzen in der Anforderungsumsetzung geachtet werden.
- Die Annotationen des Interaction Canvas sind die auf detailliertester Ebene des IR:mobile vergebenen Einschätzungen und damit auf vergleichbarer Abstraktionsebene wie die Annotationen, die im IR:scope verwendet werden. Schließt sich an einen IR:mobile

ein IR:scope an, sollten die Annotationen des Interaction Canvas daher auch in die canvas-übergreifende Annotationsanalyse des IR:scope einbezogen werden – d. h. es sollte geprüft werden, ob die Wert- und Aufwandsannotationen des Interaction Canvas mit den Annotationen auf den Process und Object Canvases des IR:scope konsistent sind.

6.7 Workshop-Ablauf und Anschlusstätigkeiten

Die Klärung der Projektvision, die Start- und Orientierungspunkt jeder Diskussion im Interaction Room ist, hat im IR:mobile besondere Bedeutung. Der bloße Impuls „wir brauchen eine App" ist zu vage, die initiale Festlegung auf die Mobilisierung ganz bestimmter Prozesse (ohne sich genauere Gedanken über Wertbeiträge und Nutzergruppen zu machen) ist hingegen zu überstürzt. Im Gegensatz zu klassischen Softwarelösungen, die eine Vielzahl von Anforderungen abdecken, konzentriert sich eine mobile Anwendung darauf, eine Handvoll eng umschriebener Anforderungen möglichst effektiv abzudecken. Entsprechend sorgfältig muss die Vorarbeit ausfallen, wenn nicht viel Aufwand in eine Anwendung investiert werden soll, die an den Bedürfnissen des Markts vorbei geht.

Mittels der zuvor beschriebenen Canvases wird die Vision der mobilen Anwendung dazu Schritt für Schritt aus den Diskussionen über Nutzertypen, Service-Portfolio, Nutzungskontexte und Interaktionstechniken konkretisiert. Die dazu verfolgte Methodik lässt sich wie folgt zusammenfassen:

- Formulierung und Gewichtung von Personas zur Repräsentation der angestrebten Zielgruppen der mobilen Anwendung
  - Ergebnis: Erkenntnisse über die Eigenschaften und Bedürfnisse der wichtigsten Nutzergruppen
- Exploration der aktuellen Angebotslandschaft am Beispiel des eigenen Dienstleistungsangebots und der Angebote der wichtigsten Wettbewerber
  - Ergebnis: Visueller Überblick über die Schnittstellen (Papierformulare oder Softwaredialoge) der Dienstleistungs-Angebote der wichtigsten Marktteilnehmer auf dem Portfolio Canvas
- Annotation des Portfolio Canvas mit Wert- und Aufwandstreibern in den verschiedenen Schnittstellen-Realisierungen
  - Ergebnis: Anregungen für lohnende strategische Ausrichtung der eigenen mobilen Anwendung
- Skizzierung der User Journeys der wichtigsten Personas auf dem Touchpoint Canvas und Identifikation der Berührungspunkte mit dem Service-Angebot
  - Ergebnis: Verständnis des Tätigkeitsablaufs der Anwender und der Umgebungssituation an den Touchpoints; Ideen für erforderliche Features der mobilen Anwendung, die Nutzerbedürfnisse an den Touchpoints decken
- Annotation des Touchpoint Canvas mit Wert- und Aufwandstreibern an den verschiedenen Touchpoints

  - Ergebnis: Erste Erkenntnisse über empfehlenswerte Prioritätensetzung und zu erwartende Entwicklungsherausforderungen
- Skizzieren von Dialogen zu den wichtigsten Touchpoints auf dem Interaction Canvas
  - Ergebnis: Erste Lösungsideen für die Interaktionsanforderungen der Nutzer unter den Umgebungsbedingungen, die an den Touchpoints identifiziert wurden
- Annotation des Interaction Canvas mit Wert- und Aufwandstreibern an den verschiedenen Dialogen
  - Ergebnis: Erste Erkenntnisse über Prioritätensetzung und zu erwartende Entwicklungsherausforderungen bei der User Experience der mobilen Anwendung

Die eigentliche Umsetzung der so konzipierten Anwendung ist dann wiederum ein Softwareprojekt – der IR:mobile wandelt sich daher zum IR:scope, in dem der Fokus sich weg von der Definition der Anforderungen und hin zu den konkreten Auswirkungen auf Prozesse, Datenstrukturen und Systemkomponenten verschiebt, sowie den Wert- und Aufwandstreibern, die für Projektplanung und Risikomanagement bekannt sein müssen.

Am Übergang zwischen IR:mobile und IR:scope dienen die aus dem Touchpoint Canvas und dem Interaction Canvas ableitbaren Anforderungen daher als Ausgangspunkt für die Befüllung des Feature Canvas. Die Annotationen an den Touchpoints und Dialogen können dabei bereits für eine erste Priorisierung und Aufwandseinschätzung der Features genutzt werden.

Mit den Werkzeugen des IR:scope werden sodann Prozesse, Daten und Backend-Schnittstellen der mobilen Anwendung detaillierter geplant. Dabei stellen sich zum Beispiel Fragen danach, inwiefern existierende Geschäftsprozesse umgestaltet oder erweitert werden müssen, und wie mit den von der mobilen Anwendung benötigten und generierten Daten umzugehen ist.

Die im IR:mobile bereits erstellten User Journeys und Dialogskizzen sollten dabei auch im IR:scope präsent bleiben – sie machen für die Stakeholder zum einen die Anwendungsvision greifbar und sorgen zum anderen dafür, dass sich die Prozesse und Daten daran orientieren, wie eine benutzerfreundliche mobile Anwendung aussehen sollte, statt dass die User Experience sich am Ende nach vorgegebenen Prozess- und Datenstrukturen richten muss.

Literatur

Carmody T (2012) Facebook: the last great company of the desktop age, playing catch-up in a mobile world. Wired, 2. Juli 2012. http://www.wired.com/2012/02/facebook-mobile/. Zugegriffen: 23. Febr 2016

Cooper A (2004) The inmates are running the asylum: why high tech products drive us crazy and how to re-store the sanity. Pearson Education, Kap 9

Deterding S, Dixon D, Khaled R, Nacke L (2011) From game design elements to gamefulness: defining „gamification“. In: Lugmayr A et al (Hrsg) MindTrek'11: Proceedings of 15th international academic MindTrek conference: envisioning future media environments, S 9–15. doi:10.1145/2181037.2181040

7 Der Interaction Room für Technologie-Evaluation (IR:tech)

Inhaltsverzeichnis

Um dauerhaft erfolgreich zu sein, muss ein Unternehmen nicht nur kontinuierlich auf veränderliche Marktsituationen reagieren. Auch im Angesicht laufender technischer Innovation steht ein Unternehmen unter dem Druck, den Anschluss an neue technische Entwicklungen nicht zu verlieren, gleichzeitig aber auch nicht jeden Trend mitzumachen. Der Evaluation neuer Technologien kommt damit eine bedeutende strategische Rolle zu: Das Unternehmen muss analysieren, welchen geschäftlichen Mehrwert die Adoption einer neuen Technologie hätte, aber auch abwägen, welche Investitionen zu ihrer Einführung erforderlich wären, ob und diese Aufwände den voraussichtlichen Nutzen rechtfertigen würden.

Problematisch ist bei dieser Analyse, dass sie von keiner Abteilung im Unternehmen allein durchgeführt werden kann: Die IT-Abteilung verfügt zwar über das technologische Know-How, um vielversprechende Technologien zu identifizieren und ihre Integrationsaufwände aus technischer Sicht abzuschätzen, jedoch nicht über die Domänen-Expertise, um den fachlichen Nutzen der Technologie einzuschätzen oder gar geschäftliche Innovationspotenziale zu identifizieren. Umgekehrt hat der Fachbereich (selbst wenn er Schlagworte wie Cloud Computing oder Big Data schon gehört hat) nicht die Expertise, zu

M. Book et al., *Erfolgreiche agile Projekte*, Xpert.press,
DOI 10.1007/978-3-662-53330-7_7

beurteilen, wie diese Technologien das Geschäft realistischerweise verändern könnten, bzw. welche technischen Rahmenbedingungen und Einschränkungen bei ihrer Einführung zu beachten wären.

Die Folge ist, dass an sich vielversprechende Themen entweder nicht weiter verfolgt werden, weil keine Seite das volle Potenzial erkennt, oder dass versucht wird, eine Ad-hoc-Lösung zu realisieren, die die Potenziale eher schlecht als recht umsetzt und zu unnötigen Aufwänden, allseitiger Frustration und womöglich sogar zum Aufgeben einer eigentlich sinnvollen Technologie-Initiative führt.

Um Technologien angemessen zu bewerten, ist stattdessen eine Zusammenarbeit von Fachbereich und IT notwendig, die es beiden Seiten ermöglicht, sich einen Überblick über die Möglichkeiten, die Bedarfe und Rahmenbedingungen der anderen Seite zu verschaffen und so eine fundierte Entscheidung darüber zu treffen, ob und in welchem Rahmen eine neue Technologie eingeführt werden soll. Der **Interaction Room für Technologie-Evaluation (IR:tech)** stellt das geeignete infrastrukturelle und methodische Handwerkszeug zur Verfügung, um diese Fragen zielgerichtet und mit geringem Aufwand zu klären.

7.1 Relevante Stakeholder

Neben den **IR-Coaches** (Abschn. 3.5.1–3.5.2) arbeiten in einem IR:tech Vertreter von Fachlichkeit und Technik zusammen. Dazu gehören neben den zuvor bereits beschriebenen Rollen des **Business Developers** (Abschn. 6.1.2) und des **Process Owners** (Abschn. 3.5.3) für die voraussichtlich tangierten Prozesse auf der Fachseite offensichtlich die **Anwendungsentwickler** (Abschn. 5.1.1) und **Betriebsexperten** (Abschn. 5.1.2) auf der IT-Seite. Hinzu kommen im IR:tech zudem die Rolle des Technologieexperten, der ein objektives Bild der Möglichkeiten und Grenzen der neuen Technologie vermitteln kann, sowie des Enterprise Architects, der den Gesamtüberblick über die Systemlandschaft des Unternehmens behält. Letztere Rollen sind im Folgenden ausführlicher beschrieben.

7.1.1 Technologieexperte

Der Technologieexperte hat einen breiten Überblick über den Stand der Technik und die aktuellen Trends in der Enterprise IT. Insbesondere verfügt er über Erfahrung im praktischen Einsatz der zu analysierenden neuen Technologie und kann den anderen Stakeholdern Einschätzungen dazu geben, für welche Einsatzszenarien sie geeignet ist und welche Voraussetzungen sie erfordert. Es empfiehlt sich, dass der Technologieexperte eine extern besetzte Rolle ist, damit er unbelastet von Unternehmenspolitik oder Betriebsblindheit Vorschläge zum Technologieeinsatz machen kann, auch wenn diese mit etablierten Denkmustern und Prozessen kollidieren.

7.1.2 Enterprise Architect

Der Enterprise Architect ist verantwortlich für die Analyse und Optimierung der Unternehmensarchitektur, d. h. der im Unternehmen gelebten Prozesse und der sie unterstützenden IT-Systeme. Sein Ziel ist es, die Geschäftsprozesse mittels IT-Unterstützung möglichst effizient und flexibel zu gestalten. Zusammen mit dem Business Developer und den Process Owners der im Detail tangierten Prozesse trägt er im IR:tech dazu bei, die Anwendungspotenziale der neuen Technologien zu bewerten und ihren Nutzen einzuschätzen.

7.2 Feature Canvas

Zur Identifikation von Einsatzpotenzialen neuer Technologien sowie zur Analyse der zu ihrer Adoption erforderlichen Umbauten in Geschäftsprozessen ist die Betrachtung von Prozessen, Daten- und Integrationsstrukturen erforderlich. Im IR:tech kommen daher die gleichen Canvases wie im IR:scope zum Einsatz, allerdings werden sie in leicht unterschiedlicher Weise verwendet, wie in den folgenden Abschnitten beschrieben.

Wie im IR:scope dient der Feature Canvas auch im IR:tech dazu, sich über die Projektinhalte klar zu werden und Erwartungen zu definieren, die an die neue Technologie gestellt werden. Die verwendete Methodik der Anforderungssammlung, -clusterung und -priorisierung ist dabei die gleiche wie im IR:scope. Der Umfang des Feature Canvas fällt dabei jedoch typischerweise weniger umfassend aus als in einem IR:scope, da die Anwendungsbereiche der neuen Technologie meist enger definiert sind.

Unterschiede bestehen lediglich in der Menge der Annotationen, die zur Auszeichnung der Anforderungen zur Auswahl stehen: Während in einem IR:scope lediglich Business und User Value sowie Komplexität und Ungewissheit der geplanten Features annotiert werden, steht im IR:tech eine größere Annotationsauswahl zur Verfügung, um unmittelbar die Aspekte hervorzuheben, die durch die neue Technologie besonders unterstützt oder berücksichtigt werden sollten. Die zur Verfügung stehenden Annotationen sind in Tab. 7.1 aufgeführt.

In einer ersten Runde sollten die Stakeholder sich auf die Auszeichnung des Feature Canvas mit den Annotationen „Business Value", „User Value", „Innovation", „Rahmenbedingung" und „Komplexität" konzentrieren. In weiteren Runden können die IR-Coaches sodann in Abhängigkeit von der untersuchten Technologie weitere Annotationssymbole zur Markierung des Canvas anbieten.

Von Bedeutung ist im Kontext des IR:tech besonders die Wertannotation „Innovation", die einen besonders innovativen Systemaspekt kennzeichnet. Sie vereinigt die Bedeutung mehrerer Annotationen in sich: Zum einen verspricht sie einen hohen Business Value (z. B. hinsichtlich Außenwirkung und/oder Produktivität) und ebenso einen hohen User Value (in Form eines Leistungsmerkmals der Softwarelösung). Sie impliziert aber auch ein

Tab. 7.1 Annotationen für Anforderungen auf dem Feature Canvas im IR:tech

Symbol	Bezeichnung	Interpretation
	Business Value	Das Feature hat aus Unternehmenssicht einen hohen Wert. Im IR:tech werden mit dieser Annotation vor allem Funktionen hervorgehoben, die durch die zu evaluierende Technologie optimiert bzw. erst ermöglicht werden. Das kann für ein Verkehrsunternehmen z. B. die Möglichkeit zur wirtschaftlicheren Disposition von Fahrzeugen auf Nebenstrecken sein, die durch präzisere Erfassung und Auswertung von Fahrgastströmen mittels Big-Data-Techniken erreicht wird.
	User Value	Das Feature hat aus Anwendersicht einen hohen Wert. Auch diese Annotation bezieht sich im IR:tech vor allem auf Leistungs- und Begeisterungsfaktoren, die auf Basis der zu evaluierenden Technologie möglich werden. Für einen Fahrzeugeigentümer kann das z. B. ein System sein, das aus einer Vielzahl von Sensordaten den Beanspruchungsgrad von Fahrzeugteilen ableitet und darauf abgestimmte individuelle Wartungsintervalle empfiehlt.
	Innovation	Der Einsatz der neuen Technologie in diesem Feature ermöglicht eine besondere funktionelle oder geschäftliche Innovation. Mit dieser Annotation werden Features markiert, die ohne die zu evaluierende Technologie nicht realisierbar wären, die aufgrund ihrer Neuheit aber auch besondere Aufwände und Risiken bedeuten. An der Kosten-/Nutzenabschätzung dieser Features lässt sich oft die Entscheidung für oder gegen eine neue Technologie festmachen.
	Hohe Last	Beim Einsatz der zu evaluierenden Technologie ist die hohe Auslastung zu berücksichtigen, der dieses Feature kontinuierlich oder temporär ausgesetzt ist (z. B. aufgrund hoher Nutzungshäufigkeit), bzw. die der Technologieeinsatz in nachgelagerten Systemen verursachen würde (z. B. aufgrund der Erfassung und Verarbeitung einer großen Zahl von Ereignissen oder Sensordaten).
	Zeitbeschränkung	Beim Einsatz der zu evaluierenden Technologie sind zeitliche Einschränkungen zu berücksichtigen, die dieses Feature grundsätzlich einhalten muss (z. B. Reaktionszeiten), bzw. die im Rahmen des Technologieeinsatzes zu beachten sind (z. B. die Gültigkeitsdauer von aus Sensordaten abgeleiteten Vorhersagen).
	Sicherheit	Beim Einsatz der zu evaluierenden Technologie sind besondere Sicherheitsbedingungen zu berücksichtigen, die dieses Feature unabhängig von der neuen Technologie erfüllen muss (z. B. Datenschutzanforderungen), bzw. die durch den Technologieeinsatz hinzukommen oder verschärft werden (z. B. besonderer Schutzbedarf für aus aggregierten Nutzerdaten abgeleitete Erkenntnisse).

Tab. 7.1 (Fortsetzung)

Symbol	Bezeichnung	Interpretation
	Zuverlässigkeit	Beim Einsatz der zu evaluierenden Technologie sind besondere Zuverlässigkeitsanforderungen zu berücksichtigen, die dieses Feature unabhängig von der neuen Technologie erfüllen muss (z. B. Verfügbarkeit, die durch den Einsatz einer Cloud-Lösung unter Umständen an Dritte delegiert würde), bzw. die erst durch den Technologieeinsatz relevant werden (z. B. Aussagekraft von Vorhersagedaten, auf die sich nachgelagerte Systeme verlassen).
	Flexibilität	Beim Einsatz der zu evaluierenden Technologie ist die besondere funktionale oder strukturelle Flexibilität berücksichtigen, die dieses Feature aufweisen muss. Diese kann sich in einer Big-Data-Lösung zum Beispiel darin äußern, dass die Software mit einer Vielzahl verschiedener Sensoren oder Datenquellen interagieren muss, deren Menge und Verfügbarkeit zur Laufzeit schwankt.
	Rahmenbedingung	Beim Einsatz der zu evaluierenden Technologie sind besondere gesetzliche oder organisatorische Rahmenbedingungen zu berücksichtigen, die dieses Feature (evtl. erst aufgrund des Technologieeinsatzes) erfüllen muss. Bei Evaluation einer Cloud-Lösung kann es z. B. Beschränkungen unterliegen, in welchen Ländern Rechenzentren angesiedelt sein dürfen und welche Akteure Zugriff auf die Daten haben.
	Komplexität	Die Realisierung des Features stellt besondere fachliche oder technische Herausforderungen. Typischerweise weist diese Annotation im IR:tech auf Komplexität hin, die sich erst durch den Einsatz der neuen Technologie in einem bestimmten Feature ergibt. Sie kann genutzt werden, um eine der obigen Annotationen zu verstärken oder auf eine andere Herausforderung hinzuweisen, die von diesen Annotationen nicht abgedeckt wird.
	Ungewissheit	Es besteht Ungewissheit über die Ausgestaltung fachlicher oder technischer Aspekte des Technologieeinsatzes für dieses Feature. Dabei kann es sich sowohl um punktuelle offene Fragen handeln (z. B. zur Dimensionierung einer Cloud-Lösung), aber auch um grundsätzlichere Fragestellungen (z. B. inwiefern die von einer Big-Data-Lösung erfassbaren Daten ausreichend sind, um aussagekräftige Erkenntnisse abzuleiten).

signifikantes Risiko, da per Definition noch keine Praxiserfahrung mit dem Einsatz der neuen Technologie zu dem angestrebten Zweck vorliegt, sodass Aufwand und Nutzen nur sehr ungenau abgeschätzt werden können. Nicht zuletzt wohnt Innovationen immer auch ein gehöriges Maß an Ungewissheit inne, das durch die Annotation ebenfalls impliziert wird.

7.3 Process, Object und Integration Canvas

Zentrale Elemente des IR:tech sind der Process, Object und Integration Canvas zur Modellierung der Prozesse, Datenstrukturen und Umsysteme, die durch die Einführung der neuen Technologie betroffen sind. Die Modellierungsmethodik und -notation dieser Canvases entspricht dem IR:scope, der Modellierungsfokus liegt jedoch – anders als im IR:scope – nicht auf einem Gesamtüberblick über die Prozess- und Systemlandschaft, sondern auf den spezifischen Strukturen, die vom Einsatz der neuen Technologie profitieren können bzw. von ihr tangiert werden. Entsprechend kompakter fallen die Skizzen auf diesen Canvases aus.

Welcher der Canvases dabei der „führende" ist, auf den sich die Modellierung fokussiert, und welche Canvases nebenbei mitbefüllt werden, richtet sich vor allem danach, auf welche Perspektive die zu evaluierende Technologie den größten Einfluss hat: Geht es um die Erfassung und Auswertung von Big Data im Unternehmen, erscheint der Object Canvas als geeigneter Ausgangspunkt. Soll größere Elastizität auf Basis von Cloud Computing geschaffen werden, kann der Integration Canvas helfen, Auslagerungs-Kandidaten zu identifizieren. Und steht die Bereitstellung komplexer Funktionalität als Software-as-a-Service zur Debatte, so bietet der Process Canvas den besten Einstieg.

Modellierung, Annotation und Interpretation der Canvases erfolgen im Wesentlichen wie im IR:scope. Bei der Vergabe und Analyse der Annotationen stehen im IR:tech jedoch vor allem solche Wert- und Aufwandstreiber im Vordergrund, die durch die neue Technologie bedingt bzw. in ihrem Kontext besonders verschärft werden – bei der Analyse von Big-Data-Technologien können das z. B. Annotationen zu den Aspekten „Auslastung", „Korrektheit", „Flexibilität" und „externe Schnittstellen" sein.

7.4 Canvas-übergreifende Analysen

Bei der canvas-übergreifenden Analyse ist vor allem darauf zu achten, wo Herausforderungen oder Potenziale, die auf einem Canvas markiert wurden, auf andere Canvases ausstrahlen, und welche Auswirkungen sie dort haben.

Sollen mit dem IR:tech z. B. mögliche Einsatzfelder von Big-Data-Technologien für ein Unternehmen evaluiert werden, so werden vermutlich insb. auf dem Object Canvas die entsprechenden Datenstrukturen modelliert und annotiert. Dabei ist es wichtig, im Auge zu behalten, dass diese Innovation nicht nur auf Datenebene stattfindet, sondern ebenfalls nicht-triviale Funktionalität zur Erfassung und Auswertung der Daten auf Prozessebene erfordert: In bestimmten Prozessschritten werden Daten erfasst (was eine entsprechende Instrumentierung von Softwarekomponenten zur Datenerfassung, Aggregation und Speicherung erfordert), in anderen Prozessschritten werden sie wiederum ausgewertet und zur Entscheidungsfindung genutzt (was entsprechende Auswertungs- und Entscheidungsalgorithmen erfordert).

Letztlich muss durch die Analyse der Canvases im Gesamtbild die Frage beantwortet werden, ob die Einführung der neuen Technologie tatsächlich ein monetarisierbares

Geschäftsmodell verspricht, und nicht nur in technisch interessanter, aber wenig Mehrwert bringender „Spielerei" mündet. Die über die Canvases verteilten Wert- und Aufwandsannotationen können hierzu als wertvolle Indikatoren dienen.

7.5 Workshop-Ablauf und Anschlusstätigkeiten

Auf den ersten Blick erscheint die Arbeit im IR:tech der im IR:scope zu gleichen – die Stakeholder verständigen sich auf dem Feature Canvas über die Anforderungen an das Projekt und skizzieren sodann die wichtigsten Geschäfts- und Systemstrukturen auf dem Process, Object und Integration Canvas. Zwei wesentliche methodische Unterschiede bestehen jedoch zum IR:scope:

- Zum einen liegt der Fokus des IR:tech nicht auf der Darstellung des Gesamtsystems, sondern auf den Aspekten, die besonders durch die neue Technologie berührt werden. Nach der Definition der Projektziele auf dem Feature Canvas betrachten die Stakeholder daher auf den anderen Canvases insbesondere die Prozesse und Datenstrukturen, in denen sich die Ziele mittels der neuen Technologie umsetzen lassen.
- Zum anderen trennt der IR:tech explizit zwischen der Modellierung des Ist- und des Soll-Zustands: Nach der Füllung des Feature Canvas wird auf dem Process, Object und Integration Canvas zunächst der Ist-Zustand der relevanten Prozess-, Daten- und Systemstrukturen skizziert. Diese Modelle werden mit Annotationen versehen, um Chancen und Herausforderungen der neuen Technologie hervorzuheben.

Auf Basis dieser Erkenntnisse diskutieren die Stakeholder nun Ansatzpunkte für die neue Technologie – sollen z. B. Einsatzpotenziale für Big Data beleuchtet werden, so identifizieren die Stakeholder zunächst die Daten, die zur Erreichung der eingangs definierten Ziele erforderlich sind. Diese Daten werden sodann auf dem Object Canvas lokalisiert – entweder sind sie dort bereits verzeichnet (in diesem Fall ist zu untersuchen, ob die aktuelle Datenqualität ausreichend ist oder Maßnahmen zu ihrer Präzisierung getroffen werden müssen), oder sie werden bislang noch nicht erfasst (in diesem Fall ist festzulegen, wie diese Daten mit bereits etablierten Datenstrukturen in Beziehung stehen). Handelt es sich um Daten, die nicht aus Geschäftsprozessabwicklungen, Softwaresystemen oder anderen digitalen Quellen stammen, sondern die sich an physischen Objekten manifestieren, so kann es dabei hilfreich sein, zusätzlich einen Physical Object Canvas, wie er im IR:digital zum Einsatz kommt, zu skizzieren, um die Datenquellen korrekt zu verorten (Abschn. 4.3). Zu den so identifizierten Daten und Datenquellen wird ebenfalls diskutiert, in welchen Prozessschritten sie anfallen bzw. erfasst werden müssen, in welchen Schritten sie verarbeitet werden, und welche Techniken dabei jeweils zum Einsatz kommen.

Die Erkenntnisse aus diesem Innovationsprozess werden wiederum in die Ist-Canvases eingezeichnet, die sich damit zu Soll-Darstellungen wandeln: Die Stakeholder skizzieren auf dem Process, Object und Integration Canvas, wie sich Datenstrukturen, Prozesse und

Komponentenanbindungen ändern müssen, um die gerade konzipierten Lösungen der eingangs formulierten Ziele umzusetzen.

Die so entstandenen Darstellungen werden nochmals mit Annotationen versehen, nun jedoch mit dem Fokus auf der Umsetzbarkeit der vorgeschlagenen Lösungen.

Dies führt zum Ergebnis des IR:tech: Die Stakeholder aus Fachlichkeit und IT entwickeln ein gemeinsames Verständnis davon, in welcher Weise eine neue Technologie wie Big Data oder Cloud Computing die in sie gesetzten Erwartungen erfüllen kann, welche Veränderungen dies in der Prozess- und Systemlandschaft erfordern würde, und ob der dadurch in Aussicht stehende Nutzen die Umsetzungsaufwände rechtfertigen würde.

Diese Erkenntnisse können in eine fundierte Technologieempfehlung für das Management münden. Die annotierten Canvases illustrieren dabei anschaulich, wie die Lösung aussehen würde, welche Chancen und Herausforderungen ihr innewohnen, welche Aufwände zu erwarten sind, und was vielversprechende Startpunkte für die Technologieeinführung sind. Fällt auf Basis dessen die Entscheidung, die neue Technologie einzuführen, so können die Canvases aus dem IR:tech unmittelbar als Ausgangspunkt für eine vertiefende Beschäftigung mit der fachlichen und technischen Umsetzung im IR:scope (Kap. 5) dienen.

8 Der Interaction Room für agiles Projekt-Monitoring (IR:agile)

Inhaltsverzeichnis

Oft wird ein Interaction Room in frühesten Phasen von Projekten eingesetzt, um die Problemdomäne zu erfassen, Problemaspekte zu priorisieren, Lösungsstrategien zu konzipieren und deren Umsetzungsschritte zu priorisieren. In der Variante des IR:scope hilft er in dieser Phase zunächst beim Project Scoping, d. h. er trägt dazu bei, allen Stakeholdern ein gemeinsames Verständnis der Problemdomäne und eine gemeinsame Lösungsvision zu verschaffen: Um welche Geschäftsprozesse geht es? Wie sind sie anzupassen? In welche Systemlandschaft muss sich die Lösung integrieren? Welche Kompromisse sind dabei erforderlich? Welche Nutzungskontexte sind zu berücksichtigen? Wie können Geschäfts- und Nutzererwartungen für beide Seiten möglichst gewinnbringend verknüpft werden? Sodann hilft der Interaction Room, die Lösungsvision zu konkretisieren, sie in Soll-Prozessen und -Strukturen auszuarbeiten, und Abhängigkeiten und Konflikte zwischen Komponenten, aber auch zwischen Fachlichkeit und Technik zu erkennen und aufzulösen.

Am Ende einer solchen initialen IR-Befüllung stehen ein Anforderungsdokument und eine erste Systemspezifikation, die zwar noch nicht vollständig sind, die aber von allen Stakeholdern getragen werden, und von denen alle Stakeholder den Eindruck haben, dass sie zumindest die kritischsten Konfliktpunkte ausräumen, die wesentlichsten Fragen beantworten, und die größten Ungewissheiten offen benennen. Mit anderen Worten: Die

M. Book et al., *Erfolgreiche agile Projekte*, Xpert.press,
DOI 10.1007/978-3-662-53330-7_8

Spezifikation muss in jedem Fall noch detailliert werden, und im Konzeptions- und Entwicklungsprozess werden sicher auch noch Fragen auftreten, aber die großen Überraschungen und Konflikte sollten ausbleiben.

Im weiteren Projektverlauf wandelt sich die Aufgabe des Interaction Rooms dann zum Monitoring-Werkzeug: Er hilft, das Team möglichst fokussiert arbeiten zu lassen, Risiko- und Anforderungsmanagement zu betreiben, den Budgetrahmen im Blick zu halten und den Fortschritt einzuschätzen. Dies passiert im **Interaction Room für agiles Projekt-Monitoring (IR:agile)**, wie die folgenden Abschnitte zeigen.

Die Modellierungsarbeit an den Canvases tritt im IR:agile in den Hintergrund: Sie bleiben – zusammen mit ihren Annotationen – als Ergebnisse des IR:scope im Raum präsent und dienen zur jederzeit sichtbaren Orientierung im Gesamtprojekt und zur konstanten Erinnerung an Wert- und Aufwandstreiber. Abgesehen von punktuellen Verfeinerungen im Rahmen von Sprint Planning Meetings (Abschn. 8.2) stabilisieren sich die Canvases jedoch – die Entwurfsarbeit geht auf feingranularerer Ebene zwar weiter, dies passiert jedoch in klassischen Modellierungswerkzeugen, während der Interaction Room das Big Picture repräsentiert.

Bei der Wandlung vom IR:scope zum IR:agile treten aus methodischer Sicht stattdessen Elemente in den Vordergrund, die dem Monitoring und Controlling des Projekts dienen. Während des IR:agile kommen die Instrumente der Anforderungstauschbörse (Abschn. 8.3), der Havariespinne (Abschn. 8.4), des Cost Forward Progressing (Abschn. 8.6) und des Abrechnungsmodells adVANTAGE (Kap. 15) zum Einsatz. Dies kann je nach Bedarf unterschiedlich weit in das Projekt hinein erfolgen. Sobald die Beteiligten den Eindruck haben, dass die Anforderungen weitestgehend stabil sind, wird das IR:agile-Monitoring häufig zurückgefahren. Anders herum verhält es sich mit der Anforderungstauschbörse und adVANTAGE: Beide sind grundsätzlich während der gesamten Projektlaufzeit relevant, gewinnen jedoch mit nahendem Projektende in aller Regel an Prominenz und Visibilität. Noch anders ist es für das Cost Forward Progressing. Seine Anwendung führt gerade in den ersten Realisierungsaktivitäten zu interessanten Handlungsoptionen, zum Ende von Projekten sind die durch das Cost Forward Progressing ermittelten Optionen in der Regel weniger wirkungsmächtig, aber umso erforderlicher, denn das Geld wird ja am Ende knapp. Während des IR:agile wird – ganz im Sinne einer kontinuierlichen Repriosierung – immer mal wieder eine IR:scope-Aktivität eingeschoben. Die in diesen Aktivitäten erarbeiteten Inhalte werden aufbereitet, um die nächsten agilen Iterationen (zum Beispiel Sprints) im IR:agile zu stützen.

8.1 Vom Feature Canvas zum Product Backlog

In Vorbereitung des Einsatzes agiler Methoden wie Scrum wird der in einem IR:scope oder IR:mobile erstellte Feature Canvas in ein Product Backlog überführt. Dies erfordert eine Detaillierung und Vervollständigung der aufgeführten Features, sowie eine Aufwandsschätzung pro Feature. In beiden Schritten müssen die Stakeholder sich darüber klar sein, dass sich voraussichtlich noch Änderungen an der Feature-Menge und den Aufwandsschätzungen ergeben werden.

- **Detaillierung und Vervollständigung der Features:** Bevor mit der agilen Entwicklung mithilfe des IR:agile begonnen werden kann, steht zunächst an, dass die auf dem Feature Canvas gesammelten Features im Hinblick auf ihre Vollständigkeit geprüft werden. Das heißt natürlich nicht, dass nun doch noch die Illusion geschürt werden soll, dass die Features abschließend vervollständigt werden können. Es soll lediglich bedeuten, dass die bis zu diesem Zeitpunkt bekannten und schon diskutierten Features auch alle notiert werden. Das kann im Rahmen des IR:scope oder IR:mobile womöglich nicht erfolgt sein, weil es nur darum ging, die wichtigsten Features zu sammeln. Es kann auch sein, dass die Befüllung der anderen Canvases dazu beigetragen hat, neue Features zu identifizieren, ohne dass diese konsequent auf den Feature Canvas übernommen wurden. Vielleicht waren sie nicht als Features erkennbar und sind nur auf der Notizfläche gelandet. Wenn aber nun die agile Entwicklung begonnen werden soll, muss noch einmal aufgeräumt und zusammen getragen werden, was schon alles bekannt ist. Der Feature Canvas wird also gemäß der aktuellen Erkenntnis aktualisiert, um zu einem Startpunkt für die Entwicklung zu kommen.
- **Aufwandsklassifikationen:** Pro Feature werden Aufwände in Personentagen abgeschätzt, und zwar so präzise, wie das an dieser Stelle möglich ist. In Einzelfällen kann auf Schätzungen verzichtet werden (beispielsweise wenn sie von einer noch nicht getroffenen Technologiewahl abhängen). In solchen Fällen muss für das komplett ungeschätzte Feature begründet werden, weshalb eine Schätzung nicht möglich war. Häufen sich hierbei einzelne Begründungen, muss überlegt werden, ob der Übergang in die Entwicklung nicht womöglich zu früh erfolgt und ob die Begründungen ausgeräumt werden können.

Der Übergang vom Features Canvas zum Backlog bedeutet nicht, dass die Features zu User Stories ergänzt werden müssen. Darauf wird bewusst verzichtet, um zu vermeiden, dass Formatvorgaben die Stakeholder davon abhalten, die gewünschten Features zu formulieren. In gewisser Weise wird die womöglich geringere Präzision von Features (im Vergleich zu User Stories) in Kauf genommen, um die Hürde für das Formulieren von Features so gering wie möglich zu halten.

Eine Menge von Features, die entweder geschätzt sind oder für die jeweils begründet wird, warum sie nicht geschätzt werden können, bildet das Backlog, das als wichtiger Startpunkt im IR:agile weiter verwendet wird.

8.2 Sprint Planning Workshops

Die initial im Gesamtzusammenhang skizzierten Prozesse und Systemstrukturen können nun in jedem Sprint im Hinblick auf die anstehende Implementierung verfeinert werden.

Auch hier ist nicht das Ziel, im Interaction Room vollständige, präzise Klassen- und Prozessmodelle zu entwickeln – vielmehr sorgt der Raum dafür, dass die Stakeholder eine ganzheitliche Sicht auf Fachlichkeit und Technik, Struktur und Dynamik, Integration und Interaktion beibehalten, auch wenn sie sich in die Umsetzung einzelner Features vertiefen.

Der IR:agile hilft im Rahmen der Sprint-Planung vor allem beim Task Breakdown, d. h. der Unterteilung der initial erfassten, groben Features bzw. User Stories in feingranulare Tasks (d. h. konkrete Entwicklungsaufgaben). Wird dieser Schritt allein durch die Technikseite durchgeführt, passiert es leicht, dass Entwickler sich bei der Verfeinerung von User Stories auf technische Detaillösungen konzentrieren, ohne sich eventuell ebenso noch zu klärender fachlicher Fragen bewusst zu sein. Der IR:agile sorgt hier für das Bewusstsein über die Aufgaben auf beiden Seiten: Auf den aus dem IR:scope übernommenen Canvases konkretisieren die Stakeholder durch Verfeinerung der Modellskizzen ihr Verständnis über die im nächsten Sprint anstehenden Features. Die separate Betrachtung von Prozessen, Daten und Schnittstellen sowie die Annotation von Wert- und Aufwandstreibern (auf gleiche Weise wie im IR:scope) hilft, notwendige Arbeiten auf all diesen Ebenen als explizite Tasks einzuplanen und ihre Aufwände detaillierter abzuschätzen.

Wie die Praxis zeigt, führt die kontinuierliche Arbeit im Interaction Room zu einer kontinuierlichen Orientierung am „Big Picture", der Zielvision des Projekts, einem besser informierten Task Breakdown und damit zu realistischeren Aufwandsschätzungen (Grapenthin et al. 2014). Dies reduziert ungeplant anfallende Aufwände und unerwartete Konflikte und senkt somit damit das Projektrisiko.

8.3 Anforderungstauschbörse

Idee der Anforderungstauschbörse ist, dass späte Anforderungen möglichst nur aufgenommen werden, wenn frühe Anforderungen weggelassen werden. Die Anforderungstauschbörse wirkt somit – trotz der Unvermeidlichkeit später Anforderungen – der Verfettung der zu entwickelnden Software entgegen, indem das Weglassen von Features attraktiv gemacht wird. Späte Anforderungen werden eben umso einfacher zugelassen, je solider sie durch streichbare frühe Anforderungen „gegenfinanziert" sind. Soll heißen, wenn eine späte Anforderung im geschätzten Umfang von n Personentagen auftaucht, wird sie widerspruchsfrei aufgenommen, wenn eine noch nicht realisierte Anforderung im Umfang von n Personentagen als weglassbar klassifiziert wird. Eine solche Weglass-Entscheidung muss natürlich von den Stakeholdern, die die wegzulassende Anforderung zuvor gewünscht haben, mitgetragen werden. Ganz einfach wird der Prozess, wenn der Stakeholder für die späte Anforderung auch der Stakeholder der wegzulassenden Anforderung ist. Dann kann er fast alleine entscheiden, dass getauscht wird. Aber auch nur fast alleine, denn am Ende muss der Produktmanager für die zu entwickelnde Software einverstanden sein. Er ist letztlich dafür zuständig, dass bei aller Tauscherei immer noch ein stimmiges Stück Software entsteht.

Der simple Charme der Anforderungstauschbörse und die zugrunde liegende Annahme, dass sich frühe und späte Anforderungen die Waage halten können, ist offensichtlich vereinfachend, denn es können eine Reihe von Problemen auftreten, die wir im Folgenden diskutieren.

- Frühe Anforderungen sind evtl. schon realisiert und können – auch wenn sie als weglassbar identifiziert werden – nicht mehr als Gegenfinanzierung für späte Anforderungen dienen. Das kann in der Tat leicht passieren, wenn die Suche nach frühen Anforderungen zu spät erfolgt. Und besonders ärgerlich ist es auch, weil ja nicht nur Aufwand für die Realisierung der weglassbaren Anforderungen anfiel, sondern weil diese – da sie ja nun schon in Software umgesetzt wurden – über zukünftige Releases hinweg immer wieder neu getestet werden müssen. Die Idee der Anforderungstauschbörse ist es, die Suche nach Weglassbarem zu verstetigen, indem sie durch jede einzelne späte Anforderung ausgelöst wird. So soll verhindert werden, dass erst nach frühen Anforderungen gesucht wird, wenn die verbleibende Projektzeit erkennbar knapp wird. Das Instrument der Anforderungstauschbörse bedeutet also, dass so früh wie eben möglich gesucht wird. (Noch effizienter wäre es nur noch, wenn weglassbare Anforderungen es gar nicht erst in den Anforderungsstatus schaffen würden.)
- Einzelne Stakeholder wollen späte Anforderungen und schlagen als Gegenfinanzierung Anforderungen anderer Stakeholder vor. Lässt man das zu, gibt es leicht ein Hauen und Stechen. Gegenfinanzierung erfordert Konsens, und manchmal muss der IR-Coach zusammen mit dem Produktmanager bei der Konsensbildung helfen. Generell gilt: Nichts wird ohne Zustimmung der relevanten Stakeholder weggelassen.
- Späte Anforderungen werden gegenfinanziert, aber der Produktmanager schätzt das Weglassen als Gefährdung der Software an. Das ist schwierig für den Produktmanager. Wenn sich Stakeholder einig sind, dass gegenfinanziert getauscht werden soll (egal, ob es nun ein Stakeholder ist, der innerhalb seiner Menge von Anforderungen tauscht oder ob es mehrere sind, die untereinander tauschbereit sind), der Produktmanager dem Tausch aber nicht zustimmt, weil er denkt, dass die wegzulassende Anforderung benötigt wird, dann ist der Tausch nicht zulässig. Offen ist dann aber noch, wie mit der späten Anforderung umgegangen werden soll. Zunächst muss nach einer anderen Gegenfinanzierung gesucht werden. Gelingt dies nicht, kommt der Produktmanager leicht in die Pflicht, sich mit einer nicht gegenfinanzierten Anforderung auseinander zu setzen und gegebenenfalls für zusätzliche Finanzierung zu sorgen.
- Es gibt kein Gegenfinanzierungspotenzial mehr, weil es einfach mehr späte als wegzulassende Anforderungen gibt. Das kann passieren, denn es gibt ja kein naturgesetzmäßiges Gleichgewicht zwischen frühen und späten Anforderungen. Wichtig ist, dass die Urheber der späten Anforderung und der Produktmanager sich wirklich ausführlich um eine Gegenfinanzierung bemüht haben. Danach gelten die Standardmechanismen zum Umgang mit späten Anforderungen. Auswirkungen auf Budget und Zeit werden transparent gemacht und Sponsoren für das erforderliche Zusatz-Budget gesucht.

Diese Probleme zeigen, dass es keine algorithmische Lösung geben kann, die im Sinne einer unsichtbaren Hand des Marktes stets dafür sorgt, dass sich späte und frühe Anforderungen ausgleichen. Dennoch trägt die Anforderungstauschbörse maßgeblich zur Verhinderung der Software-Verfettung teil, einfach weil jeder Urheber einer späten Anforderung dazu veranlasst wird, darüber nachzudenken, was weggelassen werden kann. Da das Weglassen von Anforderungen auf der Ebene von Aufwänden saldiert wird, denkt der Anforderungsgeber nach einer gewissen Gewöhnung an das Instrument der Anforderungstauschbörse sogar darüber nach, wie er die späte Anforderungen so gestalten kann, dass ihre Umsetzung wenig Aufwand verursacht (denn dann fällt die Gegenfinanzierung leichter). Gerade bei lösungsbezogenen Anforderungen (und mit denen haben wir es im Laufe einer Entwicklung ja zunehmend zu tun) kann das Streben nach einfach umsetzbaren Anforderungen ein wesentliches Hilfsmittel für schlanke Software sein.

In den IR:agile wird die Anforderungstauschbörse über die Dynamik des Backlogs eingebunden. Eine späte Anforderung kann nur dann gegen eine oder mehrere wegzulassende getauscht werden, wenn die Aufwandsschätzung der späten Anforderung kleiner oder gleich der Summe der Schätzungen der wegzulassenden Anforderungen ist. Dieses Instrument ist eine wichtiges Element des Vertragsmodells adVANTAGE (Abschn. 15.5).

8.4 Havariespinne

Softwareprojekte, die etwas teurer werden als geplant, sind unerfreulich, aber meistens kein Beinbruch. Schlimm wird es, wenn ein Projekt havariert. Also, doppelt so lange dauert, doppelt so teuer wird oder sich jeder verlässlichen Planbarkeit entzieht. Glücklicherweise geraten Projekte aber nicht plötzlich in einen solchen Zustand. Zahlreiche Indikatoren sind dazu geeignet, das Unheil anzukündigen, bevor es eintritt.

Die Havariespinne dient dazu, die Havariegefahr eines Projektes zu veranschaulichen. Zu Projektbeginn hat sie folgende Dimensionen, die auf Basis der Erkenntnisse und Erfahrungen aus dem IR:scope-Workshop bewertet werden:

- **Zugänglichkeit des (internen) Kunden** (interne Abstimmungen, Sponsorship, Entscheidungsfreude und –fähigkeit): Als havarietreibend wird angesehen, wenn der Kunde (egal, ob es sich um ein externen oder internen Kunden handelt) über komplizierte, von außen nicht nachvollziehbare Entscheidungswege verfügt, das Sponsorship für das Entwicklungsprojekt nicht ausgeprägt ist und der Kunde generell Schwierigkeiten hat, zügig zu verlässlichen Entscheidungen zu kommen. Ob das so ist, lässt sich oft aus Eindrücken ableiten, die sich im Rahmen des IR:scope ergeben. Zähe Diskussionen um Details, mühevolle Entscheidungen und umfangreiche Rückversicherungen in der Aufbauorganisation sind verdächtige Merkmale.
- **Fokus auf wichtigste Geschäftsprozesse:** Als havarietreibend wird angesehen, wenn die Einigung auf die 15 wichtigsten Geschäftsprozesse (einer der frühen Schritte bei der Befüllung des Process Canvas) schwierig war, weil die Stakeholder bis zuletzt sehr divergierende Vorstellungen hatten. Für den Fall, dass die divergierenden Vorstellungen

nur zu Beginn des IR:scope-Workshops existierten, dann aber während der Modellskizzierung tatsächlich ausgeräumt werden konnten, liegt nach dem IR:scope kein besonderer Havarietreiber mehr vor. Letztlich obliegt es den IR-Coaches, einzuschätzen, ob die Einigung während der Befüllung nachhaltig war oder ob es unter der Oberfläche weiter divergiert und somit erhöhte Havariegefahr besteht.

- **Konsens über Systemgrenze:** Der Integration Canvas dient als Prüfung, ob es eine klare Vorstellung von der Systemgrenze gibt. Gibt es die, ist die Schätzung der zu leistenden Aufwände deutlich verlässlicher als im Fall einer vagen Systemgrenze. Gibt es unterschiedliche Vorstellungen bezüglich der Frage, was alles in die Software gehört, und lassen sich diese im Interaction Room nicht rückstandslos ausräumen, besteht eine erhöhte Havariegefahr.
- **Abdeckung essenzieller Features:** Die Sammlung von Features auf dem Feature Canvas ist fast immer durch die Menge der zur Verfügung stehenden Zeit gedeckelt. Nichtsdestotrotz stellt sich vor dem Ende der Sammlung typischerweise ein Gefühl dafür ein, ob die Essenz des Systems abgedeckt ist oder nicht. Ist das nicht der Fall, dann muss mindestens die Feature-Sammlung weiter vorangetrieben werden. Solange sie nicht als essenz-abdeckend eingeschätzt wird, wird das als Havarietreiber angesehen.
- **Konsens über Feature-Nutzen:** Wenn die Wertannotationen „Business Value“ und „User Value“ auf dem Feature Canvas darauf hinweisen, dass sehr unterschiedliche Auffassungen bezüglich der Frage bestehen, welche Features in welcher Weise welche Arten von Nutzen stiften sollen, ist das ein Hinweis darauf, dass die Stakeholder sich nicht über das Ziel, das mit der zu entwickelnden Software erreicht werden soll, einig sind. Dies ist ein wesentlicher Havarietreiber.
- **Konsens über Feature-Aufwände:** Die Features sollten vor dem Übergang in den IR:agile in Personentagen geschätzt werden. Wenn das sehr schwer fällt und die Konsensbildung lange dauert, kann das ein Indiz dafür sein, dass die Features nicht einheitlich verstanden werden. Auch dies ist ein Havarietreiber.
- **Konsistente Annotationen:** Wie in Abschn. 5.6 beschrieben, erfolgt die Analyse der im IR:scope erstellten Modelle auf der Ebene einzelner Modellelemente, der Ebene einzelner Canvases, sowie canvas-übergreifend. Stellen sich hierbei ausnehmend viele Verbesserungspotenziale, Unklarheiten und Verdachtsmomente heraus, dann ist das insofern ein Havarieindikator, als dass die Häufung auf unkonsoliderte Wertvorstellungen bezüglich des Systemnutzens hinweist.

Während die obigen Indikatoren schon zu Beginn eines IR:agile (basierend auf den Erfahrungen aus dem IR:scope) bewertet werden können, können die nachfolgend beschriebenen Dimensionen zunächst nur auf neutrale Werte gesetzt werden. Sie werden erst im Verlauf des kontinuierlichen Projekt-Monitorings im IR:agile mit individuellen Werten versehen:

- **Anforderungstauschbörsen-Nutzung:** Wie im vorangehenden Abschnitt beschrieben, dient die Anforderungstauschbörse dazu, im Projektverlauf auftauchende Anforderungen anzunehmen oder abzulehnen. Zwar hilft die Anforderungstauschbörse damit, ein

grenzenloses Wachstum des Projekt-Scopes zu vermeiden. Kommt sie jedoch bis spät ins Projekt hinein laufend zum Einsatz, ist dies als Risikofaktor zu werten, da der Auftraggeber offenbar keine stabile Vorstellung darüber hat, in welche Features die Projektressourcen investiert werden sollen. Besonders kritisch ist diese Risikodimension, wenn neue Anforderungen in erheblichem Umfang hinzukommen, ohne dass eine Gegenfinanzierung gefunden werden kann. Andererseits kann aber auch eine völlig statische Anforderungsmenge auf ein Kommunikationsproblem hinweisen. Womöglich gibt es auf Kundenseite niemanden, der sich ernsthaft mit der zu entwickelnden Software auseinandersetzt, und es aufgrund der oberflächlichen Beschäftigung mit dem Projekt keine späten Anforderungen gibt.
- **Strukturelle Veränderungen der Canvas-Inhalte:** Während des IR:scope geht es darum, das große Bild des zu erstellenden Systems überhaupt erst zu skizzieren. Erst mit dem Übergang zum IR:agile wird von einer gewissen Stabilität ausgegangen. Ändert sich jedoch auch im IR:agile die Struktur der Canvas-Inhalte noch erheblich, dann scheint der Konsens bezüglich der Systemgrundlagen noch nicht erreicht. Dieses Kriterium wird mit wachsendem Projektfortschritt immer bedeutsamer.
- **Schwierigkeiten bei der Sprint-Planung:** Die Sprint- bzw. Iterations-Planung auf der Grundlage des Product Backlogs und der im IR:scope skizzierten Modelle zeigt, ob die Stakeholder die gleichen Ideen von Risiken, Werttreibern und Nutzen der zu erstellenden Software haben, und ob über die daraus abzuleitenden technischen Implementierungsaufgaben Konsens besteht. Ist die Sprint-Planung schwierig und langwierig, dann liegt ein Havarieindikator vor.
- **Divergenzen im Cost Forward Progressing:** Das Cost Forward Progressing (Abschn. 8.6) liefert fortlaufend Werte über Prognosen und Hochrechnungen. Wenn diese beiden Reihen nicht auf einen Wert hin konvergieren, besteht Havariegefahr.

Weitere Dimensionen, die die Havariegefahr eines Projektes andeuten können, sind nicht IR-spezifisch und haben insgesamt nur wenig mit dem gewählten Entwicklungsvorgehen zu tun. Zu ihnen zählen z. B. die Erfahrungen und Kenntnisse des Projektteams (insbesondere des Projektleiters) hinsichtlich der Anwendungsdomäne und der verwendeten Technologie, sowie die Frage, wie gut das gewählte Maß an Agilität zum für das Projekt angemessenen Maß an Agilität passt. Sowohl zu starke Abweichungen in Richtung Agilität (gewähltes Agilitätsmaß ist deutlich größer als das angemessene Maß) als auch zu wenig Agilität können ein Projekt maßgeblich gefährden. Im ersten Fall kann es passieren, dass Stakeholder auf finale Entscheidungen drängen, die niemand treffen will. Im zweiten Fall kann ein zu intensives Beharren auf konsistente Dokumente dazu führen, dass Stakeholder sich in Schlachten um Dokumente begeben und die frühzeitige Softwareerstellung aus den Augen verlieren.

Abbildung 8.1 zeigt das allgemeine Koordinatensystem der Havariespinne zur Bewertung der oben genannten Kriterien. Auf jeder der elf Achsen werden Havariepunkte auf einer Skala von 0 bis 10 vergeben. Die Gesamtfläche der Spinne zeigt an, wie hoch die Havariegefahr des Projekts insgesamt liegt. Es gibt jedoch keine algorithmischen Regeln

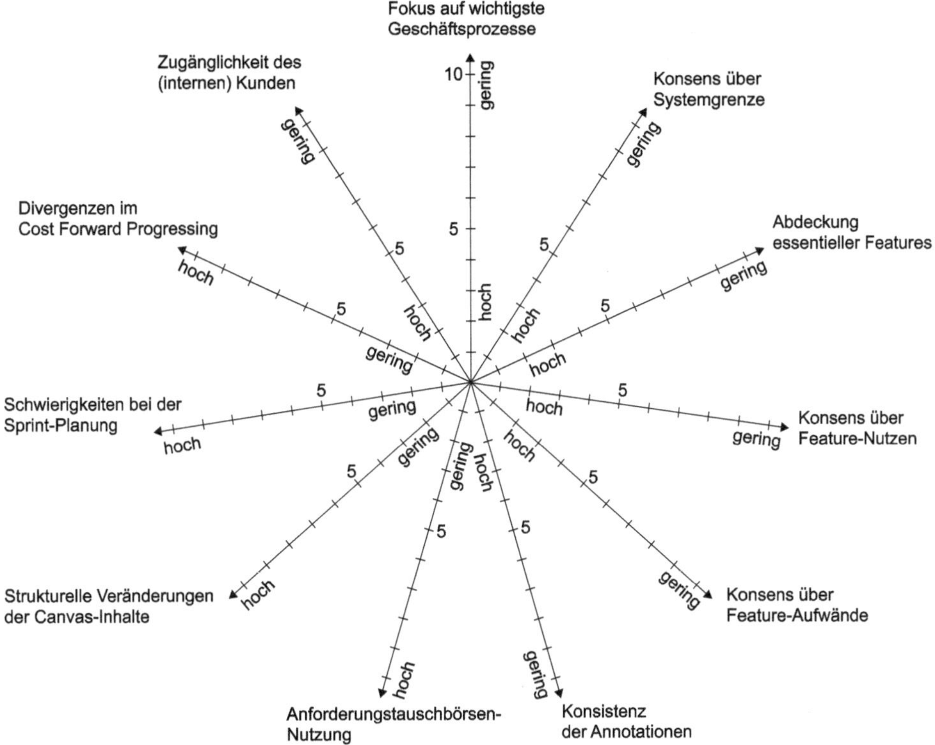

Abb. 8.1 Koordinatensystem der Havariespinne

für die Verteilung oder Interpretation von Havariepunkten – sie dienen vielmehr als informeller Indikator, der das Bewusstsein für die Entwicklung verschiedener Risikofaktoren im Projekt schärfen und die rechtzeitige Ergreifung von Gegenmaßnahmen motivieren soll.

Abbildung 8.2 zeigt das Beispiel einer Havariespinne für ein Projekt nach der initialen IR-Befüllung. Nach Erstellung dieses Initialbilds sollten die genannten Kritierien periodisch überprüft werden. Abbildung 8.3 zeigt daher die Havariespinne desselben Projektes zu einem späteren Zeitpunkt, wenn auch die in Abb. 8.2 noch neutralen Dimensionen mit Werten belegt wurden.

Für Abb. 8.2 und 8.3 lässt sich jeweils die Summe der Havariepunkte berechnen, die – trotz einiger Veränderungen bezüglich einzelner Risiken – hier in Summe bei 67 Punkten bleibt. Eine solche Zahl ist im Hinblick auf die Genauigkeit, die sie anzugeben scheint, kritisch zu betrachten. Der exakte Zahlenwert der Havariepunkte ist angesichts dessen, dass die Einschätzung der Havariewerte rein qualitativ erfolgt, relativ bedeutungslos. Liegt er jedoch von Anfang an hoch, ändern sich die Einschätzungen bezüglich einzelner Havariedimensionen drastisch, oder gibt es langsame, aber lang anhaltende Trends, dann ist es auf jeden Fall ratsam, sich näher mit den Havarierisiken auseinanderzusetzen.

Abb. 8.2 Beispiel einer Havariespinne nach der initialen IR-Befüllung

Natürlich sollte die regelmäßige Aktualisierung der Havariespinne nicht die einzige Risikomanagement-Technik sein, die im Projekt angewandt wird – Moran (2014) schlägt z. B. ein breites Spektrum zusätzlicher Techniken vor, um Risiken zu identifizieren und mit ihnen umzugehen. Die Havariespinne dient währenddessen als einfaches Werkzeug, das den Stakeholdern hilft, sich über Probleme bewusst zu werden, die andernfalls zu lange ignoriert werden würden, während das Team sich irgendwie „durchschlägt". Das Ziel, die Havariepunktzahl von Sprint zu Sprint zu reduzieren, motiviert dazu, sich mit strukturellen Problemen zu befassen, deren Behebung langfristiges Engagement erfordert.

8.5 Fortschrittskontrolle

Im Rahmen des IR:scope-Workshops wird der Interaction Room zunächst mit High-Level-Skizzen der Geschäftsprozesse, Datenstrukturen und der Integrationslandschaft gefüllt, in denen sich das Projekt bewegt. Im Rahmen der Sprint-Planning-Meetings im IR:agile konkretisiert sich dieses Bild punktuell: Prozesse und Datenstrukturen werden verfeinert,

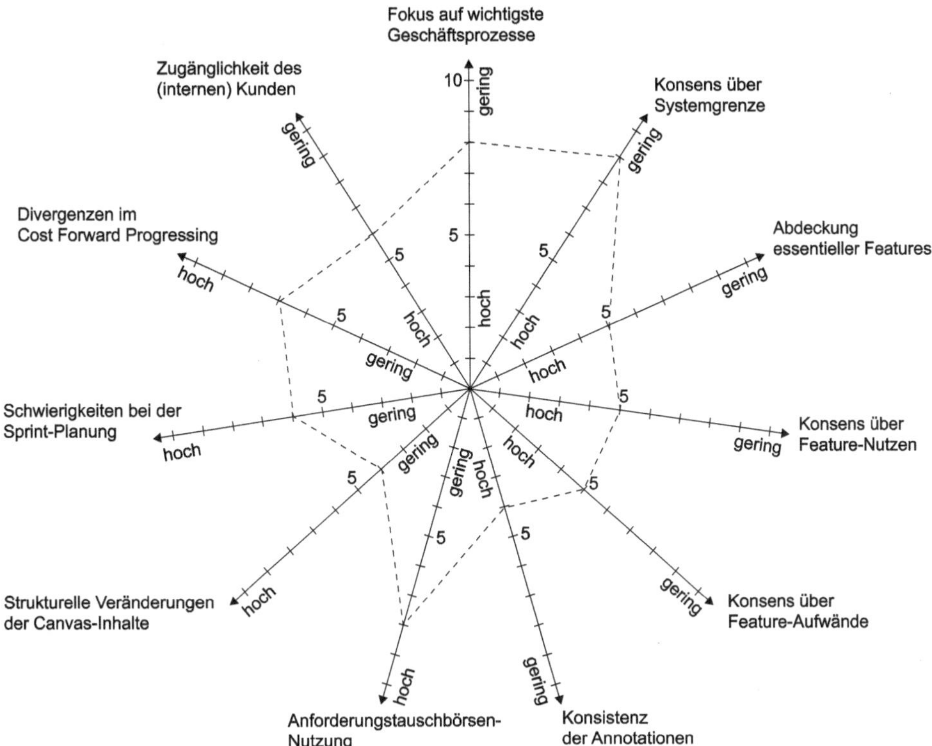

Abb. 8.3 Beispiel einer Havariespinne zu einem späteren Projektzeitpunkt

aus Anforderungen werden User Stories, aus User Stories werden Tasks. Die Modelle an den Wänden des Interaction Rooms spiegeln diese Entwicklung wider:

- Waren die initialen Skizzen noch von einem hohen Grad an Ungewissheit geprägt, so konkretisieren die Architektur-Entscheidungen sich mit der Zeit. Je mehr Teile des Systems in Code gegossen werden, desto stabiler wird der Entwurf. Auf den Canvases wird dies verdeutlicht, indem fertige Artefakte (z. B. Screenshots implementierter Dialoge, Detaildiagramme ausmodellierter Prozesse und Datenstrukturen) in die Modellskizzen geheftet werden. Dort zeigen sie auf einen Blick, welche Systemteile bereits realisiert wurden und welche sich noch in der Planung befinden.
- Veränderungen in Entwürfen und Realisierungen lassen sich so ebenfalls darstellen: Wird eine neue Version eines Artefakts released (z. B. ein überarbeiteter Dialog), so wird sein Ausdruck an der Wand über die vorherige Version geheftet. Dies ermöglicht nicht nur, durch „Blättern" die Versionshistorie von Schlüsselartefakten nachzuvollziehen, sondern zeigt anhand der Stärke der übereinander gehefteten Papierstapel auch, an welchen Punkten das System permanent verändert wird (ein potenzieller Unruheherd

für die Stabilität und Qualität umliegender Komponenten), und an welchen Stellen das Design bereits solide ist.

Die auf die Canvases gehefteten Ausdrucke können offensichtlich kein Ersatz für ein Versionskontrollsystem zur detaillierten Verwaltung aller Projektartefakte sein. Sie dienen lediglich als grober Orientierungspunkt für den Implementierungsfortschritt und die Änderungshistorie, und damit praktisch als greifbarer Index zur zeitlichen und strukturellen Verortung der wichtigsten Projektartefakte – ein Hilfsmittel, das allen Team-Mitgliedern jenseits abstrakter Burndown-Charts veranschaulicht, wie der Projektfortschritt aussieht.

8.6 Cost Forward Progressing

Die Kostenseite von Projekten ist von einer gewissen Dynamik geprägt. Schätzungen verändern sich, geleistete Aufwände reduzieren den noch zu leistenden Aufwand weniger als erwartet, und späte Anforderungen kommen hinzu, sodass insgesamt ein höheres Budget benötigt wird. Ganz genau weiß man erst am Ende eines Projektes, wie teuer es wurde – und selbst hier drohen Unschärfen bezüglich der Frage, wann ein Projekt genau zu Ende ist.

Erfahrungsgemäß ist jede Momentaufnahme ungenau; sie repräsentiert lediglich den aktuellen Stand zur Kostensituation. Belastbarer als einzelne Schätzungen sind Reihen von Schätzungen über der Zeit. An ihnen lässt sich in aller Regel besser erkennen, ob die Schätzungen konvergieren und somit eine Prognose überhaupt eine hinreichend hohe Eintrittswahrscheinlichkeit hat. Der Interaction Room hilft, die Qualität der Schätzungen zu verbessern, indem er die Identifikation von Risiko- und Komplexitätstreibern mittels Annotationen fördert. Das adVANTAGE-Vertragsmodell fördert darüber hinaus die konsistente Verfolgung von Aufwandsschätzungen und tatsächlichen Aufwänden (Abschn. 15.3). Im IR:agile werden diese Daten im Cost Forward Progressing kombiniert, um daraus Hochrechnungen und Reihen qualitativ vergleichbarer Schätzwerte ableiten zu können. Die Berechnungen zum Cost Forward Progressing basieren auf drei Größen unterschiedlicher Glaubwürdigkeit:

- $IS(f_i)$ ist die **Initialschätzung** des Aufwands für ein Feature f_i, das im Interaction Room zunächst nur grob umrissen wurde. Diese Schätzung wird beim Übergang vom IR:scope zum IR:agile abgegeben, wenn aus dem Feature Canvas das Product Backlog abgeleitet und mit ersten Schätzungen versehen wird (Abschn. 8.1). Sie spiegelt den Eindruck aus dem „Big Picture" und den Canvas-Annotationen wieder.
- $DS(f_i)$ ist die **Detailschätzung** des Aufwands für ein Feature f_i, bevor es realisiert wird. Diese Schätzung erfolgt spätestens im Rahmen eines Sprint Planning Meetings im IR:agile, wenn das Sprint Backlog für den nächsten Sprint zusammengestellt wird (Abschn. 15.2). Sie wird informiert durch die Überlegungen, die im Rahmen des Task Breakdowns angestellt werden, sowie den Erfahrungen aus vorangegangenen Sprints.

Tab. 8.1 Initialschätzungen in einem beispielhaften Projekt

i	$IS(f_i)$	$DS(f_i)$	$TA(f_i)$
1	20		
2	25		
3	15		
4	10		
5	10		
6	25		
7	30		
…			

- $TA(f_i)$ ist der **tatsächliche Aufwand** für Realisierung eines Features f_i. Dieser Wert wird nach einem Sprintende erfasst, wenn das Feature realisiert und abgenommen wurde (Abschn. 15.4).

Zu Beginn des Projekts sind folglich nur die Initialschätzungen $IS(f_i)$ für alle Features definiert, während die Detailschätzungen $DS(f_i)$ und tatsächlichen Aufwände $TA(f_i)$ noch undefiniert sind. Wenn wir mit F die Menge aller Features im Projekt bezeichnen und der Operator „def" die Definitionsmenge einer Abbildung liefere, gilt somit:

$$\text{def}\, IS = F; \quad \text{def}\, DS = \varnothing; \quad \text{def}\, TA = \varnothing$$

Nehmen wir nun an, dass in einem IR:agile 100 Features identifiziert wurden – d. h. $F = \{f_1, \ldots, f_{100}\}$ – zu denen initiale Schätzungen abgegeben wurden, wie in Tab. 8.1 ausschnittsweise gezeigt. Die Summe all dieser initial geschätzten Gesamtaufwände betrage im Beispiel

$$\sum\nolimits_{f_i \in \text{def}\, IS} IS(f_i) = 2000 \text{ Personentage (PT).}$$

Wenn nun zu Beginn eines Sprints für fünf Features eine Detailschätzung vorgenommen wird, erhalten die entsprechenden $DS(f_i)$ konkret definierte Werte, wie in Tab. 8.2 dargestellt.

Die Schätzung für den Gesamtaufwand kann damit präzisiert werden, indem wir jeweils die aktuellsten definierten Werte für alle Features aufsummieren. Da für die Definitionsmengen unserer Schätzungen nun

$$\text{def}\, IS = \{f_1, \ldots, f_{100}\}; \quad \text{def}\, DS = \{f_1, f_2, f_3, f_4, f_5\}; \quad \text{def}\, TA = \varnothing$$

gilt, können wir die Gesamtschätzung GS als Summe der aktuellst-bekannten Werte definieren, d. h. als

- die Summe der von Beginn an bekannten Initialschätzungen IS, sofern sie nicht durch Detailschätzungen ersetzt wurden, plus

Tab. 8.2 Ergänzung von Detailschätzungen im Rahmen der Sprint-Planung

i	$IS(f_i)$	$DS(f_i)$	$TA(f_i)$
1	20	30	
2	25	50	
3	15	25	
4	10	30	
5	10	25	
6	25		
7	30		
…	…		

- die Summe der bereits bekannten Detailschätzungen *DS*, sofern sie nicht durch tatsächliche Aufwände ersetzt wurden, plus
- die Summe der bereits bekannten geleisteten Aufwände *TA*.

In unserem Beispiel liegt die aktualisierte Gesamtschätzung damit bei

$$GS = \sum_{f_i \in \text{def } IS \setminus \text{def } DS} IS(f_i) + \sum_{f_i \in \text{def } DS \setminus \text{def} TA} DS(f_i) + \sum_{f_i \in \text{def } TA} TA(f_i).$$

Unsere obige Rechnung kann als „Informatiker-Prognose“ verstanden werden: Sie geht von der Annahme aus, dass jede Abweichung ein lokales Phänomen ist, das keine Rückschlüsse auf die Schätzungen der anderen Features zulässt.

Die Detailschätzung für einen Sprint gibt aber nicht nur eine präzisere Auskunft darüber, welcher Aufwand im aktuellen Sprint zu erwarten ist. Sie zeigt auch, wie weit die Initialschätzung „daneben lag“. Entsprechend scheint es plausibel, die initiale Schätzung aller Features gemäß der festgestellten Abweichung von der detaillierten Schätzung zu korrigieren.

In unserem Beispiel wurden für die ersten fünf Features initial 80 PT geschätzt, die in der Detailschätzung (basierend auf der ausführlicheren Beschäftigung mit der Materie) zu 160 PT präzisiert wurden. Während die „Informatiker-Prognose“ durch reines Aufsummieren auf einen neuen Gesamtaufwand von 2080 PT kommt, müsste man nach der Kalibrierung der Initialschätzungen hingegen von einem Gesamtaufwand von 4000 statt 2000 PT ausgehen, denn ein Sprint scheint gemäß der detaillierten Schätzung ja doppelt so lange zu dauern wie initial geschätzt.

Allgemein lässt sich diese „Statistiker-Hochrechnung“ wie folgt berechnen: Aus allen Features, zu denen eine Detailschätzung vorliegt, berechnen wir zunächst die durchschnittliche Abweichung zwischen Detail- und Initialschätzung:

$$\Delta IS = \frac{\sum_{f_i \in \text{def } DS} DS(f_i) / IS(f_i)}{|\, def\ DS \,|}$$

Mit diesem Faktor werden die Initialschätzungen aller Features multipliziert, zu denen noch keine Detailschätzung vorliegt. Das Ergebnis sind die kalibrierten Initialschätzungen

$$\forall f_i \in \operatorname{def} IS \setminus \operatorname{def} DS : IS'(f_i) = IS(f_i) \times \Delta IS.$$

Ebenso können im Projektverlauf die tatsächlich geleisteten Aufwände in einem Sprint zur Kalibrierung der Detailschätzungen verwendet werden:

$$\forall f_i \in \operatorname{def} DS \setminus \operatorname{def} TA:\ DS'(f_i) = DS(f_i) \times \Delta DS \text{ mit } \Delta DS = \frac{\sum_{f_i \in \operatorname{def} TA} {}^{TA(f_i)}\!/\!_{DS(f_i)}}{|\operatorname{def} TA|}$$

Die „Statistiker-Hochrechnung", d. h. die um Schätzfehler korrigierte Prognose der Gesamtaufwände, berechnet sich damit dann als

- die Summe der kalibrierten Initialschätzungen IS', sofern sie nicht durch Detailschätzungen ersetzt wurden, plus
- die Summe der kalibrierten bekannten Detailschätzungen DS', sofern sie nicht durch tatsächliche Aufwände ersetzt wurden, plus
- die Summe der bereits bekannten geleisteten Aufwände TA

oder kurz:

$$GS' = \sum f_{i \in \operatorname{def} IS \setminus \operatorname{def} DS} IS'(f_i) + \sum f_{i \in \operatorname{def} DS \setminus \operatorname{def} TA} DS'(f_i) + \sum f_{i \in \operatorname{def} TA} TA(f_i).$$

Tabelle 8.3 und 8.4 zeigen ein Beispiel von vier Features, die initial mit 20, 25, 15 und 10 Personentagen geschätzt wurden. In Tab. 8.3 sehen wir, wie sich diese Werte mit fortschreitender Detailschätzung und Realisierung entwickeln. Die jeweils aktuellsten Werte (fett) werden aufsummiert, um die „Informatiker-Prognose" zu errechnen.

Unter Tab. 8.3 sehen wir die Ermittlung von IS-Abweichung und DS-Abweichung. Ihre Anwendung führt zu korrigierten Schätzwerten $IS'(f_i)$ und $DS'(f_i)$ in Tab. 8.4. Durch Aufsummierung der jeweils aktuellsten Werte (fettgedruckt) ergibt sich in Tab. 8.4 die „Statistiker-Hochrechnung", d. h. die kalibrierte Gesamtschätzung.

Die Auswirkungen der durch späte Anforderungen ausgelösten Veränderungen der Feature-Menge lassen sich durch die eingeführten Begrifflichkeiten ebenfalls darstellen, indem man sowohl die „Informatiker-Prognose" als auch die „Statistiker-Hochrechnung" auf die jeweilige Gesamtmenge der Features anwendet. Solange im Sinne der Anforderungstauschbörse ordentlich gegenfinanziert wird, entstehen keine Aufwandsveränderungen durch die Veränderung der Feature-Menge. Gelingt das nicht präzise, kommt es zu Prognose-Veränderungen.

Abbildung 8.4 zeigt den Verlauf des Cost Forward Progressings für ein noch nicht abgeschlossenes Projekt. Wir erkennen als Ankerpunkt die initiale Schätzung am Übergang vom IR:scope zum IR:agile und acht weitere Messpunkte. An zwei dieser Messpunkte kommt es zu nicht gegenfinanzierten Erweiterungen in Form von späten Anforderungen

Tab. 8.3 Cost Forward Progressing zur Errechnung der „Informatiker-Prognose"

i	$IS(f_i)$	$DS(f_i)$	$TA(f_i)$
1	**20**		
2	**25**		
3	**15**		
4	**10**		
GS = 20+25+15+10 = 70 PT			

i	$IS(f_i)$	$DS(f_i)$	$TA(f_i)$
1	**20**		
2	25	**50**	
3	**15**		
4	**10**		
GS = 20+50+15+10 = 95 PT			

$$\Delta IS = \frac{50}{25} = 2$$

i	$IS(f_i)$	$DS(f_i)$	$TA(f_i)$
1	20	**30**	
2	25	50	**60**
3	**15**		
4	**10**		
GS = 30+60+15+10 = 115 PT			

$$\Delta IS = \left(\frac{30}{20} + \frac{50}{25}\right) \Big/ 2 = 1{,}75$$

$$\Delta DS = \frac{60}{50} = 1{,}2$$

Tab. 8.4 Cost Forward Progressing zur Errechnung der „Statistiker-Hochrechnung"

i	$IS(f_i)$
1	**20**
2	**25**
3	**15**
4	**10**
GS = 70 PT	

i	$IS(f_i)$	$IS'(f_i)$	$DS(f_i)$
1	20	**40**	
2	25	50	**50**
3	15	**30**	
4	10	**20**	
GS' = 40+50+30+20 = 140 PT			

i	$IS(f_i)$	$IS'(f_i)$	$DS(f_i)$	$DS'(f_i)$	$TA(f_i)$
1	20	35	30	**36**	
2	25	43,75	50	60	**60**
3	15	**26,25**			
4	10	**17,5**			
GS' = 36+60+26,25+17,5 = 139,75 PT					

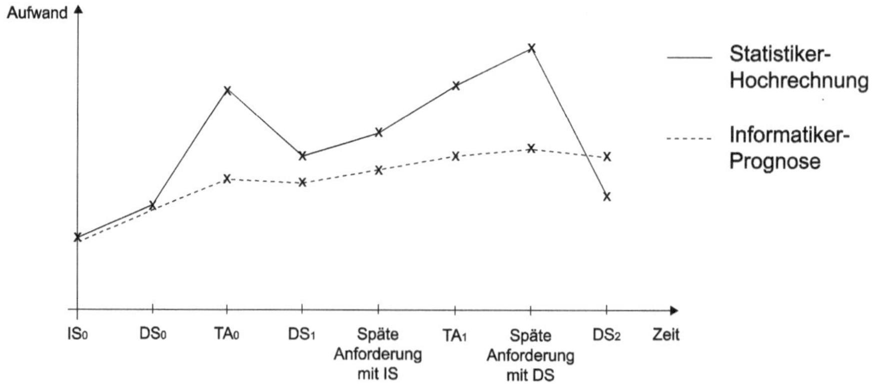

Abb. 8.4 Entwicklung von Hochrechnung und Prognose mit der Zeit

(einmal mit initialer Schätzung, einmal mit Detailschätzung). Wir erkennen insgesamt zunächst ein Ansteigen der „Informatiker-Prognose“ (und ein dramatisches Ansteigen der „Statistiker-Hochrechnung“). Ab dem fünften Messpunkt scheint ein stabiles Niveau erreicht. Am letzten Messpunkt tritt der Effekt auf, dass eine Detailschätzung eines Features recht deutlich unter der initialen Schätzung lag. Dieser Effekt schlägt in der Prognose mild, in der Hochrechnung deutlich zu Tage. Im späteren Projektverlauf, wenn die Ungewissheit überschaubarer wird, ist daher die „Informatiker-Prognose“ unter Umständen die plausiblere Vorhersage, da sie keine so starken Auswirkungen auf die Gesamtschätzung hat. Insgesamt dürfte sich der tatsächliche Aufwand in einem Korridor zwischen beiden Prognosen bewegen. Nicht absehbar ist aber, dass die Schätzungen wieder auf das initiale Schätzniveau zurückfallen könnten.

Literatur

Grapenthin S, Poggel S, Book M, Gruhn V (2014) Facilitating task breakdown in sprint planning meeting 2 with an Interaction Room: an experience report. In: Rabiser R, Torkar R (Hrsg) SEAA'14: Proceedings of 40th Euromicro conference on software engineering and advanced applications, S 1–8. doi:10.1109/SEAA.2014.71

Moran A (2014) Agile risk management. Springer

Einsatz von Interaction Rooms unter erschwerten Bedingungen

9

Inhaltsverzeichnis

Die vorangegangenen Kapitel haben gezeigt, dass ein Interaction Room in seinen verschiedenen Varianten von den frühesten Projektvorstufen bis zum Projektabschluss ein wertvolles Orientierungs- und Fokussierungs-Werkzeug für alle Stakeholder im Projekt darstellt. In so manchem Unternehmen wird es aber aus praktischen Gründen nicht möglich sein, für jedes Projekt einen eigenen Interaction Room einzurichten – sei es, weil nicht genügend physische Räume exklusiv zur Verfügung stehen, weil die Team-Mitglieder räumlich verteilt arbeiten, oder weil kein kompletter Interaction Room für die zu lösende Aufgabe erforderlich scheint.

Die methodischen Bausteine eines Interaction Rooms sind jedoch modular und leichtgewichtig genug, um an verschiedenste Projekt- und Raumsituationen angepasst zu werden, wie die folgenden Abschnitte zeigen.

9.1 Temporäre Interaction Rooms

Häufigster Einwand gegen die Nutzung eines Interaction Rooms ist, dass man für die ganze Projektlaufzeit keinen Raum entbehren könne. Je nach Projektumfang und Komplexität mag dieser Einwand berechtigt sein, doch komplexe Projekte mit strategischen Zielen, hohen Integrationsherausforderungen und vielen Stakeholdern sind in der Regel einem so hohen Kosten- und/oder Qualitätsrisiko ausgesetzt, dass die Reservierung eines Raums für das Projekt eine lohnende Investition darstellt.

M. Book et al., *Erfolgreiche agile Projekte*, Xpert.press,
DOI 10.1007/978-3-662-53330-7_9

Zumindest die initialen, nur wenige Tage langen Workshops – d. h. z. B. ein IR:digital für die Strategieentwicklung sowie ein IR:mobile oder ein IR:scope für das Projekt-Scoping – sollten in jedem Fall in einem dedizierten Raum stattfinden. Idealerweise ist das ein Konferenzraum, der als Interaction Room ausgestattet ist, d. h. der über großflächige Whiteboards an allen Wänden verfügt, in dem Annotationen als Magnet- oder Haftsymbole bereitliegen, und der auf einigermaßen „neutralem Grund" liegt – d. h. nicht gerade im Herzen der IT- oder Fachabteilung, damit der Workshop für keine Seite zum „Heimspiel" wird, sondern beide Seiten sich aufeinander einlassen können. Die Ausstattung einiger Konferenzräume als Interaction Rooms lohnt sich für alle Unternehmen, die häufig mit komplexen IT-Projekten befasst sind.

Steht kein als Interaction Room ausgestatteter Konferenzraum zur Verfügung, kann ein Raum mit mobilen Whiteboards oder selbsthaftenden Whiteboard-Folien auch vorübergehend zum Interaction Room „aufgerüstet" werden. Diese Lösungen bieten typischerweise jedoch nicht so viel Raum zur Modellierung wie ein dediziert ausgestatteter Interaction Room und bremsen Teilnehmer daher unter Umständen unterbewusst in ihrer Kreativität.

Steht der Interaction Room nur für die Scoping-Phase zur Verfügung, nicht jedoch für die durchgehende Projektbegleitung in Form des IR:agile, so ist die wichtigste Frage, wie die Erkenntnisse aus einem IR:digital, IR:mobile, IR:tech oder IR:scope erhalten bleiben und weiterentwickelt werden können. Die Erkenntnisse haben dabei zweierlei Gestalt: Zum einen wird aus der Analyse der Modellskizzen und Annotationen im Nachgang einer IR-Befüllung typischerweise ein Dokument mit Handlungsempfehlungen erstellt, das die wichtigsten Wert-, Aufwands- und Risikotreiber sowie Ungewissheiten benennt und Empfehlungen dafür gibt, wie sie im weiteren Projektverlauf zu berücksichtigen sind (Abschn. 3.7). Dieses Dokument sollte allen Stakeholdern zugänglich gemacht werden. Seitens des Projektmanagements ist darauf zu achten, dass die dort aufgeführten Punkte auch tatsächlich umgesetzt bzw. geklärt werden.

Zum anderen empfiehlt es sich, nach einem IR-Workshop von allen Wänden hochauflösende Fotos anzufertigen, die als Ausgangsbasis für eine konkretere Ausmodellierung der besonders kritischen System- und Prozessabschnitte dienen. Oft ist es hilfreich, die handschriftlichen Skizzen incl. der Annotationen der Lesbarkeit halber in einem Modellierungstool sauber nachzuzeichnen (ohne sie jedoch zu interpretieren oder weiterzuentwickeln!). Um den Gesamteindruck, den diese annotierten Modellskizzen vermitteln, im Projektverlauf nicht zu verlieren, empfiehlt es sich, die Fotos bzw. nachgezeichneten Skizzen in Postergröße auszudrucken und in einen Raum zu hängen, in dem sie für möglichst viele Teilnehmer präsent sind (wurde zuvor mit mobilen Whiteboards oder Whiteboard-Folien gearbeitet, können die Originale unmittelbar übernommen werden). Das kann z. B. der Team-Raum der Entwickler sein, zur Not auch eine Teeküche oder ein Korridor, der es ermöglicht, sich spontan vor den Skizzen einzufinden, um aktuelle Fragen vor dem Hintergrund des Projekt-Gesamtkontexts zu diskutieren. Denkbar ist auch, die Skizzen auf ein neues Whiteboard im Team-Raum zu übertragen und sie dort im Rahmen des Projektverlaufs fortzuentwickeln.

Im Team-Raum entsteht auf diese Weise ein visueller und methodischer Ausschnitt eines Interaction Rooms, der zwar nur die Sicht auf einen Teil des Projekts bietet (falls zur Übertragung aller Canvases kein Platz ist) und unter Umständen nicht gleichermaßen komfortabel bearbeitbar ist (falls keine Whiteboards, sondern nur ausgedruckte Poster bereitstehen). Er dient während des Projektverlaufs jedoch zumindest als zentraler Kommunikationsort, der die Orientierung im Projekt, die Verortung von Entwurfsentscheidungen und ihren Auswirkungen und – vielleicht am wichtigsten – die Erhaltung des Wissens über all die annotierten Wert-, Aufwands- und Risikotreiber ermöglicht.

Das Team kann zudem entscheiden, die regelmäßigen Sprint Planning Meetings ebenfalls im Rahmen „kleiner" IR:scope-Workshops durchzuführen, um Fachlichkeit und Technik der als nächstes anzugehenden Features besser zu verstehen. Statt diese Sprint Planning Meetings mit den beschränkten Mitteln der IR-Ausschnitte im Team-Raum durchzuführen, empfiehlt es sich, diese Gelegenheit zu nutzen, um für einen halben Tag einen dedizierten Interaction Room mit seinem größeren Platzangebot zu nutzen, dabei auch die Poster aus dem Team-Raum auf den neuesten Stand zu bringen und den neuen Sprint mit einem frischen Überblick über das Gesamtprojekt und die Fokuspunkte des aktuellen Sprints zu beginnen. Die Team-Raum-Poster, die auf diese Weise von Iteration zu Iteration gesammelt werden, stellen zusammen mit den Burndown-Charts der Sprints eine schnell erschließbare Zusammenfassung der Team-Arbeit dar und eignen sich somit auch als Ausgangspunkt für Sprint- und Projekt-Retrospektiven.

9.2 Verteilte Interaction Rooms

Wie im vorangehenden Abschnitt beschrieben, sollte ein Interaction Room idealerweise dem ganzen Team für die gesamte Projektlaufzeit zur Verfügung stehen, um das Projekt mit seiner Zielsetzung, seinem Kontext, seinen Herausforderungen und seinem aktuellen Status jederzeit für alle Stakeholder greifbar und diskutierbar zu machen.

Oft ist diese Idealsituation jedoch nicht zu erreichen, wenn verschiedene Teammitglieder an verschiedenen Orten arbeiten. Schon im oben beschriebenen einfachen Fall, wenn ein Projekt keinen dedizierten Interaction Room für sich hat, sondern die Skizzen-Poster nach den Workshops in einem Team-Raum aufgehängt werden, stellt sich die Frage, welche Perspektiven in welchen Team-Raum gehören. Wandern die Process Canvases zu den Fachexperten und die Integration Canvases zu den Entwicklern? Bekommen nur die Entwickler alle Canvases, da sie das System letztlich bauen müssen? Oder bekommen beide Seiten eine Kopie aller Canvases? Wie werden die an verschiedenen Orten aufgehängten Canvases dann konsistent zueinander gehalten?

Diese Fragen verschärfen sich noch, wenn die Stakeholder des Projekts nicht nur in verschiedenen Abteilungen im gleichen Gebäude sitzen, sondern wenn sie über verschiedene Unternehmensstandorte verteilt sind und nicht „mal eben" die Kollegen besuchen können, um ein Problem vor den Canvases auszudiskutieren.

Konkrete Strategien, die IR-Methodik auf verteilte Teams zu übertragen, hängen stark von der Zusammensetzung der Teams an den verschiedenen Standorten und der erforderlichen Enge der Zusammenarbeit ab. Einige Leitlinien können jedoch helfen, die Kommunikation auch unter diesen erschwerten Bedingungen so effektiv wie möglich zu unterstützen:

Am Ausgangspunkt eines jeden Projekts ist die Kommunikation zwischen den Stakeholdern am wichtigsten. In den frühen Phasen, wenn erst einmal geklärt wird, was das Projektziel ist bzw. wie es mit Substanz gefüllt werden soll, lernen sich in der Regel auch die Stakeholder erst näher kennen, die künftig im Projekt zusammenarbeiten müssen. In dieser Phase ist es essenziell, eine kollaborative Grundatmosphäre aufzubauen, in der sich Unternehmensbereiche nicht voneinander abgrenzen und Erwartungen aneinander formulieren, sondern gemeinsam ein Produkt und Projekt definieren, dabei die Herausforderungen kennen- und respektieren lernen, denen die jeweils andere Seite unterworfen ist, und zusammen Lösungsansätze entwickeln. Eine solche Grundstimmung des „joint project ownership" und eine kreative Atmosphäre, die innovative Lösungen fördert, kann jedoch nicht über die Entfernung entstehen, sondern nur in der persönlichen Kommunikation. Für die initialen Interaction Rooms – d. h. einen IR:digital, IR:mobile, IR:tech oder IR:scope – führt daher kein Weg an einem persönlichen, gemeinsamen Workshop am gleichen Ort vorbei. Auch wenn dies für einige Teilnehmer Reiseaufwände bedeutet, ist der Gewinn an Teamgeist und gemeinsamem Problem- und Lösungsverständnis gerade in komplexen Projekten die Investition allemal wert.

Im Anschluss an diese Workshops stellt sich dann die Frage, wie die gemeinsam im Interaction Room erarbeiteten Erkenntnisse an den verschiedenen Standorten am effektivsten verwertet und weiterentwickelt werden können. Grundlage dafür ist es, die Visualisierung aus dem gemeinsamen Interaction Room an den einzelnen Standorten wieder herzustellen – idealerweise wiederum in dedizierten, mit Whiteboards ausgestatteten Interaction Rooms, behelfsweise aber auch durch das Aufhängen von Postern in den verteilten Team-Räumen (Abschn. 9.1). Um jedem Standort ein vollständiges Bild des Projekts zu geben, sollten überall sämtliche Perspektiven, d. h. sämtliche Whiteboards, nachgebildet werden. Auch wenn das Team an einem bestimmten Standort nur für einen Teilbereich verantwortlich ist (z. B. dürfte ein Fachbereich wenig mit Integrationsfragen zu tun haben), hilft die Komplettansicht dabei, die Abhängigkeiten des eigenen Bereichs von den Bereichen der anderen Teams im Blick zu halten, und bei Telefonkonferenzen hat jeder das Gesamtbild vor Augen.

Die Modellskizzen auf den Canvases der lokalen Interaction Rooms werden sich entsprechend der Tätigkeitsschwerpunkte der verschiedenen Teams getrennt voneinander fortentwickeln. Dies ist einerseits gewollt und natürlich – jedes Team kann seinen Interaction Room nutzen, um sich gerade die Projektteile besser zu vergegenwärtigen, für die es verantwortlich ist. Dabei muss jedoch darauf geachtet werden, dass die Entwicklungen und Planungen zueinander kompatibel bleiben. In regelmäßigen Abständen empfehlen sich daher wechselseitige Besuche zwischen den Teams, um sich über den Stand der Arbeiten und die weitere Planung abzustimmen und die Skizzen in den Interaction Rooms an den Schlüsselstellen einander anzupassen.

Offensichtlich kann bei einem solchen verteilten Vorgehen keine ebenso enge Zusammenarbeit und keine so unmittelbare Kommunikation über Aufwände, Abhängigkeiten und Lösungsideen erfolgen wie in einem gemeinsam genutzten Interaction Room. Zumindest die Funktion als Orientierungsrahmen über das Gesamtprojekt und Visualisierungswerkzeug für die lokale Entwurfsplanung und den lokalen Projektfortschritt unterstützen jedoch auch verteilte Interaction Rooms effektiver, als wenn das Team nur klassische Kommunikationsmittel wie z. B. eine zentrale Issue-Tracking-Software einsetzen würde.

9.3 Augmentierte Interaction Rooms

Wie oben beschrieben wird die Effektivität der Arbeit in verteilten Interaction Rooms vor allem durch die Entkopplung der Modellierungsarbeit der Teams an den verschiedenen Standorten eingeschränkt. Ein gelegentlicher Abgleich kann dabei zwar den groben Gesamtrahmen konsistent halten, ist aber aufwändig und fehleranfällig – gerade in Großprojekten werden versteckte Abhängigkeiten oft übersehen.

Als Lösung bietet sich an, die Interaction Rooms zu digitalisieren, um einen einfacheren Austausch und Abgleich von Modellen zwischen verschiedenen Standorten zu ermöglichen. In sog. Augmented Interaction Rooms (AugIRs) kommen anstelle der Whiteboards großflächige interaktive Displays zum Einsatz, die sich mit elektronischen Stiften wie ein Whiteboard beschreiben lassen und somit eine ähnlich intuitive Nutzung ermöglichen wie ein klassisches Whiteboard (Kleffmann et al. 2014a). In Sachen Zeichenkomfort gehen die Displays sogar über klassische Whiteboards hinaus, da sie ein einfaches, gestengesteuertes Verschieben von Zeichenelementen oder des gesamten Zeichenbereichs erlauben und so eine viel einfachere Umstrukturierung von Diagrammen sowie eine flexiblere Ausnutzung der Fläche ermöglichen als klassische Whiteboards.

Stehen den Teams an verschiedenen Standorten Augmented Interaction Rooms zur Verfügung, so können die digital erstellten Skizzen problemlos zwischen den Standorten ausgetauscht werden. Ebenso werden Konferenzschaltungen möglich, in denen verteilte Teams synchron an den gleichen Canvases arbeiten. Doch auch asynchrones Arbeiten wird (mit Unterstützung entsprechender AugIR-Software) einfacher: Während Teams lokal mit „ihren" Canvases arbeiten, können sie automatisch auf Kollisionen oder Verletzungen von Abhängigkeiten hingewiesen werden, die mit den Canvases entfernter Teams bestehen.

Selbst wenn alle Teams eines Unternehmen am gleichen Standort arbeiten, kann die Einrichtung eines augmentierten Interaction Rooms lohnen, um das Problem der Exklusivnutzung von Räumen durch einzelne Teams zu lösen: Da die Skizzen und Annotationen nicht mehr physisch, sondern digital erstellt werden, lässt sich der aktuelle Zustand eines kompletten Interaction Rooms auf Knopfdruck abspeichern und später wiederherstellen (Kleffmann et al. 2014b). Dies erlaubt es mehreren Teams, einen AugIR parallel (in verschiedenen Zeitslots) zu nutzen, statt sich mit der Persistierung durch Fotos und Posterdrucke behelfen zu müssen.

Die erforderliche Infrastruktur für einen digitalen Interaction Room mit mehreren interaktiven Displays in Whiteboard-Größe ist offensichtlich keine kleine Investition. Sie bietet jedoch möglichst vielen Projektteams die Chance, von der IR-Methodik zu profitieren. Die dadurch geförderte konstruktivere, risikobewusstere und wertorientiertere Projektarbeit sollte zu Steigerungen der Produktqualität führen, die die Infrastruktur-Investition bald aufwiegt.

Literatur

Kleffmann M, Book M, Gruhn V (2014a) Supporting collaboration of heterogeneous teams in an augmented team room. In: Lanubile F, Ali R (Hrsg) SSE'14: Proceedings of 6th international workshop on social software engineering, S 9–16. doi:10.1145/2661685.2661688

Kleffmann M, Book M, Hebisch E, Gruhn V (2014b) Automated versioning and temporal navigation for model sketches on large interactive displays. In: Kim S, Hung CC, Hong J (Hrsg) SAC'14: Proceedings of 29th annual ACM symposium on applied computing, S 161–168. doi:10.1145/2554850.2563668

Zusammenfassung 10

Der Interaction Room dient als Kristallisationskern für die Kommunikation zwischen den Projekt-Stakeholdern, die in agilen Prozessmodellen zwar von zentraler Bedeutung ist, jedoch über die täglichen Standup-Meetings hinaus üblicherweise kaum organisiert oder vor allem IT-fokussiert ist. Im Interaction Room manifestieren sich hingegen die Sichten aller Stakeholder – Domänenexperten, Entwickler, Betriebler, Manager, Anwender – und werden gemeinsam diskutiert. Die gemeinsame Modellbildung und Modellannotation provoziert und kanalisiert genau die Diskussion, die von allen agilen Verfahren zwar als zentrales Element gefordert, aber kaum methodisch gefördert wird.

Für verschiedene Projektsituationen bieten sich dabei verschiedene IR-Varianten an. Abbildung 10.1 zeigt die Dimensionen von Softwareentwicklungsprojekten, die die Eignung des IR:scope und IR:agile zur Unterstützung von Projekten beeinflussen. Die obere Hälfte der Abbildung zeigt die Kriterien für die Affinität zum Scoping mit dem IR:scope; die untere Hälfte zeigt Kriterien, die die Affinität zum Monitoring mit Hilfe des IR:agile bestimmen. Je weniger ausgeprägt ein Projekt in einer bestimmten Dimension ist, desto weniger notwendig ist die Nutzung eines Interaction Rooms. Aus keiner der dimensionalen Einsortierungen ergibt sich dabei die strikte Unanwendbarkeit des Interaction Rooms, genauso wenig ergibt sich der strikte Rat zu seiner Nutzung. Es handelt sich lediglich um Reihe von Indikationen, die nicht erfassten Spezifika eines konkreten Projektes im Einzelfall untergeordnet werden können und sollten.

Die in Abb. 10.1 benannten Dimensionen werden im Folgenden diskutiert:

- **Zentralität:** Ein Softwareentwicklungsprojekt kann in unterschiedlicher Zentralität durchgeführt werden. Gefragt ist dabei, wie die an der Entwicklung beteiligten Personen auf Standorte verteilt sind. Alle Personen an einem Standort zu haben, ist dabei ein vollständig zentrales Modell, das die Kommunikation der Beteiligten jederzeit ohne Inkaufnahme von Reisekosten ermöglicht. Der Interaction Room als Mittel der persönlichen Kommunikation profitiert von einer solchen zentralen Organisation. In stärker

M. Book et al., *Erfolgreiche agile Projekte*, Xpert.press,
DOI 10.1007/978-3-662-53330-7_10

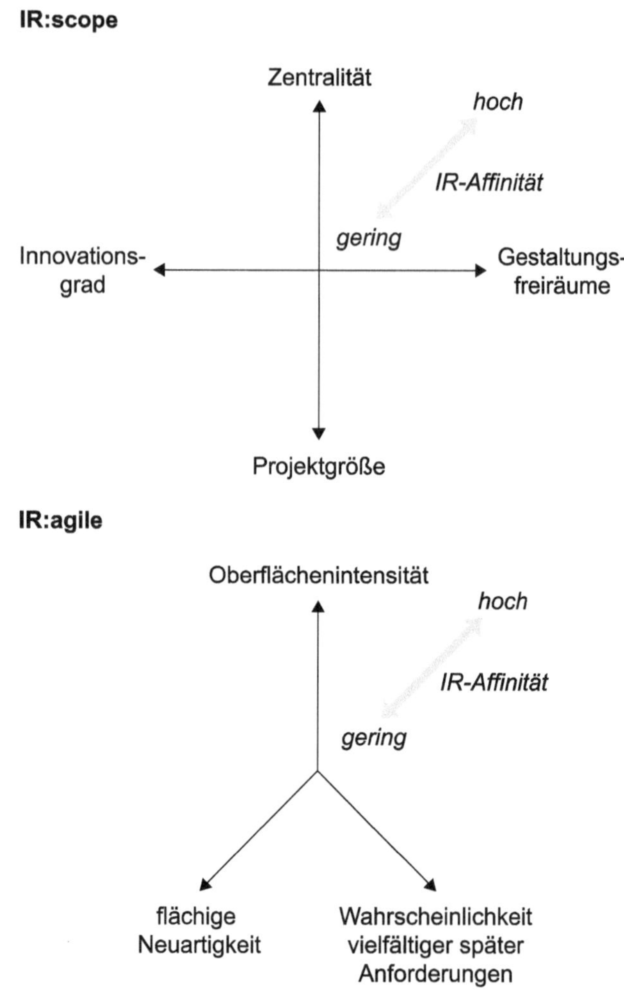

Abb. 10.1 Kriterien für die Eignung eines Projekts für den Einsatz von IR:scope bzw. IR:agile

dezentralen Organisationen finden sich womöglich die Anwendungsexperten an einem anderen Ort als die Entwickler, oder die Entwickler an einem anderen als die Spezifizierer und Architekten. In solchen Situationen ist die Nutzung des Interaction Rooms dennoch möglich, erfordert in aller Regel aber größeren logistischen, organisatorischen oder technischen Aufwand (Abschn. 9.2).

- **Innovationsgrad:** Software kann dazu dienen, neuartige Geschäftsprozesse zu unterstützen und neuartige Produkte und Kunden zu verwalten. Sie kann auch grundlegend neue Geschäftsmodelle ermöglichen. In all diesen Situationen ist die zu erstellende Software mit fachlichen Innovationen verbunden. Die zugehörige Softwareentwicklung wird davon geprägt, dass Innovationen auf der fachlichen Seite mit bisher nicht gekannten Softwarestrukturen einhergehen. Auf der anderen Seite gibt es

Softwareentwicklungsprojekte, die auf die strukturerhaltende Ergänzung existierender Softwaresysteme abzielen. Hier spielt Innovation eine geringe Rolle; meistens ist gut absehbar, was passieren soll. Dazwischen gibt es eine große Vielfalt an Projekten mit punktuellen Innovationsschwerpunkten, solchen, die Kauf-Software auf Unternehmensspezifika anpassen sollen und solchen, die „nur" einen Release-Wechsel von einer Softwareversion auf die nächste unterstützen sollen. Generell gilt: Je ausgeprägter der Innovationsgrad in der fachlichen Domäne, desto wichtiger ist es, die Struktur und die grundsätzliche Wirkungsweise der neuen Software mit allen Beteiligten abzustimmen – und umso nützlicher ist es, mit dem Interaction Room genau diese Abstimmung zu unterstützen.

- **Gestaltungsfreiraum:** Eng angelehnt, aber dennoch abgrenzbar vom Innovationsgrad ist der Freiraum bezüglich der Gestaltung einer zu erstellenden Software. Auch eine fachlich nicht innovative Software kann in ihren Details erhebliche abzustimmende Gestaltungsräume bieten. Dies kann sowohl die Struktur der zu unterstützenden Geschäftsprozesse als auch das Organisationsmodell als auch die Oberflächen betreffen. Für die Frage, ob ein Interaction Room sinnvollerweise eingesetzt werden sollte, ist deshalb auch bedeutsam, ob solche Freiräume in Abstimmung verschiedener beteiligter Gruppen und Personen ausgestaltet werden können oder müssen. Ist das der Fall, ist der Interaction Room ein geeignetes Instrument.
- **Größe:** Die Größe einer zu erstellenden Software hat Einfluss auf die Kommunikationsintensität des Softwareprozesses. „Je größer die Software, desto größer die Anzahl der Beteiligten" stimmt zwar nicht im Einzel- und Sonderfall, aber als generelle Leitlinie. Zur Entwicklung einer Software, die von wenigen Entwicklern in wenigen Wochen erstellt werden kann, ist ein Interaction Room eventuell übertriebener Overhead. Software, die von Dutzenden Entwicklern über Jahre hinweg entwickelt wird, kann mit einem einzelnen Interaction Room womöglich nicht mehr sinnvoll gescoped werden. In letzterem Fall muss das Instrumentarium des Interaction Rooms in hierarchischer Weise angewendet werden.
- **Oberflächenintensität:** Wann immer eine Software über viele Schnittstellen zu Anwendern verfügt, ist die Abstimmung dieser Schnittstellen von entscheidender Bedeutung für die Akzeptanz. Mit anderen Worten: Einen Druckertreiber zu realisieren, ist in der Regel von weniger Hin und Her bestimmt als die Realisierung einer Schnittstelle zu einem menschlichen Anwender. Die Schnittstellen zu Menschen sind dabei nicht nur Dialoge, sondern auch Reports und Schriftstücke aller Art. Ist eine Software von einer Vielzahl solcher Schnittstellen geprägt, so drohen vielfältige späte und konkurrierende Anforderungen. Zusätzlich bedürfen diese Schnittstellen in ihrer Gesamtheit der Festlegung eines Interaktionsparadigmas. Sollen die Anwender so gut wie möglich geführt werden, sollen sie überhaupt die Chance haben, inkonsistente Daten zu erfassen? Sollen sie im Hinblick auf maximalen Durchsatz unterstützt werden, oder steht die User Experience im Mittelpunkt? Kurzum, je oberflächenintensiver eine Anwendung, desto mehr hängt ihre Gestaltung davon ab, dass sich die Beteiligten auf ein Interaktionsparadigma einigen. Und dazu kann der Interaction Room beitragen (z. B. mit dem

Interaction Canvas). Aus der anderen Perspektive argumentiert: Wenn es um eine rein technische, nutzerinteraktions-freie Software geht, gibt es kaum Ansatzpunkte für das Instrumentarium des Interaction Rooms.

- **Wahrscheinlichkeit vielfältiger später Anforderungen:** Späte Anforderungen sind eh unvermeidbar. Trotzdem ist die Frage, wie undefiniert und potenziell veränderungsintensiv die initialen Anforderungen sind, relevant für die Festlegung des angemessenen Agilitätsmaßes. In weitgehend klaren Situationen macht es Sinn, mehr Aufwand in die initiale Anforderungsdokumentation zu stecken als in solchen, in denen mit vielfältigen, aber eben noch nicht präzise absehbaren Anforderungen zu rechnen ist.
- **Flächige Neuartigkeit:** Eine im Großen und Ganze funktional und strukturell neue Software kann kaum vorab spezifiziert werden. Hier gilt Ries' (2011) Paradigma, dass der Softwarezweck sich erst während der Entwicklung klärt und dass der Umgang mit diesem Mäandern zugelassen werden muss, um den optimalen Nutzen zu erfüllen. Das Festhalten am initial geplanten Softwarezweck ist in solch innovativen Situationen oft schädlich, weil es das Einschwenken auf das noch Nützlichere behindert. Und wenn die Software dann nicht nur in einzelnen Bereichen neuartig ist, sondern mehr oder weniger überall, dann hat das erheblichen Einfluss auf die Dynamik und Volatilität selbst grundlegender Anforderungen.

Neben diesen Dimensionen, die den Einsatz eines Interaction Rooms mehr oder weniger nahe legen, gibt es einige strikte Ausschlusskriterien. Hierzu zählen die Nicht-Verfügbarkeit von Domänenkennern bzw. Anwendungsexperten, eine strikt plangetriebene Vorstellungswelt (auch wenn es diese heutzutage nicht mehr geben dürfte) und Kunden, die während des Entwicklungsprozesses partout nicht behelligt werden wollen. In diesen Fällen ist es nicht möglich, durch interdisziplinäre Kommunikation einen Erkenntnisgewinn zu erreichen, oder die Unschärfe und Flexibilität zuzulassen, die den Interaction Room zu einem so effektiven Kommunikations-Katalysator macht.

Literatur

Ries E (2011) The lean startup: how today's entrepreneurs use continuous innovation to create radically successful businesses. Crown Business

Teil III

Das Vertragsmodell adVANTAGE

11 Softwareprojekte aus kommerzieller Sicht

Der Interaction Room, den wir in den vorherigen Kapiteln beschrieben haben, bietet eine Reihe von praktikablen Instrumenten für Softwareprojekte, deren Stakeholder sich in einem einig sind: dass Softwareentwicklung im Großen und Ganzen von Ungewissheit geprägt ist. Oft muss dieses Bewusstsein zu Beginn des Projektes erst hergestellt und über die Dauer des Vorhabens immer wieder in Erinnerung gerufen werden. Ändern wird man an der Ungewissheit nichts, man kann ihr in Gruppen allerdings gut begegnen, nämlich durch Kommunikation. In Abschn. 2.1 haben wir herausgearbeitet, warum Kommunikation eine, wenn nicht *die* wesentliche Aufgabe in Softwareprojekten ist: weil Menschen unterschiedlich viel von einer Domäne verstehen, weil sie anfänglich meist keine klare Vision haben, weil sie sich gerne in Details verlieren und ihnen nicht klar ist, welche Treiber den Wert und die Kosten der entstehenden Software bestimmen, und weil Anforderungen im besten Fall zu einem einzigen Zeitpunkt halbwegs stabil sind, aber nie auf Dauer.

Der Interaction Room ist Ausdruck der Überzeugung, sich diesen gegebenen Bedingungen lieber zu stellen als so zu tun, als könnten wir Software (zumal in soziotechnischen Systemen) hinreichend an einem Stück spezifizieren. Als Gerüst für die systematische, aber nicht formale Kommunikation in agilen Softwareprojekten hat sich der Interaction Room in zahlreichen Projektsituationen bewährt und als zentraler räumlicher und methodischer Marktplatz im agilen Projektdorf herausgestellt – in Form des IR:digital, IR:mobile oder IR:tech in den frühen Phasen der Strategieentwicklung, in Form des IR:scope beim Scoping eines Projekts, und in Form des IR:agile während der Projektdurchführung.

Während der Interaction Room die wesentlichen *konstruktiven* Aspekte eines Softwareprojekts betrachtet, haben wir bislang davon abstrahiert, unter welchen *kommerziellen* Rahmenbedingungen agile Softwareprojekte vonstatten gehen. Diese wollen wir nun genauer betrachten, und dabei insbesondere zeigen, wie aus wirtschaftlicher Sicht mit der unvermeidlichen Ungewissheit in Softwareprojekten umgegangen werden kann.

M. Book et al., *Erfolgreiche agile Projekte*, Xpert.press,
DOI 10.1007/978-3-662-53330-7_11

Zunächst müssen wir uns klarmachen, dass es in Bezug auf die wirtschaftlichen Aspekte eines Softwareprojekts nicht nur einen Unterschied macht, ob das Projekt eher plangetrieben oder eher agil gesteuert wird, sondern auch, ob Unternehmensgrenzen und damit Grenzen zwischen rechtlich selbstständigen Wirtschaftseinheiten das Projektgeschehen beeinflussen.

Abbildung 11.1 zeigt unterschiedliche kommerzielle Situationen, je nach Vorhabenscharakter und Kooperationsmodell des entsprechenden Softwareprojektes. Betrachten wir zunächst die Art des Vorhabens; werfen wir also einen kommerziellen Blick auf die beiden Enden des Spektrums zwischen plangetriebenen und agilen Verfahren.

- In **plangetriebenen Verfahren** gehen wir davon aus, dass in frühen Phasen des Softwareprojektes Artefakte (Pflichtenhefte, Spezifikationen oder dergleichen) vorliegen, die eine halbwegs verlässliche, aber vor allem stabile Grundlage für eine Kalkulation des Realisierungsaufwandes erlauben. Auch wenn wir in Abschn. 1.3 für „gezähmte Agilität" plädiert haben, dürfen wir solche Projekttypen nicht vergessen, denn es gibt sie natürlich an vielen Stellen nach wie vor. Denken wir an rein technische Systeme, zumal in kritischen Bereichen. Die Software für Herzschrittmacher und selbstfahrende Autos hätten wir sicher gerne sauber spezifiziert, bevor die Programmierer und danach die Tester kommen. Späte, überraschende Anforderungen sollten nicht vorkommen oder zumindest so selten oder so unkritisch sein, dass sie in einem stark strukturierten Release Management in zukünftige Phasen jenseits der aktuellen Aufwandsschätzung verschiebbar sind. Aber auch in soziotechnischen Systemen gibt es Kandidaten für plangetriebenes Vorgehen. Viele Softwareprodukte (also im Gegensatz zur Individualsoftware solche Systeme, die über ein lang vorlaufendes Produktmanagement verfügen, in dem Produkteigenschaften für eine Vielzahl verschiedener zukünftiger Anwender sauber spezifiziert werden) werden entlang plangetriebener Verfahren entwickelt. In all diesen Fällen spielen kommerzielle Fragestellungen eine wichtige, aber nicht allzu komplizierte Rolle. Solange eine Grundlage für die Schätzung des zur Realisierung erforderlichen

		Vorhabenscharakter	
		plangetriebene Verfahren	agile Verfahren
Kooperationsmodell	Fremdleister		
	kooperatives Leistungsgefüge		
	Eigenleister		

Abb. 11.1 Mögliche kommerzielle Rahmen für Softwareprojekte

Aufwandes existiert, haben wir es mit der „normalen" Schätzungewissheit zu tun, die von vielen Faktoren abhängt (Jørgensen und Moløkken-Østvold 2004), so z. B. von der Güte und Detailtiefe der zugrundeliegenden Dokumente (Pflichtenheft, Spezifikation), von der Erfahrung des Schätzers, etc. Das aus dieser Schätzungewissheit erwachsende Risiko liegt je nach Kooperationsmodell (s.u.) beim entwickelnden Unternehmen.

- In **agilen Verfahren** wird der Tatsache Rechnung getragen, dass es sich bei der Softwareentwicklung um einen Erkenntnisprozess handelt. Es ist hier akzeptierte Grundannahme, dass Software nicht abschließend spezifiziert werden kann oder dies so aufwändig wäre, dass man die Software auch gleich realisieren kann. Und es ist ja auch das wesentliche Merkmal der agilen Verfahren, dass man in kurzen Zyklen schnell zu lauffähigen Systemen gelangen kann, die dann der Überprüfung durch die Bedarfssteller zugeführt werden können und Grundlage für die Entwicklung der nächsten Iteration werden. Der Verzicht auf die Erstellung umfangreicher Dokumente führt allerdings auch zu der Schwierigkeit, keine aussagekräftige Vorab-Schätzung anfertigen zu können. An sich ist das gar kein Problem, denn in dieser frühen Phase wäre eine Kalkulationsgrundlage in Form eines löchrigen Pflichtenhefts ohnehin höchst unsolide und würde zu nichts als unzuverlässigen, mehr geratenen als geschätzten Aufwänden führen. So oder so haben wir es also mit einem – mitunter gehörigen – Risiko zu tun.

Der Umgang mit den Kostenrisiken, die sich aus der „normalen" Schätzungewissheit in plangetriebenen Verfahren ergeben bzw. die in agilen Vorgehensmodellen in der inhärenten Unvorhersehbarkeit der zukünftigen Entwicklungen begründet sind, hängt nun sehr stark von der Art des Kooperationsmodells zwischen Anwendern und Entwicklern ab.

- Der einfachste Fall ist sicherlich der eines **Eigenleisters**. In diesem Szenario sind Anwender und Entwickler im selben Unternehmen beschäftigt. Ein (oder mehrere) Fachbereich(e) geben die Realisierung bei der unternehmensinternen Anwendungsentwicklung in Auftrag. Unabhängig vom gewählten Verfahren liegen die Risiken aus dem Projekt vollständig im eigenleistenden Unternehmen. Das Management wird sich für die Beurteilung der Risiken interessieren, aber seine Investitionsentscheidung nicht davon abhängig machen, wie diese virtuell auf die Abteilungen verteilt sind.
- Der in diesem Buch hauptsächlich betrachtete Fall ist der eines **Fremdleisters**, also der Beauftragung eines externen Unternehmens. In diesem Fall kommt der Wahl des Vorhabenscharakters (plangetrieben vs. agil) ganz entscheidende Bedeutung zu. Im Fall des plangetriebenen Vorgehens und unter der Annahme, dass eine halbwegs belastbare Kalkulationsgrundlage vorliegt, sind die Risiken im Großen und Ganzen klar verteilt: der Auftraggeber trägt das Risiko spät auftretender oder sich ändernder Anforderungen, der Auftragnehmer trägt das allgemeine Risiko der Softwareentwicklung. Dazu gehören zum Beispiel mangelnde Qualifikation des eingesetzten Personals, daraus resultierend schlechte Qualität des Ergebnisses und hohe Aufwände für Nacharbeiten, Haftungsrisiken im Falle grober Fahrlässigkeit, etc. In Verträgen für Projekte dieser Art entscheidet sich am Ende alles an der Güte des Pflichtenheftes – im Streitfall wird dieses zurate

gezogen und interpretiert, ob zum Beispiel ein nicht umgesetztes Feature dort beschrieben war oder nicht. Je nachdem, zu welcher inhaltlichen Bewertung man kommt, ist die Rechtsfolge klar festgelegt. Deshalb trauen sich Lieferanten in derlei Szenarien auch, die Realisierung zu festen Preisen anzubieten. Ihre allgemeinen Risiken der Softwareentwicklung glauben sie einschätzen zu können, und es bleibt nur die Frage, ob man das Pflichtenheft für hinreichend detailliert hält, um als Kalkulationsgrundlage zu dienen. Deutlich diffiziler sind in diesem Punkt agile Situationen zu bewerten, da hier naturgemäß eben keine detaillierten Pflichtenhefte vorliegen und deshalb die Kalkulationsgrundlage fehlt. Im nachfolgenden Abschnitt werden wir einzelne Vertragstypen vor diesem Hintergrund untersuchen.

- Ein noch komplexerer Fall bietet sich mit den **kooperativen Leistungsgefügen**, wenn also zum Beispiel Entwickler eines Lieferanten gemeinsam mit Entwicklern des Eigenleisters in gemischten Teams arbeiten. Der einfachste Umgang mit dieser Situation wäre sicherlich, sämtliche Risiken beim Auftraggeber zu sehen und diesen per „Body Leasing" lediglich Ressourcen beim Auftragnehmer einkaufen zu lassen. Das Abrechnungsmodell hierfür ist sehr einfach und tausendfach angewandt, aber es gibt eben auch Fälle, in denen sich der Auftraggeber etwas mehr Verantwortung und Risikobereitschaft beim Auftragnehmer wünschen würde. Wir werden später sehen, dass es sich hierbei um einen Spezialfall des Fremdleistermodells mit einigen Sonderregeln handelt.

Literatur

Jørgensen M, Moløkken-Østvold K (2004) Reasons for software effort estimation error: impact of respondent role, information collection approach, and data analysis method. IEEE TSE 30(12):993–1007. doi:10.1109/TSE.2004.103

12 Traditionelle Vertragsmodelle in einer agilen Welt

Inhaltsverzeichnis

Zunächst wollen wir uns mit typischen Vertragsmodellen auseinandersetzen, die wir aus der guten alten Welt der plangetriebenen Softwareprojekte kennen. Dabei unterstellen wir zunächst ein klassisches Fremdleistermodell, also eine Projektstruktur mit einem Auftraggeber, der gleichzeitig Bedarfssteller und Nutzer ist, sowie einem Auftragnehmer, der Lieferant und Entwickler ist. Zwischen Auftraggeber und Auftragnehmer verläuft eine Unternehmensgrenze. Dies ist zur Anschauung der unterschiedlichen Vertragsmodelle wichtig, denn eine solche Unternehmensgrenze trennt

- zwei unterschiedliche **Rechtssubjekte:** Wir betrachten hier verschiedene Vertragsmodelle. Verträge sollen nicht nur dazu dienen, die Regeln der Zusammenarbeit zu beschreiben, sondern auch die Konsequenzen aufzeigen, die entstehen, wenn sich mindestens einer der Vertragspartner nicht an die vereinbarten Regeln hält. Tritt dieser Fall ein, kommt es zu einem Rechtsstreit. Dieser kann zunächst zwischen den Verantwortlichen der beiden Unternehmen, ggf. unter Einschaltung von Rechtsberatern, verhandelt werden. Scheitert dies, steht das gesamte organisatorische Gefüge des relevanten Rechtssystems zur Verfügung, um den Kontrahenten zu ihrem Recht zu verhelfen bzw. einen Ausgleich der Interessen herbeizuführen. Auftraggeber und Auftragnehmer sind also – anders als im Fall des Eigenleisters – nicht auf eine Klärung unter

M. Book et al., *Erfolgreiche agile Projekte*, Xpert.press,
DOI 10.1007/978-3-662-53330-7_12

den Konfliktparteien angewiesen, denn im Zweifel kann ein Gericht angerufen und ein unabhängiger Richter um eine verbindliche Entscheidung gebeten werden.

- zwei unterschiedliche **Wirtschaftseinheiten:** Während im Fall des Eigenleisters ein übergreifendes Management vorhanden ist, bei dem beide Interessen (die des Bedarfsstellers und Nutzers sowie die des Entwicklers) zusammenlaufen und der im Zweifel eine Priorisierung und damit eine Konfliktlösung entscheiden kann, ist dies im Fremdleistermodell nicht der Fall. Auftraggeber und Auftragnehmer haben jeweils Unternehmensleitungen, die ihr jeweils eigenes Ziel mit Fokus auf das eigene Unternehmen haben. Sie werden sich im Konfliktfall kein bisschen auf die insgesamt optimale Lösung, sondern auf die Befriedigung ihrer lokalen Interessen fokussieren.

Bleiben wir aber zunächst im positiven Fall der ordentlichen und erfolgreichen Abwicklung des vertraglich vereinbarten Softwareprojektes. Der Vertrag dient hier der Definition der Art und Weise der Zusammenarbeit, der Beschreibung der Pflichten der beiden Vertragsparteien und der Festlegung der Ziele der Zusammenarbeit. Typischerweise werden deshalb in Softwareverträgen für die Individualentwicklung mindestens folgende Kontexte behandelt:

- **Ziel des Projektes:** Was soll bei erfolgreicher Abwicklung des Projektes erreicht werden? Welche Art von Software soll bis wann entstehen? Wo (in welchen zu referenzierenden Dokumenten) ist das angestrebte Projektergebnis beschrieben?
- **Rollen der Vertragspartner:** Welche Aufgaben übernimmt der Auftraggeber, welche der Auftragnehmer? Wie werden diese Aufgaben positiv (durch Nennung von Arbeitsaufgaben) oder negativ (durch Ausschluss von Aufgaben) abgegrenzt?
- **Pflichten der Vertragspartner:** Welche Lieferpflichten erwachsen aus den oben genannten Rollen? Pflichten liegen mitnichten nur auf der Seite des Auftragnehmers (Erstellung und Bereitstellung des Liefergegenstandes, also der Software), sondern auch auf der Seite des Auftraggebers (Mitwirkungspflichten im Projekt sowie Zahlung des Projektpreises, siehe dazu unten zu den einzelnen Vergütungsmodellen). Insbesondere die Mitwirkungspflichten des Auftraggebers sind immer wieder Diskussionspunkt, auch in positiv verlaufenden Projekten. Oft genug entsteht auf Auftraggeberseite eine Mentalität des „Entgegennehmens" statt des „Zulieferns". Psychologisch ist das nachvollziehbar, ist doch der Auftraggeber der Kunde, bzw. der Käufer des Liefergegenstandes. Nur ist dieser Liefergegenstand in Individualsoftwareprojekten eben erst im Entstehen begriffen, und dieser Entstehungsprozess bedarf zwingend der Mitwirkung des Kunden. Dies im Vertrag ausführlich und möglichst abschließend zu regeln, ist also nicht nur ein rechtliches Erfordernis, sondern befördert auch von Vornherein das Verständnis des Projektcharakters.
- **Vergütungsmodell:** Eigentlich unter den Pflichten des Auftraggebers angesiedelt, kann das Vergütungsmodell mitunter einen eigenen Regelungsabschnitt in einem Vertragswerk für Softwareprojekte einnehmen. Dies umso mehr, als dass in agilen Projekten einfache Vergütungsmodelle oftmals nicht passend sind, wie wir weiter unten sehen

werden. Je agiler das Projekt und je weniger vorbestimmt das Projektergebnis sind, desto komplexer werden in der Regel die Modelle, nach denen die Arbeit des Auftragnehmers vergütet wird.

- **Rechtsfolgen bei nicht vertragskonformem Verhalten:** Im Normalfall bewegen Softwareprojektverträge sich im Kontext des allgemeinen Werkvertragsrechts des jeweiligen Rechtsraumes, womit viele grundlegende Regeln des Umgangs mit nicht vertragskonformem Verhalten sowie Fragen der Haftung bereits ausführlich festgelegt sind. Freilich können die Vertragsparteien darüber hinaus weitere, konkretisierende, oder vom disponiblen Teil des Vertragsrechtes abweichende Regelungen treffen. In agilen Softwareprojekten, in denen der Liefergegenstand naturgemäß schlecht oder gar nicht spezifiziert ist, kommt insbesondere der Frage der Schlechtlieferung eine bedeutende Rolle zu. Zu klären ist hier vor allem, in welchen Fällen der Auftraggeber die Abnahme des Leistungsgegenstandes verweigern kann, womit dann Rechtsfolgen wie Nachlieferung, Ersatzvornahme, Minderung, Schadenersatz, etc. eintreten können. Kann der Liefergegenstand nicht hinreichend klar beschrieben werden (was der Normalfall in agilen Projekten ist), kommt es umso mehr darauf an, dies im Vertragswerk auch entsprechend zu würdigen. Ein klassischer Werkvertrag kommt dann oft nicht in Frage, vielmehr hat das Projekt dann einen Dienstleistungscharakter, was aber nicht bedeuten muss, dass der Auftragnehmer keinerlei Risiko für den Projekterfolg übernimmt.

Bei der Unterscheidung zwischen Werk- und Dienstleistungsvertrag müssen wir einen Moment lang verharren. Oft werden Festpreisverträge mit Werkverträgen gleichgesetzt und umgekehrt. Aber nicht jeder Werkvertrag muss ein Vergütungsmodell nach Festpreis vorsehen. Genauso wenig werden Dienstleistungsverträge generell nach Aufwand abgerechnet (auch wenn dies oft und gerne so gemacht wird). Vielmehr sind die Frage nach dem Vergütungsmodell und die Frage nach dem vertraglichen Rahmen orthogonal zueinander, wie Abb. 12.1 zeigt.

Nach dem Grundsatz der Vertragsfreiheit können zwischen Auftraggeber und Auftragnehmer nahezu beliebige Regelungen getroffen werden, die sich in diesem Koordinatensystem bewegen, wobei die kommerzielle Dimension noch viel mehr Gestaltungsraum lässt als die rechtliche, denn hier geben die Gesetze in den meisten Ländern zumindest grobe Rahmenbedingungen für die Gestaltung von Verträgen vor.

Abb. 12.1 Vertragstypen in rechtlichen und kommerziellen Dimensionen

	Festpreis	Time & Materials
Dienstleistungsvertrag		
Werkvertrag		

Sofern es nicht zu Störungen im geplanten Ablauf der Projektdurchführung kommt und die Leistungen durch den Auftragnehmer vertragsgemäß erbracht werden, das Projekt also wunschgemäß verläuft, ist die Wahl der Vertragsart wirtschaftlich neutral und damit weitgehend unerheblich. Hinter den beiden Vertragstypen Werk- bzw. Dienstleistungsvertrag verbirgt sich jedoch eine völlig unterschiedliche Risikoverteilung zwischen Auftraggeber und Auftragnehmer. Diese tritt in der Praxis vor allem im Falle von Fehlern in der Kalkulation und bei Schlechtleistungen zu Tage.

Im Fall eines Werkvertrages schuldet der Auftragnehmer die Herbeiführung eines bestimmten Erfolges in Form der Erstellung eines Werkes mit bestimmten, vertraglich festgelegten Eigenschaften. Dabei handelt es sich um (IT-)Projekte, in denen bestimmte Anforderungen zu einem fixen (bzw. maximalen) Preis und zu einem fixen Termin vollständig umzusetzen sind (und bei dem die werkvertraglichen Rechtsfolgen nicht abbedungen sind). Kann der Auftragnehmer den Leistungserfolg nicht wie vertraglich vereinbart herbeiführen, verletzt er also schuldhaft seine Leistungspflicht, sieht die gesetzliche Regelung vor, dass der Auftragnehmer den Auftraggeber so zu stellen hat, wie dieser im Falle der vertragsgemäßen Erbringung seiner Leistungspflicht gestanden hätte. Dies kann für den Auftragnehmer sehr ungünstige wirtschaftliche Konsequenzen haben. Neben den zusätzlichen Kosten zur Erstellung des Werkes (z. B. Nachbesserung, Kosten für eine Ersatzvornahme) bzw. dem (auch vollständigen) Entfallen der Vergütung (Minderung, Rücktritt) kann dies auch die Ersatzpflicht für weitere Folgenschäden aus Mängeln oder einer Verzögerung und sogar entgangenen Gewinn umfassen. Die wirtschaftlichen Risiken der Einhaltung des vorgegebenen Termins, des geplanten Budgets und der vollständigen Umsetzung der Anforderungen und damit die Verantwortung für den Erfolg des Projektes trägt im Falle eines Werkvertrages also allein der Auftragnehmer.

Demgegenüber schuldet der Auftragnehmer im Falle eines (IT-)Dienstvertrages (selbständige) Dienste, also eine reine Tätigkeit und damit eine Bemühung, nicht jedoch einen bestimmten Erfolg. Der Dienstleister hat dafür einzustehen, dass die Tätigkeit im vorgesehenen Zeitrahmen erbracht wird, das eingesetzte Personal die erforderliche (bzw. vertragsgemäße) Qualifikation hat, die Tätigkeit so wie vereinbart erbracht wird und bezüglich Qualität und Effizienz von mittlerer Art und Güte ist. Die rechtlichen Konsequenzen einer schuldhaften Schlechtleistung sind im Gesetz deutlich weniger ausführlich geregelt als beim Werkvertrag. Aufgrund der geringeren Verantwortlichkeit des Dienstverpflichteten gegenüber dem Werkunternehmer sind diese entsprechend begrenzt. Anknüpfungspunkt der Gewährleistung ist bei einem Dienstvertrag stets die Tätigkeit selbst, nicht der Projekterfolg. In der Praxis ist sie daher im Wesentlichen beschränkt auf Nachbesserung (das Nachholen der Tätigkeit) und die Kürzung der Vergütung. Für den Auftragnehmer sind im Falle eines Dienstvertrages sowohl die Gefahr einer Verletzung der Leistungsverpflichtung, als auch deren wirtschaftliche Auswirkungen erheblich geringer als im Falle eines Werkvertrages.

Der Vertragstyp eines reinen Dienstvertrages wird den wirtschaftlichen Anforderungen an die Verteilung der Verantwortung zwischen den Vertragsparteien in vielen Fällen nicht gerecht. Daher ist er für IT-Projekte zur Softwareentwicklung kaum gebräuchlich. Die wirtschaftliche Abhängigkeit des Auftraggebers vom ihm zumeist fachlich an Kenntnissen überlegenen Auftragnehmer wäre zu groß. Umgekehrt verlangt der Einsatz eines (reinen) Werkvertrages die vorherige Festlegung prinzipiell aller an das Werk gestellten Anforderungen. Andernfalls erhöht sich das ohnehin bereits hohe Risiko des Werkunternehmers noch einmal erheblich. Die vorherige Festlegung der Anforderungen ist in der Praxis jedoch nicht immer (vollständig) möglich oder gewünscht. Der Werkunternehmer würde diesen Umstand in seinem Angebot durch unwirtschaftliche Risikoaufschläge kompensieren.

In der Praxis lässt sich die interessengerechte Verteilung der Verantwortung zwischen Auftraggeber und Auftragnehmer nur über geeignete vertragliche Mischformen erreichen. Im Folgenden werden wir von der Frage der Vertragsart in dieser rechtlichen Dimension weitgehend abstrahieren, da unser Interesse vornehmlich auf den kommerziellen Rahmenbedingungen für Verträge in agilen Projektsituationen liegt. Wie Abb. 12.1 bereits andeutet, werden wir mit dem adVANTAGE-Modell ein Vertragsmuster einführen, welches sich auf einem Spektrum zwischen klassischer Festpreis- und Aufwandsvergütung irgendwo in der Mitte befindet. Zuvor werden wir die beiden Enden des Spektrums daraufhin beleuchten, wie sie in agilen Projektsituationen einsetzbar sind.

12.1 Festpreis

Was war das doch für eine einfache Welt, als Individualsoftwareprojekte im Fremdleistermodell noch strikt plangetrieben abliefen: Der Auftraggeber hatte sich viel Mühe gegeben, ein Pflichtenheft zu schreiben, in dem möglichst genau beschrieben stand, was gebraucht wird. Auf dieser Basis konnte der Auftragnehmer seinen Aufwand kalkulieren und – meist nach Auftragsvergabe – ging man gemeinsam an die Detailspezifikation. Danach sah die Welt entweder noch so ähnlich aus wie im Pflichtenheft beschrieben, dann war sowieso alles gut. Oder es fielen noch Änderungen auf, die dann zu Nachforderungen führten, auf die man sich auf Basis des beschriebenen Papiers in aller Regel recht gut verständigen konnte. In dieser Welt waren Festpreise und entsprechend am Plan orientierte Vertragswerke das Mittel der Wahl. Weil ja ausgiebige Beschreibungen des Liefergegenstandes auf unterschiedlichen Detailniveaus vorlagen, fühlte sich der Auftragnehmer sicher, denn es war klar, was zu entwickeln sein würde. Kommerzielle Wagnisse resultierten nur aus den oben kurz angeführten allgemeinen Risiken der Softwareentwicklung wie schlecht qualifiziertem oder unproduktivem Personal, technologischer Komplexität oder trotz allem noch bestehenden kleineren Interpretationsspielräumen. Um diese „Restrisiken" abzudecken, wurde ein Risikoaufschlag in die Kalkulation einbezogen.

Solche Situationen gibt es natürlich auch heute noch, und es spricht nichts dagegen, sie auf Basis eines Festpreisvertrages anzugehen. Das kommerzielle Risiko für den Auftraggeber ist – entsprechende Bonität des Auftragnehmers vorausgesetzt – praktisch zu vernachlässigen, und genau deshalb ist dieser Vertragstyp ja so beliebt. Für den Auftragnehmer hängt der kommerzielle Erfolg ganz entscheidend von der Güte der Aufwandsschätzung ab, auf die wir hier nicht näher eingehen wollen. Eine gute Übersicht geben etwa Boehm et al. (2000).

Gerne werden die vertraglichen Regelungen eines Festpreisprojektes auf Basis des Gewerkes vereinbart, was aber wie oben gezeigt nicht zwangsläufig so sein muss. In Sachen Vergütungsmodell ist nicht allzu viel zu regeln: Die Software, die dem entsprechenden vertraglich referenzierten Dokument wie Pflichtenheft oder Spezifikation entspricht, ist vom Auftragnehmer bis zu einem bestimmten Zeitpunkt zu liefern und der Auftraggeber hat dafür einen festgelegten Preis zu bezahlen.

Spielraum für Anpassungen des eigentlich fixen Preises gibt es im Wesentlichen an genau einer Stelle. Nämlich während des Projektes, wenn neue, späte Anforderungen bekannt werden, die klar außerhalb des bisher spezifizierten Kontextes liegen und somit auch nicht in die ursprüngliche Kalkulation einfließen konnten. Der Umgang mit solchen Change Requests ist vertraglich zu regeln, denn sonst droht Konfliktpotenzial. Auf der einen Seite muss der Auftragnehmer vor überbordender Ausdehnung des Liefergegenstandes geschützt werden, die sich aus allzu kundenfreundlicher Füllung von Interpretationsspielräumen ergeben. Kluge Auftraggeber verweisen in der Frage, ob ein bestimmtes Feature eigentlich im Pflichtenheft schon aufgeführt war, nur eben vielleicht nicht so detailliert, gerne auf das Füllhorn an Folgeaufträgen, die man natürlich am liebsten an einen kooperativen Partner ausschütten würde, der sich bereits auskennt. Inwieweit dieser Hebel, der klar außerhalb der Buchstaben des Vertrages eingesetzt wird, zum Erfolg führen wird, hängt letztlich von der Taktik des Lieferanten ab, und natürlich von seinen inhaltlichen Argumenten.

Kommt man überein, dass ein bestimmter Change Request tatsächlich ein solcher und nicht eine Konkretisierung eines spezifizierten Features ist, muss nun wiederum der Auftraggeber geschützt werden, nämlich vor allzu üppiger Schätzung des für die Umsetzung erforderlichen Aufwandes und damit des zu bezahlenden (Fest-)preises des Change Requests. Hier findet sich in der Praxis tatsächlich sehr häufig das Hintertürchen für einen Lieferanten, der das originäre Projekt vielleicht zu einem Kampfpreis anbieten musste, um zu gewinnen. Das muss nicht mal in unredlicher Absicht passiert sein. Es gibt Marktkontexte, in denen es üblich ist, große Gewerke zu niedrigen Einstiegspreisen anzubieten und sein Geld über spätere Chance Requests oder noch später in der Wartungsphase zu verdienen.

Dummerweise helfen gegen das inhärente Verhandlungstheater in Sachen Change Requests keine vertraglichen Regelungen. Denn könnte man klar erkennen, ob ein Feature ein Change Request ist oder nicht, hätte man dies ja womöglich schon ins Pflichtenheft geschrieben. Nur genau daran entzündet sich im Zweifel der Streit. Ist die Frage einmal geklärt, ist die Folge klar: Es muss bezahlt werden oder nicht. Nur über die Höhe lässt sich dann noch streiten, aber auch diesem Problem ist vertraglich nur schwer beizukommen. Man kann die kalkulatorischen Tagessätze festlegen, was das Problem der Aufwandschätzung aber nicht löst. Letztlich ist diese Lücke nur durch Verhandlung zu füllen, und solange es keiner der Vertragspartner übertreibt, sollte dies in der Regel gelingen.

Soweit die Theorie. In der Praxis hat sich gezeigt, dass Festpreisprojekte nicht selten eine Sicherheit vorgaukeln, die es in der Wirklichkeit nicht gibt. Auf Seiten des Auftraggebers verkleidet sich der Wolf der Ungewissheit im Schafspelz des Pflichtenheftes. Die Annahme, dass man soziotechnische Systeme auf Papier beschreiben kann, ist eben in aller Regel falsch. Ein Pflichtenheft ist ein schönes Stück Papier, mit dem man eine grobe

Absichtserklärung formulieren kann. Eine Beschreibung des späteren Systems ist es normalerweise nicht. In Abschn. 2.1 haben wir ausführlich dargelegt, warum das so ist, so dass wir an dieser Stelle einfach zur Kenntnis nehmen, dass Change-Request-Verfahren außer durch geschickte oder heimtückische Lieferanten vor allem auch dadurch verursacht werden, dass späte Anforderungen etwas ganz normales sind und dann eben den Gesamtpreis für die Software erhöhen. Kluge Projektmanager auf Auftraggeberseite planen dafür entsprechende Budgets ein. An dieser Stelle wird dann die projektimmanente Ungewissheit enttarnt – denn wie hoch sollte ein solches Budget sinnvollerweise sein? Wenn man das halbwegs vernünftig abschätzen könnte, hätte man einfach im Pflichtenheft (oder jeder anderen vertraglich relevanten Schätzvorlage) angegeben, was dafür zu entwickeln ist.

Weil man das aber in aller Regel nicht kann, hat man agile Verfahren ersonnen, bei denen gar nicht erst davon ausgegangen wird, dass belastbare Schätzgrundlagen vorab definiert werden können. Nicht nur, weil späte Anforderungen eben zum Leben dazu gehören, sondern auch, weil am Ende alles an einem unvorhersehbaren Moment hängt: dem Moment, in dem der Bedarfssteller zum ersten Mal das Ergebnis sieht – die fertige Software oder einen Ausschnitt daraus. Und das ist nicht selten der Moment, der mit den Worten endet: „Ja, aber so meinte ich das doch gar nicht, sondern natürlich ganz anders." Je später dieser Moment kommt, desto teurer wird er. Aus diesem Grund streben die agilen Verfahren an, gar nicht erst viel zu spezifizieren, sondern möglichst schnell Software herzustellen, damit nicht über Papier, sondern über das Ergebnis diskutiert werden kann. Entfällt aber die Schätzgrundlage, gerät die vertraglich abgesicherte Machtbalance zwischen Auftraggeber und Auftragnehmer aus dem Gleichgewicht. Ein Festpreis im wörtlichen Sinn würde entweder bedeuten, dass der Auftragnehmer beliebiges zu einem festen Preis umsetzen muss – eine Option, auf die sich kein vernünftiger Lieferant einlassen wird. Oder dass der Preis zwar fest ist, der Auftraggeber aber nicht weiß, was er am Ende des Budgets in den Händen halten wird – eine kaum zufriedenstellende Perspektive für den Nutzer.

12.2 Time and Materials

Auf dem anderen Ende des Spektrums kommerzieller Modelle in der Individualentwicklung im Fremdleistermodell liegen Verträge nach dem Muster „Time and Materials (T&M)". Sie werden häufig – aber nicht zwingend – in Dienstleistungskontexten eingesetzt, also in Situationen, in denen rechtlich im Großen und Ganzen kein Projekterfolg geschuldet ist. Grundsätzlich kann Vergütung nach T&M aber selbstverständlich auch im Fall eines Gewerkes verabredet werden. So oder so richtet sich die Bezahlung des Auftraggebers nach dem tatsächlich von ihm eingesetzten Personal- und Materialaufwand, wobei ersterer freilich im Falle der Softwareentwicklung den allergrößten Teil ausmacht. Dies ist also ein relativ simples Vergütungsmodell, in dem der Auftragnehmer praktisch kein Risiko eingeht, denn ihm wird der tatsächlich entstandene Aufwand erstattet, sofern keine einschränkenden Regeln vorgesehen sind. Werden entsprechende Tagessätze vereinbart, ist die Gewinnspanne fix und unterliegt keinerlei Schwankungen. Oftmals werden

Kontingentvereinbarungen verabredet, wonach innerhalb eines bestimmten Zeitraumes eine Mindestmenge an Personentagen abgenommen wird. Dies nimmt dem Lieferanten das Risiko kurzfristiger Beschäftigungslosigkeit für den Fall eines plötzlichen Projektstopps. Im Gegenzug sichert sich der Auftraggeber die Verfügbarkeit des qualifizierten und eingearbeiteten Personals sowie feste Preise für die Dauer der Kontingentvereinbarung. Werden keine Kontingente vereinbart, sind die vertraglichen Verpflichtungen der Partner deutlich geringer als in klassischen Festpreiskontexten und können in aller Regel kurzfristig aufgekündigt werden. Dies gilt jedoch nicht für den Fall eines Gewerkvertrages mit T&M-Vergütung. Hier kommen sämtliche Pflichten inklusive entsprechender Gewährleistung zum Tragen, die ein Gewerk typischerweise auszeichnen.

Im Falle der plangetriebenen Verfahren der Softwareentwicklung spricht für den Auftraggeber in aller Regel nicht viel für ein T&M-basiertes Vergütungsmodell. Wurde bereits Arbeit in die Erstellung eines Pflichtenheftes investiert oder ist dies ohnehin Bestandteil des Vorhabens, wird der Auftraggeber im Zweifel großes Interesse daran haben, einen Festpreis zu vereinbaren. Denn anderenfalls liegen sämtliche Risiken bei ihm – nicht nur das Risiko später Anforderungen, sondern auch allgemeine Risiken wie Qualifikationsmängel oder technische Komplexität schlagen in einem reinen T&M-Projekt bei ihm zu Buche. Nichtsdestotrotz kommt es häufiger vor als man vermutet, dass auch Projekte mit vorliegenden schätzfähigen Artefakten auf T&M-Basis abgewickelt werden. Zum Beispiel dann, wenn mit dem Lieferanten langjährige Zusammenarbeit erfolgreich erprobt wurde und ein hohes Vertrauen in die Leistungsfähigkeit und das Verständnis der Fachdomäne vorhanden ist. Das zugrunde liegende Kalkül des Auftraggebers kann es sein, schlichtweg den Risikozuschlag zu sparen, den der Lieferant in einem Festpreisprojekt einkalkulieren würde. Auch die vergleichsweise einfache und schnelle Vertragsgestaltung kann in bestimmten Fällen ein gutes Argument für T&M-Vergütung in plangetriebenen Verfahren sein.

In agilen Projekten scheint es oftmals alternativlos zu sein, nach Time and Materials abzurechnen. Wie oben skizziert, ist die Balance der Interessen von Auftraggeber und Auftragnehmer auf der Basis eines Festpreises in agilen Projekten nur schwer herzustellen, vor allem wegen der in die eine oder andere Richtung ungleichen Risikoverteilung, je nachdem wie man den Festpreis gestaltet. Der einfache Ausweg liegt dann oft in der Anwendung eines T&M-Modells. Wenn keine Schätzgrundlage vorliegt, kann eben auch nicht geschätzt werden, so die einfache und auch gar nicht abwegige Logik; und ohne Schätzung kann es auch keine Risikoübernahme durch den Lieferanten geben. Es gibt – wie wir weiter unten sehen werden – kreativere und differenzierte Modelle, um auch in agilen Situationen das Risiko etwas in Richtung Auftragnehmer zu verschieben. In reinrassigen T&M-Modellen bleibt dem Auftraggeber hingegen nichts anderes, als die Musik zu bezahlen, die er bestellt hat, auch wenn schief gespielt wird.

Bei der Wahl zwischen Festpreis- und T&M-Verträgen für agile Projekte können wir als Zwischenfazit und grob abstrahierend folgende Bewertung der Risikoverteilung festhalten: Grundlegendes Problem im agilen Kontext ist, dass keine hinreichend detaillierte Grundlage für eine halbwegs belastbare Aufwandsschätzung vorliegt. Abstrahieren wir von den allgemeinen Risiken der Softwareentwicklung (die nicht spezifisch für agile

Projekte sind), liegt das Risiko also in der Nichtvorhersehbarkeit der für die Erstellung des Zielsystems benötigten Entwicklungsaufwände. Oder kurz gesagt: Man hat (nur) eine grobe Vision, was gebaut werden soll und keine Ahnung, wieviel Arbeit (also Geld) dafür gebraucht wird. Findet sich in dieser Situation ein Auftragnehmer, der einen Festpreis anbietet, übernimmt er damit das volle Risiko. Auf der anderen Seite liegt im Falle der T&M-Beauftragung das volle Risiko auf der Seite des Auftraggebers. Beides sind unschöne – weil unausgewogene – Risikoverteilungen.

Deshalb kommen in dieser Situation findige Auftraggeber auf vermeintlich besser ausgewogene Mischformen, die dann mit Begriffen wie „T&M mit Deckel" oder „Aufwandsprojekt mit Kostendach" überschrieben werden und die für den Auftragnehmer nichts anderes sind als das schlechteste aus beiden Welten. Dabei klingt es doch so fair: Der Auftragnehmer wird nach T&M bezahlt, bekommt also seinen entstandenen Aufwand ersetzt, akzeptiert dafür aber eine Obergrenze, um das Risiko auf Seiten des Auftraggebers zu begrenzen. In Wirklichkeit wäre ein reinrassiges Festpreisprojekt für den Auftragnehmer sogar noch besser, denn dann hätte er die Chance, unterhalb des kalkulierten Budgets zu bleiben und eine Rendite zu kassieren. Im Fall „T&M mit Deckel" hat er diese Chance nicht, denn bleibt er unter dem Budget, kriegt er eben genau die gearbeiteten Personentage bezahlt. Gerät er darüber, kriegt er keinen Cent mehr, er trägt also das volle Risiko ohne die entsprechende Chance zu haben. Dieses Vergütungsmodell ist für nichts eine gute Lösung. Für den Fall agiler Projekte gibt es bessere.

12.3 Nutzungsabhängige Abrechnung (Pay-per-Use)

Die Bezahlung von Software in Abhängigkeit der tatsächlichen Nutzung ist kein besonders neues Modell. Insbesondere in SaaS-Modellen (Software-as-a-Service), in denen das Anwendungssystem bei einem externen Dienstleister (und nicht beim Anwender) betrieben wird, sind nutzungsbezogene Preismodelle häufig anzutreffen. In der Regel wird dann entweder nach Zeiteinheiten oder durchgeführten Transaktionen abgerechnet, teilweise können unterschiedliche Funktionsumfänge hinzugebucht werden. SaaS-Modelle sind im Zuge der größer werdenden Akzeptanz von Cloud-Anwendungen in Mode gekommen, insbesondere für den Fall von Standardsoftware wie zum Beispiel Office 365 von Microsoft oder die Angebote von Salesforce.

Im hier betrachteten Fall der individuell erstellten Software im Fremdleistermodell sind SaaS-Modelle noch weniger verbreitet, können aber für bestimmte Projektsituationen eine vernünftige Alternative darstellen. Wir sprechen in diesem Fall von Pay-per-Use-Verträgen, weil der Begriff SaaS implizit unterstellt, dass der Anwendungsbetrieb beim Auftragnehmer stattfindet, was aber in unserem Kontext nicht zwangsläufig der Fall sein muss. Im Gegenteil ist der Ort des Anwendungsbetriebs zunächst belanglos für das Vergütungsmodell. Die grundsätzliche Idee dabei ist es, einen Teil der Vergütung für die zu entwickelnde Software in Abhängigkeit von der tatsächlichen Nutzung zu berechnen. Im Fall der Individualentwicklung als Fremdleister wird dieser Teil nur in den allerseltensten

Fällen 100 % betragen, denn das würde das Risikoteilungsprofil unangemessen in eine Richtung verschieben, wie die nachfolgende Überlegung zeigt.

Durch die Anwendung des Modells eines nutzungsabhängigen Preises kommt eine weitere Risikokomponente in unsere bisherige Betrachtung. Abstrahieren wir wieder von den allgemeinen Risiken der Softwareentwicklung, haben wir es bisher vor allem mit dem Risiko des schwer prognostizierbaren Realisierungsaufwandes zu tun gehabt. Anders formuliert entstand das zwischen Auftraggeber und Auftragnehmer gerecht zu verteilende Risiko durch die Frage „Wie teuer wird es, die Software zu bauen?" Je nachdem, für welches der klassischen Vergütungsmodelle (Festpreis oder T&M) man sich entschied, lag das Risiko entweder auf Seiten des Auftraggebers oder des Auftragnehmers.

Nun nehmen wir eine weitere Frage hinzu, aus der neues Risiko resultieren kann: „In welchem Umfang wird die Software benutzt werden?" Natürlich stand diese Frage auch vorher im Raum, es wurde nur stets davon ausgegangen, dass das aus ihr resultierende Risiko, nämlich Software zu entwickeln, die hinterher nicht oder weniger als gedacht gebraucht wird, auf Seiten des Auftraggebers liegt. Neuerdings wird diese Annahme hier und da aufgebrochen, was an der veränderten Rolle von IT-Dienstleistern in der New School of IT liegt (Abschn. 1.1). In unserem Betrachtungskontext agiler Projekte im Fremdleistermodell kommt ein vollständig nutzungsabhängiger Preis (also ein reinrassiger Pay-per-Use-Vertrag) in aller Regel nicht in Frage, weil er das Risiko noch stärker als bei einem ohnehin nicht ausgewogenen Festpreismodell in Richtung des Auftragnehmers verschiebt. Er trüge nicht nur das Risiko, dass die nicht realistisch schätzbare Entwicklung deutlich teurer wird, sondern auch noch das Risiko, dass sie hinterher nicht oder nur wenig genutzt wird. Auf der anderen Seite kann eine Kombination aus beidem (Festpreis und Pay per Use) eine faire Alternative darstellen. So könnte zum Beispiel der Auftragnehmer das Festpreisrisiko tragen (und im Zweifel mehr Aufwand für die Entwicklung der fertigen Anwendung brauchen als zuvor „geraten"), dafür aber die Chance bekommen, über den Nutzungszeitraum ein ertragreiches Geschäft zu generieren. Für den Auftraggeber ist ein solches Mischmodell ebenfalls attraktiv, denn er hat die Sicherheit des Festpreises (was im Fall eines agilen Projekts eher ungewöhnlich ist) und bezahlt anschließend für die tatsächliche Nutzung ein Entgelt (was ihm nicht viel ausmachen sollte, sofern das Entgelt angemessen ist).

Mit derlei Modellen konnten in der Vergangenheit teilweise gute Erfahrungen gemacht werden, und zwar vor allem in solchen Situationen, in denen nicht ganz klar ist, wie eine Anwendung gestaltet werden muss, um erfolgreich zu sein (die also nach Agilität schreien), und potenzielle Auftraggeber daher verunsichert sind, was das resultierende Kostenrisiko angeht. Als Beispiel kann etwa die Plattform *drebis* (adesso 2013) gelten, über die der Informationsaustausch zwischen Anwaltskanzleien und Rechtschutzversicherern auf Basis fachlich sinnvoll strukturierter Dokumente und Informationsbausteine abgewickelt wird und die damit zur Optimierung und Automatisierung der Prozesse zwischen den Beteiligten dient. Anfangs war unklar, wie genau die Prozesse gestaltet werden und Dokumente fachlich strukturiert werden müssen, aber es war absehbar, dass die zu unterstützenden Prozesse durch den Einsatz eines zentralen Portals in jedem Fall deutlich effizienter abgewickelt werden können. Der IT-Dienstleister adesso hat daher die

Realisierung des Systems in einem agilen Verfahren zum Festpreis übernommen (und ist damit das Risiko eines zum Go-live unwirtschaftlichen Projektes eingegangen). Die initial beteiligten Rechtsschutzversicherer dagegen konnten sich die vorab feststehenden Kosten teilen und mussten kein Risiko eingehen. Über ein Pay-per-Use-Modell zahlen sie nun pro tatsächlich über die Plattform abgewickeltem Fall einen Betrag, der so dimensioniert ist, dass er unterhalb der eingesparten Kosten liegt. Für den Auftragnehmer ergibt sich auf diese Weise eine Rendite auf das übernommene Festpreisrisiko.

Dieses Modell kann exemplarisch für einen Trend in der IT-Dienstleistungsbranche gesehen werden. Tabelle 12.1 zeigt unterschiedliche Reifegrade von IT-Dienstleistern, die diese im Laufe der Unternehmensgeschichte durch Ansammlung von Erfahrungswissen und gezielter Geschäftsentwicklung erreichen können. Während in den ersten beiden Reifegraden im Wesentlichen technische, später gepaart mit fachlicher Kompetenz in Form von entsprechend erfahrenen Mitarbeitern das Angebotsportfolio bestimmt, können in reiferen Stufen komplexe Projekte in Eigenverantwortung erbracht werden (Reifegrade 3 und 4).

Erreicht ein IT-Dienstleister einen noch höheren Reifegrad (ganz rechts in Tab. 12.1), ist er in der Lage, komplette Prozesse des Auftraggebers abzuwickeln, was in aller Regel auf Basis eines Pay-per-Use-Vertrages geschieht. Hierzu braucht es neben der technischen und fachlichen Kompetenz eine Optimierungskompetenz und – sofern das entsprechende Anwendungssystem beim Auftragnehmer betrieben wird – eine Hosting- und

Tab. 12.1 Reifegrade von IT-Dienstleistern

	1. Technologie-Sourcing	2. Technologie-Sourcing mit Fachkenntnis	3. Gewerke	4. Agile Gewerke	5. Business Process Outsourcing
Technische Kompetenz	X	X	X	X	X
Methodenkompetenz	X	X	X	X	X
Prozesskompetenz		X	X	X	X
Fachkompetenz			X	X	X
Scope-Kompetenz				X	X
Optimierungskompetenz					X
Betriebskompetenz					X
Vertragsmodell	Time & Materials	Time & Materials	Festpreis	Risikoteilung mit Festpreis-Komponenten	Transaktionsbasiert

Application-Management-Kompetenz. Je mehr inhaltliche Kompetenzen aus der Sphäre des Auftraggebers der IT-Dienstleister abdecken kann, desto risikobereiter wird er sein, und desto größer ist seine Chance, über transaktionsbasierte Abrechnungsmodelle nach dem Pay-per-Use-Vertragsmodell eine entsprechende Entlohnung für das eingegangene Risiko zu erzielen.

12.4 Zusammenfassung

Die oben beschriebenen traditionellen Ansätze für Vertragsmodelle wollen wir abschließend kurz anhand einer einfachen Klassifikation voneinander abgrenzen.

Abbildung 12.2 unterscheidet die Vertragstypen anhand der Variabilität der beiden Parameter „Umfang" und „Preis" (womit wir bewusst von der Existenz des typischen dritten Parameters „Zeit" abstrahieren, auch weil er normalerweise den geringsten vertraglichen Gestaltungsspielraum bietet). Darüber hinaus wollen wir die drei traditionellen Vertragstypen anhand der Risikoverteilung zwischen Auftraggeber und Auftragnehmer unterscheiden. Dabei beschränken wir uns auf zwei in diesem Zusammenhang relevante Kernfragen:

- Erstens: Wer trägt das Risiko, ob die *richtige Software* gebaut wird? Hiermit ist also das Risiko gemeint, dass die entstehende Software am Ende die Features, Oberflächen etc.

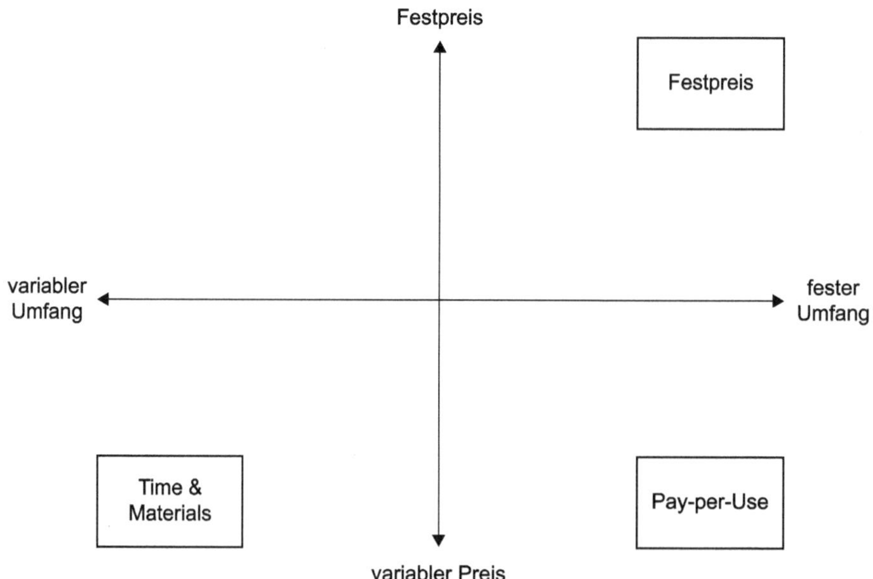

Abb. 12.2 Klassifikation traditioneller Vertragstypen. (Angelehnt an Opelt et al. (2013))

zur Verfügung stellt, die „gebraucht werden", die also einen Business Value besitzen. Wir nennen dieses Risiko deshalb das **Value Risk**.

- Zweitens: Wer trägt das Risiko, ob die *Software richtig* gebaut wird? Damit wiederum ist das Risiko gemeint, das daraus erwächst, ob die Software auf eine wirtschaftlich effiziente Weise entsteht. Hierunter fallen die oben angesprochenen allgemeinen Risiken der Softwareentwicklung, weswegen wir vom **Development Risk** sprechen.

Für die drei bisher besprochenen Vertragsmodelle kommt man bezüglich der drei Dimensionen zu folgenden Bewertungen:

- Wie der Name bereits sagt, ist der Preis im **Festpreis-Vertrag** festgelegt, weswegen er sich auch besonders für Situationen eignet, in denen auch der Scope festgelegt ist. Typischerweise wird letzteres erreicht, indem halbwegs belastbare Schätzgrundlagen erstellt werden, bevor der Vertrag geschlossen wird und in denen der Scope des Projektes beschrieben wird. Demnach liegt das Value Risk in aller Regel beim Auftraggeber, denn dieser hat in der Denkwelt des Festpreis-Vertrags dafür zu sorgen, dass vorab die Anforderungen beschrieben werden, die einen entsprechenden Business Value haben, und dass diejenigen gestrichen werden, die nutzlos oder von geringem Wert sind. Den Auftragnehmer interessiert das wenig. Hingegen muss er in diesem Vertragsmodell das Development Risk übernehmen, denn ob am Ende höhere Kosten für die Umsetzung der Anforderungen anfallen als bezahlt werden, interessiert nun wieder den Auftraggeber nicht. Das in Abschn. 8.6 beschriebene Cost Forward Progressing ist ein nützliches Verfahren, Kostenüberschreitungen wenigstens frühzeitig auf die Schliche zu kommen.
- **Time-and-Materials-Verträge** finden wir im entgegengesetzten Quadranten, weil sie typischerweise dann zum Einsatz kommen, wenn der Scope nicht genau festgelegt werden kann und damit auch der Business Value vorab nur grob oder gar nicht abgeschätzt werden kann. Der Auftraggeber bezahlt also jede Stunde Arbeit, weiß aber nicht, welchen Business Value er in Summe erzielen wird, womit das Value Risk ebenso bei ihm liegt wie das Development Risk. Denn ob ein hoher Aufwand nun durch späte bzw. unklare Anforderungen oder durch unqualifizierte Entwickler entsteht, macht im klassischen T&M-Vertrag keinen Unterschied.
- Für Anwendungsfälle, in denen der Scope vorab einigermaßen festgelegt werden kann, bieten **Pay-per-Use-Verträge** eine interessante Alternative der Risikoverteilung: Während das Development Risk in aller Regel beim Auftragnehmer liegt (denn die Realisierungsarbeit findet zu einem festen oder gar keinem Preis statt), wird das Value Risk geteilt, wenn auch nicht ganz ausgewogen. Erfüllt die Software einen angestrebten Wert und wird sie deshalb ausgiebig genutzt, ist die Bezahlung höher als im Fall eines Flops, wenn also die Software nicht oder nur wenig Verwendung findet. Der Auftragnehmer übernimmt in diesem Modell also die teilweise Verantwortung für die Erzielung eines Business Values für den Auftraggeber. Möglicherweise ist das ein Muster für agile Vertragsmodelle.

Literatur

adesso AG (2013) drebis – claims management system. https://www.adesso.de/en/leistungen/loesungen_sub_leistungen/drebis/index.html. Zugegriffen: 1. März 2016

Boehm B, Abts C, Chulani S (2000) Software development cost estimation approaches – a survey. J Ann Softw Eng 10(1–4):177–205. doi:10.1023/A:1018991717352

Opelt A, Gloger, B, Pfarl W, Mittermayr R (2013) Agile contracts: creating and managing successful projects with Scrum. Wiley

Agile Vertragsmodelle 13

Inhaltsverzeichnis

In der Vergangenheit wurden verschiedene Vorschläge gemacht, die einen besseren Ausgleich zwischen den Interessen von Auftraggeber und -nehmer in agilen Softwareprojekten zum Ziel haben. Einige davon wollen wir in diesem Abschnitt beispielhaft vorstellen und kurz anhand der oben eingeführten drei Dimensionen (Variabilität von Preis und Scope sowie Risikoteilung) diskutieren. Man sollte dabei nicht vergessen, dass eine fast uferlose Zahl an Mischformen nicht nur denkbar ist, sondern auch in der Praxis vorkommt. Für unsere Zwecke, nämlich herauszufinden, welche Kriterien ein faires Modell erfüllen sollte, reichen die nachfolgenden Beispiele aus.

13.1 Festpreis pro Iteration

Nix ist fix, sollte man meinen, wenn man über agile Softwareentwicklung und die schwierigen kommerziellen Rahmenbedingungen nachdenkt. Das gilt natürlich vor allem für den Scope, denn könnten wir den im Vorfeld hinreichend genau beschreiben, würden wir womöglich gar nicht auf die Idee kommen, etwas anderes als einen Festpreisauftrag zu diskutieren. In einer ersten Annäherung liegen deshalb Vergütungsmodelle auf der Hand,

M. Book et al., *Erfolgreiche agile Projekte*, Xpert.press,
DOI 10.1007/978-3-662-53330-7_13

die dieser Ausgangslage Rechnung zu tragen scheinen, indem eben auch der Preis variabel ist, also T&M-Modelle. Das Dumme ist nur, dass – wie oben gezeigt – nicht nur die Risikoteilung unfair ist (denn sie existiert nicht; das volle Risiko liegt beim Auftraggeber), sondern dass noch eine weitere „Unwucht" eingebaut ist: Der Auftragnehmer wird darauf incentiviert, möglichst viel Aufwand zu produzieren, ganz unabhängig vom erzielten Ergebnis – denn jeder geleistete Personentag wird ja bezahlt. Im Zweifel kommt dem Auftraggeber erst sehr spät der Verdacht, dass sein Lieferant ein ziemlich ineffizientes Team am Werk hat, und dann ist es meist zu spät, Diskussionen darüber zu führen. So ein Vertragsmodell erzieht den Lieferanten dazu, Interesse an fetter Software zu entwickeln.

Nun haben agile Softwareprojekte aber zum Glück die Eigenschaft, mit Iterationen, also zeitlich abgegrenzten Teilprojekten und -ergebnissen, zu arbeiten. Genau hier setzt ein recht einfaches Modell der Vertragsgestaltung in agilen Projekten an, nämlich Verträge nach dem Prinzip des Festpreises pro Iteration. Die Idee ist denkbar einfach: es gibt einen festen Betrag, der pro Iteration zu bezahlen ist, wobei die Grundannahme ist, dass jede Iteration gleich lang dauert und das Entwicklungsteam stabil gehalten wird. Nehmen wir an, das Team besteht aus fünf Entwicklern und einem Projektleiter und man hat Kalkulationssätze von 800 € pro Personentag vereinbart, dann kostet eine Iteration (oder ein Sprint) von zwei Wochen Länge 10 Arbeitstage × 5 Personen × 800 €, also 40.000 €. Aber zeigt diese Rechnung nicht, dass es sich hierbei um nichts anderes als ein einfaches T&M-Modell handelt? Vordergründig vielleicht, denn der Lieferant macht in diesem Modell keinerlei Zusagen zum erzielbaren Scope, und das Value Risk liegt damit wie das Development Risk beim Auftraggeber. Vordergründig und rein vertraglich ist das so.

Die kommerzielle Wirklichkeit liegt wie so oft aber außerhalb des rechtlichen Konstruktes. Und zwar in diesem Fall schlicht und einfach in der Tatsache, dass die Existenz von zeitlich abgegrenzten Iterationen eine engmaschige Erfolgskontrolle ermöglicht und ganz schnell bewertende Retrospektiven fördert. Je kürzer die Iteration und je kleiner das Team, desto klarer ist das Zielbild, das man vor Beginn des Sprints von der Iteration haben wird. Und desto enttäuschter wird das Gesicht des Kunden sein, wenn dieses Zielbild nicht erreicht wird. Vielleicht nicht nach der ersten, aber schon eher nach der zweiten und ganz sicher nach der dritten Iteration wird man dann nicht nur über unterschätzte Komplexität, sondern auch über die Effizienz des Teams sprechen. Die Risiken bleiben dann zwar formal auf der Seite des Auftraggebers, aber der Auftragnehmer wird ein vitales Interesse an effizienz- und qualitätssteigernden Maßnahmen erhalten und das erst recht, wenn das Gesicht des Kunden nicht nur enttäuscht, sondern auch böse ausschaut. Je weiter das Projekt gediehen ist, desto schwieriger wird es freilich für den Kunden, den Lieferanten auszuwechseln (was ja das eigentliche Drohpotenzial und damit der Motivator für den Auftragnehmer ist). Das Vertragsmodell der Festpreise pro Iteration (oder auch „Progressive Contracts" (Larman und Vodde 2010)) sorgt aber gerade dafür, dass ein „zu spät" gar nicht erst passiert, weil frühe Eskalation quasi eingebaut ist. Sofern dieser außerhalb des rechtlichen Rahmens liegende Mechanismus funktioniert, wird er zumindest dafür sorgen, das Development Risk ein Stück weit auf die Seite des Auftragnehmers zu verschieben, vielleicht sogar Teile des Value Risk.

13.2 Festpreis pro Punkt

Beim Modell „Festpreis pro Iteration“ ist es also eine Diskrepanz zwischen dem formal vertraglich Geregelten und dem sich daraus ergebenden kommerziellen Verhalten der Vertragspartner, die letztlich zu dem gewünschten Effekt führen kann, Teile des Risikos auf den Auftragnehmer zu verlagern. Aber würde es dann nicht Sinn machen, einen direkteren Weg dafür zu finden, also auch vertraglich-formal dafür zu sorgen, dass der Auftragnehmer weniger verdient, wenn er schlechtere Software baut, und mehr, wenn er bessere Software liefert? Oder – weil wir schnell einsehen, dass „besser“ und „schlechter“ im Falle von Software so schwer vertraglich sauber zu definieren sind – wenn er mehr oder weniger Umfang pro Iteration schafft? Aber auch das ist nicht so leicht zu messen, wie man vielleicht meint. Sicher kann es kein sinnvolles Konstrukt sein, den Auftragnehmer (mit welchen vertraglichen Regelungen auch immer) für viele Lines of Code zu incentivieren. Wir wünschen uns vielmehr ein Modell, mit dem Effizienz oder Wirtschaftlichkeit incentiviert werden kann, also das Verhältnis zwischen investiertem Aufwand und erzieltem Ertrag. Deshalb sind Vertragsmodelle entstanden, die eben versuchen, den in einer Iteration gewonnenen Ertrag zu bewerten (während der Aufwand mit dem Festpreis pro Iteration ja bereits gut geregelt ist) und darauf basierend kommerzielle Regelungen zu finden.

Schöne Idee, aber leider handelt es sich dabei um ein fast unlösbares Rätsel. Man könnte auf die Idee verfallen, die guten alten Function Points als Maßgröße für den erzielten Ertrag einer Iteration zu verwenden. Wäre das eine sinnvolle Größe, hätten wir ein prima Vergütungsmodell an der Hand, nämlich das Modell eines Preises pro Function Point (oder pro hundert oder tausend Function Points), ganz unabhängig von dem Aufwand, der in der Iteration zur Realisierung dieses Umfangs an Function Points benötigt worden ist. Schließlich ist die Function-Point-Methode standardisiert, es gibt zertifizierte Function-Point-Analysten und man könnte das Development Risk mit einem solchen Modell verursachungsgerecht auf den Lieferanten verlagern. Denn er bekommt nur die tatsächlich gelieferten Umfänge bezahlt und ist somit höchst interessiert, effizient zu arbeiten. Und tatsächlich sind solche Modelle im Einsatz, eine ganz elegante Lösung sind sie aber nicht. Denn niemand braucht Functions Points. Was man wirklich braucht, um auch das Value Risik fair zu verteilen, ist ein Eindruck vom erzeugten Business Value, der aber noch viel schwerer zu messen ist. Konstrukte wie Story Points oder Feature Points (oder allgemein „Arbeitseinheiten“) sollen das relativieren, sind in der Praxis dann aber eben doch oft keine Maßgrößen für Wert, sondern für Aufwand (Larman und Vodde 2010).

Mit dem Interaction Room und den Wertannotationen steht uns allerdings ein Instrumentarium zur Verfügung, um den Wert eines Features, eines Prozesses oder einer Anwendung zumindest innerhalb des Bezugsrahmens der Stakeholder strukturiert zu ermitteln (Abschn. 3.3). Damit haben wir noch keine letztendlich brauchbare Einheit für eine vertragliche Regelung zur Hand, denn auch der Interaction Room liefert keinen Wert in Euro. Täte er das, wäre es leicht, einen fairen Preis pro Arbeitseinheit zu ermitteln, denn der stünde fest und der Auftragnehmer könnte sich überlegen, ob er diese Arbeitseinheit zu dem angegebenen Preis realisieren kann. Und dennoch: Die Wertannotationen aus dem

Interaction Room geben uns Hinweise über Wertverhältnisse zwischen Features, Prozessen oder Anwendungen, jeweils innerhalb des gegebenen Bezugsrahmens des Projektes. Darauf werden wir bei der Ableitung des adVANTAGE-Modells in Kap. 15 aufsetzen.

13.3 Money for Nothing, Change for Free

In die Kategorie der Vertragsmodelle, die eher Festpreischarakter haben, diesen aber so gestalten, dass ein Teil des Risikos auf den Auftragnehmer abgewälzt wird, gehört auch das Modell „Money for Nothing, Change for Free" (Sutherland 2008). Abgesehen von der gefälligen Bezeichnung hat dieses Modell tatsächlich einen gewissen Charme und hintergründige Mechanismen zu bieten. Es baut auf dem Modell „Festpreis pro Iteration" (Abschn. 13.1) auf und fügt diesem zwei simple Regeln hinzu. Ausgangspunkt ist wieder die Annahme, dass das Realisierungsteam stabil ist, die Länge der Iterationen mehr oder weniger gleich bleibt, und – zusätzlich – eine Liste von Features (oder User Stories oder wie auch immer gearteten Arbeits- und Werteinheiten) existiert, die auch schon ganz grob in einem Product Backlog auf Iterationen verplant sind.

Der Auftraggeber kann nun, ähnlich wie in unserer Anforderungstauschbörse (Abschn. 8.3), zwischen zwei Iterationen jederzeit Features austauschen. In der Annahme, dass Features ungefähr gleiche Größen aufweisen (und damit ähnliche Entwicklungsaufwände haben), kann er dies ohne weitere Anpassung des Preises tun („Change for Free"). Die Idee hinter dieser Regel ist recht einfach: Von Iteration zu Iteration gewinnt der Auftraggeber ein immer besseres Gefühl für den Wert einzelner Features, weil er echtes Nutzer-Feedback bekommt, denn nach jeder Iteration steht ja im besten agilen Sinn eine laufende Version der bis dahin realisierten Software zur Verfügung. Der Auftraggeber wird also die Features in frühere Versionen vorziehen, von denen er sich den höchsten Business Value erwartet.

Irgendwann kommt dann der Zeitpunkt, an dem nur noch Features mit niedrigen Business Values im Backlog stehen, und der Auftraggeber kann nun jederzeit entscheiden, die Entwicklung abzubrechen, weil mehr Aufwand (in Form des Festpreises pro Iteration) nur noch wenig zusätzlichen Business Value bringen würde. Der grundlegende Mechanismus an diesem Modell ist es nun, dass daran auch der Auftragnehmer ein Interesse hat, denn er bekommt in diesem Fall eine Abbruchprämie, die z. B. 20 % des eingesparten Aufwandes entspricht, ohne dass er weiterarbeiten muss („Money for Nothing"). Das ist natürlich vor allem dann attraktiv, wenn die Enwickler anschließend ohne Leerlauf direkt in einem neuen Projekt eingesetzt werden können.

Berücksichtigt man typische Margen von Software-Fremdleistern im Individualentwicklungsgeschäft, ist der Abbruch eines solchen Projektes durchaus lukrativ und damit sind die Interessen von Auftraggeber und Auftragnehmer gleichgerichtet. Beide haben ein hohes Interesse daran, möglichst schnell Business Value zu schaffen (und teilen das Value Risk, falls dies nicht gelingt). Das Development Risk liegt vertraglich-formal ganz wie im Modell „Festpreis pro Iteration" beim Auftraggeber, allerdings wird sich auch hier der Lieferant bemühen, möglichst effizient zu arbeiten, denn umso schneller wird der angestrebte Projektabbruch durch den Kunden erreicht. Sicher kommt der Gedanke, einen Projektabbruch durch den Kunden als Erfolg zu werten, dem einen oder anderen etwas gewöhnungsbedürftig vor, aber das ändert nichts am Charme dieses Vertragsmodells. Ein Schwachpunkt des Modells ist sicherlich die Annahme der ungefähr gleich großen Features, weswegen wir diesen Punkt auf unseren Merkzettel für das adVANTAGE-Modell aufnehmen.

13.4 Shared Pain/Shared Gain

Dem Wunsch nach Risikoteilung für den Fall, dass ein Projekt teurer wird als geplant (sei es nun in Form des Value Risk oder des Development Risk), kann man generell von zwei Seiten begegnen. Zum einen, indem man möglichst viel Wert auf einen Festpreis legt und dann variable Elemente entweder direkt in den Vertrag einbaut oder vertragliche Konstrukte wählt, die ein entsprechendes Verhalten des Anbieters incentivieren. Oder man nähert sich der Problematik, indem man einen T&M-Ansatz wählt (was grundsätzlich das Risiko auf Auftraggeberseite erhöht) und in diesen dann Elemente einbaut, die verhindern sollen, dass der Auftragnehmer gesteigertes Interesse an möglichst viel erbrachtem Aufwand hat, ganz egal was dabei herauskommt. In diese Kategorie fällt auch das Modell „Shared Pain/ Shared Gain". Dabei bedient es sich einer Mischung aus einem reinrassigen T&M-Ansatz und einem Modell, in das die Realisierung einer bestimmten Anzahl an „Punkten" einfließt (mit all den daraus resultierenden Problemen, wie in Abschn. 13.2 beschrieben). Da es von Martin (2004) vorgeschlagen wurde, wird es auch als „Bob Martins Idee" bezeichnet.

Das Modell basiert auf der initialen Bewertung der zu erstellenden Software, und zwar in zwei Dimensionen, einmal in Punkten (z. B. Function Points) zur Bewertung des erzielten Ertrages und zum anderen in Personentagen, also dem üblichen Maß für den vermutlich zu leistenden Aufwand, mit dem man den Ertrag zu erzielen beabsichtigt. Nehmen wir also an, das angestrebte Ergebnis sei eine Software mit einem Komplexitätsumfang von 10.000 Punkten, und eine Aufwandsschätzung habe ergeben, dass zur Umsetzung 1000 Personentage erforderlich sind. Außerdem nehmen wir einen vereinbarten Tagessatz von 1000 € pro Personentag an, dann wäre ein theoretischer Festpreis für das Projekt also 1 Mio. €. Da wir hier in einem T&M-basierten Kontext sind, bedeutet das nichts anderes, als dass 1 Mio. € zu zahlen wäre, sofern das Team eine Punktlandung hinlegt. In dieser idealisierten Welt, in der nicht nur Aufwände leicht zu schätzen, sondern Software auch in „Points" bewertet werden kann, könnte man aber auch sagen, der Preis pro Point beträgt 100 €. Hätte das Team am Ende genau die gewünschten Features gebaut (also genau 10.000 Points erreicht) wäre in einem Modell nach Fixed Price per Point (Abschn. 13.2) ebenfalls 1 Mio. € zu entrichten.

Bleiben wir kurz im T&M-Beispiel. Dann würde eine Unterschreitung des Aufwandes, z. B. um 20 %, dazu führen, dass der Preis auf 800.000 € sinkt. Eine Überschreitung um denselben Prozentsatz würde zu einem Preis von 1,2 Mio. € führen. So weit, so simpel. Die Idee des Shared Pain/Shared Gain ist es nun, die Effekte der Über- und Unterschreitung abzuschwächen, um dem Auftragnehmer einen Anreiz zu liefern, möglichst effizient zu entwickeln. Dazu kommen nun die Punkte ins Spiel und noch dazu ein Rabatt auf beides, den Tagessatz und den Festpreis pro Punkt. Denn das Modell sieht vor, dass nicht nur der Aufwand, sondern auch der erzielte Ertrag eine Rolle bei der Preisbildung spielt, zum Beispiel, indem pro Personentag nicht 1000 €, sondern 500 € bezahlt werden, dann aber eine Prämie pro erzieltem Punkt in Höhe von 50 € (statt rechnerisch 100 €) aufgeschlagen wird. Für den Fall der Punktlandung würde das bedeuten, dass der Preis genau gleich bleibt, nämlich bei 1 Mio. € (1000 PT × 500 € + 10.000 Punkte × 50 €). Unterschreitet das Team den Aufwand um 20 %, ergibt sich (bei unverändertem Ertrag) ein Preis von 900.000 €, bei einer 20 %igen Überschreitung steigt der Preis auf 1,1 Mio. €. Der Auftragnehmer wird also ein Interesse an möglichst effizienter Entwicklung haben, denn so kann er seine Rendite steigern.

Die Probleme dieses Modells liegen auf der Hand, nämlich in der Bewertung der Software in (wie auch immer definierten) Punkten, und zwar ex ante wie ex post – ein schwieriges und nicht mal vor und nach dem Projekt identisch handhabbares Problem.

13.5 Mehrstufige Vertragsmodelle

Bisher haben wir bei der Diskussion verschiedener Typen von Verträgen für agile Softwareprojekte unser Augenmerk stark auf die „gerechte“ Verteilung von Risiken gelegt. Unterschiedliche Vertragsmodelle ermöglichen einen unterschiedlichen Umgang mit der Risikoverteilung, also der vorab offenen Frage, beim wem am Ende welche Kosten auflaufen. Es ist offensichtlich, dass in das Management solcher Risikopositionen, nämlich den Umgang mit Ungewissheit, ein wesentlicher Aspekt hereinspielt: Vertrauen. Gäbe es grenzenloses Vertrauen zwischen den Vertragsparteien, bräuchten wir ggf. gar keine Verträge; zumindest aber müssten wir uns viel weniger Gedanken darüber machen, wie Kosten und Risiken, die aus Ungewissheit resultieren, am Ende verteilt werden. Offensichtlich und aus nachvollziehbaren Gründen ist das Vertrauen zwischen Unternehmen, die in einer Kunden-/Lieferantenbeziehung stehen, aber nun mal alles andere als grenzenlos – und das führt dazu, dass einfache Modelle wie reinrassige Festpreise oder T&M-Verträge nicht taugen. Kein rational handelnder Auftragnehmer wird sich im Falle großer Ungewissheit über den zu realisierenden Systemumfang auf einen Festpreis einlassen, denn dazu müsste er dem Kunden maximal vertrauen – sonst hätte der die Möglichkeit, den Scope ins Uferlose auszudehnen, und der Anbieter müsste all die vielen Ideen zum festen Preis in die Software einbauen. Umgekehrt scheuen viele Auftraggeber reine T&M-Situationen, weil sie nicht sicher darauf vertrauen können, dass der Auftragnehmer die Situation nicht ausnutzt und Spezifikationslücken in immer mehr Personentagen mit immer mehr goldenen Klinken füllt.

Die bisher beschriebenen Vertragsmodelle sind teilweise schon recht gut geeignet, mit solchen ganz normalen Vertrauensdefiziten umzugehen. In der Praxis und in der Literatur haben sich daraus teilweise Mischformen ergeben, die dieses Thema noch besser adressieren. Eine Kategorie daraus sind mehrstufige (sog. „multi-stage" oder „multi-phase") Vertragsmodelle (Larman und Vodde 2010). Dabei handelt es sich um Formen der Zusammenarbeit, die verschiedene Vertragstypen zeitlich staffeln, um der Tatsache gerecht zu werden, dass die Ungewissheit am Anfang in der Regel größer ist als in der Mitte eines Projektes. Außerdem lernen Auftraggeber und Auftragnehmer sich im Laufe des Projekts besser kennen und bauen sukzessive Vertrauen auf, was unter Umständen einen Wechsel des Vertragsmodells zur Laufzeit rechtfertigt.

Das Spiel kann man nun in ganz verschiedene Richtungen spielen, je nach Verhandlungsmacht, Vertrauensposition und Erfahrungsschatz der beteiligten Partner, sowie je nach Grad der Ungewissheit und Typ des Projektes. Betrachten wir zwei Beispiele:

- Sind beide Partner beispielsweise darüber einig, dass der Scope weitgehend offen ist, bietet sich als erste Phase das Modell „Festpreis pro Iteration" an, um während der ersten Iterationen gemeinsam zu lernen, was der Scope des Projekts wirklich ist, indem man sich ihm durch Erfahrung nähert. In dieser ersten Phase gibt er Auftraggeber einen Vertrauensvorschuss, indem er ein paar Iterationen zu festen Preisen finanziert, ohne zu wissen, was er bekommt. Nach einer Weile kehrt man das Modell dann um, nämlich dann, wenn beide Parteien sich hinreichend aneinander gewöhnt und Vertrauen aufgebaut haben und man außerdem schon viel besser versteht, was eigentlich gebaut werden soll. Ist zum Beispiel in der Zwischenzeit ein plan- und schätzbares Product Backlog entstanden, könnte die zweite Hälfte des Projektes als Festpreis pro Feature umgesetzt werden. Nun gibt der Auftragnehmer einen Vertrauensvorschuss, indem er annimmt, dass der Auftraggeber den Scope nicht nachträglich im Detail aufbläht.
- Sind zumindest einzelne Features aus dem Gesamt-Scope schon einmal gut beurteilbar, kann der Auftraggeber auch argumentieren, dass der Auftragnehmer seine Leistungsfähigkeit in den ersten Releases unter Beweis stellen soll. Dann wären in der ersten Phase typische Festpreisaufträge pro Feature angezeigt. Der Lieferant gibt in diesem Fall den Vertrauensvorschuss, liefert zum festen Preis die gewünschten Features und macht seine tatsächlichen Aufwände transparent. Auf diese Weise gewinnt der Auftraggeber Vertrauen in die Leistungsfähigkeit des Auftragnehmers, und in einer zweiten Phase können die weniger klaren Features auf Basis eines T&M-Auftrages oder eines Festpreis pro Iteration abgewickelt werden.

Mehrstufige Vertragsmodelle sind also streng genommen nicht als eigener Vertragstyp, sondern als zeitlich hintereinander liegende Kombinationen „einfacher" Vertragstypen zu verstehen. Sie ermöglichen die Steuerung von Risiken und das Bilden von Vertrauen über einen Zeitraum und sind deshalb vor allem dann eine Option, wenn Auftraggeber und Auftragnehmer über einen längeren Zeitabschnitt zusammenarbeiten oder zumindest einen größeren Scope gemeinsam umsetzen wollen. Ob die Ausgestaltung der zweiten Phase dabei bereits zu Beginn detailliert beschrieben, vertraglich fixiert oder nur als mögliche Option besprochen wird, liegt allein im Ermessen der Vertragsparteien.

13.6 Zusammenfassung

In Abb. 13.1 haben wir die bisher diskutierten agilen Vertragstypen in das Schema aus Abb. 12.2 eingeordnet. Dabei liegt die grobe Unterscheidung zugrunde, dass agile Vertragstypen entweder eher festpreisorientiert sind (und variabilisierende Elemente eingebaut haben) oder eher aus der Gedankenwelt der T&M-Verträge kommen und um kostenbremsende Elemente ergänzt wurden. Zu der zweiten Gruppe gehört vor allem das Modell Shared Pain/Shared Gain, weswegen wir es im unteren linken Quadranten in Abb. 13.1 finden.

In Abschwächung des reinrassigen T&M-Modells hat der Ansatz Shared Pain/Shared Gain die Variabilität „zähmende" Elemente, und zwar sowohl in Bezug auf den Scope wie auch auf den Preis. Letzterer ist ganz offensichtlich weniger variabel, da dies ja genau durch das Abrechnungsmodell intendiert ist. Überschreitet der Lieferant den Aufwand, sinkt der Preis pro geleisteter Einheit. Durch die Tatsache, dass in diesem Modell zwingend eine Bewertung des Scopes in Form von (wie auch immer gearteten) „Punkten" durchgeführt wird, der Scope also früh einer eingehenden Diskussion unterzogen wird, ist tendenziell etwas weniger Ungewissheit zu erwarten.

Unter den eher aus der Festpreis-Welt stammenden Vertragstypen ist das Modell „Festpreis pro Iteration" sicherlich dasjenige, welches den zuvor noch offenen Quadranten oben links am deutlichsten abbildet. Der Auftraggeber hat Preissicherheit, weil genau festgelegt ist, wieviel eine Iteration kosten wird, aber der Scope ist weitgehend offen, denn es gibt keine Garantie, welche Features tatsächlich geschafft werden und welcher

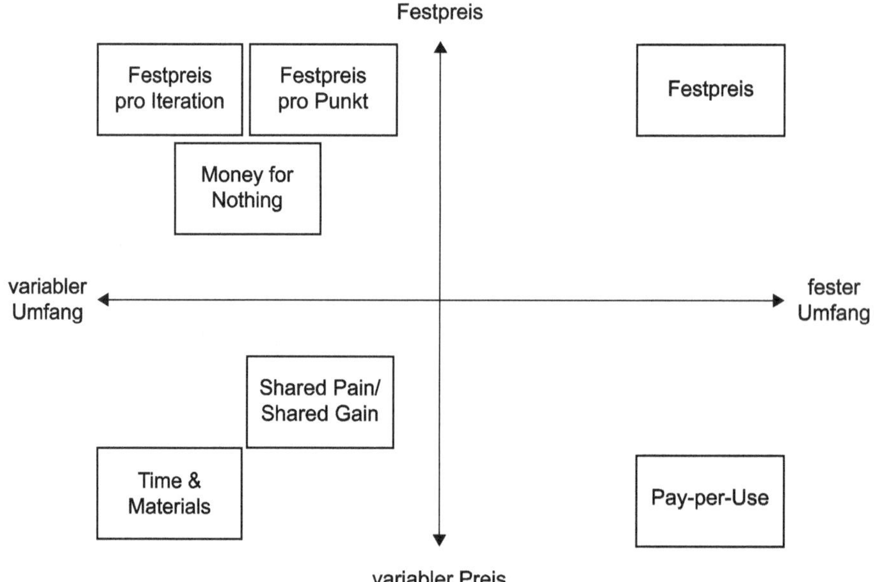

Abb. 13.1 Klassifikation traditioneller und agiler Vertragstypen. (Angelehnt an Opelt et al. (2013))

Business Value insofern erzielt werden kann. Genau um das abzumildern, wurden die beiden Modelle „Festpreis pro Punkt“ und „Money for Nothing, Change for Free“ entwickelt. Da letzterer Ansatz etwas mehr inhaltliche Flexibilität durch die kostenfreie Änderung des Scopes bietet, ist dieser in Abb. 13.1 etwas weiter Richtung variabler Scope und wegen der jederzeitigen Möglichkeit des Projektabbruchs weiter entfernt vom Festpreis angeordnet worden.

Mit den diskutierten Vertragstypen existiert somit ein recht breites Spektrum an Möglichkeiten zur Gestaltung der rechtlichen und wirtschaftlichen Beziehungen zwischen den Partnern in agilen Softwareprojekten. Einige von ihnen, wie das Modell „Festpreis pro Iteration“, sind praktisch einfach zu installieren und vielfach erprobt, bieten aber dem Auftraggeber nur wenig Sicherheit und lassen außerdem eine ausgewogene Beteiligung des Auftragnehmers an den Risiken vermissen. Andere, wie das Modell „Shared Pain/Shared Gain“ leisten zwar eine deutlich bessere Risikoteilung, sind aber erfahrungsgemäß wenig praktikabel, weil sie auf schwer zu fassenden „Punkten“ beruhen. Mit dem adVANTAGE-Modell zeigen wir im Folgenden eine zusätzliche Alternative, die das Risiko fair verteilt, einfach zu handhaben ist und eine gute Steuerung durch den Auftraggeber ermöglicht. Es liegt auf der Hand, dass so eine Alternative nur auf der Basis von mehr Vertrauen gelingen kann.

Literatur

Larman C, Vodde B (2010) Practices for scaling lean & agile development: large, multisite, and offshore product development with large-scale Scrum. Addison Wesley

Martin R (2004) Estimating costs up front. Post in comp.software.extreme-programming, https://groups.google.com/d/msg/comp.software.extreme-programming/egY-zCgthSo/Y9Pzha0_IJoJ. Zugegriffen: 1. März 2016

Opelt A, Gloger B, Pfarl W, Mittermayr R (2013) Agile contracts: creating and managing successful projects with Scrum. Wiley

Sutherland J (2008) Agile 2008 – money for nothing. https://www.scruminc.com/agile-2008-money-for-nothing-2/. Zugegriffen: 1. März 2016

Kernprinzipien von adVANTAGE 14

Inhaltsverzeichnis

In diesem Kapitel führen wir das adVANTAGE-Vertragsmodell ein, das als Rahmenwerk für agile Softwareprojekte im Fremdleistermodell dienen soll. „ad" steht für „agile development", und der Gesamtbegriff soll andeuten, dass ein Vorteil für beide Vertragspartner entstehen soll, und zwar im Vergleich zu konventionellen Herangehensweisen und mit ihnen typischerweise verbundenen Vertragsmodellen. Dieser Vorteil kann vielgestaltig sein und ergibt sich aus der Anwendung

- eines agilen Verfahrens (schneller Start der Entwicklungstätigkeit, Verzicht auf kostspielige Vorab-Detailspezifikation, schnelle Verfügbarkeit vorzeigbarer Software, enge Kollaboration zwischen Bedarfsträger und Entwickler, flexible Anpassung von Anforderungen und Akzeptanz später Anforderungen, etc.) und
- eines das agile Verfahren abbildenden fairen Vertragsmodells (Einsparung übertriebener Kosten für Spezifikationsarbeiten, Abrechnung nach tatsächlich gelieferten Features, gerechte Aufteilung der Risiken, gerechte Aufteilung der Chancen).

M. Book et al., *Erfolgreiche agile Projekte*, Xpert.press,
DOI 10.1007/978-3-662-53330-7_14

adVANTAGE besteht, grob gesprochen, aus drei Teilen: einem Preismodell, einem Vertragsmodell, und Prozessen zur Anwendung im Interaction Room. Oder kürzer: adVANTAGE = Preis + Vertrag + Methodik. Wie der Interaction Room ist auch adVANTAGE aus der Erkenntnis gewachsen, dass Individual-Softwareentwicklung im Fremdleistermodell immer ein Prozess ist, der viel mit Ungewissheit zu tun hat. Das genaue Ergebnis ist vorab nicht bekannt, es gibt viele Wege, die potenziell zum Ziel führen, und wie teuer das Ganze wird, kann vorab auch niemand genau sagen. Dies zu akzeptieren, ist der Kerngedanke hinter dem adVANTAGE-Modell. Das Modell ist inzwischen vielfach erprobt und angepasst worden und hat sich damit zu einem Rahmen für einen pragmatischen Umgang mit den wirtschaftlichen Aspekten entwickelt, der in jedem neuen Projekt auf die gegebene Situation angepasst werden kann (und sollte).

Im Grunde liefert das adVANTAGE-Rahmenwerk generelle Regelungen für die rechtlichen und kommerziellen Aspekte, die zwischen dem Auftraggeber und Auftragnehmer in einem agilen Individualentwicklungsprojekt geregelt werden müssen. Kap. 27 bietet dazu dementsprechend auch eine Vorlage für ein konkretes Vertragsdokument. Viel wichtiger ist aber, die grundsätzlichen Prinzipien zu beleuchten, die dem adVANTAGE-Modell zugrunde liegen. Denn zum einen empfehlen wir wie gesagt die Anpassung auf konkrete Projektsituationen, und zum anderen glauben wir, dass es viel wichtiger ist, ein gutes Gefühl für die Kompatibilität der Kulturen von Auftraggeber und -nehmer zu entwickeln, als das letzte Detail rechtssicher zu machen.

Das adVANTAGE-Modell passt für einige Situationen sehr gut, für andere nicht. Herauszufinden, ob eine bestimmte Projektkonstellation für den Einsatz von adVANTAGE geeignet ist, ist der erste Schritt. Dieses Kapitel erläutert daher einige generelle Prinzipien, die adVANTAGE zugrunde liegen, und diskutiert, ob die Anwendung von adVANTAGE in einer bestimmten Projektkonstellation empfehlenswert ist. Diese Prinzipien sind eine Bereitschaft des Auftragnehmers, Risiken einzugehen, gegenseitiges Vertrauen, Budgetsicherheit, geteiltes Leid, die Belohnung von Effizienz, und natürlich Agilität. Passen die Unternehmenskulturen der Akteure in einem Projekt zu diesen Prinzipien, sollte der Einsatz des adVANTAGE-Modells in Betracht gezogen werden. Stellen einige der Prinzipien generelle Hindernisse dar, sollte man lieber die Finger von dem Modell lassen.

Beispielsweise werden wir auf die Risikobereitschaft des Auftragnehmers zu sprechen kommen. Ohne zu einem gewissen Maß bereit zu sein, finanzielle Risiken zu übernehmen (deren Handhabung nicht allein in der Macht des Lieferanten liegt), wäre dem adVANTAGE-Modell der Boden entzogen, wie wir sehen werden. Nun gibt es in der Branche der IT-Dienstleister aber durchaus Unternehmen, deren Risikomanagement so engmaschig ist, dass unter einen Vertrag nach dem adVANTAGE-Modell schlichtweg keine Unterschrift zu bekommen wäre. Das kann unternehmenspolitisch ja durchaus gewünscht sein. Dann sollte man aber auch konsequent sein und das Modell nicht verbiegen, sondern einen der oben diskutierten, weniger risikobefrachteten Vertragstypen wählen.

14.1 Bekenntnis zur Agilität

Agilität zu einem der Kernprinzipien eines Vertragsmodells für agile Projekte zu machen, klingt zunächst reichlich tautologisch. Aber man sollte tatsächlich ernsthaft prüfen, ob das Vorhaben, für das man einen rechtlich-kommerziellen Rahmen sucht, sich wirklich am sinnvollsten mit einem agilen Vorgehen umsetzen lässt. Sollte zum Beispiel bereits eine detaillierte, schätzfähige Spezifikation vorhanden sein, in die vielleicht schon einiges an Vorarbeit geflossen ist und die nur noch wenig Ungewissheit über die Eigenschaften des Entwicklungsergebnisses offen lässt – wieso dann nicht klassisch in einem plangetriebenen Vorgehen entwickeln und einen Festpreis vereinbaren? Vielleicht sind sich alle Beteiligten aber auch einig, dass man möglichst frei sein will und von Iteration zu Iteration neu entscheiden will, wie es weiter geht – dann deutet einiges auf ein agiles Verfahren.

Sich für Agilität in der Zusammenarbeit zwischen einem Auftraggeber und einem Auftragnehmer zu entscheiden, bedeutet aber nicht nur die Festlegung eines agilen Vorgehensmodells à la Scrum. Es setzt vor allem die Bereitschaft voraus, Ungewissheit zu akzeptieren – und das betrifft nicht nur die entstehende Software. Dass deren genaue Eigenschaften im Vorfeld nicht genau festgelegt werden können und sich im agilen Verfahren erst Schritt für Schritt ergeben, darauf wird man sich schnell einigen können. Aber Ungewissheit ergibt sich eben auch in Bezug auf

- die Anzahl der Iterationen, die benötigt werden, um ein ausreichendes, akzeptables oder wünschenswertes Ergebnis zu erzielen,
- die Tragfähigkeit der gewählten Technologie für das jeweilige Projekt und das so entstehende technologische Risiko,
- die Produktivität des Entwicklungsteams und deren zeitlichen Verlauf über möglicherweise viele Iterationen,
- die erzielbare Qualität, gemessen in Anzahl und Schweregrad der aufgetretenen Fehler, sowie der zu leistenden Arbeit, diese aufzuspüren und zu beseitigen,
- die pro Iteration entstehenden Aufwände, inklusive „Overhead" wie Projektmanagement, Kommunikation etc.,
- den insgesamt entstehenden Aufwand für das Gesamtprojekt

und weitere Sachverhalte, die im Vorfeld nicht genau oder einfach gar nicht abgeschätzt werden können. Die Entscheidung für Agilität bedeutet, derlei Ungewissheiten nicht nur zur Kenntnis zu nehmen, sie nicht nur zu akzeptieren, sondern sie als essenzielle Eigenschaft dieses konkreten bevorstehenden Projektes zu begreifen. Und das strahlt aus. Agilität betrifft mindestens in Fremdleisterkontexten nämlich bei weitem nicht nur das Entwicklungsteam, sondern die ganze Organisation: vom Einkauf über die Rechtsabteilung bis hin zum Controlling ist Umdenken gefordert. Agilität ist in diesem Zusammenhang die Antwort auf Ungewissheit. Das bedeutet aber nicht, dass die Ungewissheit durch Agilität verschwindet – man geht nur bewusst und auf Basis klarer Regeln mit ihr um. Da alles Regelwerk aber immer auch Schlupflöcher für egoistisches Handeln lässt, braucht es zwingend gegenseitiges Vertrauen.

14.2 Gegenseitiges Vertrauen

Vertrauen zwischen Auftraggeber und Auftragnehmer in Softwareprojekten, also zwischen rechtlich und wirtschaftlich unabhängigen und jeweils ihrem eigenen Zielsystem dienenden Organisationen – kann es das geben? Ist Vertrauen nicht eine eher menschliche Angelegenheit? Ja und nein. Zum einen werden Organisationen – auch Unternehmen und eben auch Vertragspartner in Softwareprojekten – durch Menschen gebildet. Und zum anderen kennen die Wirtschaftswissenschaften tatsächlich den Begriff des interorganisationalen Vertrauens (Lane und Bachmann 2000) als Konzept der grundsätzlichen Unterstellung redlichen Handelns eines Unternehmens oder dessen Handlungsträger durch ein anderes Unternehmen. Und das braucht es in agilen Softwareprojekten nach dem adVANTAGE-Modell zwingend. Denn anders als manche der oben skizzierten Vertragsmodelle lässt das adVANTAGE-Modell einigen Spielraum, um flexibel auf spezifische Situationen in Projekten eingehen zu können, und das bedeutet immer auch Verhandlungsspielraum im Kleinen, also innerhalb des gegebenen Rahmens eines unterschriebenen Vertrages. Augenfällig wird dies zum Beispiel anhand der Frage, ob ein bestimmtes Feature „fertig" („done") ist. In der nachfolgenden Beschreibung der Prozeduren des adVANTAGE-Modells (Kap. 15) wird in einiges davon abhängen, ob die Umsetzung eines für einen Sprint geplanten Features X abgeschlossen ist. Je nachdem, wie diese Frage beantwortet wird, greifen andere Mechanismen der Planung des nächsten Sprints, aber auch der Abrechnung des soeben beendeten Sprints. Wie wir sehen werden, kann „fertig" so einiges bedeuten, von „im Ergebnis des Sprints existiert ein Feature, welches man mit X bezeichnen könnte" bis hin zu „es existiert ein Feature, welches X mehr als zufriedenstellend abbildet, alle Ausnahmen und Sonderfälle berücksichtigt und das getestet und, soweit erkennbar, fehlerfrei ist".

Im adVANTAGE-Modell haben wir die Definition von „fertig" (Definition of Done) bewusst offen gelassen. Wir haben damit das Risiko eingebaut, dass die Vertragsparteien sich im Einzelfall nicht oder nur nach langwierigen Diskussionen darüber einigen können, ob ein Feature „done", also abgeschlossen ist und deshalb Geld fließen soll. Und das aus zwei Gründen:

- Der Versuch einer möglichst im Detail fassbaren Definition of Done und damit am liebsten eines algorithmisch entscheidbaren Fertigstellungsgrades scheint uns dem agilen Gedanken diametral entgegenzustehen. Wer sich für ein agiles Verfahren in der Softwareentwicklung entscheidet, weil er die Ungewissheit akzeptiert, der sollte eben auch ertragen, dass im Einzelfall der gesunde Menschenverstand entscheiden muss. Ist

er dazu nicht bereit, sollte er überlegen, ob er nicht doch erstmal eine detaillierte Spezifikation schreibt. Damit soll nicht gesagt sein, dass es keine Definition of Done geben sollte. Es sollte sie geben, nur darf man nicht der Illusion unterliegen, damit etwas hart Entscheidbares geschaffen zu haben.
- Bestünde bei den beteiligten Vertragspartnern der Verdacht, dass man sich aufgrund dieses Risikos streiten muss, dass man womöglich gar einen Rechtsstreit riskiert, sollte man einfach gar nicht in einem agilen Projekt miteinander arbeiten. Denn dann zweifelt man entweder an der eigenen Kompromissbereitschaft oder befürchtet, im Ernstfall über den Tisch gezogen zu werden. Also fehlt Vertrauen.

Das Problem der Definition of Done ist nur ein Beispiel von vielen. Gelegenheiten, sich nicht zu vertrauen, gibt es in agilen Softwareprojekten so einige. Der Auftraggeber könnte dem Auftragnehmer unterstellen,

- eher die zweite Garde der Softwareentwickler in das Projekt zu schicken und die wirklich guten Leute in die riskanten Festpreisprojekte zu stecken,
- möglichst nur genau die Buchstaben der Features aus dem Backlog abzuarbeiten und keinen Business Value erzeugen zu wollen,
- selbst bei der Übernahme eines gewissen Preisrisikos in Wahrheit nur die eigene Auslastung im Fokus zu haben, weil vielleicht eine Lücke droht,

und ganz vieles mehr. Andersherum könnte der Auftragnehmer von seinem Kunden vermuten, dass dieser

- seinen Mitwirkungsverpflichtungen nur schleppend nachkommen wird, weil er sein operatives Geschäft stets priorisieren wird,
- möglichst viel Funktionalität in jedes kleine, vielleicht nur grob beschriebene Feature stopfen will, oder
- Abnahmen verschleppt und die Freigabe des nächsten Sprints mutwillig verzögert, um mehr Leistung zu erzielen.

All das kann passieren, denn am Ende sind die Akteure des Projektes ja entweder beim Auftraggeber oder beim Auftragnehmer angestellt. Aber es sind eben jeweils nur sehr kurzfristig gedachte Optimierungen des eigenen Nutzens. In den meisten Fällen sollten beide Seiten jedoch ein vitales Interesse an einer langfristigen Zusammenarbeit haben. Denn je intensiver und andauernder ein Kunden-/Lieferanten-Verhältnis in der Individual-Softwareentwicklung ist, desto effizienter. Im Laufe der Zeit entwickeln die Teams nicht nur ein gemeinsames Verständnis der fachlichen Zusammenhänge. Sie verwenden auch dasselbe Vokabular, haben gemeinsame Erfahrungen gemacht und aus ihnen gelernt; sie haben Erfolge erlebt und in Retrospektiven die ausschlaggebenden Gründe dafür herausgearbeitet. Kurzum: Je länger Teams in so einer Beziehung zusammenarbeiten, desto weniger Raum gibt es für Missverständnisse und sonstige effizienzmindernde Effekte.

14.3 Risikofreudigkeit des Lieferanten

In Tab. 12.1 haben wir unterschiedliche Reifegrade von IT-Dienstleistern dargestellt und im Zusammenhang mit Pay-per-Use-Modellen diskutiert. Zentrale These war es, dass IT-Dienstleister eines hohen Reifegrades (mit dem damit verbundenen großen fachlichen Erfahrungsschatz) tendenziell eher bereit sind, transaktionsbasierte Geschäftsmodelle zu akzeptieren. Bei diesen wird die Vergütung für die Entwicklung der Software nicht als fester Preis oder in Abhängigkeit vom geleisteten Realisierungsaufwand ermittelt, sondern hängt allein von der tatsächlichen Nutzung des Systems ab. IT-Dienstleister eines hohen Reifegrades sind in dieser Beziehung generell risikofreudiger, und zwar weil sie gut beurteilen können, welchen Business Value die Software aufweist. Ähnlich verhält es sich mit der Risikofreudigkeit in Bezug auf das adVANTAGE-Modell.

Ein wesentliches Element dieser aus dem Erfahrungsschatz resultierenden Risikobereitschaft ist die Abwesenheit von Interpretationslücken bei fachlichen Kontexten. Arbeitet ein IT-Dienstleister seit Jahren in einer bestimmten Domäne, so werden viele Fachexperten unter den Mitarbeitern sein, die eben ganz genau wissen, wie eine medizinische Risikoprüfung in einer Rückversicherung von Lebensversicherungsverträgen aufgesetzt werden muss, oder wie der detaillierte Prozess einer Zentralgewinnermittlung in einer Lotterie auszusehen hat. Je mehr Erfahrung, desto weniger Ungewissheit. Aus diesem Grund ist der Reifegrad eines IT-Dienstleisters sehr häufig ein Enabler für die Risikobereitschaft. Natürlich gibt es auch hier Ausnahmen, nämlich bei solchen IT-Dienstleistern, die im Laufe ihrer Entwicklung immer effizientere Verfahren für das Risikomanagement entwickelt haben und kaum noch Unwägbarkeiten ohne T&M-Absicherung eingehen.

Für das adVANTAGE-Modell ist die Risikobereitschaft des Auftragnehmers zentral. Es ist vitaler Bestandteil des Modells, das durch Ungewissheit entstehende Risiko auf beiden Seiten zu verteilen. Damit landet immer auch ein Teil des Risikos auf Lieferantenseite. Wer das nicht ertragen will, sollte nicht mit dem Gedanken spielen, mit seinem Kunden das adVANTAGE-Modell zu vereinbaren. Wer ein bisschen mutig ist, findet dagegen mit adVANTAGE ein Konstrukt, welches Kunden aufgrund der Tatsache überzeugen kann, dass der Auftragnehmer Teile des allgemeinen Risikos übernimmt. Außer einem großen Erfahrungsschatz in der für das Projekt relevanten fachlichen Domäne könnten z. B. auch die folgenden Punkte die Risikobereitschaft des Lieferanten befördern:

- eine Unternehmenskultur, die generell neben den Risiken immer auch die Chancen erkennt und langfristig orientiert ist,
- die Verfügbarkeit langfristig stabiler Teams, die bereits viele Projekte gemeinsam realisiert haben und eingespielt sind,
- breite Kompetenz in den unterschiedlichen technischen Welten, um technologische Risiken zu minimieren, sowie
- gute Erfahrungen mit dem Auftraggeber und damit letztendlich wieder ein hohes Vertrauensniveau.

14.4 Budgetsicherheit

In der Diskussion der verschiedenen Vertragstypen für agile Projekte haben wir bereits festgestellt, dass es absolute Budgetsicherheit nicht gibt. In T&M-orientierten Ansätzen sowieso nicht, und auch in Festpreis-artigen Konstrukten bleibt eine Rest-Ungewissheit. Denn so oder so können Features vergessen oder mit deutlich erkennbar zu geringer Komplexität beschrieben worden sein. In einem solchen Fall wird jeder findige Lieferant schnell einen Change Request öffnen, und schon ist das ursprüngliche Budget dahin. Wenn es also schon keine absolute Budgetsicherheit gibt, sollten wir zumindest Mechanismen vorsehen, die es wahrscheinlich machen, dass ein Budget nicht über ein erträgliches Maß hinaus überschritten wird. Das adVANTAGE-Modell nutzt verschiedene Konstrukte, um das zu erreichen. Eines davon ist der Einsatz des Cost Forward Progressing (Abschn. 8.6). Ein anderes die Verwendung der Havariespinne (Abschn. 8.4). Und ein drittes Element sind Tagessätze, zu denen der Lieferant eigentlich nicht mehr arbeiten möchte – dazu mehr im nächsten Abschnitt.

14.5 Geteiltes Leid

Ein zentrales Element, wenn nicht sogar *das* zentrale Element des adVANTAGE-Modells ist die Schaffung von geteiltem Leid. Kurz gefasst ist damit gemeint, dass der Auftragnehmer unter den sich materialisierenden Risiken genauso (oder zumindest ähnlich) leidet wie der Auftraggeber – und umgekehrt.

In den klassischen Ansätzen für Vertragsmodelle in der Softwareentwicklung wird – wie oben gezeigt – einiger Aufwand getrieben, um die beiden generellen Risiken sauber einer der beiden Parteien zuzuordnen. Das Value Risk, also das Risiko, ob und zu welchen Kosten der angestrebte Business Value erreicht wird, wird gerne (eher) auf die Seite des Auftraggebers geschoben. Denn hier vermutet man die größte Kompetenz in fachlicher Hinsicht und die Verantwortung für eine vernünftige Beschreibung dessen, was gebaut werden soll. Das Development Risk hingegen verorten die meisten Modelle (eher) auf der Seite des Auftragnehmers, denn ob kompetente Mitarbeiter eingesetzt werden, ob hinreichende und treffsichere Tests durchgeführt werden und ob die Technologie beherrscht wird, das wird man eher in der Kompetenz des Lieferanten sehen.

Kernproblem bei dieser Zuweisung von Risiken und damit verbundenen Kosten im Falle des Eintretens ist die Tatsache, dass jeder versucht, *seine* Risiken in den Griff zu bekommen. Die Risiken des anderen Partners interessieren nicht nur herzlich wenig, es wird im Zweifel sogar in Kauf genommen, die Risikoposition des anderen zu erhöhen, wenn dadurch die eigene reduziert werden kann. Dabei wäre am meisten gewonnen, wenn beide Parteien sich vor allem darauf konzentrieren würden, eine Projekthavarie zu vermeiden, denn die kostet beide Seiten so oder so viel Geld, Aufwand und Ärger. Solange beide Seiten aber damit beschäftigt sind, sorgfältig die eigenen Risiken zu beobachten, ist für eine kooperative Havarievermeidung kein Spielraum gegeben. Diesem Problem versucht das adVANTAGE-Modell beizukommen, indem alle Risiken allen Parteien gleichermaßen auferlegt werden. Es wird einfach nicht unterschieden, ob der Mehraufwand der Realisierung für ein bestimmtes Feature oder eine ganze Iteration nun aus der Unfähigkeit der Entwickler resultiert, oder aus der miserablen und lückenhaften Funktionsbeschreibung. Alle Diskussionen dieser Art finden im adVANTAGE-Verfahren einfach nicht statt, was nicht nur sehr viel Arbeit spart und Nerven schont, sondern auch vernünftiges Verhalten fördert. Aber wie das? Der sehr simple Mechanismus, der dies ermöglichen soll, besteht aus zweierlei Tagessätzen für die Berechnung des zu entrichtenden Preises, kombiniert mit einem Verhandlungsverfahren, welches am Anfang des Projektes stattfindet und dann nicht mehr angefasst wird.

Kapitel 15 beschreit diese Verfahren detailliert. Zum Verständnis des „geteilten Leids" hier so viel vorab: Am Anfang des Projektes wird auf der Basis einer Auflistung von Features (die meist nur benannt, aber nicht im Detail beschrieben werden) der für jedes Feature geschätzte Aufwand verhandelt. Dabei können Verfahren wie das Planning Poker eingesetzt werden, um eine Initialschätzung unter Ungewissheit zu ermitteln. Beide Parteien wissen, dass ein allzu kleinliches Feilschen nicht nur sinnlos ist, sondern geradezu lächerlich wirkt, denn es herrscht Ungewissheit – darauf hat man sich festgelegt, sonst würde man kein adVANTAGE-Projekt durchführen. Diese initiale (sehr unsichere) Schätzung pro Feature wird nie wieder angefasst. Lediglich bei ganz neuen Features, die erst während des Projektes auftauchen, wird neu geschätzt. Als nächstes werden nun zwei unterschiedliche Tagessätze verhandelt. Der eine ist der „normale" Tagessatz und sollte so dimensioniert sein, dass er dem Marktüblichen entspricht, also eine Gewinnmarge enthält. Der zweite, der „schmerzhafte" Tagessatz, sollte so bemessen sein, dass der Lieferant daran nicht zugrunde geht, aber auch kein Interesse hat, für diesen Tagessatz zu arbeiten. Dieser zweite Tagessatz wird in der Praxis irgendwo bei den Herstellkosten liegen. Seine Feinjustierung hat Bedeutung für den Erfolg des Modells. Sind diese Koordinaten zwischen Auftraggeber und Auftragnehmer verhandelt, kann es losgehen. Am Ende einer Iteration werden die vorab geschätzten Aufwände mit dem regulären Tagessatz berechnet. Aufwände, die den vorab ausgehandelten Aufwand eines Features (bzw. der Iteration) überschreiten, werden mit dem reduzierten Tagessatz in Rechnung gestellt. Diskutiert wird nicht, vor allem nicht über die Ursachen für die Überschreitung der Kalkulation, denn das Leid wird geteilt. Kunde und Lieferant bilden eine Schicksalsgemeinschaft, in der nicht über Vergangenes diskutiert wird, sondern in der beide exakt dieselben Interessen haben: mit dem prognostizierten Aufwand auszukommen.

14.6 Effizienz-Anreize

Mit dem Prinzip des geteilten Leids ist ein wichtiger Mechanismus vorhanden, um gleichgerichtetes Verhalten zu fördern. Um diesen Effekt noch etwas zu steigern (und um auch positiv konnotiertes Vokabular aufzunehmen) kann im adVANTAGE-Modell auch die Freude geteilt (oder zumindest gerecht verteilt) werden. Freude entsteht in einem

Softwareprojekt immer dann, wenn am Ende der Iteration noch Budget übrig ist. Hier sind nun unterschiedliche Formen des Umgangs mit dem eingesparten Aufwand und damit Geld denkbar, auf die man sich einmal zu Beginn des Projektes bzw. in den Vertragsverhandlungen einigen sollte. So könnte eine Iteration stets mindestens mit dem eingeplanten Budget abgerechnet werden, egal ob es wirklich verbraucht wurde. Das incentiviert den Auftragnehmer, möglichst viel Budget einzusparen. Dem Auftraggeber bringt das gar nichts. Deshalb wird er vermutlich Wert darauf legen, dass die eingesparten Kosten gerecht verteilt werden, zum Beispiel könnte die Hälfte des Betrages als Bonus an den Auftragnehmer ausgeschüttet werden, die andere Hälfte bleibt als erfreuliche Einsparung beim Auftraggeber.

Denkbar (und manchmal praktiziert) ist es auch, eventuelle Boni nicht auf einzelne Features oder Iterationen, sondern auf den Gesamtaufwand des Projektes zu beziehen. Dies setzt voraus, dass dieser im Vorfeld ausgehandelt wurde oder schlicht als Summe der Budgets für die einzelnen Features ermittelt wird. In Summe ändert das nicht viel, verstärkt aber den Blick auf das „Große und Ganze“. Und das wollen wir im adVANTAGE-Modell ja erreichen: dass beide Partner dasselbe Ziel vor Augen haben.

Literatur

Lane C, Bachmann R (Hrsg) (2000) Trust within and between organizations: conceptual issues and empirical applications. Oxford University Press

Die adVANTAGE-Methodik 15

Inhaltsverzeichnis

In diesem Kapitel beschreiben wir das adVANTAGE-Modell für die vertragliche und kommerzielle Gestaltung der Zusammenarbeit in agilen Individualentwicklungsprojekten im Fremdleistermodell im Detail. Es scheint uns pragmatisch, dies anhand des typischen Ablaufs eines agilen Softwareprojektes zu tun, weswegen wir auf die einzelnen Projektphasen wie Projektinitiierung, Entwicklung und Projektabschluss eingehen und innerhalb der Entwicklung sehr genau anschauen, wie die einzelnen Iterationen geplant und abgerechnet werden.

15.1 Initiale Anforderungssammlung und Budget-Schätzung

Am Anfang steht die Idee. Oft ist viel mehr nicht vorhanden (wie im Beispiel in Abschn. 16.1); manchmal sind zumindest einige Erwartungen beschrieben oder es liegen schon ganz gut brauchbare Dokumente vor. Wie auch immer: Der erste Schritt in einem agilen Softwareprojekt ist es in der Regel, die initialen Anforderungen zu ermitteln und in einer Liste von Features festzuhalten oder sogar schon zu beschreiben. Der IR:scope

M. Book et al., *Erfolgreiche agile Projekte*, Xpert.press,
DOI 10.1007/978-3-662-53330-7_15

und IR:agile bieten hierzu gute Unterstützung, denn sie befördern die Diskussion und Bewertung der Features, die Aufteilung auf Sprints und die jeweilige Retrospektive über den gesamten Projektverlauf hinweg. In Abschn. 5.2 haben wir die initiale Erstellung eines Feature Canvas beschrieben, der nun Grundlage unserer allerersten Aktivität bei der Anwendung des adVANTAGE-Modells wird: der initialen Budgetabschätzung. Diese geschieht nämlich bereits auf der Basis des noch sehr abstrakten Feature Canvas. Spätestens beim Übergang vom Feature Canvas zum Product Backlog (Abschn. 8.1) werden die einzelnen Features mit einen Aufwand in Personentagen versehen. So erhalten wir eine Initialschätzung (*IS*) für den reinen Entwicklungsaufwand. Diese Einschränkung ist wichtig, denn wir unterscheiden im adVANTAGE-Modell zwischen zwei unterschiedlichen Aufwandstypen, mit denen unterschiedlich umgegangen wird:

- Bei dem **reinen Entwicklungsaufwand** handelt es sich um die Anzahl an Personentagen, die Entwickler und Architekten für Implementierung und Test eines Features innerhalb eines Sprints aufwenden.
- Davon abzugrenzen ist der **Overhead-Aufwand** für die Planung des Sprints, die Arbeit des Scrum Masters, die täglichen Scrum-Meetings und sonstige, nicht direkt der Implementierung zuzurechnende Aktivitäten.

Diese Unterscheidung ist für das adVANTAGE-Modell deshalb von Bedeutung, weil die zweite Kategorie von Aufwänden in einer Grundpauschale abgerechnet wird, die pro Sprint fix ist und zu Beginn des Projektes ausgehandelt wird. Es handelt sich dabei um einen Festpreisanteil innerhalb des kommerziellen Modells. Folgende Kosten auf Seiten des Auftragnehmers sollen mit der Grundpauschale (*GP*) abgedeckt sein:

- Alle Aufwände für die Planung eines Sprints: Dazu gehören die Priorisierung der Features sowie die Festlegung des Umfangs und des Scopes des Sprints. Dies geschieht in der Regel in einem Workshop mit dem Auftraggeber.
- Aufwände für die Arbeit des Scrum Masters: Seine Aktivitäten sollen bewusst aus dem T&M-basierten Abrechnungsteil herausgehalten werden, weil der Scrum Master für die Schaffung und Einhaltung des agilen Rahmenwerks verantwortlich ist und nicht direkt wertschöpfend an der Entwicklung teilnimmt. In aller Regel und vor allem bei erfahrenen Teams braucht es je nach Dimension des Projektes nicht unbedingt einen Vollzeit-Scrum-Master.
- Aufwände für die Anwesenheit in Regel-Meetings: Dazu gehören vor allem die Daily Scrums und sonstige regelmäßig stattfindende Meetings. Diese Aufwände über die Grundpauschale abzurechnen, soll vor allem verhindern, am Ende eines Sprints über die Notwendigkeit zu diskutieren. Denn entweder glaubt man, dass diese Meetings wichtig sind, oder eben nicht – dann lässt man sie aber lieber von Vornherein sein (wovon wir dringend abraten).
- Aufwände für die Gewährleistung: Während in klassischen Festpreisprojekten normalerweise ein bestimmter prozentualer Aufschlag auf den Gesamtpreis erhoben wird

(erfahrungsgemäß zwischen 5 % und 15 %, je nach Risiko und Komplexität), ist die Gewährleistung in T&M-basierten Modellen etwas schwieriger zu handhaben. Einen prozentualen Aufschlag auf den tatsächlich geleisteten Aufwand zu erheben, bedeutet erstens ein erhebliches Ungewissheitsrisiko für den Auftraggeber und ist zweitens auch nicht unbedingt angemessen. Denn nur weil mehr Aufwand in die Entwicklung geflossen ist, müssen nicht unbedingt mehr Gewährleistungsfälle eintreten. Das Gegenteil kann der Fall sein. Deshalb sieht das adVANTAGE-Modell vor, Rückstellungen für Gewährleistung in die Grundpauschale einzupreisen. Da die Größe des Entwicklungsteams und die Dauer des Sprints bekannt sind, kann ein erfahrener Kalkulator einen der Risikopolitik des Unternehmens angemessenen Betrag ermitteln. Mehr als ein qualifiziertes Raten auf Basis von Erfahrungswissen sind Gewährleistungsrückstellungen ohnehin nicht.

Ist die Grundpauschale zu Beginn des Projektes zwischen den Vertragsparteien ausgehandelt, bleibt sie – außer bei signifikanten Änderungen im Projekt-Setup – fix und wird auch nicht wieder angefasst oder diskutiert. Eine der Ausnahmen kann eine bedeutende Änderung des Sprintvolumens, zum Bespiel durch Anpassung der Sprintdauer oder Veränderung der Teamgröße, sein. Man sollte aber der Versuchung widerstehen, bei jeder kleinen Änderung gleich eine Debatte über die Höhe der Grundpauschale anzustoßen. Das fördert nicht gerade das Vertrauen, und wir wissen ja, dass dies das höchste Gut in einem adVANTAGE-Projekt ist.

In der aktuellen Phase der initialen Budgetabschätzung müssen wir nun die Grundpauschale mit der Anzahl der prognostizierten Sprints multiplizieren. Sind nun die N Features f_i des Product Backlogs mit einer Initialschätzung $IS(f_i)$ versehen und kennen wir die vorgesehene Teamgröße sowie die Sprintdauer, ergibt sich die Anzahl der Sprints (S) in erster Annäherung durch einfache Division. Sodann lässt sich das Initialbudget (IB) recht einfach ermitteln:

$$IB = \sum\nolimits_{1 \le i \le N} IS(f_i) \times TS_1 + S \times GP$$

wobei TS_1 der reguläre Tagessatz ist, auf den sich Auftraggeber und Auftragnehmer für den Fall der Budgeteinhaltung geeinigt haben (Abschn. 14.5). Ob und inwieweit dieses initiale Budget bereits an sich ein Maßstab für eine Incentivierung sein kann, diskutieren wir in Abschn. 14.6. Zunächst ist es eine Größe, von der Auftraggeber und Auftragnehmer annehmen, dass sie ungefähr dem entspricht, was aufgewendet werden muss, um das Vorhaben zu realisieren. Dabei haben beide nicht vergessen, dass große Ungewissheit herrscht und Dinge sich anders entwickeln können als vorausgeplant. Aber das passiert noch früh genug. Zunächst treffen die Vertragspartner eine Vereinbarung, die grob vereinfacht folgendes beinhaltet (ein konkreter Vertragsentwurf findet sich in Kap. 27):

- Es wird ein agiles Individualentwicklungsprojekt in einer Kunden-/Lieferantenbeziehung durchgeführt. Das Vorgehen, die Rollen und Mitwirkungspflichten sowie die jeweiligen Aufgaben sind verabredet und geregelt.

- Beide Parteien gehen davon aus, dass *S* Sprints durchgeführt werden, um das Zielsystem zu realisieren. Es wird die initiale Teamgröße und damit der numerische Umfang eines durchschnittlichen Sprints festgelegt.
- Die Grundpauschale *GP* ist als Festpreis pro Sprint festgelegt. Außerdem sind zwei Tagessätze vereinbart: TS_1 gilt für Aufwände, die innerhalb des kalkulierten Budgets pro Feature erbracht werden, TS_2 gilt für Aufwände, die darüber hinaus erforderlich werden. Dabei wird nicht differenziert, ob ein Value Risk oder ein Development Risk (Abschn. 12.4) eingetreten ist und die Mehraufwände erforderlich gemacht hat.
- Jeder Sprint wird gemeinsam geplant, und der Scope wird auf Basis eines durch den Auftraggeber priorisierten Product Backlogs, also einer sortierten Liste von Features, festgelegt. Pro Feature ist ein Budget ermittelt worden.
- Am Ende eines Sprints wird abgerechnet (näheres dazu in Abschn. 15.4), und zwar auch im wörtlichen Sinn – es wird eine Rechnung erstellt und beglichen. Voraussetzung ist, dass entsprechende Abnahmen von Features stattgefunden haben. Nach jedem Sprint kann der Auftraggeber neu priorisieren und den Scope des nächsten Sprints (das Sprint Backlog) festlegen oder das Projekt abbrechen bzw. beenden.

Soweit die groben Regeln. Im Einzelnen verläuft das Projekt dann, wie in den folgenden Abschnitten beschrieben.

15.2 Feature-Priorisierung und Sprint-Definition

Nachdem im IR:agile ein gut gefülltes Product Backlog existiert, in dem jedes Feature mit dem geschätzten reinen Entwicklungsaufwand versehen ist, und nachdem Auftraggeber und Auftragnehmer sich auf die Höhe der Grundpauschale, die Anzahl und den Umfang der Sprints und damit das Gesamtbudget verständigt haben, geht es nun daran, Features zu priorisieren und so den Scope des ersten Sprints festzulegen – also das Sprint Backlog. Dabei leisten uns die auf den Canvases vergebenen Annotationen eine wichtige Hilfe. Eine Häufung dieser Annotationen (die wir nachfolgend in zwei Kategorien zusammengefasst haben) sollte dafür sorgen, dass ein Feature hoch priorisiert und damit in einem frühen (wenn nicht gar dem ersten) Sprint umgesetzt wird:

- **Wert („Business Value"/„User Value"):** Eine Annotation aus dieser Kategorie sollten diejenigen Features tragen, deren Umsetzung eine Steigerung der Wertschöpfung verspricht. Die Strategie hinter diesem Prinzip ist es, schnell einen Wert zu schaffen, der von allen Beteiligten als solcher erkannt wird. Das erhöht nicht nur die Akzeptanz des Projekts und damit auch die Erfolgswahrscheinlichkeit, es kann sogar kostensenkend wirken. Denn am Ende der nach Business Value sortierten Feature-Liste werden sich diejenigen Features sammeln, die keinen besonderen Wert stiften, für die sich aber eben trotzdem jemand gefunden hat, der sie auf den Canvas gehoben hat, die aber vielleicht später gar nicht mehr umgesetzt werden müssen. Mehr dazu in Abschn. 15.6.

- **Risiko („Komplexität"/„Ungewissheit"):** Features mit Annotationen aus dieser Kategorie sind solche, deren Umsetzung mit einem hohen Risiko verbunden ist, welches sich im Eintrittsfall durch erhöhten Aufwand materialisiert oder im schlimmsten Fall eine Implementierung unmöglich macht. Dafür können technische oder fachliche Gründe verantwortlich sein. Wie auch immer: Entwicklungsteams tendieren dazu, solche Features erstmal zurückzustellen und auf das übliche Wunder am Ende des Projektes zu hoffen – „das wird dann schon". Wird es meistens aber nicht, und deshalb ist es gut, solche Risiken früh zu kennen. Hoch risikobehaftete Features sollten wir also ebenfalls in frühe Sprints heben, um das Risiko entweder loszuwerden oder es genau zu verstehen und handhaben zu können.

Wenn alle Annotationen angebracht sind, findet als nächstes ein moderierter Diskussionsprozess zur Priorisierung statt. Ziel ist es, alle Features in eine lineare Reihenfolge zu bringen. Kandidaten für eine hohe Priorität sind diejenigen mit den entsprechenden Wert- und Risiko-Annotationen. Kandidaten für eine niedrige Priorität sind solche, die nicht unbedingt im ersten Produktionsrelease vorliegen müssen, um das System in Betrieb nehmen zu können. Davon gibt es oft mehr als man denkt, und man tut gut daran, sehr kritisch zu prüfen, ob ein Feature nicht vielleicht doch in diese Kategorie gehört. Vielleicht kann man bestimmte Fälle anders abwickeln, mit Workarounds arbeiten oder manuell behandeln. Insbesondere Features mit geringen Fallzahlen fallen oft in diese Kategorie, und bleiben manchmal für immer dort – und das ist dann auch gut so.

In der Phase der Priorisierung der Features kommt dem Interaction Room Coach im IR:agile besondere Bedeutung zu. Er muss darauf achten, dass streng entlang von Wert, Risiko und Bedarf für ein produktionsfähiges Release argumentiert wird. Auf der anderen Seite muss er beachten, dass niemand allzu sehr leidet, indem kein einziges „seiner" Lieblings-Features hoch priorisiert wird. Je nach Zusammensetzung der Teilnehmer ist das kein leichtes Unterfangen. Am Ende dieses Aushandlungsprozesses steht eine sortierte Liste der Features (das priorisierte Product Backlog), wie schematisch in Abb. 15.1 dargestellt.

Um nun einen Vorschlag für den Scope des ersten Sprints zu ermitteln, reicht eine einfache Addition: Es werden die ersten *n* Anforderungen für das Release vorgesehen, deren Aufwandssumme gerade knapp kleiner oder genauso groß ist wie der vorgegebene Sprint-Umfang. Und der ist nichts anderes als Sprintdauer mal Anzahl Entwickler. Bestünde unser Team aus vier Entwicklern und betrüge die Sprintdauer vier Wochen, würde der Sprint-Umfang beispielsweise 80 Personentage (PT) betragen und es könnten die ersten fünf Anforderungen aus Abb. 15.1 in einem initialen Sprint umgesetzt werden, sofern man sich genau auf diesen Scope (also dieses Sprint Backlog) einigt – es handelt sich wie gesagt um eine moderierte Verhandlung, bei der allerdings eine gewisse algorithmisch entstandene Vorgabe meistens ganz kompromissfördernd wirkt. Nehmen wir weiter an, der Tagessatz TS_1 betrüge 1000 € und man habe sich auf eine Grundpauschale *GP* von 22.000 € geeinigt, dann ergäbe sich das Initialbudget für den ersten Sprint nach obiger Formel als

$$IB_1 = (18 + 7 + 42 + 3 + 10) \times 1000\text{ €} + 22.000\text{ €} = 102.000\text{ €}.$$

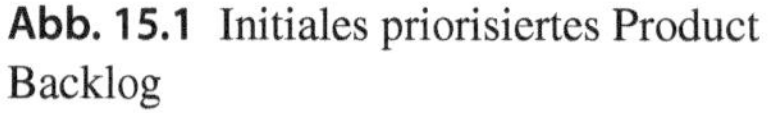

Abb. 15.1 Initiales priorisiertes Product Backlog

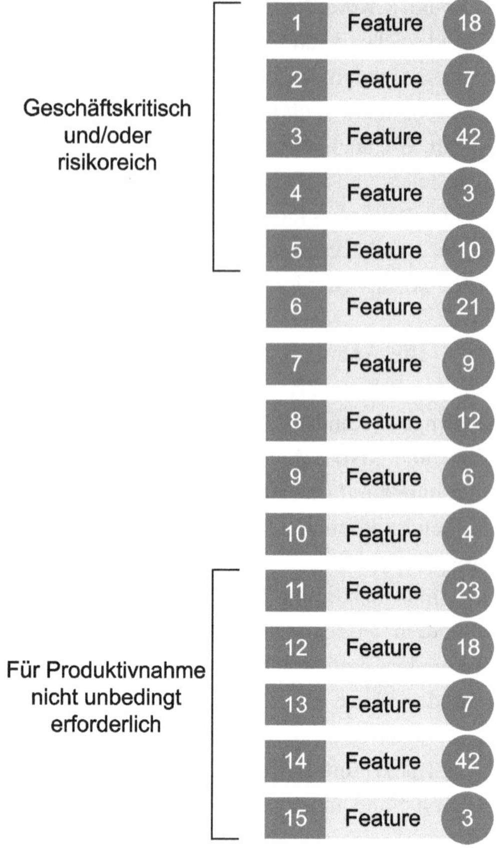

15.3 Sprint-Implementation und Controlling

Nun geht es an die Umsetzung. Die Entwickler gehen ans Werk, der Product Owner ebenfalls, und der Scrum Master achtet darauf, dass das alles innerhalb des vorgegebenen organisatorischen Rahmens passiert. Doch bevor mit der Erstellung von Code begonnen wird, findet zunächst eine Detailschätzung des Aufwandes für die einzelnen, in dem Sprint umzusetzenden Features statt. Ob dazu zunächst eine detailliertere Spezifikation erarbeitet wird oder man weiterhin mit der Ungewissheit lebt und möglichst schnell mit dem Beschreiben von Papier aufhört und stattdessen lieber Code schreibt, bleibt dem Team überlassen – für die kommerzielle Seite, um die es uns hier geht, ist es unwichtig.

Wir halten fest, dass für jedes Feature aus dem Sprint Backlog nochmal eine detaillierte Schätzung stattfindet, so dass nun für jedes Feature f_i eine Initialschätzung $IS(f_i)$ und eine Detailschätzung $DS(f_i)$ vorliegt. Was bedeutet nun eine etwaige Differenz zwischen diesen beiden Größen? Kommerziell relevant im Sinne der Abrechnung zwischen Auftraggeber und Auftragnehmer ist lediglich die initiale Schätzung, denn darauf haben sich die beiden Vertragspartner zu Beginn des Projektes geeinigt. Die Detailschätzung dagegen wurde viel später im Projekt, ggf. in einem späten Sprint, also mit viel mehr Erfahrung und Wissen über das Projekt und die zugrundeliegenden fachlichen Zusammenhänge ermittelt. Es besteht Grund zur Annahme, dass diese Zahl am Ende treffsicherer ist und näher an den tatsächlichen Aufwänden liegt. Zudem hat sie statistische Funktion und fördert im Zuge des Cost Forward Progressing (Abschn. 8.6) ziemlich sicher einigen Erkenntnisgewinn. Zum Beispiel dann, wenn wir feststellen, dass die mittlere Differenz zwischen $IS(f_i)$ und $DS(f_i)$ im Laufe des Projektes, also von Sprint zu Sprint, größer wird. Dann sollten wir dringend einen Blick auf die aktuelle Havariespinne (Abschn. 8.4) werfen. Davon abgesehen dient die Detailschätzung der Sprintplanung.

Während der Arbeit an der Realisierung erfassen nun alle Beteiligten ihre tatsächlichen Aufwände (*TA*), und zwar getrennt nach den einzelnen Features, so dass für jedes Feature f_i aus dem Sprint Backlog nun auch noch ein Wert $TA(f_i)$ existiert.

Neben der Arbeit an den Features dürfen wir aber nicht vergessen, dass auch Aufgaben zu erledigen sind, die nicht konkreten Features zuzurechnen sind, sondern im Rahmen der Grundpauschale erledigt werden (Abschn. 15.1). Für das Controlling (nicht für die Abrechnung) ist es nun von großem Interesse, auch für die Grundpauschale ein Budget festzulegen und den tatsächlichen geleisteten Aufwand zu ermitteln. Letzteres ist einfach und ergibt schlicht den Wert $TA(GP)$. Aber wie hoch ist das Budget $IS(GP)$? Dazu müssen wir einen Blick in die Kalkulationsunterlagen werfen, mit denen die Höhe der Grundpauschale ermittelt wurde. Meist erfolgt das auf der Basis von Annahmen über Meetinghäufigkeiten, den Umfang der Verfügbarkeit eines Scrum Masters (zum Beispiel 0,5 Vollzeitäquivalente in kleineren Projekten), etc. Unter expliziter Aussparung der Gewährleistungsrückstellung ergibt sich damit ein kalkulatorischer Wert für $IS(GP)$ in Personentagen, so dass wir auch für diese Aktivitäten ein pragmatisches Controlling durchführen können.

Und das ist nun denkbar einfach, denn sofern die beteiligten Personen tagesgenau buchen (oft reicht allerdings auch eine wochengenaue Erfassung), können wir jederzeit ermitteln, wie wirtschaftlich unser Projekt dasteht. Abbildung 15.2 zeigt ein Diagramm, aus dem die aktuelle Aufwandssituation während eines Sprints ermittelt werden kann.

Die Balken sind wie folgt zu lesen: Für die Grundpauschale wurde ein Budget $IS(GP) = 22\,\text{PT}$ ermittelt, aktuell wurden bereits 12 PT erbracht. Feature f_2 befindet sich bereits im Overspend (*OS*), denn das Budget $IS(f_2)$ in Höhe von 7 PT wurde bereits um 2 PT überschritten. Die anderen Features sind noch im Underspend (*US*), denn der tatsächliche Aufwand liegt z. B. mit $TA(f_3) = 36$ PT noch unter der Initialschätzung $IS(f_3) = 42$ PT.

Im Rahmen einer ordentlich aufgesetzten Earned-Value-Analyse (Cabri und Griffiths 2006) wird nun – mindestens auf wöchentlicher Basis – zu jedem Feature ein weiterer Wert erfasst, nämlich die Restaufwandsschätzung $RA(f_i)$. Dazu werden die Entwickler befragt, wieviel Arbeit sie bis zur Fertigstellung noch in das betreffende Feature zu stecken haben. Bezogen auf die Summe aller Features in einem Sprint könnte sich zum Beispiel das in Abb. 15.3 gezeigte Bild ergeben.

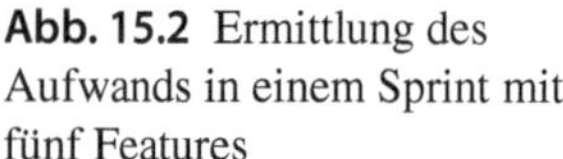

Abb. 15.2 Ermittlung des Aufwands in einem Sprint mit fünf Features

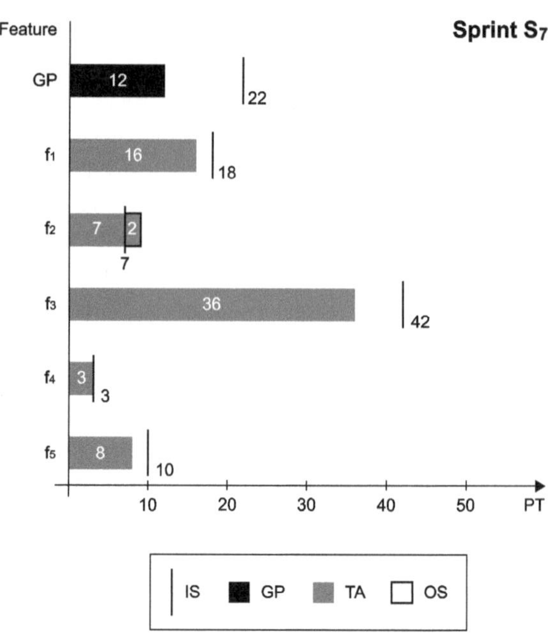

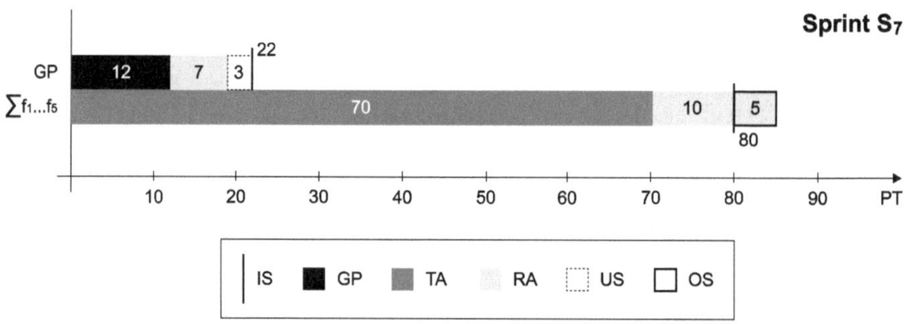

Abb. 15.3 Projekt-Controlling mit Restaufwandsschätzung zur Laufzeit eines Sprints

Das Gesamtbudget für den Sprint beträgt 80 PT. Insgesamt 70 PT wurden bereits erbracht, und die Restaufwandsschätzung für alle Features beträgt 15 PT. Aus jetziger Sicht ergibt sich also die Prognose für einen Overspend in Höhe von 5 PT. Unterdessen sehen wir, dass der Projektleiter für die Grundpauschale einen Underspend von 3 PT prognostiziert, da von den ursprünglich geplanten 22 PT bereit 12 PT verbraucht wurden, und voraussichtlich nur noch 7 PT erforderlich sind.

Es sei hier nochmal explizit darauf hingewiesen, dass es sich bei diesen Zahlen um interne Betrachtungen auf Seiten des Auftragnehmers handelt, also um das

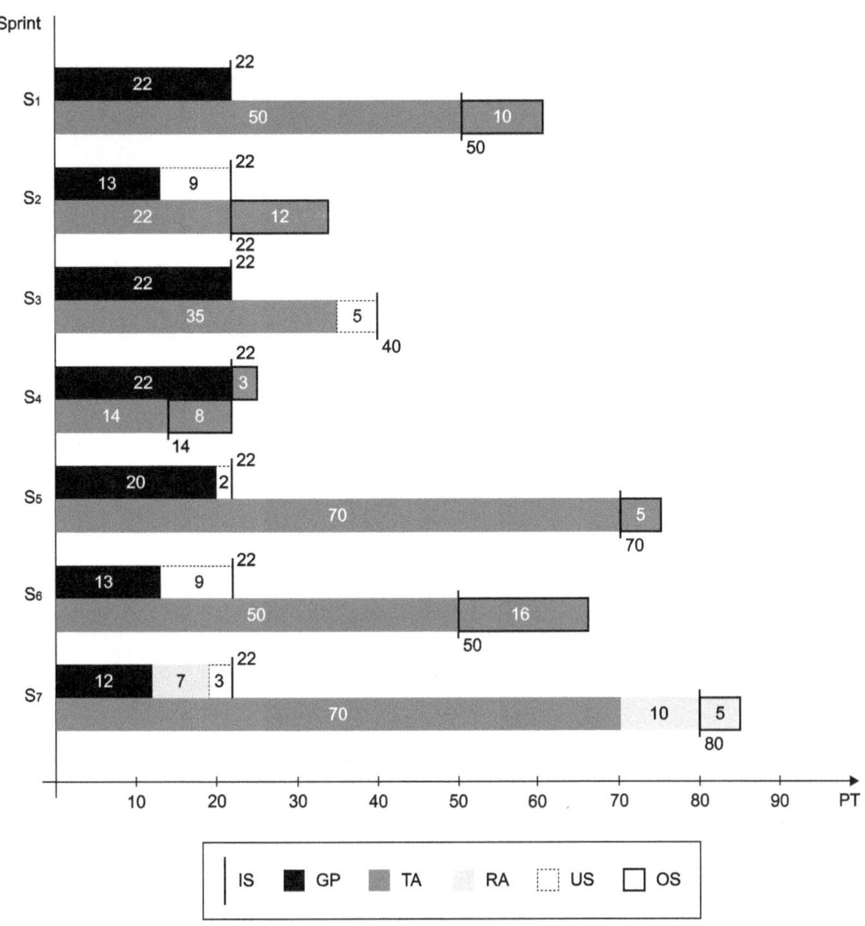

Abb. 15.4 Beispiel für das Aufwandscontrolling pro Sprint am Ende des Projekts

Projektcontrolling. Ob und in welchem Umfang diese Zahlen – über die für die Rechnungsstellung notwendigen Informationen hinaus – dem Auftraggeber transparent gemacht werden, hängt von den entsprechenden Verabredungen ab. Ob dem Auftraggeber zum Beispiel Overspend und Underspend in der Grundpauschale transparent gemacht werden sollte, kann man diskutieren. Schließlich handelt es sich dabei um einen Festpreisanteil und das Risiko liegt vollständig auf der Seite des Auftragnehmers. Auf der anderen Seite erhöht Transparenz das Vertrauen, und davon können wir in adVANTAGE-Projekten nicht genug haben.

Am Ende eines Projektes könnte sich nun zum Beispiel ein Projektcontrolling wie in Abb. 15.4 ergeben.

Der letzte Sprint S_7 läuft in diesem Beispiel noch und wird in Bezug auf die Features vermutlich mit einem Overspend abgeschlossen, so wie die meisten Sprints zuvor. Dagegen scheint die Grundpauschale eher großzügig kalkuliert, da es dort oft zu Underspends kommt.

15.4 Sprint-Inspektion und Abrechnung

Für den Auftraggeber würden sich die aus dem Projektcontrolling stammenden Zahlen aus Abb. 15.4 so darstellen, wie in Abb. 15.5 gezeigt.

Die schwarzen Balken zeigen die fixe Vergütung der Grundpauschale, die im Beispiel 22.000 € pro Sprint beträgt. Die dunkelgrauen Balken zeigen die Vergütung von Arbeiten, die innerhalb des jeweils vereinbarten Budgets $IS(f_i)$ der einzelnen Features und damit zum regulären Tagessatz TS_1 (hier 1000 €) erbracht wurden (für jedes Feature also $IS(f_i) \times TS_1$). Fett umrandete Balken bedeuten Beträge für Arbeiten, die zum reduzierten Tagessatz TS_2 (hier 600 €) erbracht wurden, also $(TA(f_i) - IS(f_i)) \times TS_2$. Dabei handelt es sich um Aktivitäten an Features im Overspend. Gestrichelt umrandet sind die Incentive-Zahlungen für Sprints, die im Underspend abgeschlossen wurden. Inwiefern die Festpreise für die Grundpauschalen ausreichten oder nicht, kann dieser Darstellung für den Kunden nicht entnommen werden.

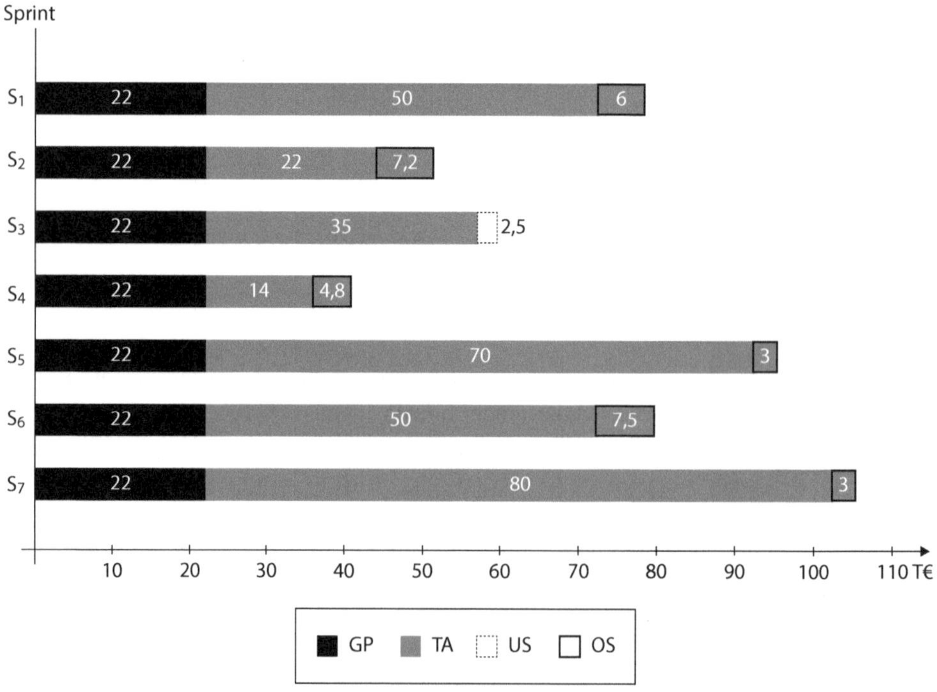

Abb. 15.5 Beispiel für die kommerzielle Abrechnung der Sprints

Wie kommt es nun zur Abrechnung der einzelnen Sprints? Dies hängt vom Erfolg der einzelnen Sprints ab, wie im Folgenden gezeigt.

15.4.1 Vollständige Bearbeitung des Sprints

Betrachten wir zunächst den einfachen Fall, nämlich dass der Sprint beendet wurde und ein vollständiges Ergebnis vorliegt. Das bedeutet, dass alle Features, die für den Sprint geplant waren, realisiert wurden sowie getestet und abgenommen werden konnten. Tatsächlich geht das adVANTAGE-Modell von der Abnahme einzelner Features am Ende eines Sprints aus. Dabei ist der Abnahme-Begriff nicht zwangsläufig identisch mit dem rechtlichen Äquivalent im Rahmen des Werkvertragsrechts. Im adVANTAGE-Modell bedeutet die Abnahme eines Features: Der Auftraggeber bestätigt, dass das gewünschte Feature vorliegt, dass es inhaltlich vollständig ist (dass also der Umfang den Erwartungen entspricht, oder eben dass das Feature „fertig" ist) und dass es in einer Qualität vorliegt, die ausreichend ist. Der letzte Punkt ist von Bedeutung und erklärungsbedürftig. Mit der Abnahme eines Features am Ende eines Sprints im adVANTAGE-Modell bestätigt der Auftraggeber nicht die Fehlerfreiheit, sondern die inhaltliche Vollständigkeit. Dies ist wichtig für die Unterscheidung von kostenpflichtigen und nicht kostenpflichtigen Nacharbeiten in der Zukunft:

- Wird in Bezug auf ein abgenommenes Feature zukünftig festgestellt, dass es auf eine andere Art hätte umgesetzt werden müssen oder dass etwas fehlt, wird dafür ein Change Request erstellt, also ein neues Feature in das Product Backlog aufgenommen. Die Umsetzung wird nach dem hier beschriebenen Verfahren wie ein neues Feature abgerechnet (also letztlich vom Auftraggeber bezahlt).
- Wird in Bezug auf ein abgenommenes Feature zukünftig festgestellt, dass es im Rahmen der gegebenen Spezifikation fehlerhaft ist, also nicht korrekt umgesetzt wurde, so ist der fehlerhafte Zustand ohne Berechnung zu beheben. Die Kosten trägt also der Auftragnehmer.

Natürlich bleibt ein Graubereich zwischen Change Request und Fehlerbehebung, so wie in jedem anderen Softwareprojekt auch – unter anderem deshalb haben wir in Abschn. 14.2 auch von Vertrauen als Grundvoraussetzung gesprochen. Das adVANTAGE-Modell liefert keine Lösung für diesen Graubereich. Aber es regelt klar den Übergang der Verantwortung und des Risikos für den Gewährleistungsfall im agilen Entwicklungsprojekt. Damit erfüllt es die in Abschn. 12.4 eingeführte Unterscheidung zwischen dem Value Risk und dem Development Risk. Ersteres betrifft die Frage, ob die richtige Software gebaut wurde (und dieses Risiko sollte eher auf den Schultern des Auftraggebers liegen), letzteres betrifft die Frage, ob die Software richtig (also fehlerfrei) gebaut wurde. Dieses Risiko sollte eher auf Seiten des Auftragnehmers liegen. Ist ein Feature abgenommen, sind die Risiken anschließend nach exakt dieser Forderung verteilt.

Für die Abrechnung ergibt sich im Fall der vollständigen Lieferung des Sprints nun das folgende Verfahren. Sind alle Features realisiert und abgenommen, geht es an die Gegenüberstellung von Budget und tatsächlichem Aufwand. Im Beispiel aus Abb. 15.1 lag das Gesamtbudget *IB* bei 102.000 € und setzte sich zusammen aus der Grundpauschale in Höhe von 22.000 € sowie dem monetären Äquivalent der initialen Schätzung für die fünf geplanten Features:

$$IS(f_1) = 18 \text{ PT};\ IS(f_2) = 7 \text{ PT};\ IS(f_3) = 42 \text{ PT};\ IS(f_4) = 3\text{PT};\ IS(f_5) = 10 \text{ PT}$$

In Summe also 80 PT, was bei einem vereinbarten Tagessatz TS_1 von 1000 € einem Budget von 80.000 € entspricht. Nehmen wir nun weiter an, die tatsächlich geleisteten Aufwände $TA(f_i)$ seien die folgenden:

$$TA(f_1) = 18 \text{ PT};\ TA(f_2) = 14 \text{ PT};\ TA(f_3) = 40 \text{ PT};\ TA(f_4) = 3 \text{ PT};\ TA(f_5) = 10 \text{ PT}$$

Feature 3 wurde im leichten Underspend, Feature 2 im deutlichen Overspend, die anderen Features genau im Budget realisiert. Der tatsächliche Gesamtaufwand beträgt $\sum_{i \le i \le 5} TA(f_i) = 85\text{PT}$. In Rechnung gestellt wird für den ersten Sprint (unter der Annahme, dass der reduzierte Tagessatz TS_2 mit 600 € bewertet wird) nun der Rechnungsbetrag $RB(S_1)$ in Höhe von

$$\begin{aligned} RB(S_1) &= GP + \sum_{1 \le i \le 5} IS(f_i) \times TS_1 + \left(\sum_{1 \le i \le 5} TA(f_i) - \sum_{1 \le i \le 5} IS(f_i)\right) \times TS_2 \\ &= 22.000\,€ + 80 \times 1000\,€ + (85 - 80) \times 600\,€ = 105.000\,€. \end{aligned}$$

Diese Rechnung gilt für den Fall eines (in diesem Fall leichten) Overspends. Das in Abschn. 14.5 aufgestellte Basisprinzip des geteilten Leids wird durch den reduzierten Tagessatz für Arbeiten im Overspend bedient. Er ist in diesem Beispiel mit 600 € angegeben und soll ein Tagessatz sein, zu dem der Auftragnehmer eigentlich nicht arbeiten möchte (weil er diese Manpower lieber in anderen Projekten zum vollen Tagessatz verkaufen würde), der aber zumindest seine Kosten oder einen Teil davon abdeckt.

Das gespiegelte Prinzip des geteilten Leids sind Efficiency Incentives (Abschn. 14.6), die dann zum Tragen kommen, wenn eine Underspend-Situation eintritt, also wenn $\sum TA(f_i) < \sum IS(f_i)$ ist. Das könnte zum Beispiel in folgender Situation gegeben sein:

$$TA(f_1) = 14 \text{ PT};\ TA(f_2) = 10 \text{ PT};\ TA(f_3) = 34 \text{ PT};\ TA(f_4) = 3 \text{ PT};\ TA(f_5) = 9 \text{ PT}$$

Dann kommt es darauf an, was zwischen den Parteien bezüglich der Verteilung des eingesparten Budgets vereinbart wurde. Der Rechnungsbetrag ergibt sich dann allgemein aus

$$RB(S_1) = GP + \sum_{1 \le i \le 5} TA(f_i) \times TS_1 + \left(\sum_{1 \le i \le 5} IS(f_i) - \sum_{1 \le i \le 5} TA(f_i)\right) \times TS_1 \times EI$$

wobei der Efficiency Incentive *EI* ein Wert zwischen 0 und 1 ist, der die Aufteilung der Einsparung zwischen Auftraggeber und Auftragnehmer bestimmt. Würde in unserem Beispiel der tatsächliche erbrachte Aufwand für das Release 70 PT betragen und Auftraggeber und Auftragnehmer hätten das adVANTAGE-Modell so parametrisiert, dass Kosteneinsparungen beiden Partnern zu gleichen Teilen zugute kommen (d. h. $EI = 0{,}5$), ergäbe sich ein Rechnungsbetrag von

$$RB(S_1) = 22.000\ € + 70 \times 1000\ € + (80 - 70) \times 1000\ € \times 0{,}5 = 97.000\ €.$$

15.4.2 Partielle Bearbeitung des Sprints

Der komplexere Fall der Abrechnung eines Sprints tritt ein, wenn kein vollständiges Ergebnis vorliegt. Gründe dafür können sein, dass

- nicht alle Features (vollständig) realisiert wurden, etwa weil aufgrund des Timeboxing des Sprints die Zeit gefehlt hat, oder
- Features existieren, die zwar geliefert, aber nicht abgenommen wurden.

Abbildung 15.6 zeigt einen solchen Fall schematisch. Feature 5 wurde nicht geliefert; Feature 2 wurde geliefert, aber vom Auftraggeber nicht abgenommen. Beide Features werden aus der Betrachtung und Abrechnung des aktuellen Sprints herausgenommen und in einen folgenden Sprint übertragen (also zurück ins Product Backlog geschrieben, wobei der bereits geleistete Aufwand festgehalten wird). Für die Abrechnung sind nun lediglich die Features 1, 3 und 4 relevant, die in Summe einen tatsächlichen Aufwand von 61 PT bedeuten, was einem leichten Underspend entspricht, denn für diese drei Features war eine initiale Schätzung von

Feature	IS	erledigt	abgenommen	TA	
1 Feature	18	✓	✓	18 PT	
2 Feature	~~7~~	✓	✗	~~14 PT~~	Übertrag in nächsten Sprint
3 Feature	42	✓	✓	40 PT	
4 Feature	3	✓	✓	3 PT	
5 Feature	~~10~~	✗	✗	~~10 PT~~	Übertrag in nächsten Sprint
	63 PT			61 PT	

Abb. 15.6 Beispiel eines nicht vollständig abgeschlossenen Sprints

63 PT angesetzt. Setzen wir wieder voraus, dass eingesparte Kosten gleichmäßig aufgeteilt werden, ergibt sich die Abrechnung des Sprints als

$$RB(S_1) = 22.000\,€ + 61 \times 1000\,€ + (63-61) \times 1000\,€ \times 0{,}5 = 84.000\,€.$$

15.5 Planung des nächsten Sprints

Nach dem Sprint ist vor dem Sprint und deshalb ist, nachdem der vorhergehende Sprint sauber abgerechnet wurde, nun das Product Backlog zu sortieren und das nächste Sprint Backlog vorzubereiten. Abbildung 15.7 zeigt die Situation am Ende des vergangenen Sprints in unserem Beispiel der unvollständigen Abnahme.

In der ersten Spalte finden sich die abgeschlossenen (und abgerechneten) Features 1, 3 und 5. Sie sind für die Planung des Folgesprints nicht weiter zu betrachten. Die zweite Spalte beinhaltet die Features 2 und 5, die im letzten Sprint nicht abgeschlossen und/oder abgenommen werden konnten. Sie sind Kandidaten für die fortgesetzte Bearbeitung. Spalte 1 und 2 zusammen machen das Sprint Backlog des soeben abgelaufenen Sprints aus. In Spalte 3 sind die initial geplanten, aber noch nicht umgesetzten Features aufgelistet. Und schließlich finden sich in Spalte 4 zwei neue Features, die sich zur Laufzeit des letzten Sprints ergeben haben. Wie mehrfach betont, sind späte Anforderungen kein Unfall, sondern normale Vorkommnisse in agilen Projekten. Es kann sich dabei um ganz neue Features oder aber auch um inhaltliche Änderungen an „älteren" Features handeln, die als Change Requests behandelt werden und somit als neue Features auftauchen. Im Beispiel sind die beiden neuen Features bereits mit einer initialen Schätzung versehen. Solange kein Feature endgültig gestrichen wird, ergeben die Spalten 2, 3 und 4 das aktuelle Product Backlog.

Für die Planung des nächsten Sprints im IR:agile wird nun erneut ein Priorisierungsworkshop durchgeführt, wie er in Abschn. 8.2 beschrieben wurde. Dem kann eine Auftraggeber-interne Runde in der Anforderungstauschbörse (Abschn. 8.3) vorgeschaltet sein. Bei der Ermittlung eines neu priorisierten Product Backlogs kann es darauf aufbauend nun verschiedene Handlungsoptionen geben:

- Übrig gebliebene Features aus dem „alten" Product Backlog (Spalte 3) können neu priorisiert werden, zum Beispiel wenn neue Erkenntnisse über Wert oder Risiko vorliegen.
- Features aus dem „alten" Product Backlog können aber auch ganz gestrichen werden, zum Beispiel wenn sie sich als überflüssig erwiesen haben oder wenn sich ihr Inhalt so verändert hat, dass neue Features sie ersetzen.
- Neue, mit einer initialen Schätzung versehene Features können hinzukommen und entsprechend ihres Wertes und Risikos priorisiert und in das Product Backlog eingeordnet werden.

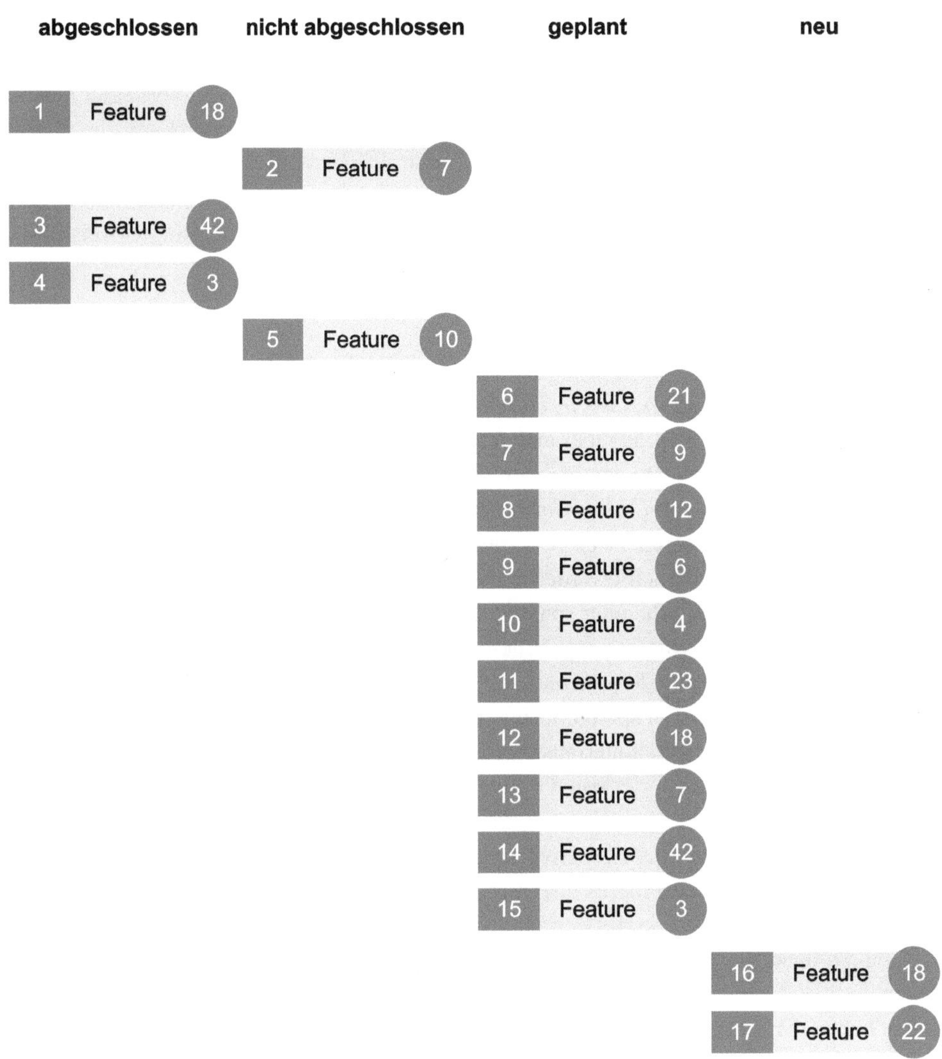

Abb. 15.7 Beispiel eines Feature Canvas nach Abschluss eines Sprints

- Übrig gebliebene Features aus vorhergehenden Sprints können mit einer den neuesten Erkenntnissen entsprechenden Detailschätzung versehen, priorisiert und ebenfalls in das Product Backlog einsortiert werden.

Am Ende dieses Diskussions- und Tauschprozesses sollte ein neu sortiertes Product Backlog, also eine mit Prioritäten versehene geordnete Liste von Features, vorliegen. Die Kandidaten für das folgende Sprint Backlog ergeben sich nun wieder recht kanonisch aus den ersten *n* Features, deren Aufwandssumme knapp kleiner oder gleich dem Sprint-Umfang ist. Wichtig ist, dass ab dem zweiten Sprint pro Feature f_i nicht nur eine initiale Aufwandsschätzung $IS(f_i)$ existiert und eine Detailschätzung $DS(f_i)$ vorliegen kann, sondern ggf. ein bereits geleisteter Arbeitsaufwand $TA(f_i)$ protokolliert sein kann, der quasi als Anfangszähler in die Abrechnung des folgenden Sprints in Bezug auf dieses Feature eingeht. Im Beispiel oben gehen die Features 2 und 5 in den nächsten Sprint ein, sodass die bisher geleisteten Aufwände von 14 PT und 10 PT entsprechend übertragen werden.

15.6 Projektende

Ein wichtiges Ziel von adVANTAGE ist es, wirtschaftliche Vorteile für beide Seiten zu generieren, also für den Auftraggeber und den Auftragnehmer – und zwar im Vergleich zu plangetriebenen Verfahren und den in ihnen verwendeten Festpreismodellen. Dabei ist ein bedeutender Aspekt, dass am Ende eines jeden Sprints das Projekt abgebrochen werden kann. Dafür kann es generell zwei verschiedene Kategorien von Gründen geben. Zum einen kann ein Projektabbruch erforderlich werden, wenn sich das Ziel als unerreichbar erweist. So kann es technische oder sonstige Gründe geben, die ein wirtschaftlich vertretbares Weiterführen des Projektes unmöglich machen. Mit der Methode der Priorisierung nach Wert und – vor allem – dem vermuteten Realisierungsrisiko soll die Wahrscheinlichkeit eines Projektabbruchs in späten Sprints minimiert werden, denn die größten Risiken sollten sich dann bereits früh materialisieren.

Die angenehmere Kategorie von Gründen für einen Projektabbruch beinhaltet die Erreichung eines als ausreichend bewerteten Business Values und damit die Erreichung des Projektziels. Wann dieses Ziel erreicht ist, muss von Sprint zu Sprint auf der Basis des dann vorliegenden Ergebnisses diskutiert werden. Hat die Priorisierung gut geklappt, kommt irgendwann im Projekt der Zeitpunkt, an dem nur noch solche Features im Product Backlog vorhanden sind, die einen sehr niedrigen zusätzlichen Wert versprechen. Im idealen Fall ist die bis dahin entstandene Software bereits im produktiven Einsatz und die Nutzer haben die Vorteile des neuen Systems bereits schätzen gelernt. Und noch besser ist es, wenn niemanden stört, dass die letzten 10 % an Features noch gar nicht da sind. Dieser Effekt zeigt sich in vielen agilen Projekten: Während in plangetriebenen Verfahren die einmal mühsam erarbeitete Detailspezifikation dann auch im Detail umgesetzt wird, bevor die entstehende Software in Betrieb genommen wird, kommen agile Verfahren schneller zu produktionsreifer Software – und dann kann es durchaus passieren, dass die letzten Features aus dem Product Backlog niemand mehr braucht oder dass beschlossen wird, den zusätzlichen Aufwand nicht mehr zu investieren.

Der Vorteil für den Auftraggeber liegt auf der Hand, denn wenn zukünftige Sprints nicht mehr realisiert werden müssen, sind auch die Kosten geringer. Getreu dem Prinzip der Efficiency Incentives sollte jedoch ein Konstrukt existieren, welches es auch dem Auftragnehmer schmackhaft macht, früh einen ausreichenden Business Value zu erzeugen und das

Projekt entsprechend beenden zu können. Eine elegante Möglichkeit, dies zu erreichen, bietet sich mit der Zahlung einer Prämie für gegenüber dem initialen Gesamtbudget (*IB*) eingespartes Budget an. So könnte zum Beispiel festgelegt werden, dass eine Prämie von x Prozent des eingesparten Budgets als Abschlusspämie gezahlt wird. Der Auftragnehmer wird bei einem Abbruch nicht böse sein, denn er erhält eine Zahlung, ohne weitere Kosten zu haben (zumindest ab dem Zeitpunkt, zu dem das Entwicklungsteam einem neuen Projekt zugeordnet werden kann). In der Praxis wird x in aller Regel signifikant unter 50 % liegen.

15.7 Zusammenfassung

Das adVANTAGE-Modell soll einen Rahmen für rechtliche und kommerzielle Regeln liefern, innerhalb derer erfolgreiche agile Softwareprojekte durchgeführt werden können. Wie genau im Einzelfall „erfolgreich" definiert wird, ist sicherlich Sache des jeweiligen Projektes. Wenn man ein agiles Verfahren gewählt hat, spricht einiges dafür, dass man einen bestimmten Business Value möglichst schnell mit möglichst wenig Aufwand erzielen will, dass man dafür auf Sicherheit verzichtet und lieber früh zu bewertbaren Ergebnissen statt Papier kommt, und dass die beteiligten Parteien dabei einen Vorteil im Vergleich zu konventionellen Verfahren haben sollten. Agilität wird durch adVANTAGE insofern abgebildet, als dass

- das gesamte Regelwerk auf die Verfahrensweise typischer agiler Methoden wie Scrum abgestimmt ist,
- späte und sich ändernde Anforderungen als normal gelten,
- in Iterationen gearbeitet wird, die immer wieder an die neuesten Erkenntnisse angepasst werden, und
- so abgerechnet wird, wie es der tatsächlichen Entwicklung des Business Value entspricht.

Dazu baut das Verfahren an einer entscheidenden Stelle auf gegenseitiges Vertrauen, nämlich bei der Frage, ob eine für einen Sprint vorgesehene Funktionalität (also ein Feature) „fertig" im Sinne von „vollständig", aber vielleicht nicht „fehlerfrei" umgesetzt ist. Je nachdem, wie diese Frage (bei der das Modell bewusst keine weitere Hilfestellung anbietet) beantwortet wird, gestaltet sich der weitere Fortschritt und die kommerzielle Abrechnung und damit der Erfolg des Projektes. Werden die beiden Parteien dem in sie gesetzten Vertrauen gerecht, bietet das Modell mit den beiden Prinzipien des geteilten Leids und der Efficiency Incentives zwei Konstrukte, die für beide Seiten wirtschaftlich attraktiv sind. Das Prinzip der zwei Tagessätze und die Abrechnung auf Basis des tatsächlich erzielten Business Values hält das Risiko für den Auftraggeber in Grenzen. Dem Auftragnehmer gibt es einen Anreiz, sich auf ein – im Vergleich zu plangetriebenen Verfahren – riskanteres Vorgehen einzulassen, denn im Zweifel bekommt er zumindest seine

Kosten oder einen Teil davon erstattet. Die Möglichkeit, an einem eingesparten Aufwand zu partizipieren, ohne weitere Kosten zu haben, gibt einen weiteren Anreiz, möglichst effizient zu arbeiten. Und das wiederum erhöht die Budgetsicherheit für den Auftraggeber, denn er kann sich darauf verlassen, dass alle Beteiligten kein Interesse an der Entstehung erhöhter Aufwände haben.

Der aufmerksame Leser hat natürlich festgestellt, dass bei der Konstruktion des adVANTAGE-Modells keinerlei Raketentechnik eingebaut wurde. Aber das gilt für Agilität generell. Ein paar wenige Prinzipien, an denen dafür umso konsequenter festgehalten wird, und das Vertrauen auf das vernünftige Handeln der beteiligten Personen und Organisationen sind Basis agiler Vorgehensmodelle genauso wie für das vorgeschlagene kommerzielle Modell.

Literatur

Cabri A, Griffiths M (2006) Earned value and agile reporting. In: Maurer F, Melnik G (Hrsg) AGILE 2006: Agile conference, S 17–22. doi:10.1109/AGILE.2006.21

adVANTAGE in der Praxis 16

Inhaltsverzeichnis

Die Beschreibung des adVANTAGE-Modells im vergangenen Abschnitt wurde entlang des typischen iterativen Vorgehens in agilen Projekten diskutiert. Dabei wurden beispielhafte Parameter gewählt und ein prototypischer Verlauf unterstellt. In der Praxis ergeben sich oft sehr spezifische Situationen, auf die Antworten gefunden werden müssen, die von dem prototypischen Verlauf abweichen. In diesem Abschnitt wollen wir daher einige praktische Aspekte bei der Anwendung des adVANTAGE-Modells diskutieren. Dabei handelt es sich zum Beispiel um die Setzung der Modellparameter, aber auch um die grundsätzliche Diskussion des Modells mit einem potenziellen Auftraggeber.

16.1 Fallstudie: Die Crowd-Investing-Plattform BERGFÜRST

Zunächst soll ein Beispiel aus der Praxis skizziert werden. Auftraggeber war das Startup-Unternehmen BERGFÜRST, das ein neues Geschäftsmodell auf Basis von Crowdfunding am Markt etablieren wollte. Unter Crowdfunding versteht man die Beschaffung von Eigenkapital oder eigenkapitalähnlichen finanziellen Mitteln durch viele kleine Kapitalgeber, die jeweils einen (meist stillen) Anteil am zu finanzierenden Unternehmen erwerben (Ordanini et al. 2011). Neben Unternehmen können aber zum Beispiel auch soziale oder künstlerische Projekte finanziert werden. Um diese Projekte oder Unternehmen mit potenziellen Kapitalgebern in Kontakt zu bringen, werden meist marktplatzähnliche

M. Book et al., *Erfolgreiche agile Projekte*, Xpert.press,
DOI 10.1007/978-3-662-53330-7_16

Plattformen betrieben, wie sie auch im E-Business verwendet werden. Die grundlegende Idee hinter dem Crowdfundig-Modell ist es, auch solche Vorhaben finanzieren zu können, für die sich ggf. kein einzelner Kapitalgeber finden würde, weil das Risiko zu hoch ist oder sich das Geschäftsmodell (noch) nicht so strukturiert und abgesichert beschreiben lässt, wie konventionelle Wagniskapitalgeber dies voraussetzen. Dagegen ist das Risiko beim Crowdfunding für den einzelnen Investor aufgrund der begrenzten Investitionssumme überschaubar, und oft gibt es einen zusätzlichen Impuls, der über die reine Investitionsrechnung hinausgeht. So kann es sein, dass die Kapitalgeber ein Projekt auch deshalb fördern wollen, weil sie die Idee persönlich attraktiv finden und umgesetzt sehen wollen.

Als Auftragnehmer für die Realisierung der Crowdfunding-Plattform BERGFÜRST wurde der IT-Dienstleister adesso ausgewählt, nachdem über einen persönlichen Kontakt das Vertrauen in die Leistungsfähigkeit des Dienstleisters aufgebaut werden konnte, entsprechend viele positive Erfahrungen mit agilen Softwareprojekten vorlagen und zudem die räumliche Nähe am Standort Berlin eine enge Kollaboration versprach. Die Entscheidung für ein agiles Vorgehensmodell lag dabei von Anfang an auf der Hand. Ein schon genau beschreibbares Geschäftsmodell lag nämlich ebenso wenig vor wie eine Vorstellung über die einzelnen auf der Plattform erforderlichen Prozesse und Features, so dass sich ein plangetriebenes Verfahren auf Basis einer vorab zu erstellenden Spezifikation verbot, wollte man nicht wichtige Zeit verlieren, bevor das Entwicklungsteam an die Arbeit gehen konnte. Aufgrund des Wunsches nach einer kurzen Time-to-Market war aber gerade ein schneller Start der Entwicklung erforderlich. Es handelte sich also um die klassische Situation, in der sich ein agiles Verfahren aufdrängt: noch unklare Anforderungen, wenig Zeit bis zum Entwicklungsbeginn und ein Kunde, der möglichst schnell echte Software beurteilen will.

Als Vertragsmodell haben die beiden Parteien sich – nach eingehender Vorstellung des Modells und grundsätzlicher Übereinkunft über die Ziele des Projekts – auf adVANTAGE geeinigt. Dabei kam es vor allem auf die Modelleigenschaften an, die das Interesse beider Partner auf dasselbe Ziel ausrichten: schnelle Erreichung des Business Values bei möglichst geringem Entwicklungsaufwand. Der angestrebte Business Value konnte dabei zunächst nur als grobe Vision formuliert werden. Es sollte eine Plattform existieren, auf der Unternehmen und Investoren zueinander finden und auf der alle Prozesse abgewickelt werden konnten, die für die Finanzierung erforderlich waren. Nachdem die adVANTAGE-Parameter im Rahmen eines Verhandlungstermins festgelegt wurden und ein entsprechender Vertrag auf der Basis des in Kap. 27 vorgestellten Mustervertrages geschlossen war, wurde der erste Workshop im IR:scope durchgeführt. Ziel war es, einen Feature Canvas zu erstellen, um einen ersten Blick auf die Stakeholder der zu realisierenden Plattformen werfen zu können. Abbildung 16.1 zeigt ein Beispiel aus dem IR:scope, in dem Features und Systemgrenzen definiert wurden.

Desweiteren wurde ein System von Zielen festgelegt, die als Rahmenbedingungen den Projektverlauf beeinflussten. Ein Ausschnitt aus diesem Zielsystem findet sich in Tab. 16.1.

Basierend auf diesen Überlegungen wurde sodann eine erste Liste von etwa 65 Features abgeleitet, einer initialen Schätzung unterzogen und priorisiert. Aufgrund der hohen

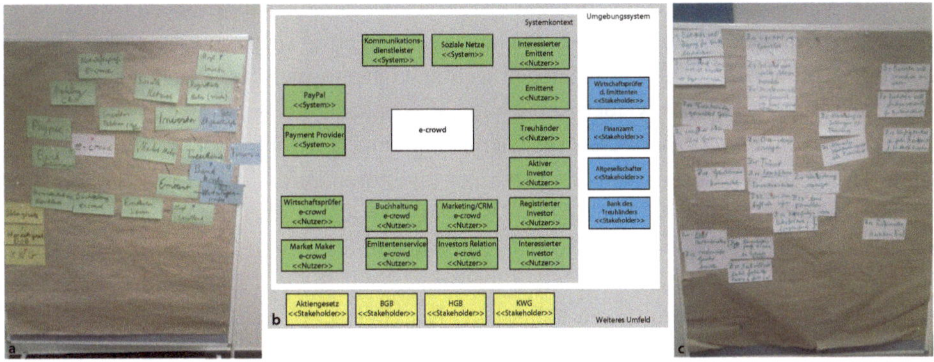

Abb. 16.1 Beispielhafte IR-Canvases aus dem BERGFÜRST-Projekt

Tab. 16.1 Ausschnitt aus dem Zielsystem des BERGFÜRST-Projekts

Ziel 1	Unternehmen (Emittenten) wollen auf dem Weg der Eigenemission Aktien anbieten, um Kapital zu erhalten.
Teilziel 1.1	Zur Emission soll das Verfahren des Bookbuilding angewendet werden.
Teilziel 1.2	Der Emittent will einen vordefinierten Mindesterlös erzielen.
Teilziel 1.3	Die Anzahl zu emittierender Aktien soll vor der Emission festgelegt werden.
Teilziel 1.4	Die Preisspanne für eine Aktie soll vor der Emission festgelegt werden.
Teilziel 1.5	Der Emittent will ein Mindestvolumen an Aktien emittieren.
Teilziel 1.6	Das Emissionsverfahren soll durch einen Wirtschaftsprüfer gesichert werden.
Teilziel 1.7	Es soll stets nur ein Emissionsverfahren zu einem Zeitpunkt durchgeführt werden.

Ungewissheit wurden verschiedene Schätzverfahren wie Expertenschätzung, Planning Poker und relativierende Schätzungen kombiniert. Die Summe der Initialschätzungen für alle Features (also das gesamte Product Backlog) betrug am Ende dieses Verfahrens gut 500 Personentage. Geplant wurden acht Sprints à drei Wochen Dauer, und das initiale Team bestand aus drei Entwicklern, einem zur Hälfte der Arbeitszeit diesem Projekt zugeordneten Scrum Master sowie einem sog. Proxy Product Owner, der gemeinsam mit dem Product Owner auf Kundenseite die Verantwortung für das im IR:agile gepflegte Product Backlog sowie die Abnahme der fertigen Features übernahm.

Von der grundlegenden Einigung auf das Vertragsmodell bis zum Entwicklungsbeginn lagen so nur wenige Wochen, und das Team konnte sehr schnell mit der Herstellung vorzeigbarer und produktionsfähiger Software beginnen. Dabei waren die Rahmenbedingungen, wie zuvor festgestellt, alles andere als stabil. So stand das genaue Geschäftsmodell bis in die Mitte des Projekts hinein nicht fest. Während anfangs ausschließlich Unternehmensfinanzierungen im Vordergrund standen, sollten in einer späteren Phase auch Finanzierungen von Immobilienfonds gehandelt werden können. Auch auf Ebene der Details in den Features gab es immer wieder Anpassungen. So stand zum Beispiel am Anfang nicht fest, wie man mit dem Reservieren von Zahlungen umgehen sollte: Solange eine Crowd-Finanzierung noch nicht die Mindestanzahl an Investoren gefunden hat, ist unsicher, ob sie überhaupt zustande kommt. Wird diese Schwelle dann aber überschritten, muss sichergestellt sein, dass alle Investoren auch tatsächlich ihren Finanzierungsanteil zur Verfügung stellen. Das Reservieren von Geld über unterschiedlichste Zahlungsarten ist aber ein Prozess, für den in bestimmten Fällen eine Banklizenz erforderlich sein kann. Derlei Ungewissheiten mussten im Laufe des Projekts einer Klärung zugeführt und entschieden werden, während die Softwareentwicklung auf Hochtouren lief. Auch auf der technischen Ebene gab es Unwägbarkeiten. So lief die erste Version des Portals in der Cloud unter Amazon Web Services, um möglichst schnell und vor allem elastisch in Bezug auf die späteren Anforderungen an die Produktionsumgebung reagieren zu können. Später stellte sich im Rahmen von Gesprächen mit der BaFin (der deutschen Aufsichtsbehörde für die Finanzwirtschaft) heraus, dass dies nicht den gängigen Sicherheitsvorschriften entspricht, was die Abwicklung bestimmter Finanztransaktionen betrifft.

Kurz und gut: BERGFÜRST war ein wirklich agiles Projekt mit Unwägbarkeiten in vielerlei Hinsicht. Auf der vertraglichen Ebene bot sich also adVANTAGE geradezu an, und auch die Voraussetzungen waren gegeben – an erster Stelle gegenseitiges Vertrauen der beiden Partner. Bereits nach wenigen Sprints konnten beide Seiten feststellen, dass dieses Vertrauen gerechtfertigt war: Der Dienstleister ging vernünftig mit dem Aufrufen von Change Requests um, während der Auftraggeber Verständnis für eine anfangs aufgrund der Unwägbarkeiten und schnellen Änderungen nicht optimale Produktivität zeigte. Bei der Parametrisierung des adVANTAGE-Modells wurde neben dem regulären und reduzierten Tagessatz TS_1 und TS_2 ein spezieller Tagessatz TS_{PO} für die Arbeit des Proxy Product Owners vereinbart. Die Grundpauschale *GP* wurde vergleichsweise niedrig angesetzt und auch bei einer späteren Ausweitung des Teams nicht angehoben, da sich herausstellte, dass der Overhead in dem eng zusammenarbeitenden Team der beiden Vertragspartner außerordentlich (und erfreulich) gering ausfiel und außerdem im Gegenzug die Sprintdauer auf zwei Wochen verkürzt wurde. Ein Efficiency Incentive wurde nicht vereinbart.

Die während des laufenden Projektes durchgeführten Anpassungen des Geschäftsmodells und die daraus resultierenden Änderungen und zusätzlichen Features im Product Backlog führten im Ergebnis dazu, dass statt der ursprünglich kalkulierten acht Sprints schließlich 13 Sprints geleistet wurden. In Summe wurden an reinem Entwicklungsaufwand statt gut 500 kalkulierter Personentage aus der initialen Schätzung schließlich ca. 650 Personentage im tatsächlich erbrachten Aufwand gebucht. Eine Besonderheit ergab sich in der Zusammensetzung des Teams über der Zeit. Während ursprünglich alle Softwareexperten vom Dienstleister adesso stammten, kamen nach und nach Entwickler aus dem Team des Auftraggebers dazu. Es handelte sich also um ein kooperatives Leistungsgefüge im Sinne der Abb. 11.1. Diese Mitarbeiter liefen zunächst außerhalb des Budgets

Abb. 16.2 Die Crowd-Investment-Plattform BERGFÜRST

und wurden nach entsprechender Einarbeitung wie Entwickler des Lieferanten behandelt, nur dass ihre Arbeit am Ende nicht auf der Rechnung erschien. Ziel war es, eine langfristige Weiterentwicklung und Wartung beim Kunden zu ermöglichen, was in der Zwischenzeit auch vollständig umgesetzt wurde. Das entstandene Portal (Abb. 16.2) wird heute alleinverantwortlich von BERGFÜRST weiterentwickelt und gewartet.

16.2 Feineinstellung der adVANTAGE-Parameter

In der Darstellung des generellen adVANTAGE-Modells sowie in der vorangehenden Beschreibung des Praxisbeispiels wurde auf eine eingehende Diskussion der Werte für die typischen Parameter im Abrechnungsmodell verzichtet. Im praktischen Projektkontext ist es aber alles andere als unbedeutend, wie genau das Modell parametrisiert wird. Im Einzelnen handelt es sich um die folgenden Stellgrößen:

- Sprint-Umfang
- Sprintdauer
- Grundpauschale
- regulärer Tagessatz TS_1
- reduzierter Tagessatz TS_2
- Efficiency Incentive

Die beiden ersten Parameter, Sprint-Umfang und Sprintdauer, werden in der Praxis nur unwesentlich von kommerziellen Aspekten des adVANTAGE-Modells und vielmehr von praktischen Erwägungen aus vergleichbaren Projekten bestimmt sein. Der **Sprint-Umfang** bezeichnet die Anzahl an Personentagen, die in einem Sprint maximal zur Umsetzung von Features verwendet werden können. Er ergibt sich grob aus der Anzahl der Entwickler multipliziert mit der Sprintdauer, welche in Arbeitstagen angegeben wird. Da aber die Entwickler nicht zu 100 % ihrer Arbeitszeit an der Programmierung von Features arbeiten können, sondern auch bestimmte Overhead-Aufgaben zu erledigen haben, die innerhalb der Grundpauschale abgerechnet werden, ist das Produkt mit einem Produktivitätsfaktor zu versehen (z. B. 85 %, je nach Erfahrungswert), um den tatsächlich realistischen Sprint-Umfang zu ermitteln. Was eine sinnvolle Teamgröße, also die Anzahl der Entwickler angeht, die in einem agilen Softwareprojekt effizient zusammenarbeiten können, sei z. B. auf Lindvall et al. (2002) verwiesen.

Die **Sprintdauer** hat bei gegebener Teamgröße nicht nur Einfluss auf den Sprint-Umfang, sondern mittelbar auch auf die Höhe der Grundpauschale. Insofern hat sie durchaus kommerzielle Auswirkungen. Solange wir jedoch davon ausgehen, dass Sprints in agilen Entwicklungsverfahren nicht länger oder kürzer als „wenige Wochen“ andauern sollten, verschwimmen die kommerziellen Auswirkungen ziemlich – daher sollte man sich bei der Wahl der Sprintdauer weniger von wirtschaftlichen als vielmehr von praktischen Erfahrungswerten lenken lassen. Auch vor Anpassungen der Sprintdauer (während des Projekts, nicht während des Sprints) sollte man nicht zurückschrecken – natürlich ist dann ggf. die Grundpauschale anzupassen.

In Abschn. 15.1 haben wir die wesentlichen Komponenten dieser **Grundpauschale** benannt; sie sind gleichzeitig die Kostentreiber, entlang derer sich eine entsprechende Kalkulation bewegen kann. Letzten Endes handelt es sich dabei um die geschätzten Arbeitsaufwände für Scrum Master, Regelmeetings und Planungsaufgaben multipliziert mit einem kalkulatorischen Tagessatz, sowie die Festlegung eines Gewährleistungsaufschlages, der sich als Prozentsatz des Sprint-Budgets überschlagen lässt. Man sollte hier als Lieferant sicherlich solide kalkulieren, aber auch nicht zu ängstlich sein. Der wesentlich größere und daher mit stärkerem Hebel ausgestattete Anteil der Abrechnung wird sich über die Aufwände für die Realisierung der Features ergeben.

Damit fällt der Vereinbarung der Tagessätze 1 und 2 die wesentliche Bedeutung zu. Am einfachsten ist es, wenn Auftragnehmer und Auftraggeber bereits erfolgreich in anderen Projekten auf T&M-Basis zusammengearbeitet haben. Denn dann existiert bereits ein **regulärer Tagessatz** TS_1, der offenbar die Erwartungen und Schmerzgrenzen beider Parteien berücksichtigt, denn darauf haben sie sich ja bereits einmal geeinigt. Der **reduzierte Tagessatz** TS_2 ist hingegen schon diffiziler zu ermitteln. Er muss gerade so dimensioniert sein, dass der Lieferant zu diesem Tagessatz „eigentlich“ nicht arbeiten möchte, aber auch keinen wirtschaftlichen Schiffbruch erleidet. In der praktischen Erfahrung hat sich immer wieder ein Preis als verhandelbar erwiesen, der nah an den Herstellkosten der Arbeit liegt. Ein Feintuning wird sich hier im Wesentlichen im Bereich weniger Prozentpunkte ober- oder unterhalb dieser Schwelle ergeben. Der Auftraggeber wird möglicherweise ein hohes Interesse daran haben, den Auftragnehmer bei Überschreiten der pro Feature veranschlagten Budgets „leiden zu sehen“. Er sollte dabei aber berücksichtigen, dass jeder

Prozentpunkt unterhalb der Herstellkosten nicht nur die Neigung für übertriebene Aufwandschätzungen und damit viel Diskussion im Projekt erhöht, sondern auch dadurch bezahlt wird, dass der Lieferant im Gegenzug einen höheren Efficiency Incentive haben möchte.

Die **Efficiency Incentive** wird im Standardmodell über einen Anteil am eingesparten Aufwand für die Umsetzung der jeweiligen Features im Vergleich zur initialen Schätzung abgebildet. Bleibt der Auftragnehmer unterhalb des vereinbarten Budgets, kann er einen Prozentsatz des Diffrenzbetrages trotzdem in Rechnung stellen. Und hier gilt nun eben wie überall: je höher das Risiko, desto höher die Chance – sofern man fair miteinander umgeht. In der Praxis liegt der Prozentsatz in aller Regel irgendwo zwischen 10 % und 50 %, je nachdem, wie die anderen Parameter eingestellt sind, denn verhandelt wird ja ein Gesamtpaket.

Literatur

Lindvall M, Basili V, Boehm B, Costa P, Dangle K, Shull F, Tesoriero R, Williams L, Zelkowitz M (2002) Empirical findings in agile methods. In: Wells D, Williams L (Hrsg) Proc 2nd XP universe and 1st agile universe conf on extreme programming and agile methods. Lecture Notes in Computer Science, Bd 2418. Springer, S 197–207. doi:10.1007/3-540-45672-4_19

Ordanini A, Miceli L, Pizzetti M, Parasuraman A (2011) Crowd-funding: transforming customers into investors through innovative service platforms. J Serv Manage 22(4):443–470. doi:10.1108/09564231111155079

17 Zusammenfassung

Kapitel 27 enthält einen Mustervertrag für adVANTAGE-Projekte. Er dient der Abbildung der rechtlichen Rahmenbedingungen eines Projektes, bei dem sich die beiden Vertragspartner für ein sehr spezielles Kooperationsmodell entschieden haben – nämlich eines, das Ungewissheit als gegeben akzeptiert und die Chancen und Risiken vor diesem Hintergrund fair verteilt. Das wichtigste Prinzip kann aber auch über detailliert ausgehandelte und klug formulierte Verträge nicht garantiert werden: Vertrauen. Deswegen haben wir das gegenseitige Vertrauen in Abschn. 14.2 als ein wesentliches Kernprinzip von adVANTAGE postuliert. Vertrauen ist deshalb so wichtig, weil beide Parteien im Rahmen eines agilen Projektes Risiken eingehen, die eben aus der inhärenten Ungewissheit resultieren. Diese Ungewissheit bezieht sich auf die Tatsache, dass Aufwandsschätzungen immer Schätzungen bleiben, so sehr man sich auch um Plausibilisierung bemüht. Mit dem Vertragsmodell adVANTAGE steht allerdings ein Instrument zur Verfügung, mit dem die wirtschaftlichen Interessen der Vertragsparteien auf dasselbe Ziel ausgerichtet werden können, nämlich die möglichst sichere Einhaltung vorab vereinbarter Kostenbudgets.

Dieser vertragliche (bzw. rechtliche und kommerzielle) Aspekt ist aber nur die eine Seite der Medaille. Die andere ergibt sich aus dem methodischen Rahmenwerk, wie es mit dem Interaction Room und vor allem seinen Varianten IR:scope und IR:agile zur Verfügung steht. Im IR:scope finden die beiden Vertragspartner die Möglichkeit, den Umfang dessen zu diskutieren und festzulegen, was am Ende der Bemühungen stehen soll. Der IR:agile bietet auf dieser Basis dann die Möglichkeit, das agile Entwicklungsprojekt über alle Phasen hinweg immer wieder auf seine Werthaltigkeit zu überprüfen und beinhaltet somit das Handwerkszeug für die Begleitung über den vollständigen Lebenszyklus. Das Management von Ungewissheit wird durch die Aufteilung in überschaubare Sprints, ein feature-basiertes Controlling und eine ebensolche Abrechnung unterstützt. Insofern gehen die Methoden des Interaction Rooms und des Vertragsmodells adVANTAGE Hand in Hand.

M. Book et al., *Erfolgreiche agile Projekte*, Xpert.press,
DOI 10.1007/978-3-662-53330-7_17

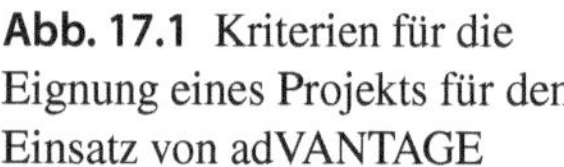
Abb. 17.1 Kriterien für die Eignung eines Projekts für den Einsatz von adVANTAGE

Ob und wann adVANTAGE im Einzelfall das richtige Modell für die Zusammenarbeit zweier Vertragspartner ist, kann anhand des bereits für die IR-Varianten eingeführten Sternmodells diskutiert werden. Abbildung 17.1 zeigt die für eine solche Diskussion relevanten Dimensionen.

Die Dimensionen **Oberflächenintensität** sowie **Wahrscheinlichkeit vielfältiger später Anforderungen** wurden bereits in Kap. 10 erläutert. Im adVANTAGE-Kontext kommen neu hinzu:

- **Fertigungstiefe:** adVANTAGE basiert auf der Annahme des kontinuierlichen Managements sich verändernder Anforderungen und ist deshalb besonders geeignet, wenn solche Flexibilität zulässig ist. Also beispielweise nicht, wenn große Gewerke extern zu Festpreisen entwickelt werden sollen oder wenn Offshoring-Modelle angewendet werden sollen.
- **Definition-of-Done-Verlässlichkeit:** adVANTAGE basiert auf der kontinuierlichen Repriorisierung von Features und auf der Fertigstellung einzelner Features in möglichst kurzen Realisierungszyklen. Beides macht Sinn, wenn klar ist, wann ein Feature als fertig eingeschätzt wird. In Abschn. 14.2 wurde erläutert, wieso wir im adVANTAGE-Modell akzeptieren, dass keine formal entscheidbare Definition of Done existiert. Gleichwohl sollten die Vertragspartner soweit eingespielt sein, dass sie halbwegs verlässlich zu einer gemeinschaftlich getragenen Einschätzung des jeweiligen Fertigstellungszustandes kommen können.
- **Wichtigkeit wirtschaftlicher Transparenz:** adVANTAGE soll beiden Vertragspartnern einen Vorteil bringen, und zwar auch einen wirtschaftlichen. Die Beobachtung der Wirtschaftlichkeit ist deshalb ein unerlässliches Mittel, um zu prüfen, ob die initialen Ziele noch erreicht werden können bzw. schon erreicht wurden. Der Detaillierungsgrad, in dem über die Wirtschaftlichkeit eines noch laufenden Projekts Auskunft gegeben werden muss, kann jedoch stark variieren – von ganz allgemeinen Prognosen

(„alles im grünen Bereich, wir sind im Kostenplan") bis hin zu aktuellen Prognosen und Hochrechnungen auf Feature-Basis. In Projekten nach dem adVANTAGE-Modell sollte denjenigen, die Anforderungen tauschen und repriorisieren, Kosten- und Budgettransparenz eingeräumt werden, denn nur dann können die wirtschaftlichen Auswirkungen des eigenen Handelns beurteilt werden.
- **Wichtigkeit von Risiko-Sharing:** Eine wesentliche Eigenschaft von adVANTAGE ist die besondere Herangehensweise an das Management von Risiken der Softwareentwicklung. Das Vertragsmodell unterstützt ein faires Verteilen und Teilen dieser Risiken. Je wichtiger den Vertragspartnern das Thema Risikoteilung ist, desto mehr spricht für den Einsatz von adVANTAGE.

In Kap. 14 haben wir die Kurzformel adVANTAGE = Preis + Vertrag + Methodik eingeführt. Im Vergleich zu den in Kap. 13 diskutierten Vertragsmodellen für agile Softwareprojekte bietet adVANTAGE im Zusammenhang mit dem Interaction Room nämlich ein umfassendes Rahmenwerk – bestehend aus kommerziell und rechtlich wirksamen Vertragsbestandteilen, aber auch konkreter methodischer Unterstützung für das Projektgeschehen. Wie dies konkret aussehen kann, werden wir im nachfolgenden Beispiel illustrieren.

Teil IV

Ein Projektbeispiel

18 Fallstudie: Das Cura-Leistungssystem für die private Krankenversicherung

Um die in den vorangehenden Kapiteln vorgestellten Methoden in einen größeren Kontext zu setzen, und um einen Eindruck von einem angemessenen Modellierungsumfang und Abstraktionsniveau zu geben, dokumentieren wir im Folgenden Modellskizzen, die im Interaction Room im Rahmen eines Praxisprojekts entstanden sind. Nach einer kurzen Einführung in das Projekt zeigen wir Auszüge aus den Ergebnissen des Projekt-Scopings im IR:scope. Dabei erläutern wir die Anwendungsdomäne und die Entscheidungen der IR-Coaches und verweisen für Details der angewandten Techniken auf die vorangehenden Kapitel. Anschließend beschreiben wir das Monitoring des Projekts mit Hilfe des IR:agile, und diskutieren Lehren, die aus der Anwendung des Interaction Rooms in diesem und ähnlichen Projekten gezogen werden können.

Das Beispiel, anhand dessen wir das Zusammenspiel von IR:scope und IR:agile demonstrieren, ist die Entwicklung eines Leistungssystems für die private Krankenversicherung (kurz: KV-LEI) . Ein solches System unterstützt alle Prozesse rund um die Gewährung von Leistungen an die Versicherten, wie im Folgenden kurz umrissen.

Bevor eine ärztliche Behandlung erfolgt, die ggf. eine Leistung der Versicherung (d.h. eine Erstattung von Kosten an den Versicherten) nach sich ziehen würde, kann es zu Voranfragen kommen (beispielsweise zu der Voranfrage, ob und zu welchem Anteil bestimmte zahnärztliche Behandlungen, denen auch kosmetische Gründe unterliegen können, erstattet werden würden). In ähnlicher Weise können Therapiepläne Gegenstand der Vorabfrage sein. Diese werden bei bestimmten Diagnosen genutzt, um dedizierte Personen-Schaden-Manager mit Überwachung, Steuerung und Intervention zu beauftragen. Die eigentliche Gewährung von Versicherungsleistungen geschieht dann im Anschluss an die Behandlung auf der Grundlage von eingereichten Rechnungen und Belegen. Vor der Gewährung im Einzelfall werden allerlei Prüfungen durchgeführt. Diese beziehen sich auf unter anderem auf vorvertragliche Anzeigepflichtsverletzungen, Versicherungsausschlüsse, Angemessenheit der erbrachten Leistungen nach Art, Umfang und Gebühr. Alle Kommunikation rund um Leistungen muss protokolliert werden, um zukünftigen Missverständnissen vorzubeugen und Streitfälle in den Gesamtkontext einordnen zu können.

M. Book et al., *Erfolgreiche agile Projekte*, Xpert.press,
DOI 10.1007/978-3-662-53330-7_18

All dies soll in modernen Leistungssystemen wie dem hier beschriebenen System KV-LEI einerseits schnell und service-orientiert erfolgen, um Kundenunzufriedenheit zu vermeiden. Andererseits sollen vertraglich nicht erforderliche Leistungen tatsächlich nicht erstattet werden. All dies soll zuverlässig und mit Hinblick auf die angespannte wirtschaftliche Situation von Krankenversicherern möglichst automatisch passieren. Sachbearbeiter sollen nur eingreifen, wenn ihre Fachexpertise erforderlich ist.

Das Leistungssystem KV-LEI wurde in enger Abstimmung zwischen dem privaten Krankenversicherer Cura AG[1] und dem IT-Dienstleister adesso entwickelt. Der Krankenversicherer übernahm die Rolle des Anforderungsgebers und nahm mit eigenem Personal an der Entwicklung teil. Der größere Teil der Entwicklung sollte durch adesso erfolgen. Das zu erstellende Softwaresystem sollte in die Anwendungslandschaft der Cura integriert und von ihr betrieben werden. Die Beteiligten waren sich darüber im Klaren, dass die Neuentwicklung eines Leistungssystems der Gefahr ausgesetzt ist, dass das bislang im Einsatz befindliche System einfach nachgebaut wird, ohne die Gelegenheit für funktionale Optimierungen und Innovationen zu nutzen, und wollten dieser Gefahr entgegen wirken. Sie wussten, dass es späte Anforderungen geben würde und wollten einvernehmlich auf eine möglichst vollständige Spezifikation verzichten. Stattdessen sollten die Funktionalitäten gesammelt und prägnant beschrieben werden. Nur die potenziell besonders missverständlichen Funktionalitäten sollten ausführlicher erörtert werden. Trotz der initial in weiten Teilen nur knappen Beschreibung sollten Aufwandsprognosen auf Feature-Ebene vorgenommen werden. Die beiden beteiligten Unternehmen setzten den IR:scope ein, um das zu entwickelnde System zu scopen. Sie verabredeten, die Anforderungstauschbörse zu etablieren, um kontinuierlich späte Anforderungen gegen frühe Anforderungen zu tauschen, die Havariespinne regelmäßig einzusetzen, und das adVANTAGE-Modell anzuwenden, um Risiken zwischen Cura und adesso zu teilen.

[1]Unternehmens- und Stakeholder-Namen wurden zur Wahrung der Anonymität des Kunden geändert.

Initiales Projekt-Scoping mit dem IR:scope 19

Inhaltsverzeichnis

In diesem Abschnitt wird die initiale Befüllung des IR:scope im KV-LEI-Projekt ausschnittsweise wiedergegeben. Hierbei spielen neben den Modellen auf den IR-Canvases einige wenige zusätzliche Artefakte, die in Vor- und Nachbereitung einer IR-Befüllung auftauchten, eine Rolle.

19.1 Projektvision

Um den Zielzustand des Projekts zu beschreiben, formulierten die Beteiligten im IR:scope zu Beginn den folgenden Text für eine fiktive „Presseinfo", wie in Abschn. 3.6 vorgeschlagen:

M. Book et al., *Erfolgreiche agile Projekte*, Xpert.press,
DOI 10.1007/978-3-662-53330-7_19

Cura Versicherung führt neues Leistungssystem ein

Massive Serviceverbesserung für Versicherungsnehmer bei gleichzeitiger Kosteneinsparung

Die Cura Krankenversicherung AG hat ein neues Leistungssystem für die private Krankenversicherung eingeführt, das ein hohes Maß an Automatisierung unterstützt und gleichzeitig dazu beiträgt, den Versicherten einen stark verbesserten Service zu bieten. So werden zukünftig Leistungen innerhalb von 36 Stunden reguliert werden, sofern keine Nachfragen bestehen. Kunden sollen die Gelegenheit haben, den Versicherer mobil, über Social Media, per E-Mail oder per Post zu erreichen. Möglich wird dies durch die Einführung des neuen Leistungssystems KV-LEI, das die begonnene digitale Transformation bereits heute optimal unterstützt. Das bedeutet, dass Medienbrüche so früh wie möglich beseitigt werden und der gesamte Prozess vollständig elektronisch unterstützt wird. Im Hintergrund arbeitet das System weitgehend automatisiert; ein Dunkelverarbeitungsanteil von 75 % wird im zukünftigen Systemeinsatz angestrebt. Dabei wird bewusst in Kauf genommen, dass unbedeutende Einzelfälle ohne manuelle Prüfung reguliert werden, dafür aber eine hohe Gesamteffizienz erreicht wird – eine starke Vereinfachung für die Versicherten und die Sachbearbeiter der Cura. Das neue System ermöglicht Leistungen für Krankenvollversicherung und Zusatzversicherungen und ist flexibel im Hinblick auf zukünftige neue und innovative Produkte der Krankenversicherung im weitesten Sinne. Prozesse des Versorgungsmanagements können später problemlos ergänzt werden, ohne dass die Struktur des Systems grundlegend verändert werden muss. „Mit dem neuen System können unsere Sachbearbeiter Standard-Geschäftsvorfälle selbstständig, weitestgehend fallabschließend und ohne lange Einarbeitungszeiten übernehmen", so Cura-IT-Vorstand Dirk Kalker. Dabei ist auch an die Voll-Integration mit den Umsystemen gedacht worden, die eine Unterstützung automatischer Geschäftsprozesse über Systemgrenzen hinweg ermöglicht. Unternehmensspezifische Regeln können per Parametrierung hinterlegt und genutzt werden. Kalker: „Ich bin so froh."

19.2 Identifikation der Stakeholder und ihrer Ziele

Entsprechend der Empfehlungen in Abschn. 5.1 wurden auf Seiten des Krankenversicherers folgende Rollen als Teilnehmer im IR:scope identifiziert:

- Projektleiter
- Fachexperte Leistung
- Zwei Sachbearbeiter
- Abteilungsleiter Leistung A-K und Abteilungsleiter Leistung L-Z

- Vorstand Kranken/Leistung
- Softwarearchitekt
- Betriebszuständiger

Auf Seiten des IT-Dienstleisters adesso wurden folgende Rollen als Teilnehmer identifiziert:

- Projektleiter
- Chef-Entwickler
- Softwarearchitekt

Es wurden zwölf Personen identifiziert, die die drei wichtigsten Stakeholder Business, Development und Operations vertraten. Sie waren auf verschiedenen Hierarchiestufen angesiedelt. Echte zukünftige Anwender und Process Owners waren vertreten. Auch entlang der Achse Auftraggeber/Auftragnehmer fand sich ein ausgewogenes Verhältnis.

Als explizite Ziele der wichtigsten Stakeholder wurden identifiziert:

- Der Vorstand für das Ressort Leistungen strebt an, je nach Arbeitslast Leistungssachbearbeiter zwischen den Sparten austauschen zu können.
- Der Vorstand für das Ressort IT strebt an, unter dem Dach des Projektes die Digitalisierung des Unternehmens voranzutreiben.
- Die Sachbearbeiter streben an, die in hoher Wiederholungszahl ausgeführten Aktivitäten zur Datenerfassung zu automatisieren.
- Die Sachbearbeiter streben an, für die schwierigen Prüffälle alle relevanten Informationen auf einen Blick angezeigt zu bekommen.
- Die IT-Abteilung will zeigen, dass der Einsatz agiler Techniken zu passender Software führt, die sich automatisch deployen lässt.

Trotz dieser individuellen Ziele konnten sich alle Stakeholder auf die übergeordnete Zielsetzung, die in der Presseinfo formuliert wurde, einigen.

19.3 Feature Canvas

19.3.1 Feature-Identifikation und Canvas-Befüllung

Im Rahmen der initialen Befüllung des IR:scope wurde der in Abb. 19.1 dargestellte Feature Canvas erarbeitet, wie in Abschn. 5.2.1 beschrieben.

19.3.2 Annotationen und Analyse

Nach Sammlung der Features wurde der Feature Canvas in einem Durchgang annotiert. Hierbei kamen alle Annotationen aus der Menge der Feature-Canvas-Annotationen zum

Abb. 19.1 Initialer Feature Canvas für das KV-LEI-System

Einsatz (Abschn. 5.2.2). Abbildung 19.2 zeigt den Feature Canvas inklusive der Ergebnisse der Annotationsrunde.

Bezüglich der Annotation des Feature Canvas fielen einige Sachverhalte auf:

- Die Features rund um die Angebotserstellung wurden dünn annotiert. Zusammen mit der einfachen Identifikation dieser Features war das Grundlage der Vermutung,

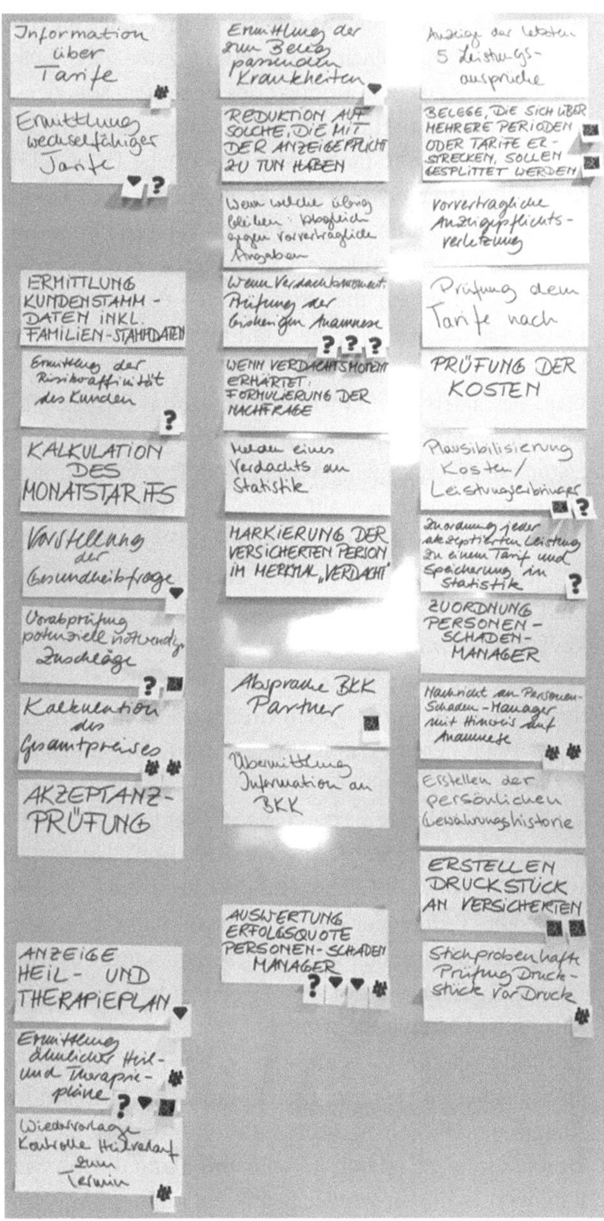

Abb. 19.2 Annotierter Feature Canvas für das KV-LEI-System

dass diese Features in sehr ähnlicher Weise existierten (oder mindestens aus anderen Systeme bekannt waren). Diese Features schienen im Großen und Ganzen als Basisfunktionalität erwartet zu werden, ohne dass ihnen ein besonderer Nutzen für den Anwender oder für das Unternehmen zugerechnet wurde. Anders herum musste damit gerechnet werden, dass ihr Fehlen als substanzieller Mangel wahrgenommen werden würde. Als Konsequenz wurde das existierende Angebotssystem näher angeschaut. Die Anwender wurden nach Verbesserungspotenzialen befragt.

- Die Features aus dem Kontext des Personen-Schaden-Managements wurden deutlich dichter annotiert. Hier kam es zu einem ausgesprochen munteren Annotationsmix. Auf der einen Seite fanden sich mehrfache User- und Business-Value-Annotationen, auf der anderen Seite traten kombinierte Komplexitäts- und Ungewissheits-Annotationen auf. Dieser Mix ist typisch für neue Funktionalitäten, mit denen zu Beginn noch diffuse Erwartungen verbunden sind. Dieser Mix wurde zum Anlass genommen, intensiver auf die Prozesse des Personen-Schaden-Managements zu schauen und einige Sachverhalte zu detaillieren, sodass die Erwartungen konkretisiert werden konnten.
- Ganz besonders vielfältig annotiert war das Feature „Ermittlung ähnlicher Heil-/Therapiepläne". Hier trat jeweils eine Annotation der Sorten „User Value", „Business Value", „Komplexiät" und „Ungewissheit" auf. Dies galt als deutliches Zeichen, dass fantasiereiche Erwartungen auf erhebliche Realisierungsschwierigkeiten treffen könnten. Und in der Tat verbarg sich hinter dem Wort „ähnlich" ein erhebliches Interpretationspotenzial. Letztlich musste die Relation „ähnlich" für Heil- und Therapiepläne definiert werden, was wiederum erst gelang, nachdem der Objekttyp „Heil-/Therapieplan" konkretisiert wurde.
- Als einzelnes Feature war „Prüfung der bisherigen Anamnese" im Verdachtsfall besonders heikel, es wurde gleich dreifach als ungewiss annotiert. Hier stellte sich nach etwas detaillierter Analyse heraus, dass die Stakeholder eine durchaus kompatible Vorstellung davon hatten, was das Feature leisten sollte, dass aber rein gar keine Idee bezüglich der Frage bestand, wie es realisiert werden könnte. Dieses Beispiel zeigt, dass die Annotationen „Komplexität" und „Ungewissheit" nicht immer trennscharf verwendet wurden. Offensichtlich gab es eine Tendenz zu „Komplexität", wenn der Workshop-Teilnehmer eine Idee davon hatte, wie eine Realisierung aussehen könnte (ohne dass das irgendetwas damit zu tun hätte, dass diese meist vage Idee sich irgendwie durchsetzen würde). Fehlte eine solche Idee, ging der Annotationstrend eher in Richtung „Ungewissheit".
- Auffällig war, dass das auf den ersten Blick simple Feature „Erstellung Druckstück an Versicherten" als zweifach komplex klassifiziert wurde. Diese Annotation wurde später verständlich, als sich auf dem Integration Canvas herausstellte, dass sich das Drucksystem zeitgleich in Ablösung befand. Das wiederum war dringend erforderlich, weil es immer wieder Probleme mit dem Massendruck gab. Das Feature wurde also als komplex bewertet, weil das im Einsatz befindliche Drucksystem, das sozusagen als gedankliche Referenz herangezogen wurde, als sperrig wahrgenommen wurde.

Auf die Wiedergabe der Kano-Klassifikation, die als Verfeinerung der User-Value-Annotationen durchgeführt wurde, wird an dieser Stelle verzichtet, da sie im Hinblick auf Priorisierung und Gruppierung von Features zu Sprints keinen besonderen Einfluss hatte.

19.4 Process Canvas

19.4.1 Identifikation und Priorisierung von Geschäftsprozessen

Auf der Grundlage des Feature Canvas und seiner Annotationen wurden die wichtigsten Geschäftsprozesse identifiziert. Das Vorgehen hierbei war weitgehend heuristisch. Zwar war auf der einen Seite davon auszugehen, dass ein großer Teil der als wichtig identifizierten Features auch den wichtigen Geschäftsprozessen zugeordnet werden konnte. Im Einzelfall kam es aber vor, dass wichtige Features nicht von den wichtigsten Geschäftsprozessen abgedeckt wurden. Der erste Schritt auf dem Weg zu den wichtigen Geschäftsprozessen war zunächst das Clustering der Features (also die Zusammenfassung zu fachlich verwandten Gruppen von Features). Auf der Grundlage eines solchen Clusterings wurden die folgenden Geschäftsprozesse als besonders wichtig erkannt:

- Sendungsklassifikation
- Belegerkennung
- Prüfung auf vorvertragliche Anzeigepflichtverletzung
- Leistungsprüfung
- Leistungsgewährung
- Ablehnung
- Betrugserkennung
- Tarifstatistik
- Ermittlung von Vertriebspotenzialen
- Ermittlung von Hinweisen für das Product Engineering
- Personen-Schaden-Management
- Beratung
- Beleg-Splitting

Diese Prozesse wurden vor einer detaillierten Modellierung zunächst in ihrem groben Ein-/Ausgabeverhalten, mittels ihres Zwecks und per Vergabe eines Namens beschrieben. Beispiele für eine solch abstrakte Beschreibung sind im Folgenden aufgeführt.

- Sendungsklassifikation:
  - Zweck: Ein beliebiges eingegangenes Dokument wird typmäßig klassifiziert. Mögliche Dokumenttypen sind Kostenplan, Heilplan, Beleg, Heil- und Hilfsmittelabrechnung.
  - Input: Dokument in elektronischer Form (PDF).

- Output: Dokument in elektronischer Form (PDF), markiert als ein Dokumententyp.
- Belegerkennung:
  - Zweck: Ein eingesendeter Beleg wird automatisch klassifiziert. Ziel ist es, hierbei ein hohes Maß an Dunkelverarbeitung zu erzielen. Für den Fall, dass die Klassifikation Auffälligkeiten aufweist, wird das Ergebnis an eine manuelle Nachbearbeitung übergeben.
  - Input: Ein als Beleg identifiziertes Dokument wird einer automatischen Erkennung zugeführt.
  - Output: Es entsteht strukturierte Information mit mindestens den Merkmalen „Name des Versicherten", „Datum", „Versicherungsnummer", „ICD-Klassifikation".
- Beleg-Splitting:
  - Zweck: Ein Beleg kann sich über verschiedene Abrechnungsperioden erstrecken. Zur kostengerechten Zuordnung muss er in mehrere eindeutig einer Abrechnungsperiode zuzuordnende Belege aufgeteilt werden.
  - Input: Beleg.
  - Output: Mehrere logisch zusammengehörende Teilbelege.
- Prüfung auf vorvertragliche Anzeigepflichtsverletzung:
  - Zweck: Eingehende Belege werden im Hinblick auf die Frage geprüft, ob sie den Verdacht nähren, dass die versicherte Person, auf die sich der Beleg bezieht, im Rahmen des Antragsprozesses nicht alle Risikofragen wahrheitsgemäß beantwortet hat.
  - Input: Beleg.
  - Output: Verdacht: ja/nein. Wenn ja, Hinweis auf manuell vorzunehmende Prüfung.
- Beratung
  - Zweck: Ein Interessent wird so beraten, dass ihm die geeigneten Produkte vorgestellt und bepreist werden.
  - Input: Kunden-Lead, Identifikation des Vertriebskanals, über den der Lead entstanden ist.
  - Output: Angebot.

19.4.2 Canvas-Befüllung

Während der Befüllung des Process Canvas wurden für jeden der identifizierten Geschäftsprozesse maximal 15 Aktivitäten identifiziert (Abschn. 5.3). Oft traten die auf dem Feature Canvas identifizierten Features als Aktivitäten auf, es war aber auch zulässig, im Rahmen der Modellierung Aktivitäten einzuführen, die nicht als Features aufgetreten waren. Das war unverzichtbar, da sich ansonsten ein mühevolles Hin und Her zwischen Feature Canvas und Process Canvas ergeben hätte, das für nichts anderes gut gewesen wäre als für die syntaktische Konsistenz zwischen beiden Canvases. Es trat umgekehrt auch der

Fall auf, dass zuvor identifizierte Features nicht in den Prozessmodellen auftauchten. Das konnte sinnvoll sein, allein weil das Auftreten von neuen Aktivitäten während der Prozessmodellierung und die mengenmäßige Beschränkung dafür sorgten, dass Features der Abstraktion zum Opfer fielen. Für solche Fälle sollte mit Blick auf die Annotationen der Features geprüft werden, ob kein unbilliger Informationsverlust auftrat. Tauchte ein solcher Fall auf, sollten die Features auf dem Feature Canvas markiert und später erneut betrachtet werden. Für den Fall, dass deutlich mehr als 15 Aktivitäten identifiziert wurden, trat die mengenmäßige Beschränkung in Kraft, sodass eine Konzentration auf diejenigen Aktivitäten, die im normalen (also nicht von Ausnahmebehandlung dominierten) Prozess vorkamen. Hierbei wurde wo immer möglich auf die Features Bezug genommen. Die Aktivitäten eines Prozesses wurden mittels Daten- und Kontrollfluss angeordnet. Im Datenflussfall wurden die Typen der ausgetauschten Objekte/Dokumente/Informationen benannt und in die Kandidatenliste für den Object Canvas vorgetragen.

Abb. 19.3–19.6 zeigen die initialen Modelle der Prozesse „Beratung", „Prüfung auf vorvertragliche Anzeigepflichtsverletzung", „Leistungsprüfung" und „Personen-Schaden-Management". Es fällt auf, dass es zu syntaktischen Fragwürdigkeiten kam. So tauchte im Prozessmodell „Personen-Schaden-Management" die Aktivität „Monitoring Heil-/Therapieplan" auf, die drei verschiedene Eingänge hat. Der Ablauf des Prozesses legte die Vermutung nahe, dass die Aktivität gestartet werden kann, sobald über einen der eingehenden Kontrollflüsse ein Start ausgelöst wird. Und in der Tat war es auch so gemeint. Syntaktisch wäre hier ein Merge-Verbindungsknoten erforderlich gewesen, der auf Grund der pragmatischen Modellierungsdynamik nicht erzwungen wurde. Solche Nachlässigkeiten konnten während der Nachdokumentation ausgebügelt werden.

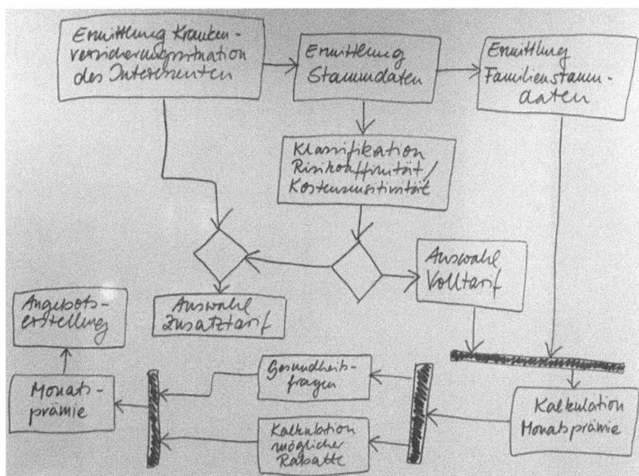

Abb. 19.3 Process Canvas mit Prozessmodell „Beratung"

Abb. 19.4 Process Canvas mit Prozessmodell „Prüfung auf vorvertragliche Anzeigepflichtsverletzung“

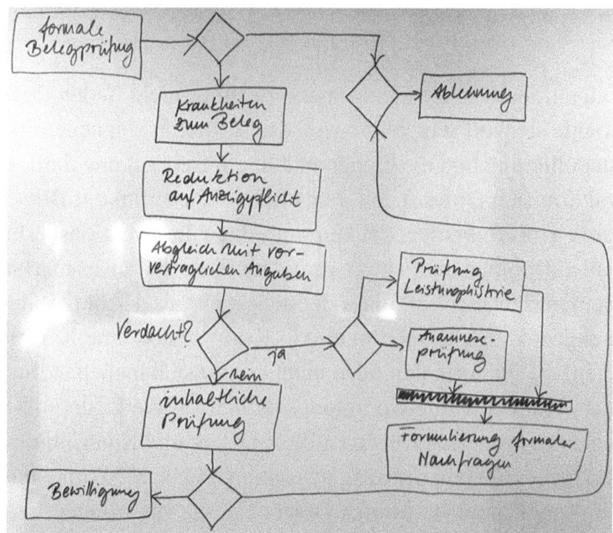

Abb. 19.5 Process Canvas mit Prozessmodell „Leistungsprüfung“

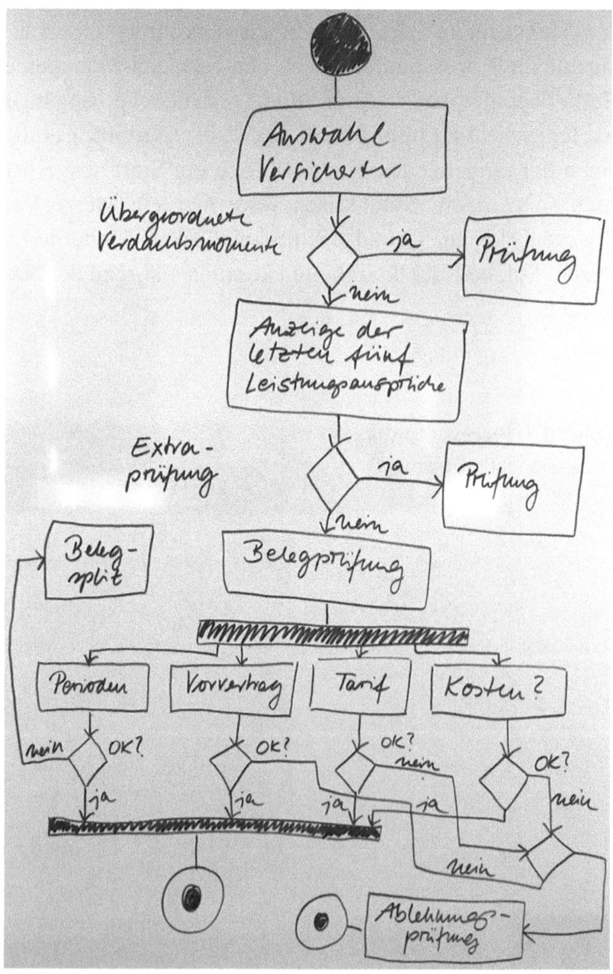

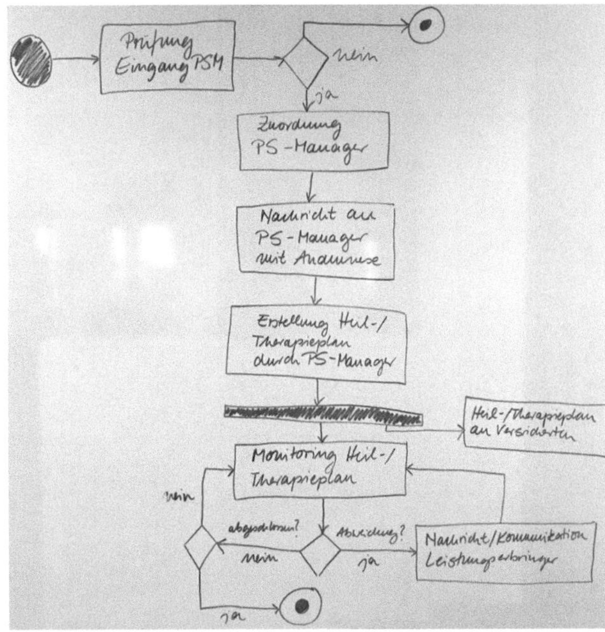

Abb. 19.6 Process Canvas mit Prozessmodell „Personen-Schaden-Management“

19.4.3 Annotation und Analyse

In diesem Abschnitt stellen wir für die beiden Prozessmodelle „Beratung“ (Abb. 19.7) und „Prüfung auf vorvertragliche Anzeigepflichtsverletzung“ (Abb. 19.8) das Ergebnis der Annotierung vor. Bezüglich der Annotation dieser beiden Prozessmodelle fallen einige Sachverhalte auf:

- Im Prozessmodell „Beratung“ konzentrierten sich die Annotationen vor allem auf zwei Aktivitäten, nämlich auf „Klassifikation Risikoaffinität/Kostensensitivität“ und „Gesundheitsfragen“. Beide wurden mindestens dreifach annotiert. Im ersten Fall gab es zwei Ungewissheits-Annotationen, was darauf hindeutete, dass es Unklarheiten bezüglich der Realisierungsmöglichkeiten gab. Bezüglich der Aktivität „Gesundheitsfragen“ gab es mit „Business Value“, „Sicherheit“ und „Rahmenbedingung“ einen Annotationsmix, der darauf hinwies, dass es eine gewisse Sensibilität bezüglich der rechtlichen Rahmenbedingungen gab, die sich im konkreten Fall auch in Sicherheitsbedenken niederschlug.
- Im Prozessmodell „Beratung“ fanden sich eine Reihe weiterer nur schwach annotierter Aktivitäten. Das wies darauf hin, dass sie für den Beratungsprozess zwar nötig waren, dass an ihnen aber nicht der Erfolg bzw. die Akzeptanz des Gesamtprozesses hing. Für die anschließende Realisierung war diese Information insofern relevant, als dass der Fokus auf die umfänglich annotierten Aktivitäten gerichtet wurde. Das stellte sich letztlich als sinnvoll heraus, auch wenn die Aktivität „Angebotserstellung“ (nur einfach annotiert mit

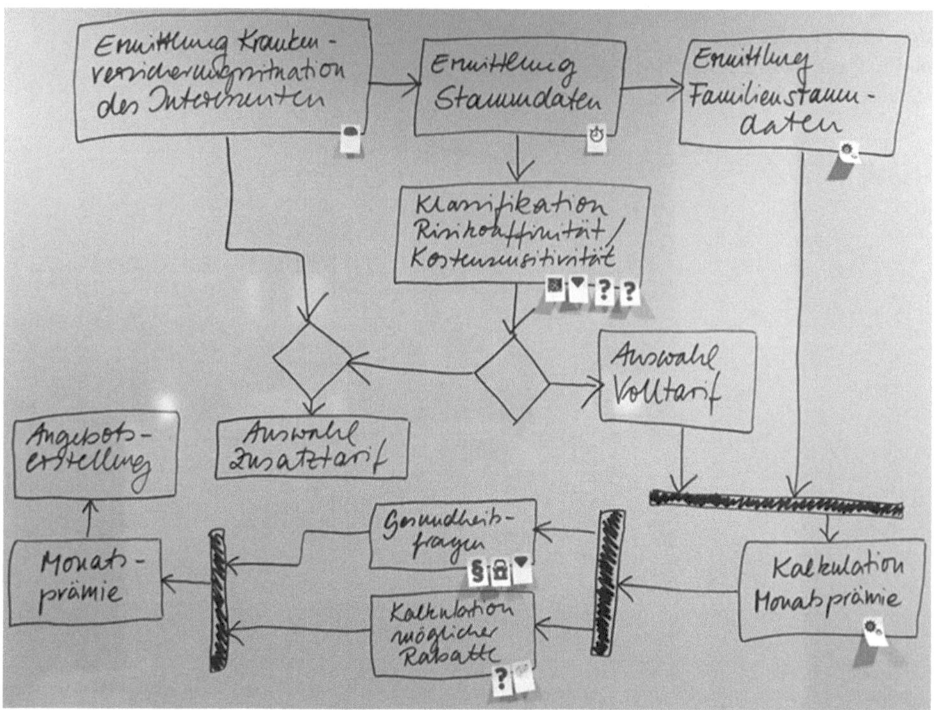

Abb. 19.7 Annotierter Process Canvas mit Prozessmodell „Beratung"

„Business Value") mehr Aufmerksamkeit verdient hätte, als ihr auf Grund der Betrachtung der Annotationen zukam. Dies stellte sich erst nach einigen Sprints heraus.

- Im Prozessmodell „Beratung" traten zwei Aktivitäten auf, deren Annotierung mit „Automatisierung" auf den ersten Blick überraschte, weil diese Aktivitäten in nahe liegender Weise automatisiert worden wären. Dass sie explizit mit „Automatisierung" annotiert wurden, war darauf zurückzuführen, dass das Vorgängersystem gerade an diesen Stellen Automatisierungslücken aufwies. Diese Lücken wurden im Vorfeld als lästig empfunden, sodass die angestrebte Automatisierung per Annotation explizit gemacht wurde.
- Im Prozessmodell „Prüfung auf vorvertragliche Anzeigepflichtsverletzung" fiel auf, dass an der Schnittstelle zum Versicherten einige Annotationen der Art „Rahmenbedingung" und „Korrektheit" auftraten. Im Rahmen der Detaildokumentation dieser Annotationen stellte sich heraus, dass es in der Vergangenheit hier und da Probleme mit der juristisch einwandfreien Formulierung von Bescheiden und Nachfragen gab. Die genannten Annotationen zielten genau auf dieses Problem ab, das sich leicht dadurch adressieren ließ, dass ein Jurist für die Gestaltung der entsprechenden Schriftstücke einbezogen wurde. Neben dem unmittelbaren Nutzen auf Sachebene war diese Maßnahme besonders nützlich, weil sie vage Vorbehalte und Sorgen auszuräumen half.

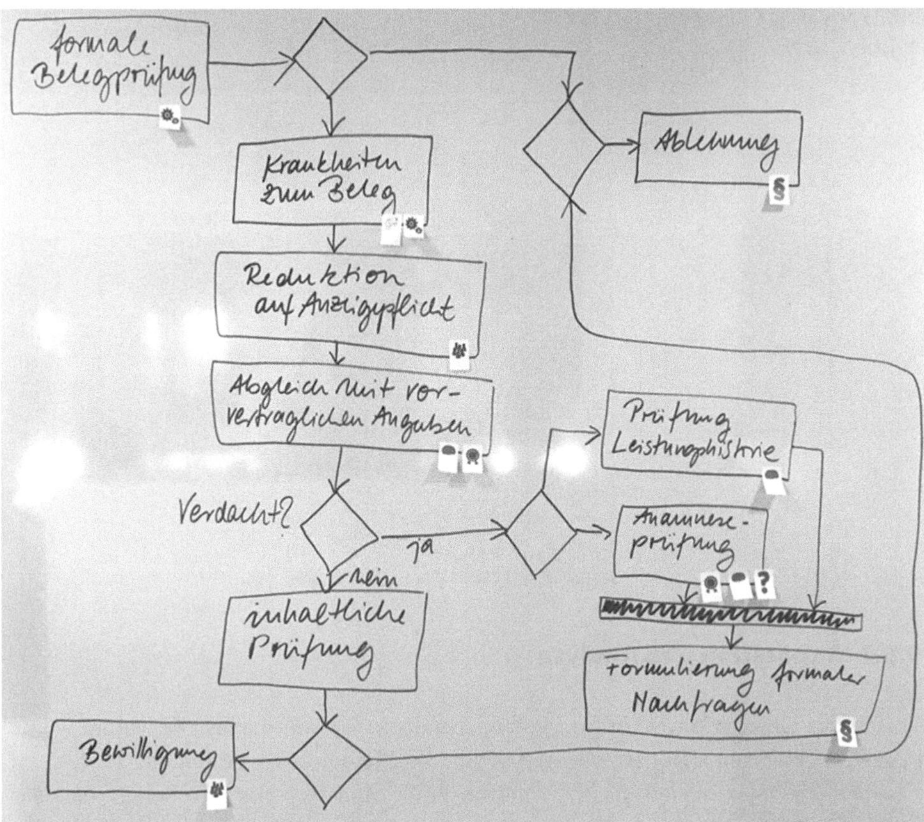

Abb. 19.8 Annotierter Process Canvas mit Prozessmodell „Prüfung auf vorvertragliche Anzeigepflichtsverletzung"

19.5 Object Canvas

19.5.1 Canvas-Befüllung

Einige der Objekttypen, die auf dem Object Canvas skizziert wurden, wurden bereits im vorangehenden Schritt entlang der Geschäftsprozesse identifiziert: So schlugen sich die Ein-/Ausgaben der Geschäftsprozesse vollständig im Object Canvas nieder; gleiches gilt für die Ein-/Ausgaben der wichtigen Features und der Aktivitäten der wichtigen Geschäftsprozesse. Unabhängig davon war es sinnvoll und möglich, wie in Abschn. 5.4.1 beschrieben weitere wichtige Objekttypen zu identifizieren, die sich in der fachlichen Nachbarschaft der schon identifizierten Einträge im Object Canvas befanden. Natürlich kamen auch zahlreiche andere, außerhalb des Interaction Rooms liegende Maßnahmen zur Identifikation der relevanten Objekte infrage. Das Anschauen existierender Systeme, die Untersuchung von Spezifikationen und Interviews mit Experten waren geeignete Maßnahmen. Im vorliegenden Beispiel wurden solche Maßnahmen jedoch nicht angewendet.

Abbildung 19.9 zeigt den zu den diskutierten Prozessmodellen passenden Object Canvas.

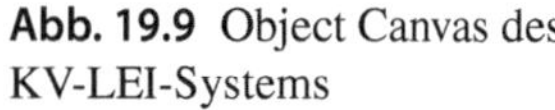

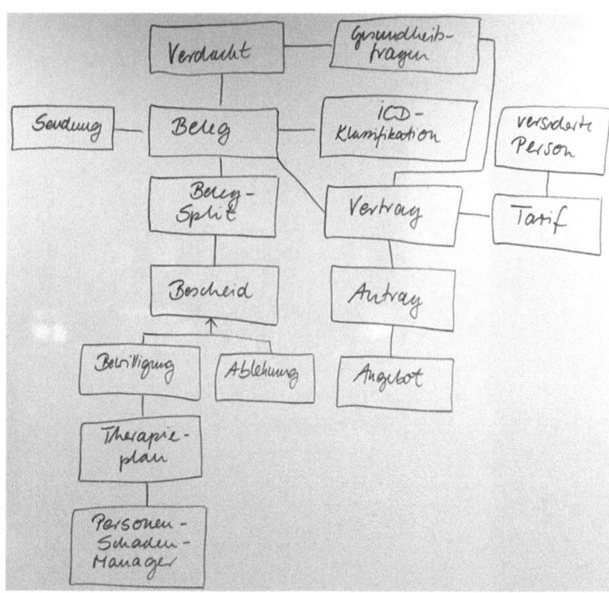

Abb. 19.9 Object Canvas des KV-LEI-Systems

19.5.2 Annotation und Analyse

Der Teil des Object Canvas, der im vorangehenden Abschnitt dargestellt wurde, wurde in zwei Durchgängen annotiert, wie in Abschn. 5.4.2 beschrieben. Abbildung 19.10 zeigt das annotierte Objektmodell. Bei der Analyse dieses Modells stellte sich heraus, dass das Objektmodell initial zu grob war und fortlaufend verfeinert werden musste, um als Grundlage der Planung von Feature-Realisierungen dienen zu können. Dies wurde im Rahmen der Vorbereitung der Realisierung festgestellt, denn es kam zu großen Merkmalsmengen pro Objekttyp. Dies wurde als sicheres Indiz dafür verstanden, dass umfängliche Verfeinerungen erforderlich waren, um den Datenhaushalt einzelner Features oder Geschäftsprozesse sinnvoll benennen zu können.

Die Analyse der Annotationen des Object Canvas führte zu folgenden zu hinterfragenden Sachverhalten:

- Rund um das Trio Angebot/Antrag/Vertrag häuften sich die Annotationen. Einerseits gab es einige „User Value"-Annotationen und andererseits spielte die Korrektheit von Angeboten und Verträgen eine wichtige Rolle. Zusätzlich sollten Angebote womöglich mobilisiert werden. Diese Häufung weist darauf hin, dass an dieser Stelle intensiv abgewogen werden sollte, was dem Anwender in welchem Grad an Vollständigkeit und Konsistenz zugemutet werden konnte und musste. Ein zu hohes Maß an Konsistenz und Vollständigkeit konnte womöglich abschreckend wirken, weil vorab zu viele Daten hätten erfasst werden müssen. Ein zu geringes Maß hätte womöglich dem angestrebten Präzisions- und Korrektheitsbegriff widersprochen. In der Tat war im weiteren Verlauf des Projektes zu beobachten, dass im Hinblick auf das anzustrebende Maß an Usability

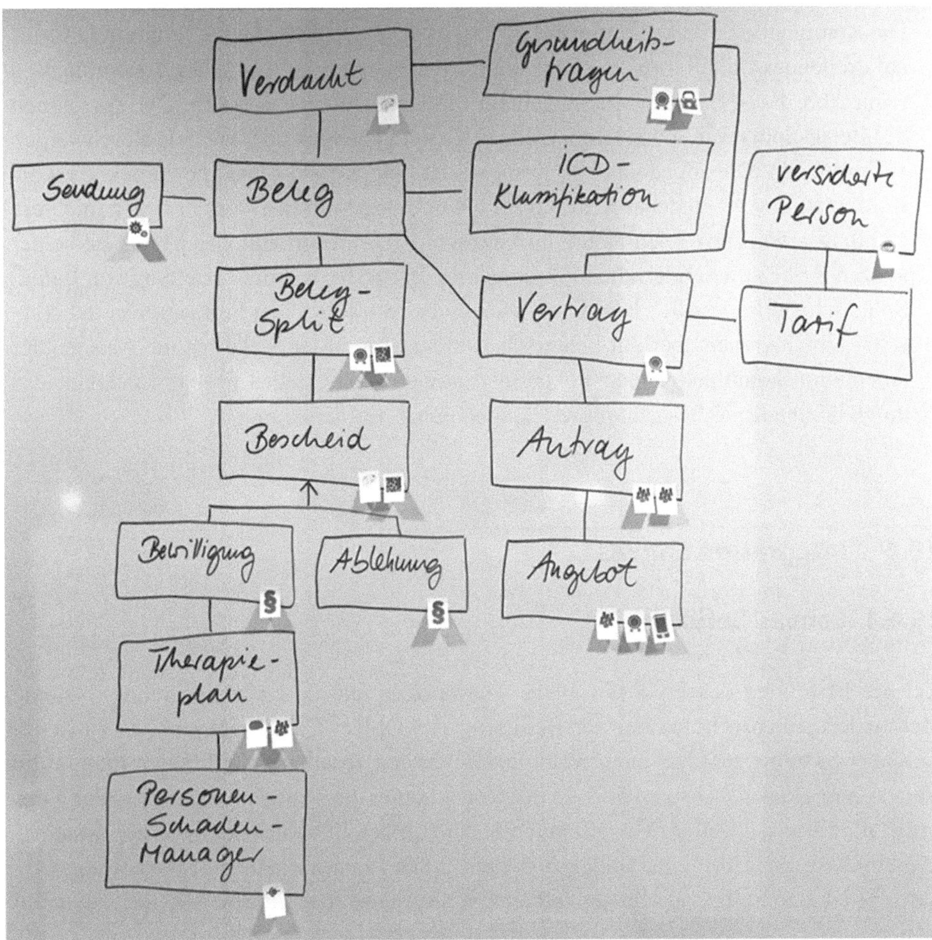

Abb. 19.10 Annotierter Object Canvas des KV-LEI-Systems

an genau dieser Stelle immer wieder intensiv diskutiert wurde und dass es zu häufigen Anpassungen von User Interfaces kam.

- Der Zusammenhang zwischen Therapieplan und Personen-Schaden-Manager (in Kombination mit den auftretenden Annotationen) wies von Projektbeginn an darauf hin, dass die Erstellung des Therapieplans eine kritische Aktivität sein würde. Einerseits war der Therapieplan wichtig im Hinblick auf den User Value, andererseits erforderte er manuelles Eingreifen, und ein externer Personen-Schaden-Manager war auch noch involviert. De facto war es so, dass eine der grundlegenden und strukturellen Innovationen an genau dieser Stelle ansetzte, aber sehr lange schlecht greifbar blieb. Erst durch die Konkretisierung des Therapieplans und durch die Festlegung algorithmischer Elemente zu seiner Erzeugung konnte Abhilfe geschaffen werden. Die Kombination von Annotationen deutete von Beginn an auf diese Notwendigkeit hin.

- Die Kombination der Annotationen „Korrektheit“ und „Komplexität“ war ein Hinweis auf drohendes Unheil im Sinne von hohem zu leistenden Aufwand. Diese Kombination ist in Abb. 19.10 an dem Modellelement „Beleg-Split“ zu erkennen. Die Korrektheit des Beleg-Splits war unverzichtbar, um zu viele Leistungen oder zu viele Beschwerden zu vermeiden. Die angenommene Komplexität ging auf die Annahme zurück, dass die Kombination verschiedener Auslöser für einen Beleg-Split (mehrere Perioden, mehrere Leistungsarten, Bezüge zu mehreren Verträgen) zu einer erheblichen Viefalt und einer ganzen Reihe von Sonderfällen führen würde. In der Tat war die Erstellung von Beleg-Splits schwierig, letztlich konnte sie nach einer systematischen Betrachtung aller Auslöserkombinationen aber gut beherrscht werden. An dieser Stelle hat die Analyse der Annotationskombination den Fokus also auf ein potenzielles Problem gelenkt, das durch die intensive Betrachtung verlässlich gelöst werden konnte.

19.6 Integration Canvas

19.6.1 Canvas-Befüllung

Bei der Erstellung des Process Canvas wurden hier und da zu integrierende Systeme identifiziert. Ebenso traten bei der Befüllung des Object Canvas Kandidaten zu integrierender Systeme zu Tage. Diese Kandidaten wurden gesammelt und in den Integration Canvas eingetragen (Abschn. 5.5). In der Regel hatten die Teilnehmer der Befüllung des Integration Canvas weitere Vorstellungen bezüglich der zu berücksichtigenden Systeme.

Abbildung 19.11 zeigt den Integration Canvas des zu entwickelnden KV-Leistungssystems. Es ist eine Reihe logisch eng verbundener Systeme zu erkennen. Mit diesen wurden

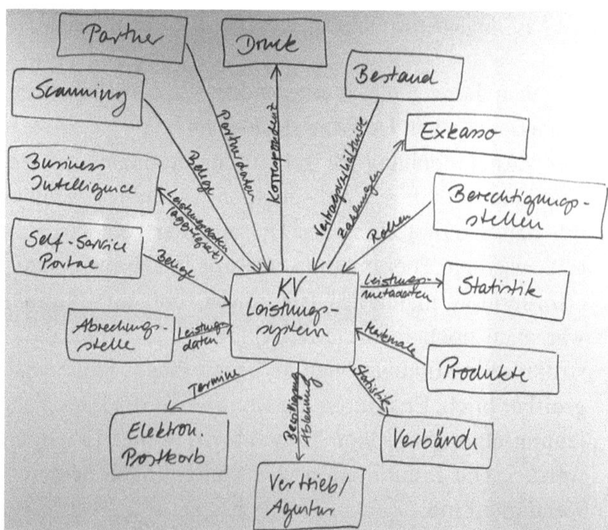

Abb. 19.11 Integration Canvas des KV-LEI-Systems

inhaltlich geprägte Informationen ausgetauscht. Bestand, Abrechnungsstelle, Produkte und Verbände sind typische Beispiele. Zusätzlich gab es eine Vielzahl von querschnittlichen Systemen, die an fast alle zentralen Systeme angebunden werden mussten. Hierzu zählten Partner, elektronischer Postkorb und Exkasso.

19.6.2 Annotation und Analyse

Abbildung 19.12 zeigt den Integration Canvas nach Durchführung der Annotationsrunde. Zwei der zu berücksichtigenden Schnittstellen wurden als unveränderlich eingestuft (Verbände, Statistik). Während sich die Schnittstelle zu den Verbänden tatsächlich als komplett unveränderbar herausstellte (eben weil es eine externe, strikt zu bedienende Schnittstelle ist), handelte es sich bei der vermeintlichen Unveränderlichkeit der Schnittstelle zur Statistik um eine – wenn auch nachvollziehbare – Fehleinschätzung. Zwar hatten sich die für das Statistiksystem verantwortlichen Architekten und Entwickler engagiert gegen jede Art von Anpassung „ihrer" Schnittstelle gewehrt, was den Eindruck der De-facto-Unveränderbarkeit ausmachte. Tatsächlich ließen sich unverzichtbare Veränderungen aber sehr wohl

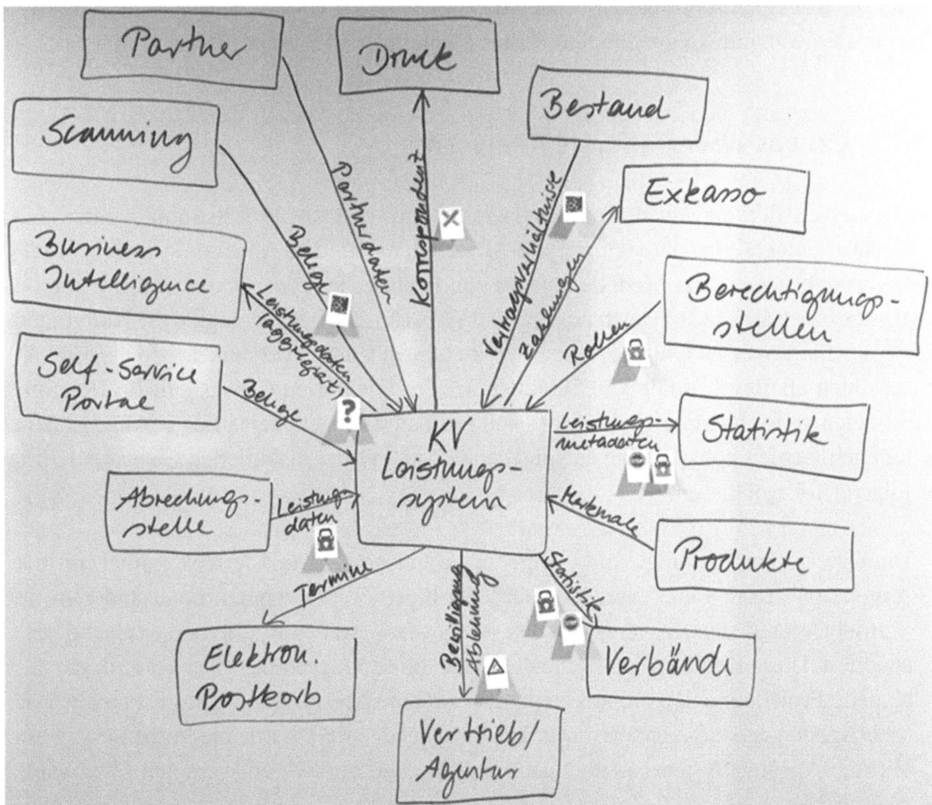

Abb. 19.12 Annotierter Integration Canvas des KV-LEI-Systems

durchsetzen. Abbildung 19.12 illustriert darüber hinaus eine Reihe von Schnittstellen, die als sicherheitskritisch eingeschätzt wurden und mit dem Druck-System ein System, das sich in Ablösung befand. Ungewissheit bestand bezüglich der Integration mit dem Business Intelligence System. Eine besonders komplexe Schnittstelle bestand zum KV-Bestandssystem, was angesichts der engen inhaltlichen Abhängigkeit und der übergreifenden Geschäftsprozesse zwischen Leistung und Bestand einfach nachvollziehbar war.

Als Maßnahmen zum Management des Integrationsrisikos zwischen den Systemen KV-LEI und Bestand wurde entschieden, unverzüglich einen technischen Durchstichprototypen aufzusetzen, um Erfahrungen mit der Systemschnittstelle zu sammeln. Dieser Durchstich-Prototyp stellte sich in der Tat als ausgesprochen nützlich heraus, um die Probleme der technischen Kommunikation zwischen beiden Systemen zu beleuchten. Weiterhin wurde vorab geprüft, ob die Abgrenzung der beiden Systeme KV-LEI und Bestand für beide Seiten in der gleichen Art und Weise klar war. Dabei konnte aufgedeckt werden, dass die Features „Leistungsversprechen" und „Leistungsausschlüsse" von beiden Systemen benötigt, aber in keinem als zu realisieren angesehen wurden.

Die mit „Ungewissheit" annotierte Schnittstelle zum Business-Intelligence-System wurde einer frühzeitigen Klärung unterzogen. Dies geschah, indem anhand der Geschäftsprozesse aus dem Process Canvas durchgespielt wurde, wann welche Daten über die „ungewisse" Schnittstelle ausgetauscht werden sollten. Auf diese Weise konnte mindestens die erste Ausbaustufe der Kommunikation mit dem Business-Intelligence-System geklärt werden.

19.7 Canvas-übergreifende Analysen

Die Analysen der einzelnen Canvases wiesen auf potenzielle Unstimmigkeiten und Verdachtsmomente hin, die sich auf die Modellelemente und Annotationen der einzelnen Canvas bezogen. Die Modellelemente von Feature, Process, Object und Integration Canvas bezogen sich jedoch auch aufeinander (Abschn. 5.6). So erzeugten die Aktivitäten aus Geschäftsprozessen Objekte, deren Typ im Object Canvas vorkam. Typen von Objekten tauchten als Beschriftung von Schnittstellen im Integration Canvas auf. Im IR:scope selbst fielen viele Unstimmigkeiten auf, weil die Canvases nebeneinander in Augenschein genommen werden konnten. Die entsprechende Analyse der diskutierten Canvases führte zu folgenden Ergebnissen:

- Die Objekttypen „Antrag" und „Angebot" waren jeweils mindestens einmal mit der Annotation „User Value" versehen. Objekte dieser Typen wurden unter anderem im Vertrieb/Agentur-System erzeugt. Dieses System war mit „Verbesserungsbedarf" annotiert. Diese Kombination stellte die Frage, ob der angestrebte User Value durch das aktuelle Projekt erzielt werden konnte oder ob eine begleitende Verbesserung am Vertrieb/Agentur-System vonnöten war. Im vorliegenden Fall wurde die Verbesserung am Vertrieb/Agentur-System als zwingend empfunden, um den angestrebten User Value zu erreichen.

- Der Objekttyp „Angebot“ und die Aktivität „Angebotserstellung“ im Prozessmodell „Beratung“ waren mit „User Value“ und „Business Value“ annotiert. Das war ein gutes Zeichen dafür, dass es hier tatsächlich um eine Chance auf Wertstiftung für den Anwender und das Unternehmen ging. Unklarheit schien bezüglich der Frage zu herrschen, ob die Angebotserstellung mobilisiert werden sollte. Eine entsprechende Annotation fehlte, allerdings war die Mobilität der Angebote explizit gefordert. Das war kein echter Widerspruch, denn womöglich fand die Aktivität tatsächlich nur stationär statt und nur das Ergebnis sollte mobil bereitgestellt werden. Ob das tatsächlich so gemeint war, sollte geprüft werden. Im konkreten Fall stellte sich unmittelbar heraus, dass auch die Angebotserstellung mobilisiert werden sollte.
- Im annotierten Prozessmodell „Beratung“ wurde die Aktivität „Klassifikation Risikoaffinität/Kostensensitivität“ vielfältig annotiert („Business Value“, „Komplexität“ und zweimal „Ungewissheit“). In den zugehörigen Objekttypen „Antrag“ und „Angebot“ spiegelten sich diese Annotationen nicht wider. Die Frage, anhand welcher Kriterien der passende Tarif ausgewählt werden sollte, wurde also nicht aus allen Perspektiven als gleich schwierig eingeschätzt.
- Im annotierten Prozessmodell „Prüfung auf vorvertragliche Anzeigepflichtsverletzung“ war die Aktivität „Anamnese-Prüfung“ vielfältig annotiert („manuelle Bearbeitung“, „Ungewissheit“, „Korrektheit“). Der Begriff „Anamnese“ tauchte weder auf dem Integration Canvas noch im Objektmodell auf. Im Laufe des Projektes führte diese Inkongruenz dazu, die „Leistungshistorie“ und ihre Verdichtung als „Anamnese“ ins Objektmodell aufzunehmen.
- Auf dem Feature Canvas gab es den Eintrag „Erstellen Druckstück an Versicherten“ mit der zweifachen Komplexitäts-Annotation. Auf dem Integration Canvas war die Schnittstelle zum Druck-System als eine abzulösende gekennzeichnet. Es stellte sich die Frage, ob das als komplex wahrgenommene Feature aus sich heraus komplex war oder ob es lediglich komplex erschien, weil die aktuelle Schnittstelle schwierig handzuhaben war (was auch einer der Grund für die Ablösung gewesen sein könnte). Im Projekt stellte sich heraus, dass ein Großteil der Schwierigkeiten mit dem aktuellen Druck-System durch die Ablösung durch ein neues System eliminiert werden konnte. Andererseits war die parallele Einführung von Druck-System und KV-Leistungssystem die Ursache erheblicher Testaufwände rund um diese Schnittstelle.

19.8 Ergebnisdokumentation und Anschlusstätigkeiten

Alle Canvases wurden nach der initialen Befüllung am Whiteboard zu Dokumentationszwecken noch einmal „sauber“ nachgezeichnet. Diese Dokumentation war der Startpunkt für eine Kontext- und Systemspezifikation, die während der gesamten Projektlaufzeit weiter entwickelt wurde. Die Annotationen wurden mit Hilfe des Formulars aus

Abschn. 26.4 im Detail erfasst. Diese Beschreibungen wurden im Laufe des Projektes immer wieder verwendet, wenn es darum ging, die Begründung für die Verwendung einer einzelnen Annotation nachzuschlagen. Die Ergebnisse und Fragen aus den Analysen der einzelnen Canvases und der canvas-übergreifenden Analyse wurden ebenfalls dokumentiert und nach und nach ausgeräumt.

Projekt-Monitoring mit dem IR:agile 20

Inhaltsverzeichnis

In diesem Kapitel geben wir einen Einblick in die Kern-Aktivitäten beim Übergang vom IR:scope zum IR:agile im KV-LEI-Projekt. Zunächst wurden die Features aus dem Backlog aufwands-geschätzt. Danach wurde die Havariespinne aufgespannt und der erste Sprint geplant. Nach Abschluss des ersten Sprints erfolgte die Abrechnung nach dem adVANTAGE-Modell. Cost Forward Progressing wurde ab dem Ende des ersten Sprints angewandt; die Anforderungstauschbörse kam nach dem zweiten Sprint zum Einsatz.

20.1 Vom Feature Canvas zum Product Backlog

Aus dem Feature Canvas des IR:scope wurde zunächst das Product Backlog abgeleitet, wie in Abschn. 8.1 beschrieben. Dabei wurden einige Features ergänzt, einige wenige wurden weggelassen, weil sie im Laufe der bisherigen IR-Befüllung als verzichtbar identifiziert worden waren.

In einem ersten Schritt wurden alle Features durch Expertenschätzungen unter Verwendung der Planning-Poker-Methode mit Initialschätzungen versehen. Dabei gab es nur wenige sehr große Abweichungen in der Einschätzung des Realisierungsaufwandes

M. Book et al., *Erfolgreiche agile Projekte*, Xpert.press,
DOI 10.1007/978-3-662-53330-7_20

einzelner Features durch die Experten. Bei den meisten Features konnte man sich schnell auf eine Schätzgröße einigen. Die übrigen Features wurden nochmals ausgiebig diskutiert, bis alle Schätzer ein gutes Gefühl für die Komplexität und den fachlichen Inhalt des Features hatten. Auf diese Weise konnte in kurzer Zeit ein Product Backlog ermittelt werden, welches für jedes Feature breit akzeptierte Schätzgrößen für den Realisierungsaufwand aufwies. Für den Fall, dass trotz aller Diskussion keine Initialschätzung möglich war, wurde eine Begründung angegeben. Tabelle 20.1 zeigt das resultierende Product Backlog.

Tab. 20.1 Product Backlog des KV-LEI-Systems mit Initialschätzungen

Product Backlog Item	Initialschätzung [Personentage]
Information über Tarife	8
Ermittlung wechselfähiger Tarife	12
Ermittlung Kundenstammdaten inkl. Familien-Stammdaten	5
Ermittlung der Risikoaffinität des Kunden	10
Kalkulation des Monatstarifs	4
Vorstellung der Gesundheitsfragen	12
Vorabprüfung potenziell notwendiger Zuschläge	5
Kalkulation des Gesamtpreises	5
Akzeptanzprüfung	3
Anzeige Heil-/Therapieplan	3
Ermittlung ähnlicher Heil-/Therapiepläne	25
Wiedervorlage Kontrolle Heilverlauf zum Termin	5
Ermittlung der zum Beleg passenden Krankheiten	? (Wahrscheinlich geringer Aufwand, es kann aber sein, dass hier Expertensystem-artige Algorithmen erwartet werden, dann kann es auch ganz schwierig werden.)
Reduktion auf solche Krankheiten, die mit der Anzeigepflicht zu tun haben	6
Wenn welche übrig bleiben: Abgleich gegen vorvertragliche Angaben	8
Wenn Verdachtsmoment: Prüfung der bisherigen Anamnese	? (Hier gibt es – wie die Annotationen zeigen – keine klare Vorstellung. Die Ideen schwanken zwischen der kompletten Aufarbeitung und medizinischen Analyse der Anamnese bis zur reinen Anzeige von Vorerkrankungen.)

Tab. 20.1 (Fortsetzung)

Product Backlog Item	Initialschätzung [Personentage]
Wenn Verdachtsmoment erhärtet: Formulierung der Nachfrage	8
Markierung der versicherten Person im Merkmal „Verdacht“	4
Übermittlung Information an BKK	? (Anzuschließende BKK-Schnittstelle ist völlig unklar.)
Anzeige der letzten fünf Leistungsansprüche	12
Belege, die sich über mehrere Perioden oder Tarife erstrecken, sollen gesplitted werden	20
Prüfung auf vorvertragliche Anzeigepflichtsverletzung	18
Prüfung dem Tarife nach	10
Prüfung der Kosten	25
Zuordnung jeder akzeptierten Leistung zu einem Tarif und Speicherung in Statistik	12
Prognose Leistungsklasse des Versicherten	4
Prüfung Eignung Personen-Schaden-Management	2
Zuordnung Personen-Schaden-Manager	2
Nachricht an Personen-Schaden-Manager mit Hinweis auf Anamnese	2
Hinweis an Leistungserbringer im Fall wiederholt teurer Leistung	2
Erstellen der persönlichen Gewährungshistorie	10
Erstellen Druckstück an Versicherten	25
Stichprobenhafte Prüfung Druckstück vor Druck	2
Auswertung Erfolgsquote Personen-Schaden-Manager	20

20.2 Havariespinne

Abbildung 20.1 zeigt die Havariespinne nach der initialen Befüllung des IR:scope (Abschn. 8.4). Erkennbar war, dass insbesondere die Frage der Integration des zu entwickelnden Systems mit seinen Kontextsystemen und die Frage der Aufwandsschätzung als Havarieindikatoren eingestuft wurden. Die Summe von 75 Havariepunkten deutete

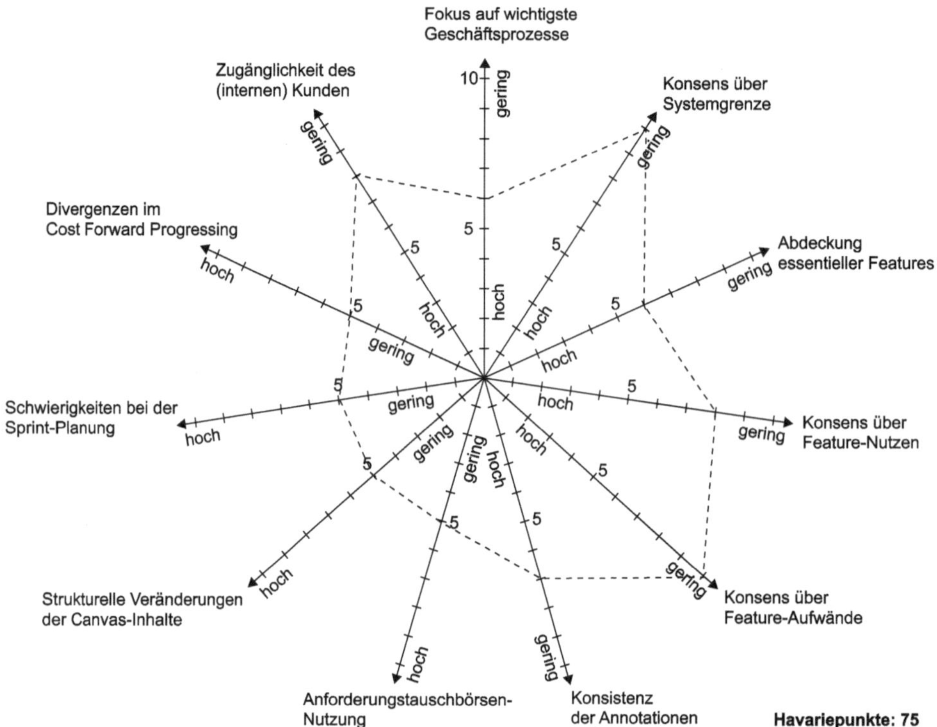

Abb. 20.1 Initiale Havariespinne für das KV-LEI-Projekt

auf einige Probleme im Setup des Projektes hin. Im vorliegenden Fall wurden gerade die ausgeprägten Havarieindikatoren ausführlicher beleuchtet und mit den Stakeholdern diskutiert, sodass sich Konkretisierungen der Vorstellungen ergaben und diese auch abgeglichen werden konnten.

Abbildung 20.2 zeigt eine spätere Havariespinne (nach den ersten acht Sprints). Wir erkennen, dass sich die meisten Havarieindikatoren in die richtige Richtung entwickelt haben (also als weniger havarie-verdächtig eingestuft werden als zu Projektbeginn). Wir erkennen aber auch, dass die Kostenseite des Projektes zu einem relevanten Problem hätte werden können, denn bezüglich des Cost Forward Progressing stellte sich auch nach dem achten Sprint noch keine Konvergenz sein, sodass hier ein ernsthaftes Problem vermutet werden musste.

Abbildung 20.3 zeigt die Entwicklung der Havariepunkte über der Zeit. Eingetragen sind die initiale Einschätzung und neun weitere, die sich jeweils auf den Zeitpunkt nach Abschluss eines Sprint-Plannings beziehen.

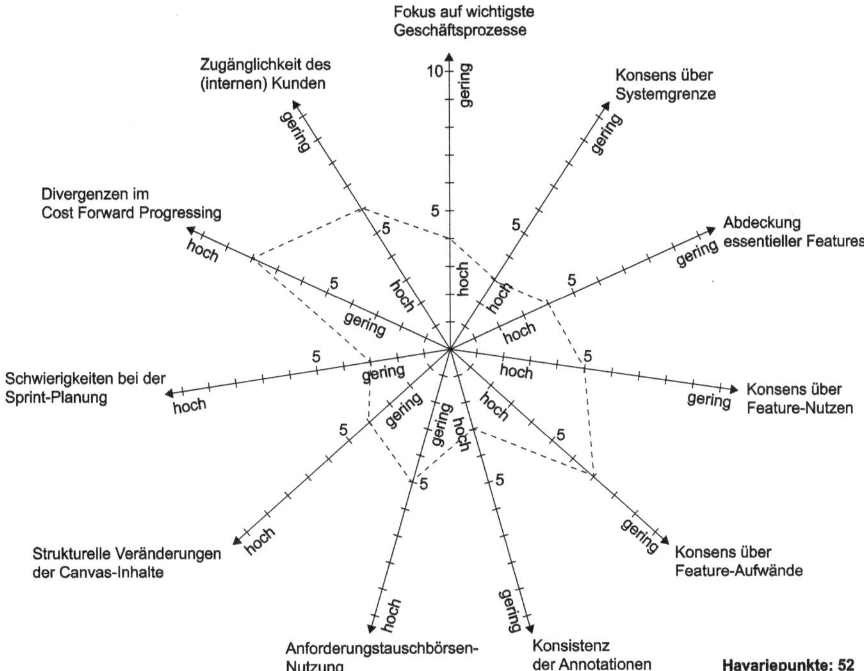

Abb. 20.2 Havariespinne für das KV-LEI-Projekt nach den ersten acht Sprints

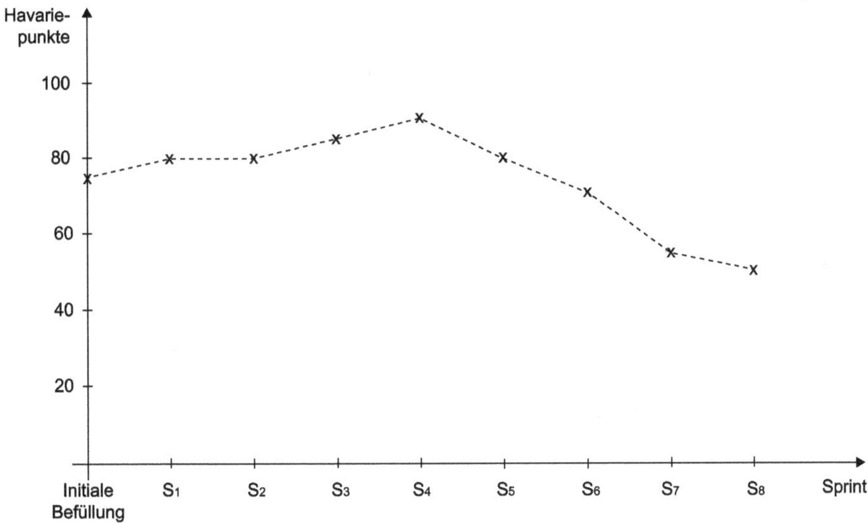

Abb. 20.3 Entwicklung der Havariepunkte im Projektverlauf

20.3 Der erste Sprint

20.3.1 Planung

Im Anschluss an die vorbereitenden Aktivitäten galt es nun, den ersten Sprint zu planen. Grundlage war die in Abschn. 20.1 dargestellte erste Version des Product Backlog zusammen mit den zuvor bereits vorgenommenen Annotationen.

Der maximale Sprint-Umfang in Personentagen ergab sich wie folgt: Mit dem Kunden wurde eine Sprintdauer von drei Wochen vereinbart; das reine Entwicklerteam (ohne Scrum Master und Product Owner) bestand aus sieben Personen, die mit durchschnittlich 70 % reiner Entwicklungskapazität in die Kalkulation eingingen. Damit standen insgesamt ca. 75 Personentage an Entwicklungskapazität für den ersten Sprint zur Verfügung.

Nach einiger Diskussion ergaben sich die in Tab. 20.2 aufgeführten Features als solche, die den ersten Sprint Backlog bilden sollten. Für sie wurden detailliertere Schätzungen angefertigt. Besonders das Feature „Ermittlung ähnlicher Heil-/Therapiepläne“ entfachte eine rege Diskussion und schaffte es letztlich in den ersten Sprint mit dem Argument, dass damit ein wenig wertvolles, dafür recht riskoreiches Feature angefasst werden konnte, um möglichst schnell ein Gefühl für die Komplexität zu entwickeln.

20.3.2 Ergebnisse

Drei Wochen später, am Ende des ersten Sprints, sahen die numerischen Ergebnisse der Arbeit aus wie in Tab. 20.3 dargestellt.

Die meisten Features wurden geliefert, einem Abnahmetest durch den Kunden unterzogen und abgenommen. Zuvor hatten sich die Vertragspartner auf eine pragmatische Definition of Done geeinigt, die ungefähr der in Abschn. 15.4.1 entspricht. Ein Feature wird

Tab. 20.2 Sprint Backlog für den ersten Sprint mit Detailschätzungen

Sprint Backlog Item (1. Sprint)	Detailschätzung [Personentage]
Ermittlung Kundenstammdaten, inkl. Familien-Stammdaten	5
Ermittlung Risikoaffinität des Kunden	10
Kalkulation der Monatsprämie	4
Vorstellung der Gesundheitsfragen	21
Vorabprüfung potenziell notwendiger Zuschläge	3
Kalkulation des Gesamtpreises	5
Ermittlung ähnlicher Heil-/Therapiepläne	23
Gesamtaufwand	**71**

Tab. 20.3 Ergebnisse des ersten Sprints

Sprint Backlog Item (1. Sprint)	Detailschätzung [Personentage]	Tatsächlicher Aufwand [Personentage]	Abnahme durch den Kunden
Ermittlung Kundenstammdaten, inkl. Familien-Stammdaten	5	7	ja
Ermittlung Risikoaffinität des Kunden	10	13	ja
Kalkulation der Monatsprämie	4	6	ja
Vorstellung der Gesundheitsfragen	21	20	ja
Vorabprüfung potenziell notwendiger Zuschläge	3	6	ja
Kalkulation des Gesamtpreises	5	8	ja
Gesamtaufwand (abgenommene Features)	**48**	**60**	
Ermittlung ähnlicher Heil-/Therapiepläne	23	15	nein
Gesamtaufwand (alle Features)	**71**	**75**	

demnach abgenommen, wenn es in seiner vollen Funktionalität existiert und, abgesehen von evtl. kleineren Schönheitsfehlern, auch funktioniert. Das Feature „Ermittlung ähnlicher Heil-/Therapiepläne" entsprach dieser Definition nicht, denn es wurde nur rudimentär fertig gestellt. Dafür waren zwei Gründe maßgeblich: Zum einen hatten die anderen Features mehr Aufwand als geplant verbraucht, so dass unter der Bedingung des Time Boxing weniger Aufwand in dieses Feature fließen konnte. Zum anderen hatte sich die bereits zuvor geahnte Komplexität materialisiert und das entsprechende Risiko war eingetreten. Aus diesen beiden Gründen wurde das Feature nur in Ansätzen geliefert und konnte demnach auch nicht abgenommen werden. Die bereits verbrauchten Aufwände in Höhe von 15 Personentagen wurden dokumentiert.

Der Rest der Funktionalität aus dem Sprint Backlog konnte zufriedenstellend, aber etwas „teurer" als geplant, fertiggestellt werden. Statt der für die ersten sechs Features geschätzten 48 PT wurden tatsächlich 60 PT benötigt, was einem statistischen Overspend von 25 % entsprach. Das klang zunächst hoch, auf der anderen Seite war allen Beteiligten klar, dass man eine Lernkurve zu durchlaufen hatte, was sich letztlich als zutreffend erwies. Für die Abrechnung des ersten Sprints bedeutete dies, dass 48 PT zum regulären Tagessatz TS_1 und 12 PT zum reduzierten Tagessatz TS_2 abgerechnet wurden. Hinzu kam die vereinbarte Grundpauschale. Das Feature „Ermittlung ähnlicher Heil-/Therapiepläne" wurde erst in Sprint 3 endgültig bereitgestellt und verursachte schließlich einen Aufwand von 35 PT. Nach übereinstimmender Einschätzung aller Beteiligten hat die frühe Realisierung dieses Features jedoch zur Komplexitätsbewältigung beigetragen und eine genauere Sprintplanung späterer Iterationen begünstigt.

20.4 Abrechnung mit adVANTAGE

Das KV-LEI-Projekt wurde auf der kommerziell-vertraglichen Ebene fortan recht eng entlang der oben beschriebenen Regelungen des adVANTAGE-Modells geführt (Kap. 15). Dabei haben sich einige wenige Besonderheiten bzw. erwähnenswerte Effekte ergeben:

- Die Justierung der Aufwände, die im Rahmen der Grundpauschale vergütet wurden, gestaltete sich als diffiziler als gedacht, da die „richtige" Teamgröße für die Aufgaben des Scrum Masters, der Sprintplanung, des Product Owners und der begleitenden Tätigkeiten anfangs von Sprint zu Sprint stark schwankte. Nach einigen Iterationen schien sich der Aufwand aber auf einen mittleren Wert einzupendeln, und der Auftraggeber zeigte Bereitschaft zu einer Anpassung der Grundpauschale um ca. 20 % nach oben.
- Die Treffsicherheit der Detailschätzung für einzelne Features zu Beginn des Sprints verbesserte sich dagegen stetig und kontinuierlich. So wurde zwar das zu Beginn des Projektes geschätzte Gesamtbudget überschritten, eine Steuerung auf Sicht aber im Laufe der Zeit immer besser, da immer genauere und bessere Abschätzungen der realistischen Inhalte einzelner Sprints abgegeben werden konnten.
- Ein anderer Grund für die maßvolle Überschreitung des Gesamtbudgets war die Tatsache, dass während des Projekts, wenig überraschend, gänzlich neue Anforderungen (teils aus gesetzlichen Auflagen) hinzukamen. Zwar wurden letzten Endes auch einige Features mit niedriger Priorisierung nicht umgesetzt und damit Aufwand gespart, dieser Effekt war jedoch etwas kleiner als der durch zusätzliche Features.
- Da das Team in seiner Zusammensetzung stabil gehalten werden konnte und Schätzungen immer genauer wurden, hat man sich gegen Mitte des Projektes dazu entschlossen, eine maßvolle Aufstockung der Personalstärke zu wagen, um Geschwindigkeit in der Entwicklung zu gewinnen. Tatsächlich konnte keine 1:1-Steigerung der Produktivität erzielt werden, aber doch deutlich mehr an Umfang pro Release bei Beibehaltung des Qualitätsniveaus realisiert werden.

Am Ende des Realisierungsprojektes konnten beide Vertragsparteien ein befriedigendes Resümee ziehen. Das Projekt war aus Sicht der Anwender ein Erfolg. Das Gesamtbudget wurde zwar überschritten, aber in einem Maße, das deutlich im üblichen Toleranzbereich von Projekten dieser Größenordnung lag und zudem ja auch neue, zur Projektlaufzeit eingehende Anforderungen mit abdeckte.

20.5 Cost Forward Progressing

Nach dem ersten Sprint wurde festgestellt, dass tatsächlich 60 statt detail-geschätzten 48 Personentagen für die Realisierung benötigt wurden. 60 statt 48 Personentagen in der Realisierung von Sprint 1 hörte sich auf den ersten Blick nicht allzu bedenklich an, obwohl auch rein summarisch ein Faktor von 1,25 auf die Detailschätzung schon eine zu berücksichtigende Größenordnung war. Die präzise ΔDS-Abweichung im Sinne des Cost Forward Progressing (Abschn. 8.6) berechnet die Abweichung der tatsächlichen Aufwände von den Detailschätzungen nicht als Quotienten der Summe von tatsächlichen und detail-geschätzten Aufwänden, sondern als den Mittelwert der feature-bezogenen Abweichungen. Der Wert der ΔDS-Abweichung betrug für den ersten Sprint 1,45. In der „Informatiker-Prognose" gingen die zwölf zu viel geleisteten Tage völlig unter. Mit dem Wert der ΔDS-Abweichung stellte sich die „Statistiker-Hochrechnung" weniger freundlich dar. Da es sich um den ersten Sprint handelte, der typischerweise mit gewissen Einschwing-Aufwänden belastet ist, die in Folge-Sprints nicht im gleichen Maße anfallen, war dieser Wert nicht überzuinterpretieren, sollte aber Anlass für die weitere Beobachtung sein.

Spannender war schon am Ende des ersten Sprints die Frage, wie sich die Situation rund um das Feature „Ermittlung ähnlicher Heil-/Therapiepläne" darstellt. Hier wurden immerhin 15 von 23 detail-geschätzten Personentagen aufgewendet, ohne dass eine Abnahme erzielt wurde. Das konnte komplett unverdächtig sein. Genau dann, wenn die Restaufwandsschätzung für dieses Feature nicht größer als 8 PT war. Selbst wenn die Restaufwandsschätzung zwischen 8 und $0{,}45 \times 23 + 8 \approx 18$ PT gelegen hätte, wäre das noch unverdächtig, denn die ΔDS-Abweichung von 1,45 bedeutete ja, dass der Aufwand nach den seinerzeit geltenden Berechnungen um den Faktor 0,45 überschritten wurde. Noch größere Restaufwandsschätzungen hätten allerdings als verdächtig eingestuft werden müssen. Beispielsweise hätte eine Restaufwandsschätzung für dieses Feature in der Größenordnung von 23 PT bedeutet, dass schon 15 PT geleistet worden sind, ohne dass man einer Abnahme überhaupt nur näher gekommen wäre.

20.6 Anwendung der Anforderungstauschbörse

Die erste Anwendung der Anforderungstauschbörse fand nach dem zweiten Sprint statt. Es traten die folgenden neuen Features auf:

- **Clustering Personen-Schaden-Manager** (Initialschätzung: 5 Personentage)
  - Motivation: Es sollte pro Art von Personenschaden ein Cluster von Personen-Schaden-Managern gebildet werden, der genau dieser Art von Schäden zugeordnet werden sollte. Auf diese Weise sollte die optimale Auswahl passender Personen-Schaden-Managern unterstützt werden.
- **Update Arten von Personenschäden auf der Grundlage der Jahresstatistik Personen-Schaden-Management** (Initialschätzung: 8 Personentage)
  - Motivation: Das initiale Clustering auf der Grundlage von Arten von Personenschäden war im Grunde nur geraten. Es war deshalb nicht sicher, ob die angenommenen Cluster sinnvoll gebildet waren. Es sollte jährlich geprüft werden, welche Arten von Personenschäden in welcher Häufigkeit auftauchen, und die Clustering-Struktur sollte angepasst werden.

Als Gegenfinanzierung hierfür wurde das Feature „Auswertung Erfolgsquote Personen-Schaden-Manager“ vorgeschlagen. Der zuständige Produkt-Manager für das KV-Leistungssystem hatte zunächst erhebliche Bedenken, weil er die persönliche Erfolgsquote der einzelnen Personen-Schaden-Manager für eine steuerungsrelevante Größe hielt. Nach einiger Diskussion stellte sich heraus, dass die Verfahren zur Ermittlung und Quantifizierung der persönlichen Quoten ziemlich unklar waren, sodass Einigung darüber erzielt werden konnte, die beiden neuen Features gegen das Erfolgsquoten-Feature zu tauschen. Dieser Tausch hinterließ einen gewissen Beigeschmack, weil der Eindruck blieb, dass das Erfolgsquoten-Feature im Grunde gewünscht war (und blieb) und dass es nur deshalb ausgelassen wurde, weil es zum einen unklar war und weil es zum anderen ein bequemer Tauschkandidat war. Tatsächlich wurde dieses Feature immer mal wieder diskutiert, allerdings ohne dass es wieder in das Feature Backlog aufgenommen worden wäre.

Mit diesem Tausch wurden 20 PT, die initial für das Erfolgsquoten-Feature geschätzt waren, gegen 13 PT, die initial für die beiden neuen Features geschätzt waren, verrechnet. Die rechnerische Reduktion von sieben Personentagen hatte – auch bei einer zu diesem Zeitpunkt geltenden ΔIS-Abweichung von 1,15 und einer ΔDS-Abweichung von 1,2 (was aus den sieben Tagen rein rechnerisch eine Reduktion von knapp zehn Personentagen in der Aufwandsschätzung machte) keine relevante Auswirkung.

21 Erkenntnisse aus der Praxis

In diesem Kapitel reflektieren wir Lehren, die von Teams auf Auftraggeber- und Auftragnehmerseite aus der Anwendung des Interaction Rooms und des adVANTAGE-Modells in der Praxis gezogen wurden. Die meisten der geschilderten Erfahrungen gehen dabei auf das Beispiel des KV-LEI-Projekts zurück, einige stammen jedoch auch aus einer Vielzahl anderer Anwendungen des Interaction Rooms.

- **Schwierigkeiten mit Unvollständigkeit und Ungewissheit:** Das Grundmotiv des Interaction Rooms, nämlich das Akzeptieren von unvollständiger Information (gerade zu Beginn eines Projektes) und das explizite Benennen von Ungewissheit, macht manchen Teilnehmern von IR-Befüllungen Schwierigkeiten – insbesondere solchen, die mangels genügender Erfahrungen mit Softwareprojekten noch glauben, dass man Software vorab beschreiben kann. Aber auch anderen Teilnehmern ist der explizite Umgang mit Ungewissheit manchmal nicht geheuer. Den IR-Coaches bleibt in solchen Situationen nichts anderes übrig, als die Unvermeidlichkeit früher Unvollständigkeit und die Chancen der expliziten Benennung von Ungewissheit immer wieder zu verdeutlichen.
- **Nützlichkeit der Fokussierung auf Fachlichkeit:** Die Nützlichkeit der initialen Fokussierung auf Fachlichkeit leuchtet in der Regel allen Teilnehmern einer IR-Befüllung ein. Trotzdem fällt es hier und da schwer, auf der Ebene der Fachlichkeit zu bleiben. Das ist auch nachvollziehbar, denn es macht durchaus Sinn, auch lösungsbezogene Anforderungen zu diskutieren. Und von da ist es dann nicht mehr weit zur Diskussion von Lösungsdetails. Solche Diskussionen dürfen aber eben nicht überhand nehmen, denn dann gerät die Fachlichkeit zu stark in den Hintergrund. Diese Gefahr scheint besonders groß, wenn die Fachvertreter über IT-Kenntnisse verfügen, und sei es nur, dass sie die aktuelle Realisierung in ihrer Struktur oder in ihren technischen Einzelheiten verstehen (oder zu verstehen glauben). Die IR-Coaches können dieser Tendenz entgegen wirken, indem sie allzu weit von der Fachlichkeit wegführende Diskussionen unterbinden und immer wieder auf die fachlichen Fragestellungen zurückführen.

M. Book et al., *Erfolgreiche agile Projekte*, Xpert.press,
DOI 10.1007/978-3-662-53330-7_21

- **Nützlichkeit des Integration Canvas:** Der Integration Canvas wird bezüglich seiner Nützlichkeit immer wieder hinterfragt. Er wird mit deutlich weniger Aufwand als fast alle anderen Canvases erstellt, ändert sich während der Entwicklung nur selten und scheint auf den ersten Blick auch weniger eng mit dem anderen Canvases verzahnt als diese untereinander verzahnt sind. Dennoch spielt der Integration Canvas eine wichtige Rolle – nämlich die, die rein technische Komplexität des Unterfangens zu illustrieren. Diese Komplexität ergibt sich in nicht unerheblichem Maße aus der Menge der zu integrierenden Systeme und der zu bedienenden Schnittstellen. Lässt man diese Betrachtung komplett aus, verschwindet ein erheblicher Teil des zu leistenden Aufwands aus dem Sichtfeld der Teilnehmer, und relevante Risiken können nicht auf den Canvases des Interaction Rooms verankert werden. Die IR-Coaches sollten ihre methodische Richtlinienkompetenz deshalb konsequent durchsetzen und auf der Erstellung des Integration Canvas bestehen.
- **Schwierigkeiten beim Zusammentragen des Feature Canvas:** Bei der Befüllung des Feature Canvas entstehen immer wieder Probleme im Hinblick auf das anzustrebende Abstraktionsniveau. Überraschenderweise geht der Trend hier aber nicht (wie beim Object und Process Canvas) eindeutig dahin, zu viele Details notieren zu wollen. Hier gibt es genauso den Trend, zu stark zu abstrahieren. Oft ist es sogar so, dass mit zu viel Detail begonnen wird und dass der Hinweis auf die Volumenbeschränkung (ein paar Dutzend Features) dazu führt, dass nur noch die ganz groben Anforderungen (tendenziell auf der Ebene der zu unterstützenden Geschäftsprozesse) genannt werden. Die IR-Coaches müssen in dieser Jojo-Situation immer wieder darauf drängen, dass sich das Abstraktionsniveau geeignet einpendelt.
- **Wunsch, mehr Information auf dem Object Canvas unterzubringen:** Der Object Canvas ist für alle, die schon mit Modellierung zu tun hatten, der vermeintlich einfachste Teil. Die Volumenbeschränkung ist leicht zu erklären, die Konzentration auf fachliche Zusammenhänge ebenso. Wenn die wichtigsten Objekttypen erfasst sind, entsteht oft der Wunsch, sich über Kardinalitäten und Optionalität von Beziehungen Gedanken zu machen. Erfahrungsgemäß sind die Überlegungen zu Kardinalitäten und Optionalitäten in den frühen Phasen des IR:scope wenig belastbar, sodass sich kein relevanter Informationsgewinn ergibt. Trotzdem ist es nicht immer sinnvoll, diese Diskussion rigoros zu unterbinden. Manchmal muss ein wenig Raum dafür gegeben werden, allein um sicherzustellen, dass alle Teilnehmer gedanklich an Bord bleiben. Die IR-Coaches müssen jedoch konsequent darauf aufpassen, dass nicht von den fachlichen Zuammenhängen abgelenkt wird.
- **Schwierigkeiten bei Erstellung des Partner Canvas:** Während viele der Canvases aus anderen Modellierungssituationen bekannt sind, ist der Partner Canvas für die Teilnehmer einer IR-Befüllung in der Regel neu. Entsprechend schwer fällt es, die Input/Output-Beziehungen auf Unternehmensebene zu ermitteln und die Typen der ausgetauschten Informationen und realen Objekte zu benennen. Die IR-Coaches müssen an dieser Stelle methodisch unterstützen und die ersten Schnittstellen selbst benennen. Reicht das nicht aus, kann es nützlich sein, die Erstellung des Partner Canvas und des

Physical Object Canvas miteinander zu verzahnen. Auf diese Weise wird den Teilnehmern früher klar, wie die Ergebnisse des Partner Canvas weiter verarbeitet werden.

- **Lästigkeit der OoI-Beschreibungen des Physical Object Canvas:** Die Beschreibung der Details zu Objects of Interest auf dem Physical Object Canvas kommt den Teilnehmern sehr häufig erst dann nützlich vor, wenn sie erkennen, wozu diese Details verwendet werden. Die Verwendung geschieht im Rahmen der Diskussion, wie das entsprechende OoI denn Informationen in laufende Geschäftsprozesse senden oder von laufenden Geschäftsprozessen gesteuert werden kann. Ohne diesen Zusammenhang wirkt die Erstellung des Physical Object Canvas oft technokratisch, häufig wird sie dann nur lustlos durchgeführt. Für den Fall, dass der Wirkungszusammenhang also nicht von Vornherein ersichtlich ist, sollten die IR-Coaches ein besonders geeignetes OoI aus dem betrachteten Projekt grob vorgeben und an diesem Beispiel demonstrieren, wie die Information genutzt werden kann.
- **Ungenauigkeit des Touchpoint Canvas:** Bei der Befüllung der Touchpoint Canvases kommt es immer wieder zu Situationen, in denen die schwach ausgeprägten Vorgaben zu Syntax und Semantik an ihre Grenzen stoßen. Die Teilnehmer möchten bestimmte Sachverhalte zum Ausdruck bringen und haben den Eindruck, dass das mit den vorgesehenen Modellelementen des Touchpoint Canvas nicht gelingen kann. Dieser Eindruck ist im Einzelfall oft nachvollziehbar, auch wenn es oft fraglich ist, ob die zur Diskussion stehenden Sachverhalte unbedingt notiert werden müssten. Die IR-Coaches brauchen an dieser Stelle besonderes Fingerspitzengefühl: Manchmal macht es Sinn, zusätzliche Symbole einzuführen, manchmal macht es Sinn, Details per textueller Beschriftung der Modellelemente zu notieren und manchmal sind die betrachteten Details unwichtig, so dass sie weggelassen werden sollten. Generell ist aber festzuhalten, dass die Befüllung das Touchpoint Canvas zu mehr individueller Syntax neigt als die Befüllung aller anderen Canvases.
- **Übertriebene Annotationsgläubigkeit und -präzision:** In der Regel fällt es leicht, den grundsätzlichen Nutzen der Annotationen zu erklären. Allerdings kommt es regelmäßig zu Diskussionen über die präzise Bedeutung der Annotationen. Gerade vielfältig schillernde Begriffe wie „Sicherheit" und „Zuverlässigkeit" werden in unterschiedlicher Weise verstanden. Der Versuch, die unterschiedlichen Verständnisse abzugrenzen, führt häufig zum Wunsch der Variantenbildung. Das Einführen zusätzlicher Annotationen sollte weitestgehend verhindert werden. Die eingesetzte Menge von Annotationen hat sich bisher als ausreichend herausgestellt. Mögliche Auffassungsunterschiede oder spezielle Verständnisse lassen sich bei der Einzelbeschreibung der vergebenen Annotationen dokumentieren. Bei aller Systematik des Einsatzes von Annotationen muss weiterhin klar sein, dass der interaktive Prozess des Annotierens fehlerbehaftet ist. Eine einmal vergebene Annotation ist nicht normativ; sie kann auch wieder entfernt werden. Die Diskussion der Annotationen kann zu neuen Erkenntnissen führen. Annotationen sind deshalb immer auch ein qualitativer Hinweis und nur selten rein quantitativ zu betrachten.
- **Nutzen der Volumenregeln, um Ausufern zu vermeiden:** Die Volumenregeln pro Canvas sind für die meisten IR-Teilnehmer nicht auf den ersten Blick einleuchtend. Sie

wollen ihr Wissen und ihre Vorstellungen über das zu entwickelnde Softwaresystem schnell, komplett und präzise loswerden, damit sie nichts vergessen und keine Lücken bleiben. Dabei stören Obergrenzen für die Zahl der zu verwendenden Modellelemente. Die IR-Coaches sind deshalb gut beraten, die Volumenregeln durchzusetzen und von Vornherein darauf hinzuweisen, dass sie das tun werden. Ansonsten ist ein Zuviel an Information und insbesondere ein überschießendes Maß an zunächst noch unwichtigen Details kaum zu vermeiden.

- **Übergang zu konkreter Spezifikation:** Den Übergang vom IR:scope in den IR:agile haben wir anhand des Beispiels des KV-LEI-Projekts beschrieben. Oft gibt es nach dem IR:scope jedoch weitere Rahmenbedingungen im Hinblick auf das einzusetzende Vorgehensmodell. Dazu zählt unter anderen der Vorgehensmodell-bedingte Wunsch nach einer Spezifikation, für die es oft konkrete Formatvorgaben gibt. Die Ergebnisse aus dem IR:scope lassen sich in aller Regel verlustfrei in solche Formate überführen. Heikel bleibt jedoch der Umgang mit der Unvollständigkeit. Es macht wenig Sinn, das explizit unvollständige Wissen nach Beendigung des IR:scope in ein Spezifikationsformat zu überführen, das im Grunde auf Vollständigkeit und Unveränderlichkeit abzielt. An dieser Sollbruchstelle kommt es immer wieder zu Schwierigkeiten, weil Ergänzungen gewünscht werden, die genau auf die vermeintliche Finalisierung der Spezifikation abzielen. Hier ist weniger der sonst verantwortliche IR-Coach gefragt als vielmehr jemand, der für einen sanften Übergang der IR-Ergebnisse in einen eher plangetriebenen Prozess sorgt.
- **Erforderliche Schätzungen beim Übergang vom IR:scope zum IR:agile:** Beim Übergang vom IR:scope zum IR:agile müssen die einzelnen Features in Personentagen geschätzt werden. Nur in Ausnahmefällen kann auf eine solche Schätzung verzichtet werden. Die quantiative Schätzung der Features an dieser Stelle fällt oftmals schwer; viele Teilnehmer fühlen sich mit einer qualitativen Einteilung in „groß", „mittel" und „klein" wohler. In der Tat ist häufig nachvollziehbar, dass die Schätzung in Personentagen schwierig ist. Dennoch sollte sie passieren, denn einerseits ist sie Voraussetzung für die Anforderungstauschbörse und andererseits ist für eine Abschätzung des Gesamtumfangs nötig, dass alle Features geschätzt werden. Bei ganz großen Unklarheiten zu Gruppen von logisch zusammengehörenden Features kann ein Präzisierungs-Workshop helfen, zusätzliche Schätzgrundlagen zu schaffen.
- **Korridor von Informatiker-Prognose und Statistiker-Hochrechnungen:** Regelmäßig kommt es zu Diskussionen um die Bedeutsamkeit der durch Cost Forward Progressing ermittelten Informatiker-Prognose und Statistiker-Hochrechnung. Während die Statistiker-Prognose im Großen und Ganzen den durchdachteren Eindruck macht, gibt es aber auch Situationen (beispielsweise wenn auf Grund einer falschen Annahme ein einzelnes Features falsch abgeschätzt wurde), in denen die Informatiker-Prognose die bessere Indikation für den tatsächlich zu leistenden Aufwand liefert. Grundsätzlich sollten beide Werte als das verstanden werden, was sie sind: mit der Zeit veränderliche Hinweise auf den wahrscheinlich zu leistenden Aufwand. Wie alle rein algorithmisch ermittelten Werte müssen auch diese im Projektkontext interpretiert werden.

- **Wünsche bezüglich der differenzierten Hochrechnung der Schätzabweichungen:** Das Cost Forward Progressing ermittelt Hochrechnungen, indem es den Durchschnitt der bisherigen Abweichungen auf alle Schätzwerte anwendet. In diesem Kontext entsteht oft der Wunsch, besser zu differenzieren – nach dem Motto: „diese konkreten Abweichungen beziehen sich auf die Entwicklungen von Oberflächen, entsprechend sollten auch nur die Aufwände hochgerechnet werden, die mit der Entwicklung von Oberflächen zu tun haben." Dieser Wunsch ist nachvollziehbar, führt bei konsequenter Umsetzung jedoch dazu, dass zu jeder Abweichung individuell entschieden wird, in welchem Umfang sie hochgerechnet wird. Die grobe Hochrechnung und die grobe Prognose, wie in Abschn. 8.6 beschrieben, sollten deshalb unverändert bleiben (wohl wissend, dass sie nicht die präzisesten Werte liefern) und bei dringendem Bedarf durch individuelle und im Einzelnen zu begründende Rechnungen ergänzt werden. Auf diese Weise bleibt die grobe Orientierung an den immer gleich ermittelten Werten des Cost Forward Progressing jederzeit möglich.
- **Überschätzen der Anforderungstauschbörse:** Rund um die Anforderungstauschbörse ergeben sich immer wieder Vorschläge zur Steigerung der Präzision. Mal sollen geringe Differenzen auf zukünftige Gegenfinanzierungen vorgetragen werden (Beispiel: eine neue Anforderung mit Aufwand von 20 Personentagen wird gegen eine alte im Umfang von 22 Personentagen getauscht; die zwei „eingesparten" Tage sollen für zukünftige Tausche gemerkt werden), mal sollen die Abweichungen, die sich für neue Anforderungen in der Zukunft ergeben, gesondert protokolliert werden, um zu messen, ob der Wunsch nach passender Gegenfinanzierung zu korrupten Aufwandsschätzungen veranlasst. Ein anderes Mal sollen Gruppen von Anforderungen gebildet werden, innerhalb derer problemlos getauscht werden kann, gruppen-übergreifendes Tauschen soll sich über zu definierende Zeiträume ausgleichen. Diese und einige andere Vorschläge scheinen alle sinnvoll und sind gut begründet, überschätzen aber die algorithmische Wirkung der Anforderungstauschbörse. Die Anforderungstauschbörse soll das Verfetten von Software verhindern, sie soll in den Köpfen der handelnden Personen die Idee des Weglassens verankern. Ihre algorithmische Institutionalisierung und Regulierung darf aber nicht zu weit getrieben werden, denn am Ende müssen die handelnden Personen qualitativ entscheiden, welche Anforderungen tatsächlich unverzichtbar sind. Genau diese Verantwortung für schlanke Software kann nicht an Regeln und Algorithmen delegiert werden.
- **Nützlichkeit der Anforderungstauschbörse:** In fast allen Anwendungssituationen hat sich die Anforderungstauschbörse nach kurzer Einschwingphase als wichtiges Instrument herausgestellt, um den Fokus auf schlanke Software zu richten. Die Frage nach der Weglassbarkeit von Anforderungen und die nach der schlankest-möglichen Umsetzung von Anforderungen kam ganz überwiegend in den Köpfen der verschiedenen Stakeholder an. Das ging oft (gerade auch im KV-LEI-Projekt) so weit, dass Fachvertreter Umsetzungen befürwortet haben, die etwas weniger Komfort boten, aber mit deutlich weniger Aufwand zu realisieren waren. Der einheitliche Fokus auf „Good enough"-Software stellte sich als wichtige Kostenbremse heraus.

- **Nützlichkeit der Havariespinne:** Die mit der Havariespinne einmal ermittelten Havariewerte haben nur eine geringe Aussagekraft, denn sie hängen von persönlichen Einschätzungen ab. Nützlich sind jedoch zweierlei:
  - Die Berücksichtigung der Begründungen der Stakeholder zur Einschätzung der Havarie-Risikodimensionen.
  - Die periodische Erhebung der Havariepunkte und die Beobachtung ihrer Entwicklung über der Zeit.

  Vorschläge zur präziseren Zuordnung von Havariepunkten pro Dimensionen wurden öfter verworfen, weil die Situationen pro Projekt unterschiedlich sind, sodass die Ableitung von Punkten aus präzise ermittelbaren Rahmenbedingungen nicht einheitlich möglich ist. Bezüglich der Havariespinne zeigte sich in aller Regel, dass sich die Werte ab einer gewissen Reife des Projektes kaum noch ändern. Ist dies der Fall, kann die Fortführung der Havarierisiko-Entwicklung eingestellt werden, wohl wissend, dass besondere exogene Ereignisse dazu führen können, dass die Risiken neu bewertet werden müssen.
- **Anwendbarkeit von adVANTAGE:** adVANTAGE scheint zu Beginn eines IR:agile oft komplex. In jeder einzelnen Anwendungssituation hat sich dieser Eindruck spätestens nach dem zweiten Sprint verflüchtigt. Dabei entsteht dann häufig der Wunsch nach Verfeinerungen bezüglich einiger Sondersituationen (zum Beispiel: Umgang mit Features, die als abnahmebereit gemeldet werden, die der Auftraggeber aber erst später testen möchte; Gewährleistung auf abgenommene Features; Zusammenfassung von Features aus verschiedenen Sprints zu Releases; etc.). Diese Diskussionen müssen allesamt zugelassen werden, manche Verfeinerungen machen projektlokal auch Sinn. Generell hat es sich aber als nützlich herausgestellt, die Einfachheit von adVANTAGE (die zu Beginn ja eh schon komplex erscheinen mag) zu bewahren.

Teil V

Fazit

22 Das Gesamtbild

In den vorangehenden Kapiteln haben wir den Bogen geschlagen von der neuen Rolle der Enterprise IT als Enabler und Gestalter neuer Geschäftsmodelle, über die Anforderungen, die sich daraus für Domänenkompetenz, Kommunikationsfähigkeit, Wertorientierung und Flexibilität der Enterprise IT ergeben, hin zu methodischen und vertraglichen Instrumenten, die Projekte dieser Art pragmatisch und effektiv durchzuführen helfen.

Abschließend ordnen wir nun die Erfahrungen mit den verschiedenen Varianten des Interaction Rooms in den größeren Zusammenhang der zu Beginn diskutierten New School of IT ein. Wir fassen dazu zunächst die Erkenntnisse zusammen, die wir aus der Arbeit mit dem Interaction Room gewinnen konnten. Um die New School of IT mit dem in weiten Teilen unterstützenden Interaction Room in die Praxis zu transferieren, müssen die handelnden Personen über Qualifikationen verfügen, die sie in der etablierten Welt der Enterprise IT womöglich nicht haben mussten. Diese werden in Kap. 23 erörtert. Sie reichen von allgemeinen softwaretechnischen und methodischen Anforderungen über geeignetes Domänen- und Prozesswissen bis zu den Anforderungen der New School of IT (Mobilität, Agilität, Elastizität). Kap. 24 schließt sodann mit einem in zwölf Hypothesen formulierten Ausblick auf die Auswirkungen der New School of IT.

Drei Themen schienen in den vorangehenden Diskussionen immer wieder durch: Das Einlassen auf die Komplexität der Fachdomäne, die Orientierung am Business und User Value, und das Bewusstsein über die unvermeidliche Ungewissheit. Keiner dieser Aspekte ist revolutionär – Curtis et al. beklagten bereits 1988 den „thin spread of application domain knowledge“, Lehman formulierte bereits 1989 sein „uncertainty principle for computer application“, und Boehm plädiert seit 1981 für Wertorientierung in der Softwareentwicklung.

Plangetriebene wie agile Software-Prozessmodelle nähern sich diesen Herausforderungen mit unterschiedlichen Philosophien – dem Versuch der möglichst vollständigen initialen Durchdringung und Beschreibung von System und Kontext einerseits, und dem schrittweisen Angehen und Ad-hoc-Lösen kleiner Teilprobleme andererseits. Beide Ansätze haben

M. Book et al., *Erfolgreiche agile Projekte*, Xpert.press,
DOI 10.1007/978-3-662-53330-7_22

ihre Stärken und Schwächen; der Schlüssel liegt somit wenig überraschend darin, einen geeigneten Mittelweg zwischen allzu dogmatischen Auslegungen beider Seiten zu finden.

Diesen Mittelweg zu finden, ist jedoch nicht leicht – den gesunden Menschenverstand zu nutzen, ist zwar leicht gesagt, aber keine zuverlässige Methodik. Die in den vorangehenden Kapiteln vorgestellten Instrumente bieten daher eine pragmatische Operationalisierung dieses Mittelwegs – eine Form „gezähmter Agilität":

Der Interaction Room stellt eine Umgebung bereit, in der Stakeholder gemäß dem agilen Credo „face to face" und ohne methodischen oder formalen Überbau miteinander kommunizieren können, die gleichzeitig aber auch eine Dauerhaftigkeit und Struktur bietet, die den Charme plangetriebenen Vorgehens ausmacht. Als zusätzlicher Nutzen, den weder plangetriebene noch agile Ansätze allein bieten, kommen die Erkenntnisse über „weiche" Faktoren wie Komplexität, Rahmenbedingungen, Werttreiber und Ungewissheiten hinzu, die Stakeholder hier im Gegensatz zu anderen Softwaremodellen explizit mit Annotationen festhalten können.

Das Vertragsmodell adVANTAGE sorgt während des Projektverlaufs dann dafür, dass ein agiles Vorgehen – basierend auf dem Erkenntnisgewinn aus dem Interaction Room – tatsächlich gelebt werden kann und seine Flexibilität nicht durch starre Vertragsstrukturen zunichte gemacht wird. Dienstleister und Kunde haben die Flexibilität, auf neue Anforderungen und neue Werteinschätzungen zu reagieren, ohne sich über die Verteilung von Aufwands- oder Kostenrisiken streiten zu müssen, und ohne besorgt sein zu müssen, dass initiale Zeit- und Budgetvorgaben völlig aus dem Ruder laufen.

Damit sind Projekte gewappnet für eine wertorientierte, pragmatische Auseinandersetzung mit komplexer, sich nur stückweise offenbarender Fachlichkeit – und vor allem für das neue Rollenverständnis, das die New School of IT von der Enterprise IT einfordert.

Literatur

Boehm B (1981) Software engineering economics. Prentice-Hall

Curtis B, Krasner H, Iscoe N (1988) A field study of the software design process for large systems. Comm ACM 31(11):1268–1287. doi:10.1145/50087.50089

Lehman MM (1989) Uncertainty in computer application and its control through the engineering of software. J Software Maint 1(1):3–27. doi:10.1002/smr.4360010103

Ein neues Qualifikationsprofil 23

Inhaltsverzeichnis

Um in der Welt der gezähmten Agilität agieren zu können, um in Abhängigkeit von Projektrahmenbedingungen das geeignete Agilitätsmaß festzulegen und auch um die in diesem Buch vorgestellten Instrumente effektiv einsetzen zu können, braucht die Enterprise IT eine Reihe von Kompetenzen, die im Folgenden beschrieben werden.

23.1 Allgemeine softwaretechnische und methodische Kompetenzen

Eine Enterprise IT in der New School of IT muss zunächst offensichtlich über eine ganze Reihe von softwaretechnischen Fähigkeiten verfügen. Dazu gehören:

- **Anforderungsmanagement:** Gerade einem dynamischen Anforderungsmanagement kommt in gezähmt agiler Softwareentwicklung (noch dazu in der Entwicklung von Software im Kontext von Mobilisierung und Digitalisierung) eine wichtige Rolle zu. Neben den technischen Fertigkeiten z. B. nach IREB (2016) gehört insbesondere die Einsicht für die Unterscheidung zwischen essenziellen und nicht-essenziellen Anforderungen hinzu.

M. Book et al., *Erfolgreiche agile Projekte*, Xpert.press,
DOI 10.1007/978-3-662-53330-7_23

- **Business-Analyse und Modellierung:** Die allermeisten Softwaresysteme sollen kommerziellen Nutzen stiften. Dann ist es unverzichtbar, dass die Enterprise IT geschäftliche Zusammenhänge versteht, strukturieren kann und auf geeigneter Abstraktionsebene dokumentiert. Und zwar so, dass diese Beschreibungen keine technischen Entscheidungen vorweg nehmen. Methodisch sind hierzu Kenntnisse der Prozessmodellierung und der Objektmodellierung erforderlich. Entsprechende Modellierungssprachen müssen beherrscht werden.
- **Architekturmanagement:** Das Management von Unternehmensarchitekturen (also Architekturen ganzer Anwendungslandschaften) ist eine klassische Kompetenz einer Enterprise IT. Im Kontext mobiler Anwendungen und bei der Digitalisierung von Geschäftsprozessen kommt es jedoch häufig zu emergenten Architekturen. Solche sind schlecht planbar, dennoch müssen sie mit den Anwendungslandschaften integriert werden. Schwierig ist das an den Nahtstellen. Und auch wenn die klassischen, eher auf Planbarkeit und langfristige Weiterentwicklung setzenden Modelle und Prozesse des Architekturmanagements hierfür nicht gemacht sind, müssen die emergenten Architekturen dennoch gemanaged und planvoll weiter entwickelt werden – zumindest insoweit ihre Merkmale vorherbestimmt werden können. Das erfordert einerseits Kenntnisse des traditionellen Architekturmanagements (Modelle, Sprachen, Prozesse) und andererseits die Erkenntnis, dass bestimmte Systeme trotz „unpassender" Eigenschaften integriert werden müssen.
- **Automatisierungstechniken und Digitalisierungstechniken:** Letztlich geht es bei vielen IT-Projekten darum, Vorgänge zu automatisieren oder manuelle Tätigkeiten zu unterstützen, sodass Produktivitätssteigerungen erzielt werden. Hierzu kommt eine ganze Reihe von Techniken und Methoden zum Einsatz, die einem technologischen Wandel unterliegen. Die Kenntnis dieser Techniken ist unvermeidlich. Detailkenntnisse bezüglich einzelner Techniken sind genauso erforderlich wie die Einschätzung von Lebenszyklen solcher Technologien. Aktuell gehören Techniken der synchronen und asynchronen Kopplung heterogener Systeme, Bus-Systeme, verschiedene Arten von Middleware-Systemen und Protokolle zur Verbindung verteilter und mobiler Systeme zu dem zu beherrschenden Technologiekanon.

23.2 Kompetenzen in der New School of IT: Mobilität

Mobilität von Daten und Anwendungen ist zwar nur eine Dimension, die Projekte in der New School of IT prägt, aber sie spielt eine bedeutsame Rolle, allein deshalb, weil Mobilität nicht wegabstrahiert werden kann. Es gibt eben noch keine Entwicklungsmethoden und -werkzeuge, die die Mobilität von Daten und Anwendungen in einer Schicht kapseln, sodass das klassische, nicht-mobile Programmiermodell bestehen bleibt – und absehbar ist eine solche Lösung auch nicht. Also müssen Anwendungen mobil-affin sein. Während ihres Entwurfs muss der Architekt entscheiden, welche Teile der Anwendung mobil verfügbar sein sollen, und während der Entwicklung muss der Entwickler berücksichtigen, dass Telekommunikationsverbindungen in der Praxis unzuverlässig sind. Aber nicht nur deshalb ist die Dimension der Mobilität relevant. Sondern auch, weil mobile Anwendungen in unterschiedlichen Nutzungskontexten zum Einsatz kommen, weil sie potenziell auf vielen verschiedenen Endgeräten laufen können sollen, und weil das Testen mobiler Systeme eine ganze Reihe spezifischer Herausforderungen stellt. Im Folgenden diskutieren wir diejenigen Fertigkeiten der Enterprise IT, deren Notwendigkeit auf die zunehmend gewünschte Mobilität von Daten und Anwendungen zurückzuführen ist.

- **Usability Engineering und User Experience Design:** Anwender kennen mobile Systeme. Sie sind im Großen und Ganzen schöne, leicht zu bedienende Oberflächen gewöhnt. Und diese Gewöhnung prägt die Erwartungshaltung gegenüber allem Mobilen. Schön soll es sein, ohne Aufwand erlernbar, intuitiv bedienbar und effizient. Das allein stellt enorme Anforderungen an die Usability mobiler Anwendungen. Doch Usability stellt sich nicht allein durch schönes Buntmachen ein, sondern erfordert eine systematische Berücksichtigung des Usability Engineering im Entwicklungsprozess. Dazu werden Usability Engineers benötigt, die wissen, was Usability ausmacht, wie Oberflächen auf den jeweiligen Plattformen gestaltet werden müssen, und die wissen, wie man Usability misst und bewertet. Usability Engineering ist jedoch nicht auf Usability im engeren Sinn beschränkt. Ganzheitliches Usability Engineering geht darüber hinaus, beurteilt nicht nur die Usability einer Anwendung gemäß den Usability-Kriterien, sondern bezieht den Nutzungskontext des Anwenders mit ein. Eine im Grunde gute Usability reicht für eine gute User Experience womöglich nicht aus, wenn der Anwender unter hoher kognitiver Last mit der Anwendung interagiert. Vielleicht reicht eine technisch schlechte Usability aber sogar aus, wenn der Anwender einen lästigen Vorgang schnell und zuverlässig abschließen kann. Und vielleicht hängt die gesamte User Experience nicht nur von der Usability ab, sondern von Kontext, Lästigkeit des zu bearbeitenden Vorgangs und anwendungs-übergreifenden Eigenschaften. In einer Enterprise IT sollten Experten verfügbar sein, die das Usability Engineering im Kleinen und im Großen beherrschen und Anwendungen strikt aus Kundensicht bewerten.
- **Oberflächentechniken:** Nichts ändert sich so oft und grundlegend wie Oberflächentechnologien. Das passiert im wiederkehrenden Zyklus von mehr oder weniger Zentralität von Softwaresystemen. Die Frage, was dezentral behandelt werden kann und wie stark server-seitig gesteuert werden muss, ändert sich über der Zeit, einfach weil beide Endpunkte des Spektrums plausibel scheinen: Zentrale Systeme haben den Vorteil, dass sie zentral gesteuert und gemonitored werden können. Abhängigkeiten von dezentralen Endgeräten fallen weg. Das war schon zu Zeiten von Großrechnern schön und auch zu Zeiten, in denen der Browser die einzige dezentrale Software ist. Zentralität hat aber den Nachteil, dass lokale Eingaben am dezentralen Endgerät an den Server geschickt und dort validiert und verarbeitet werden müssen. Deshalb hat auch eine dezentrale Architektur ihre Vorteile: Endgeräte können vieles vor Ort bearbeiten, ihre Leistungsfähigkeit kann eingebunden, zentrale Infrastrukturen entlastet werden. Und viel Kommunikation zwischen Clients und Servern fällt weg. Der Charme nativer Apps auf mobilen Endgeräten

kommt zusätzlich auch daher, dass sie über App Stores leicht dezentral zur Verfügung gestellt und nahezu beliebig aktualisiert werden können. Aber dann stellt sich die Frage nach der Integration mit der lokalen Sensorik, denn die ist nicht standardisiert – und damit muss doch wieder dezentral getestet werden. Es bleibt ein Hin und Her. Und mit diesem Hin und Her ändert sich die Frage, wie dezentrale Oberflächen realisiert werden können. Reines HTML? Oder besser auch JavaScript? Oder doch etwas fettere Clients? Oder Angular? Die Welt ist hier noch bunt und unsortiert und wird es voraussichtlich noch eine Weile bleiben. So lange das so ist, muss die Enterprise IT über Kenntnisse der gängigen Oberflächentechniken und ihrer Lebenszyklen verfügen.

- **Telekommunikationsprotokolle:** Mobile Daten und Anwendungen erfordern Kommunikation zwischen Anwendungsteilen. Diese erfolgt auf der Grundlage von Verbindungen zwischen diesen Teilen und Telekommunikationsprotokollen, die festlegen, auf welcher technischen Ebene die Kommunikation erfolgt. Unterschiedliche Telekommunikationsprotokolle bieten unterschiedliche Bandbreiten, Service Levels und Kosten. Welches dieser Protokolle in welcher Anwendung genutzt werden sollte, ist von zentraler Bedeutung für die Akzeptanz von Systemen. Manche Anwendungen tauschen nur wenige Daten aus, müssen das aber absolut zuverlässig tun. Andere sind geschwätziger. Wieder andere sind womöglich unkritisch, soll heißen, wenn die Verbindung mal ausfällt, empfindet der Anwender das nicht als schlimm. Vielleicht will der Anwender sogar mitentscheiden: hohe Bandbreite und hohe Zuverlässigkeit gegen zusätzliche Kosten. Sowohl die Frage, welche Daten und Anwendungen offline verfügbar sein müssen, als auch die Frage, welche Telekommunikation eingebunden werden muss, erfordert also zum einen Kenntnisse der Anwendungssituationen und zum anderen Kenntnisse der infrage kommenden Telekommunikationsprotokolle und ihrer Integration in Software.
- **Kenntnisse wichtiger Geräteklassen und der Möglichkeiten ihres Managements:** In manchen Situationen lassen sich die mobil zu nutzenden Geräte einfach vorschreiben. In der Regel dann, wenn der Anwender in geschlossenen Kontexten agiert, oder die Geräte zentral beschafft und finanziert werden. In solchen Situationen müssen die mobilen Geräte oft auch zentral gemanaged werden: Welche Software (in welcher Version) läuft auf welchem Gerät? Wo ist das Gerät? Welcher Anwender hat welche Nutzungsreche? Ist es erforderlich, dass einzelne Geräte zentral gesperrt werden können? Wann soll das passieren? Wie erfolgt der Software-/Hardware-Austausch? In vielen anderen Situationen ist ein solch enges Management aber nicht möglich. Sobald Endkunden ins Spiel kommen, ist das offensichtlich, aber auch bei heterogenen Partnerlandschaften ist die Heterogenität der Gerätelandschaften unvermeidbar. Mobile Anwendungen erfordern deshalb zwingend, dass explizit festgelegt wird, welche Geräteklassen unterstützt werden. Zu diesem Zweck muss die Enterprise IT die gängigen Klassen von Endgeräten und Endgerätetypen kennen.
- **Plattformen und zugehörige Prozesse:** Je nach verwendeter Plattform (zum Beispiel iOS oder Android), über die Anwendungen bereitgestellt werden, existieren unterschiedlich rigide Prozesse im Hinblick auf Validierung, Sicherheit und Vorab-Prüfung.

Diese Mechanismen und Prozesse müssen einer Enterprise IT bekannt sein, denn sie haben Einfluss auf Testbarkeit, Releasezyklen und mögliche Monetarisierungen.

- **Implementierungsstrategien:** Noch ist nicht entschieden, wann web-basierte mobile Systeme zum Einsatz kommen und wann native Apps. Der Trend scheint in Richtung hybrider Systeme zu gehen. In diesen Kontext fallen auch die Fragen nach der Rolle von Cross-Platform-Ansätzen, von generierten und interpretierten Ansätzen. So lange sich hier kein De-facto-Standard durchgesetzt hat, sollte eine Enterprise IT die Vor- und Nachteile der verschiedenen Realisierungsvarianten kennen.
- **Sicherheit:** Sicherheit spielt in verteilten Systemen eine größere Rolle als in zentralen, und in mobilen Systemen eine größere Rolle als in verteilten. Techniken der sicheren Datenübertragung und des Schutzes vor unberechtigtem Zugriff und Verfälschung sind originäre Bestandteile mobiler Systeme. Hinzu kommt, dass Sicherheitsanforderungen tendenziell wichtiger werden, aber eben auch noch einem gesellschaftlichen Wandel unterliegen. Entsprechend muss eine Enterprise IT die Lösungen der üblichen Sicherheitsprobleme kennen. Und sei es nur, um das Totschlag-Argument „Sicherheit" differenziert kontern zu können.
- **Testautomatisierung:** Stationäre Informationssysteme werden selten abdeckend im Sinne einer Source-Code-Überdeckung getestet. Mit zunehmend verbreiteten Techniken der Testautomatisierung und des Managements geeigneter Testfallmengen ist der stationäre Test aber mittlerweile handhabbar. Der Test mobiler Systeme sieht noch anders aus. Eingabevektoren explodieren, weil Lokationsdaten und der Einsatz unterschiedlicher Telekommunikations-Protokolle und Provider hinzukommen (Griebe und Gruhn 2014). Generell muss jeder Sensor, über den Daten mit der Umgebung ausgetauscht werden, mitgetestet werden. Das ist manuell sehr schnell nicht mehr handhabbar. Hinzu kommt, dass es unappetitliche Abweichungen zwischen echten Systemen und Sensoremulationen gibt. Das Testen mobiler Systeme ist deshalb noch sehr wenig von Systematik geprägt. Dennoch gibt es in diesem Bereich viel zu gewinnen. Wer seine mobilen Anwendungen schneller zuverlässig testen kann, der gewinnt an Spielraum am Markt, denn er kann neue Features früher liefern. Die Enterprise IT muss sich mit diesem Gebiet also unvermeidlich auseinander setzen.

23.3 Kompetenzen in der New School of IT: Agilität

Agilität betrifft das ganze Unternehmen, nicht nur die Anwendungsentwicklung. Einkäufer, Controller und Juristen sind von der agilen Entwicklung betroffen, mindestens dann, wenn Lieferanten und Dienstleister integriert werden müssen. Da der Ursprung der Agilität in der Technik liegt, muss sich die Enterprise IT mit den Grundideen der Agilität auskennen, denn nur dann kann sie die Anforderungen an die anderen Funktionseinheiten formulieren. Und natürlich ist diese Kenntnis unverzichtbar, um ein gezähmtes Maß an Agilität anzuwenden. Zu den erforderlichen Kenntnissen gehören:

- **Grundsätze der Agilität/Agilitätsmaße:** Agile Entwicklungstechniken umfassen viele sinnvolle Elemente, zuweilen aber auch ideologische. Sie müssen passend zur Projektsituation ausgewählt werden. In der New School of IT muss zu Beginn bestimmt werden, wie agil vorgegangen werden soll und welche agilen Best Practices eingesetzt werden sollen. Das kann nur funktionieren, wenn der Auswählende den Grundkanon der agilen Best Practices kennt und die Techniken einschätzen kann. Kenntnisse von Scrum und Kanban sind unverzichtbar, Erfahrungsberichte zu ihren Nutzen und Risiken sollten bekannt sein. Genauso sollten die Techniken der eher plangetriebenen Vorgehensmodelle bekannt sein, denn in aller Regel kommt es zu Kombinationen von Best Practices aus beiden Welten.
- **Techniken der Continuous Delivery/Integration:** Weil Agilität nicht am Rand der Anwendungsentwicklung aufhört, sondern die ganze Enterprise IT betrifft, muss die Enterprise IT sich auch mit den Konzepten und Architekturen der Continuous Delivery and Integration auskennen (Duval et al. 2007), den letztlich geht es nicht nur darum, in absehbaren Inkrementen Software zu liefern, sondern diese auch so früh und oft wie möglich produktiv bereit zu stellen.

23.4 Kompetenzen in der New School of IT: Elastizität

Elastische Infrastrukturen, Auslagerung von Daten und Application Management sind Schlagworte, mit denen erhebliche Vorteile und Einsparmöglichkeiten verbunden werden. Ob und wann welche Verlagerungen und Skalierungen zum Einsatz kommen, hängt stark vom Einzelfall ab, davon, ob Datenschutz und Autonomie eine besondere Rolle spielen, und auch davon, wie oft Rahmenbedingungen schnell verändert werden müssen. Um Potenziale des Einsatzes skalierender Infrastrukturen einschätzen und die Chancen und Risiken des Einsatzes bestimmter Technologien bewerten zu können, sollte eine Enterprise IT Kenntnisse über die folgenden Techniken haben:

- **Cloud-Techniken:** Ob Infrastrukturen und Anwendungen in öffentliche Clouds verlagert werden sollen oder nicht, hängt von vielen regulatorischen Rahmenbedingungen und Risikobetrachtungen ab. Aber auch wenn das nicht passieren soll, kann der Einsatz cloud-artiger Strukturen und Mechanismen Sinn machen, um den Anforderungen elastischer Skalierung gerecht zu werden. Ob das dann gleich eine private Cloud ist oder ob es sich nur um den Einsatz automatisierter Bereitstellungsprozesse handelt, spielt keine Rolle. Die Enterprise IT muss sich mit entsprechenden Mechanismen auskennen und passende Strukturen erzeugen und betreiben können.
- **Big-Data-Techniken:** Ein Treiber für elastische Infrastrukturen sind Big-Data-Techniken im weitesten Sinn. Dabei geht es um das Sammeln, Verdichten und Speichern vieler Daten unterschiedlicher Formate und Provenienz. Um das tun zu können, benötigt eine Enterprise IT Kenntnisse von Digitalisierungstechniken. Sie muss den Umgang und die Einbeziehung von realen Objekten und ihren mehr oder weniger kontinuierlichen

Datenlieferungen beherrschen. Sie muss verschiedene Persistierungstechniken kennen, denn all die ankommenden, womöglich unterschiedlich strukturierten Daten lassen sich nicht sinnvoll und schnell genug (sowohl hinsichtlich ihrer Speicherung als auch ihrer Auswertung) in relationalen Strukturen verarbeiten.

- **Statistik:** Große Mengen von Daten müssen ausgewertet werden. Das muss immer öfter zur Laufzeit passieren, denn der Umweg über Extraktions-, Transformations- und Lade-Prozesse liefert oft erst nach Tagen oder gar Wochen Ergebnisse – oft zu spät für Geschäftsprozesse mit Kundenkontakt. Eine schnelle Auswertung großer Datenmengen und die unmittelbare Rückkopplung in die operativen Geschäftsprozesse erfordert das Erkennen von Mustern in Daten, ihre Verdichtung und das Ermitteln von geschäftsrelevanten Zusammenhängen. Um das leisten zu können, muss eine Enterprise IT über Statistik-Know-how verfügen und die Rolle des Data Scientists (Davenport und Patil 2012) ausfüllen.

In all diesen Bereichen findet eine rasante Weiterentwicklung statt, sodass es für eine Enterprise IT nicht ausreicht, zu einem einzelnen Moment die richtigen Kompetenzen aufzubauen. Noch viel mehr als in anderen Bereichen kommt es in der Dimension „Elastizität" darauf an, Markttrends und technologische Entwicklungen kontinuierlich im Blick zu behalten und im Hinblick auf ihr Potenzial zu bewerten.

23.5 Business Development und Domänenkenntnisse

Ein im Wesentliches stabiles Softwaresystem, das sich nur noch langsam und kontinuierlich weiter entwickelt und das auf stabiler Technologie basiert, kann von den Anwendern inhaltlich vorangetrieben werden. Genauso passiert es bei den allermeisten Systems of Records. Die Situation sieht anders aus, wenn es um neue Softwaresysteme geht. „Neu" bedeutet hierbei „strukturell neu"; es geht nicht um 1:1-Ablösungen von Altsystemen durch neue Systeme. Strukturell neue Systeme entstehen, wenn es neue Geschäftsmodelle gibt oder wenn neue Technologien zu ganz neuartigen Lösungen führen. Die Verfügbarkeit von zuverlässiger und flächendeckend verfügbarer Telekommunikation führte beispielsweise zu ganz neuen, nämlich teilweise mobilen Geschäftsprozessen und zugehörigen Softwaresystemen. Welche mobilen Lösungen Sinn machen, lässt sich dabei nur beurteilen, wenn man versteht, was mobile Basistechnologien leisten. Und das kann ohne IT-Sachverstand nicht beurteilt werden. Natürlich ändert sich das im Laufe der Zeit: Irgendwann ist die Leistungsfähigkeit einer Technologie auch den Anwendern klar, sodass sie auf der Grundlage ihres detaillierten Domänenwissens neue Anwendungsideen entwickeln können. Aber dann ist die Technologie auch nicht mehr neu und disruptiv. Kurzum: Das Geschäftspotenzial neuer Technologien lässt sich nur mit IT-Sachverstand einschätzen. Das Zusammenwachsen von Systems of Records und Systems of Engagement (Moore 2011) führt zu ganz neuen Technologie-Mixes. Und solange das so ist, muss Business Development auch in der IT stattfinden. Nicht alleine in der IT, aber eben unter gleichberechtigter Einbeziehung der IT. Die IT ist dann kein reiner Dienstleister mehr, sondern aktiver Mitgestalter. Und diese Rolle kann umso besser ausgefüllt werden, je mehr Domänenwissen in der IT verfügbar ist, und je besser es gelingt, IT und Anwender ins produktive Gespräch zu bringen. Westerman et al. (2014) schildern das Phänomen, dass die Leistungsfähigkeit der traditionellen Enterprise IT im Hinblick auf digitale Transformationen in den Unternehmen oft als gering eingeschätzt wird und deshalb Parallelorganisationen aufgebaut werden. Sie erörtern ebenso, dass die so genannten Digital Masters (also diejenigen Unternehmen, die über ein hohes Maß an Leadership Capability und Digital Capability verfügen) genau das nicht tun, sondern ihre Enterprise IT qualifizieren und sie nah ans Business rücken. Kurzum: Eine Enterprise IT sollte so aufgestellt sein, dass sie beim Business Development mitmachen kann.

Und damit sie das kann, muss die Enterprise IT die Domäne verstehen und in ihr sprach- und diskussionsfähig sein. Das bedeutet, dass sie die grundlegenden Zusammenhänge in der jeweiligen Branche und die branchenspezifische Terminologie beherrschen muss. Zusätzlich sollte die Enterprise IT das Unternehmen, seine Funktionsweise, seine Marktpositionierung, seine Herausforderungen und seine Strategie verstehen. Sie sollte den regulatorischen Kontext kennen und wahrscheinliche exogene Einflussfaktoren verstehen. Im engen Sinne tut das keine Not, um Software zu entwickeln und zu betreiben, aber es macht die Entwicklung neuer Geschäftsmodelle einfacher und erleichtert die Kommunikation zwischen Fachbereich und Enterprise IT. Und nur wenn diese Kommunikation einigermaßen reibungslos verläuft, besteht die Chance auf effizientes und kooperatives Business Development.

23.6 Wissen über Geschäftsprozesse, Geschäftsmodelle und Partnerschaften

New School of IT bedeutet Fokussierung auf schlanke Software. Es soll so wenig Software wie möglich gebaut werden. Nicht alles soll automatisiert werden, sondern nur all das, was im Sinne der Wertschöpfung eines Unternehmens automatisiert werden muss, um produktiver und kostengünstiger werden.

Das kann auch bedeuten, dass einige nur selten auftretende Aktivitäten weiterhin manuell durchgeführt werden müssen, oder dass manche kaum benötigte Reports nicht mehr erstellt werden. Vielleicht lassen sich auch gar nicht alle Varianten von Daten mit Dialogen erfassen und man akzeptiert, dass seltene Fälle zu echten Ausnahmen mit entsprechend individueller Behandlung werden. Dann erfüllt man das Prinzip der Datensparsamkeit (Akella et al. 2009) schon recht gut. Will man hierbei nun abwägen, wo Automatisierung sinnvoll ist und wo nicht, muss man allerlei über die zu unterstützenden Geschäftsprozesse wissen. Wo wird welches Geschäftsvolumen bewegt, woran hängt die Kunden- und Anwenderzufriedenheit, welche Dateninkonsistenzen können welche Kosten verursachen, wie viele Sachbearbeiter arbeiten wie oft mit welchen Funktionalitäten?

Aber selbst die Kenntnis über all diese Zusammenhänge reicht nicht aus, um zu beurteilen, ob es sich lohnt, eine bestimmte Funktionalität bereitzustellen. Zur Beurteilung der Wirtschaftlichkeit muss man auch die Erstellungs- und Betriebskosten kennen. Allein deshalb ist es schon unverzichtbar, dass Kenner der Anwendungsdomäne im Allgemeinen und der betrieblichen Handhabung der zu unterstützenden Geschäftsprozesse im Besonderen mit Softwarearchitekten, Entwicklern und Betriebsexperten zusammen arbeiten. Wenn die sich dann tatsächlich aufeinander einlassen, entstehen großartige Chancen. Dann kann erkannt werden, dass die gewünschte Funktionalität vielleicht zu teuer ist, dass minimale und womöglich fachlich immer noch akzeptable Veränderungen zu preisgünstigen wirtschaftlichen Lösungen führen.

Auf diese Weise entsteht wirklich schlanke Software: Entwickler und Betriebler verstehen die essenziellen Anforderungen der Anwender und konzipieren mit ihnen zusammen schlanke Umsetzungen – mit wenig Software zu viel Wertschöpfung. Hierzu braucht man die verschiedenen genannten Kompetenzen und die Bereitschaft zu interdisziplinärem Ringen um die beste Lösung. Man braucht eben nicht nur die Zusammenarbeit von Entwicklung (Development) und Betrieb (Operations) gemäß des Musters DevOps (Bass et al. 2015), sondern man braucht zusätzlich noch das Verständnis für das Geschäft (Business). Mit anderen Worten: New School of IT verharrt nicht bei DevOps, sondern fordert BizDevOps (Gruhn und Schäfer 2015) ein.

Manchmal reicht es jedoch nicht, dass Enterprise IT und Fachbereiche zusammen arbeiten, um Geschäftsprozessunterstützungen zu verbessern. Manchmal sind Spezialkenntnisse erforderlich, um neue Geschäftsmodelle aufzusetzen. Vielleicht muss das Kundenverhalten beobachtet und ausgewertet werden, vielleicht müssen neue Produkte bereitgestellt werden, vielleicht ist es erforderlich, das Preisschema oft anzupassen. Oder es gibt ungewohnte Anforderungen an Sicherheit, Mobilität oder User Experience. Oder es gibt einen Trend in Richtung service-basierter Transaktionsmodelle. In solchen Situationen kann es vorkommen, dass die Enterprise IT nicht alle erforderlichen Kompetenzen hat, und es kann sinnvoll sein, dass sie die fehlenden nicht von Grund auf aufbaut, sondern dass Partner einbezogen werden. Und wenn die dann schon in zentralen Aspekten unterstützen und sinnvollerweise ja auch die Anwendungsdomäne verstehen, dann stellt sich die Frage, ob es nicht nur Lieferanten sein sollen, sondern tatsächlich Partner – Partner, die am potenziellen Geschäftserfolg partizipieren, dann aber auch einen Teil des Risikos mittragen. Das ist sicherlich kein Patentrezept. Oft ist es wichtiger, die alleinige Hoheit über ein neues Geschäftsmodell zu behalten, als Risiken und Chancen zu verteilen. Oft soll ein neues Geschäftsmodell auch zum Üben dienen. Oft sind Lieferanten auch gar nicht partner-fähig. In Zeiten der New School of IT mit ihrem Fokus auf neue Geschäftsmodelle und die Verbindung von Systems of Records und Systems of Engagement kommt es aber immerhin in Betracht, Partner (früher als Lieferanten bezeichnet) enger einzubeziehen. Das ein oder andere Geschäftsmodell kann ja womöglich einfacher etabliert werden, wenn alle Kompetenzen so instrumentalisiert werden, dass sie nur auf den Erfolg des Geschäftsmodells ausgerichtet sind. Grundsätzlich gilt die Überlegung umso mehr, je mehr sie in den Kontext der digitalen Transformation (also den Einsatz von Technologie, um Teile des Geschäfts komplett zu digitalisieren (Westerman et al. 2014)) fällt.

23.7 Erkenntnisse und Erfahrungen

Eine Enterprise IT, die über all die oben diskutierten Kompetenzen verfügt, scheint nahezu perfekt aufgestellt für gezähmte Agilität und die New School of IT. Mehr muss sie nicht wissen. Aber es macht Sinn, dass sie – oder hinreichend viele ihrer Mitglieder – ein paar Sachen erlebt hat. Zu diesen Erfahrungen gehören:

- **Keine One-Size-Fits-All-Projekte:** Jedes Projekt ist anders. Das bedeutet nicht, dass es keine allgemein anwendbaren Methoden und Werkzeuge gibt. Es bedeutet aber, dass es immer mal Anpassungen geben muss, dass Flexibilität vonnöten ist und dass es keinen Grund für Methoden-und-Verfahren-Dogmatik gibt.
- **Zentrale Bedeutung des Erwartungsmanagements:** Menschen wollen wissen, was auf sie zukommt. Auch wenn nur neue Software auf sie zukommt. Deshalb muss man ihnen erklären, was passiert. Erwartungen werden nur angepasst, wenn das Erklärte auch verstanden wird. Management der Erwartung bedeutet also, Sachverhalte so und so lange zu erklären, bis sie verstanden wurden, und nicht nur solange, bis sie hätten verstanden werden sollen.
- **Schlanke und Good-enough-Software:** Ideale Lösungen kann man nicht bauen, schon gar nicht auf Anhieb. Sie sind vor allem zu teuer. Software, die ihren Zweck erfüllt, reicht völlig, zahlt sich schneller aus und wird gern genutzt. Dann gibt es womöglich auch eher weitere Finanzmittel, um sich der idealen Software anzunähern. Auch wenn die am Ende meist ohnehin unerreichbar ist.
- **Menschen wollen wertgeschätzt und einbezogen werden:** Am Ende tun Menschen die Arbeit im Projekt. Menschen wollen für ihren Beitrag zu einem Projekt wertgeschätzt werden, sie wollen wissen, wie ihre Beiträge eingebunden werden.
- **Kommunikation ist der Schlüssel zum Erfolg:** Egal, ob es um Verzögerungen geht oder um Qualitätsprobleme, um Projekterfolge oder um heikle Maßnahmen – mindestens die Hälfte des Projekterfolgs hängt an geeigneter Kommunikation. Mit den richtigen Leuten in der richtigen Reihenfolge und der geeigneten Tonalität reden zu können, ist eminent wichtig.

Alle Erfahrung zeigt: Erfolgreiche Softwareprojekte stehen und fallen mit der Fähigkeit aller Beteiligten, Systemkontext und Systemanforderungen richtig zu erfassen, zu verstehen, einzuschätzen und umzusetzen. Gerade in soziotechnischen Systemen aus dem Kontext der New School of IT, die eng mit existierenden Geschäftsprozess- und Technologielandschaften verwoben sind, ist die Kommunikationsfähigkeit der Team-Mitglieder zentral: Auf der Grundlage möglichst fundierter Technologie- und Domänenkenntnisse müssen sie die richtigen Entscheidungen über die Priorisierung von Anforderungen, die

Gestaltung von Systemstrukturen, die Anpassung von Geschäftsprozessen und die Integration verschiedenster Komponenten und Schnittstellen treffen.

Mit dem Interaction Room haben wir eine Methode vorgestellt, die Verständnis, Bewertung und Diskussion verschiedenster Aspekte eines Systems unterstützt. Getreu der agilen Philosophie fördert sie einen gesunden Pragmatismus, die Konzentration auf die wesentlichen zum Projektverständnis essenziellen Aspekte, und stellt sicher, dass Wert- und Risikotreiber während der gesamten Projektlaufzeit im Blick bleiben. Das Vertragsmodell adVANTAGE sorgt dafür, dass ein solch pragmatisches, agiles Vorgehen kein theoretisches Ideal bleibt, das von klassischen Lieferverträgen doch wieder in ein vorausgeplantes Korsett gezwängt wird. Indem adVANTAGE sowohl dem Kunden als auch dem Lieferanten Spielraum für Anpassungen gibt, gleichzeitig aber Risiken fair verteilt, sorgt das Vertragsmodell dafür, dass Agilität im Projekt tatsächlich gelebt werden kann – nicht als freies Spiel der Kräfte, sondern im Rahmen eines flexiblen, von Wert- und Risikobetrachtungen geleiteten Innovationsprozesses.

Literatur

Akella J, Buckow H, Rey S (2009) IT architecture: cutting costs and complexity. http://www.mckinsey.com/business-functions/business-technology/our-insights/it-architecture-cutting-costs-and-complexity. Zugegriffen: 1. März 2016

Bass L, Weber I, Zhu L (2015) DevOps: a software architect's perspective. Addison-Wesley

Davenport TH, Patil DJ (2012) Data scientist: the sexiest job of the 21st century. Harvard Bus Rev 90(10):70–76

Duvall PM, Matyas S, Glover A (2007) Continuous integration: improving software quality and reducing risk. Addison-Wesley

Griebe T, Gruhn V (2014) A model-based approach to test automation for context-aware mobile applications. In: Kim S, Hung CC, Hong J (Hrsg) SAC 2014: Proc 29th annual ACM symposium on applied computing, S 420–427. doi:10.1145/2554850.2554942

Gruhn V, Schäfer C (2015) BizDevOps: because DevOps is not the end of the story. In: Fujita H, Guizzi G (Hrsg) SoMet 2015: Proc 14th intl conf on intelligent software methodologies, tools and techniques. Communications in computer and information science, Bd 532. Springer, S 388–398. doi:10.1007/978-3-319-22689-7_30

IREB e.V. (2016) Certified Professional for Requirements Engineering (CPRE). https://www.ireb.org/en/cpre/basics/. Zugegriffen: 1. März 2016

Moore G (2011) Systems of engagement and the future of enterprise IT: a sea change in enterprise IT. http://www.aiim.org/futurehistory. Zugegriffen: 23. Febr 2016

Westerman G, Bonnet D, McAfee A (2014) Leading digital: turning technology into business transformation. Harvard Business Review Press

24 Ausblick: Zwölf Thesen

Enterprise IT muss und wird sich massiv verändern. Es ist nicht der eine Megatrend, das eine Buzzword oder die eine Idee, die diesen Wandel auslösen, sondern es sind gleich eine Vielzahl von Entwicklungen, die ineinander greifen und in Summe eine radikale Veränderung bewirken. Diese Veränderung lässt sich in zwölf Thesen formulieren:

- **IT wird vom Getriebenen zum Treiber.** Die Bedeutung der IT im Unternehmen wird über die reine Unterstützung des Geschäfts hinauswachsen. Vielmehr wird sie neue Geschäftsmodelle bestimmen. Neue Produkte und Dienstleistungen werden immer häufiger das Ergebnis neuer Möglichkeiten in der IT sein. Business Development findet plötzlich in der IT-Abteilung statt.
- **Die Welt wird mobil.** Das zentralistische Weltbild der IT gerät ins Wanken. Infrastruktur und Anwendungen werden da gebraucht, wo das Geschäft gemacht wird und nicht umgekehrt. Mobilität wird nicht nur eine Spezialisierung der IT sein, sondern zum Grundmuster in der (Weiter-)Entwicklung der IT werden.
- **Anwendungsentwicklung für die mobile Welt ist eine neue Disziplin.** IT für Mobilität ist viel mehr als die Überbrückung der physischen Distanz zwischen mobilem Endgerät und Unternehmen. Das Software Engineering für mobile Anwendungen ist schwieriger als das Software Engineering für stationäre Software. Die Komplexität steigt und muss beherrscht werden.
- **Schöne Oberflächen sind kein Spielzeug mehr.** Angenehme User Experience wird nicht den Consumer-Anwendungen und Spielwelten vorbehalten bleiben. Die Benutzer haben sich an elegante und gut funktionierende Schnittstellen gewöhnt und erwarten diese auch im Geschäftsleben und in der täglichen Arbeit.
- **„Drinnen" ist morgen schon „draußen".** Die Grenze zwischen unternehmensinterner IT und externen Dienstleistern wird sich signifikant verschieben. Die Risiken von Anwendungsentwicklung und -betrieb werden immer häufiger auf Dienstleister abgewälzt. Diese werden zu Spezialisten in der Branche des Kunden. Die

M. Book et al., *Erfolgreiche agile Projekte*, Xpert.press,
DOI 10.1007/978-3-662-53330-7_24

unternehmensinterne IT wird zum Spezialisten im technisch getriebenen Business Development, Requirements Engineering und Testmanagement.

- **Kunde und Dienstleister teilen Freud' und Leid.** Die Zusammenarbeit mit IT-Dienstleistern wird neuen Kooperationsmodellen folgen. Kunden und Dienstleister werden zu Partnern und verpflichten sich auf schlanke Prozesse, schlanke Software und schlanke Betriebsmodelle. Dabei werden Risiken und Chancen geteilt. Nicht die Größe und Komplexität der Anwendung bestimmen den Preis, sondern die Effizienz, also das Verhältnis zwischen Aufwand und Nutzen.
- **In der Softwareentwicklung wird alles agil, auch der Preis.** Die veränderte Zusammenarbeit zwischen Kunde und Softwarehersteller in der Individualentwicklung führt zu neuen kommerziellen Modellen. Time and Materials ist dem Kunden zu riskant. Festpreise sind wegen hoher Risikozuschläge zu teuer. Also werden die kommerziellen Modelle entlang der agilen Entwicklungsprozesse gestaltet.
- **Softwareentwicklung wird wertorientiert.** In der Anwendungsentwicklung gibt es nur ein einziges wahres Produktivitätsmaß: wenig Function Points pro gewünschter Funktionalität. Dieses wird zur Steuerungsgröße in Portfolioplanung und Erfolgsrechnung. Denn Effizienz ist das Verhältnis aus dem erzielten Nutzen und dem erforderlichen Aufwand. Das führt zu einer Konzentration auf die werthaltigen Features.
- **Softwareentwicklung wird immer mehr zum Erkenntnisprozess.** Trotz aller Fortschritte im Software Engineering bleibt doch übrig, dass Informationssysteme nicht vollständig spezifiziert werden können. Und deshalb wird man es auch bleiben lassen. Stattdessen muss akzeptiert werden, dass Erkenntnisse und Anforderungen sich teils erst spät im Prozess ergeben.
- **Wissen wird zum zentralen Element der Anwendungsentwicklung.** Und zwar das Wissen in den Köpfen der Fachbereiche und der Softwareentwickler. Wertschöpfende Anwendungen entstehen dann, wenn beide bereit und in der Lage sind, dieses Wissen auszutauschen und zusammenzulegen. Dies erfordert Respekt und Kommunikationsvermögen.
- **Entwicklung und Betrieb werden eins.** Die zunehmende Agilität in der Anwendungsentwicklung strahlt aus auf Deployment und Betrieb. Denn kurze Iterationszyklen und schnelle Verfügbarkeit von neuen Softwareversionen sind nur dann nützlich, wenn sie auch schnell in Produktion genommen werden können. Die Gräben zwischen Anwendungsentwicklung und Betrieb werden zwangsläufig zugeschüttet, für besonders dynamische Domänen wird es zu DevOps-Organisationen kommen.
- **IT bleibt Mensch. Nur anders.** Automatisierung, Effizienzsteigerung, Mobilität, Agilität und Elastizität – alle Umbrüche und alle Evolution in der IT bedeuten auch: Die Rolle des Menschen in der IT wird sich wandeln. Neben der technischen Expertise braucht es soziale, kommunikative und kreative Skills, um mit den neuen Möglichkeiten umzugehen und sie zur vollen Nutzenentfaltung zu bringen.

Teil VI

Anhang

Tagesordnungsmuster für Interaction-Room-Workshops

25

Inhaltsverzeichnis

Die nachfolgend vorgestellten Tagesordnungen können als Leitlinien für die Durchführung eigener IR-Workshops dienen. Der genannte Zeitrahmen ist dabei als grobe Orientierung zu verstehen: Je nach Komplexität des Projekts und je nachdem, welche Fragen am dringendsten zu klären sind, kann es sowohl denkbar sein, nur einzelne Methodenelemente anzuwenden, als auch die Workhops über mehrere Tage oder sogar Wochen zu spreizen. So kann es z. B. hilfreich sein, für einzelne Canvas-Befüllungen dedizierte Workshop-Tage vorzusehen, die in mehrtägigen Abständen durchgeführt werden, sodass zwischen den Workshops Zeit zur Reflektion, Vertiefung und Vorbereitung bleibt.

25.1 Tagesordnung IR:digital

Tag 1

09:00 Vorstellung der Stakeholder, Überblick über die IR:digital-Methodik
09:30 Festlegung des Workshop-Ziels
10:30 Befüllung des Partner Canvas
12:00 Mittagspause
13:00 Annotation des Partner Canvas, Diskussion und Festlegung der maximal fünf wichtigsten Partner
14:00 Technologiedurchlauf (Präsentation)

M. Book et al., *Erfolgreiche agile Projekte*, Xpert.press,
DOI 10.1007/978-3-662-53330-7_25

15:00 Befüllung des Physical Object Canvas (Schwerpunkt Identifikation der OoIs)
16:30 Annotation des Physical Object Canvas und Diskussion, Festlegung der maximal zehn wichtigsten OoIs
17:00 Zusammenfassung des Tages, Festlegung der Schwerpunkte für Tag 2

Tag 2
09:00 Befüllung des Physical Object Canvas (Schwerpunkt Lebenszyklen der wichtigsten OoIs)
11:00 Technologiedurchlauf (Präsentation)
12:00 Mittagspause
13:00 Befüllung der Touchpoint Canvases für die fünf wichtigsten Partner (inklusive Festlegung der Touchpoint Lanes)
14:30 Annotation der Touchpoint Canvases und Diskussion
15:30 Festlegung der Top 5 Digitalisierungsvorschläge
16:00 Paralleles Erstellen von Presseinfos für die Top 5 Digitalisierungsvorschläge
17:00 Präsentation der Presseinfos
17:30 Zusammenfassung der Ergebnisse, Feedback-Runde

25.2 Tagesordnung IR:scope

Tag 1
09:00 Vorstellung der Stakeholder, Überblick über die IR:scope-Methodik
09:30 Festlegung des Workshop-Ziels, Formulierung der Presseinfo
10:30 Befüllung des Feature Canvas, Annotation und Priorisierung der Features
12:00 Mittagspause
13:00 Befüllung des Process Canvas[1]
15:00 Kaffeepause
15:30 Annotation und Diskussion des Process Canvas
16:45 Kurzzusammenfassung der Erkenntnisse, Schwerpunktsetzung für den 2. Tag
17:00 Tagesschluss

Tag 2
09:00 Rekapitulation der wichtigsten Erkenntnisse des 1. Tags und des Plans für den 2. Tag
09:15 Vervollständigung des Object Canvas
10:30 Annotation und Diskussion des Object Canvas
12:00 Mittagspause
13:00 Vervollständigung des Integration Canvas
14:00 Annotation und Diskussion des Integration Canvas

[1]Je nach Projektanforderungen ist auch ein anderer Canvas als führender Canvas möglich.

15:00 Kaffeepause
15:30 Analyse des Gesamtbilds, Bereinigung von Lücken/Inkonsistenzen, erste Vertiefungen
16:30 Zusammenfassung der Erkenntnisse, Festlegung der nächsten Schritte
17:00 Tagesschluss

25.3 Tagesordnung IR:mobile

Tag 1
09:00 Vorstellung der Stakeholder, Überblick über die IR:mobile-Methodik
09:30 Festlegung des Workshop-Ziels, Formulierung der Presseinfo
10:30 Formulierung, Vorstellung und Gewichtung der Personas
12:00 Mittagspause
13:00 Befüllung des Portfolio Canvas
15:00 Kaffeepause
15:30 Annotation und Diskussion des Portfolio Canvas
16:45 Kurzzusammenfassung der Erkenntnisse, Schwerpunktsetzung für den 2. Tag
17:00 Tagesschluss

Tag 2
09:00 Rekapitulation der wichtigsten Erkenntnisse des 1. Tags und des Plans für den 2. Tag
09:15 Befüllung des Touchpoint Canvas
11:00 Annotation und Diskussion des Touchpoint Canvas
12:00 Mittagspause
13:00 Befüllung des Interaction Canvas
15:00 Kaffeepause
15:30 Annotation und Diskussion des Interaction Canvas
16:30 Zusammenfassung der Erkenntnisse, Festlegung der nächsten Schritte
17:00 Tagesschluss

25.4 Tagesordnung IR:tech

Tag 1
09:00 Vorstellung der Stakeholder, Überblick über die IR:tech-Methodik
09:30 Festlegung des Workshop-Ziels
10:30 Befüllung, Annotation und Diskussion des Feature Canvas
12:00 Mittagspause
13:00 Befüllung des Object,[2] Integration und Process Canvas (Ist-Zustand)

[2] Je nach Projektanforderungen ist auch ein anderer Canvas als führender Canvas möglich.

15:00 Kaffeepause
15:30 Annotation und Diskussion der Canvases (Ist-Zustand)
16:45 Kurzzusammenfassung der Erkenntnisse, Schwerpunktsetzung für den 2. Tag
17:00 Tagesschluss

Tag 2
09:00 Rekapitulation der wichtigsten Erkenntnisse des 1. Tags und des Plans für den 2. Tag
09:15 Befüllung des Object Canvas (Soll-Zustand)
10:30 Befüllung des Integration Canvas (Soll-Zustand)
12:00 Mittagspause
13:00 Befüllung des Process Canvas (Soll-Zustand)
14:30 Annotation der Soll-Canvases
15:00 Kaffeepause
15:30 Diskussion der Canvases, Ableitung von Technologie-Einsatzpotenzialen und -hürden
16:30 Zusammenfassung der Erkenntnisse, Festlegung der nächsten Schritte
17:00 Tagesschluss

Interaction-Room-Annotationen 26

Inhaltsverzeichnis

M. Book et al., *Erfolgreiche agile Projekte*, Xpert.press,
DOI 10.1007/978-3-662-53330-7_26

Im Folgenden werden die Annotationen, die im Rahmen der einzelnen Canvas-Vorstellungen bereits kurz eingeführt wurden, noch einmal gebündelt vorgestellt, um IR-Coaches die Auswahl der für einen bestimmten Kontext geeignetsten Annotationen zu erleichtern. Neben der Beschreibung der Annotations-Bedeutungen sind auch Detailfragen aufgeführt, mit deren Hilfe die IR-Coaches die Annotationsaussagen im jeweiligen Projektkontext besser lokalisieren und präzisieren können.

26.1 Werttreiber

Werttreiber werden durch die Symbole in Abb. 26.1 annotiert.

26.1.1 Business Value

Aus Anbietersicht kann sich die Wertschöpfung eines System- oder Prozessteils in vielfältiger Weise äußern. Während finanzielle Beiträge zum Umsatzziel am naheliegendsten und am einfachsten messbar sind (z. B. Verkäufe über eine Shop-Plattform), können Beiträge zu anderen Unternehmenszielen schwerer greifbar sein und somit in klassischen Priorisierungs-Ansätzen leicht untergehen: Beiträge zu Zielen wie Kundenbindung, Außenwirkung oder Qualität sind schwerer messbar bzw. werden üblicherweise nicht unmittelbar auf konkrete Features angewandt. Die Annotation „Business Value“ regt dazu an, sich explizit mit diesen Punkten auseinanderzusetzen und einen Process bzw. Integration Canvas auch daraufhin zu untersuchen, wo offene Potenziale für Maßnahmen zur Stärkung der Unternehmensziele liegen.

Zur Präzisierung des annotierten Business Value dienen die folgenden Fragen:

- Welcher System-/Prozessteil hat besonderen Einfluss auf den Business Value?
- Auf welche Unternehmensziele hat die Realisierung dieses Teils positiven, auf welche hat sie negativen Einfluss (Kundenbindung/Verkauf/Wettbewerb/Marktanteil/Außendarstellung/Marketing/Nachhaltigkeit/Innovation/Unternehmensentwicklung/Kosten/Qualität/Produktivität/sonstige)?
- Was ist erforderlich, um einen positiven Einfluss zu erreichen bzw. negativen Einfluss zu vermeiden?

Abb. 26.1 Annotationssymbole für Werttreiber

26.1.2 User Value

Aus Sicht des Anwenders stellt sich eine ähnliche Wertfrage wie für den Anbieter. Während die Erwartungen von Anwender und Anbieter in einigen Fällen komplementär sein dürften (der Anwender profitiert z. B. von einer bestimmten Funktion, der Anbieter von der Nutzungsgebühr), können sie in anderen Fällen auch konträr sein (wenn der Anwender eine Funktion erwartet, die für den Anbieter unattraktiv ist, wie z. B. die Anbindung an ein Vergleichsportal). Um solche Spannungsfelder aufzudecken, wird die Wertwahrnehmung des Anwenders durch die eigenständige Annotation „User Value" deutlich gemacht.

Da sich für Anwender typischerweise keine so klaren und allgemeingültigen Wertdimensionen definieren lassen wie die oben verwendeten vielfältigen Unternehmensziele, kommt an dieser Stelle die Klassifikation von Kano et al. (1984) zum Einsatz: Die Wertschöpfungsintensität wird danach klassifiziert, ob es sich bei dem annotierten System- oder Prozessteil um ein Basis-, Leistungs- oder Begeisterungsmerkmal handelt, d. h. ein Merkmal, das als selbstverständlich erwartet wird, eines, das als leistungssteigernd empfunden wird, oder eines, das Anwender positiv überrascht und ggf. auf die Akzeptanz des Rests des Systems ausstrahlt.

Zur Präzisierung dieser Einschätzung sollten zu jeder User-Value-Annotation folgende Fragen beantwortet werden:

- Welcher System-/Prozessteil hat besonderen Einfluss auf den User Value?
- Was ist die Erwartungshaltung an diesen Teil (Basis-/Leistungs-/Begeisterungsmerkmal)?
- Was ist erforderlich, um einen positiven Einfluss zu erreichen bzw. negativen Einfluss zu vermeiden?

26.1.3 Innovation

Die Annotation „Innovation" markiert Prozessabschnitte, Systemteile, Features oder allgemeine Ideen, die besonderen Innovationscharakter haben, d. h. in fachlicher oder technischer Sicht neuartig sind. Sie bildet damit eine Schnittstelle zwischen Wert- und Aufwandstreibern:

Zum einen impliziert eine Innovation einen besonderen Business Value – wenn dieser nicht in Aussicht stünde, würde man Aufwand und Risiko der Innovation kaum eingehen. Ebenso bezeichnet die Innovations-Annotation meist einen User Value, in der Regel sogar im Sinne eines Begeisterungsmerkmals – sie bietet eine neuartige Funktion an oder realisiert eine bekannte Funktion in neuer, den Nutzer positiv überraschender Weise und setzt sich so vom Wettbewerb ab bzw. stärkt die Nutzungsbereitschaft des Anwenders.

Zum anderen impliziert die Annotation „Innovation" aber auch Aufwände: Die Umsetzung einer innovativen Lösung ist meist aufwändiger als die Nutzung etablierter Lösungsmuster, da neue Lösungswege zunächst noch entwickelt und evaluiert werden müssen. Zudem birgt jede Innovation Risiken – sowohl hinsichtlich der Machbarkeit der technischen Realisierung, hinsichtlich des zur Umsetzung erforderlichen Zeit- und Budget-Rahmens, und hinsichtlich der letztlichen Akzeptanz durch die Nutzer.

Diese Kombination von Eigenschaften macht die Innovations-Annotation zu einem wichtigen Ankerpunkt für Diskussionen und erfordert besonders sorgfältige Aufwandsschätzung und Priorisierung sowie besonders kompetente Entwicklung und Qualitätssicherung. Zur Präzisierung sollten zu jeder Innovations-Annotation folgende Fragen beantwortet werden:

- Welcher System-/Prozessteil stellt eine besondere Innovation dar?
- Worin besteht die Innovation in diesen Teil?
- Handelt es sich um eine Technologie- oder eine Business-Innovation? Ist sie disruptiver Natur?

26.2 Aufwandstreiber

Aufwandstreiber werden durch die Symbole in Abb. 26.2 annotiert.

26.2.1 Hohe Last

Teile eines Systems stehen unter Umständen dauerhaft oder vorübergehend unter hoher Last – sei es aufgrund regelmäßiger Batch-Läufe, bestimmter Fristen oder unvorhergesehener

Abb. 26.2 Annotationssymbole für Aufwandstreiber

Ereignisse. Um für solche Fälle gerüstet zu sein und auch unter Last eine zuverlässige Systemfunktion zu gewährleisten, müssen architektonische und infrastrukturelle Vorkehrungen getroffen werden. Lastspitzen erfordern z. B. eine flexible Infrastruktur, die sich an unterschiedliche Laststufen anpassen kann, statt permanent Ressourcen für eine Spitzenlast zur Verfügung zu stellen, die nur selten benötigt werden. Die Bereitstellung einer solchen skalierbaren Architektur ist nicht nur eine Hardwarefrage, sondern kann weitreichende Auswirkungen z. B. auf die Konzeption von Replikationsmechanismen, die Sicherstellung von Daten- und Code-Portabilität etc. haben. Diese Infrastruktur zu konzipieren, zu implementieren und zu testen erfordert signifikanten Aufwand, der durch die Annotation „hohe Last" gekennzeichnet werden kann.

Die Art der Anforderung – und somit auch der späteren Lösung – richtet sich wesentlich danach, wie die Last zeitlich verteilt ist und auf welche Systemteile sie sich konzentriert. In der Annotationsdiskussion sind die Stakeholder daher angehalten, folgende Fragen zu beantworten:

- Welcher System-/Prozessteil ist voraussichtlich hoher Last ausgesetzt?
- Welcher Art ist die Last? Wann, wie oft und wie lange wird sie erwartet?
- Welche Auswirkungen hätte eine Überlastung?

26.2.2 Zeitbeschränkung

Zeitanforderungen beziehen sich in Informationssystemen typischerweise auf vorgeschriebene Bearbeitungs- oder Antwortzeiten (z. B. die maximale Zeit, die zum Treffen einer Entscheidung erforderlich ist, oder die Frist für das Einlegen von Einsprüchen). Die Annotation „Zeitbeschränkung" kann daher signalisieren, dass Entwickler Echtzeitanforderungen erfüllen müssen oder bestimmte geschäftliche Fristen vom System zu beachten sind.

Im Hinblick auf die spätere Lösungsfindung ist zu unterscheiden, ob die Zeitbeschränkung sich als **Frist** (Zeitpunkt) oder **Zeitfenster** äußert. Beides wird als Untertyp festgehalten. Zudem sind folgende Fragen zu klären:

- Welcher Zeitrahmen ist einzuhalten?
- Was soll binnen des Zeitrahmens geschehen?
- Welche Auswirkungen hätte eine Überschreitung des Zeitrahmens?

26.2.3 Korrektheit

Korrektheit erscheint zunächst als Trivialanforderung, die von allen Komponenten eines Systems erfüllt werden sollte. Neben der offensichtlich angestrebten Korrektheit der Implementierung bestehen in einigen Komponenten aber besonders hohe Anforderungen an die Präzision, Aktualität oder Konsistenz der verarbeiteten Daten. Komponenten, die z. B. Zinsen oder Lebensversicherungsprämien über Jahrzehnte im Voraus berechnen, müssen Geldbeträge z. B. nach präzisen Vorgaben runden, und verschiedene

Implementierungen (z. B. ein Prämienrechner im Versicherungs-Back-End und einer in der Point-of-Sale-App) müssen zu den exakt gleichen Ergebnissen kommen. Bei der Verarbeitung von Wertpapierkursen werden zudem häufig hohe Anforderungen an die Aktualität der Daten gestellt. Insbesondere bei der Gestaltung von Benutzeroberflächen ist besteht zudem oft die Notwendigkeit, die Korrektheit der eingegebenen Daten durch geeignete Validierung sicherzustellen. Diese Anforderungen (und die mit ihrer Nichtberücksichtigung verbundenen Risiken) werden durch die Annotation „Korrektheit" symbolisiert, zu der die Untertypen **Präzision, Aktualität** und **Konsistenz** unterschieden werden.

Zudem wird in den Präzisierungsfragen festgehalten:

- Welche Prozesse/Daten sollen möglichst präzise/aktuell/konsistent sein?
- Welcher Grad der Präzision/Aktualität/Konsistenz ist erforderlich?
- Welcher Nutzen wird von der Präzision/Aktualität/Konsistenz erwartet?

26.2.4 Zuverlässigkeit

Auch Zuverlässigkeit klingt auf den ersten Blick nach einer Standardanforderung, die grundsätzlich von jeder Software zu erfüllen ist. Tatsächlich sind die Zuverlässigkeitsanforderungen meist jedoch nicht in allen Teilen der Anwendung gleich hoch: Während es sicher überall ärgerlich und lästig ist, wenn eine erwartete Systemfunktion nicht zur Verfügung steht, können die tatsächlichen Konsequenzen unterschiedlich dramatisch ausfallen. Im harmlosesten Fall kommt es nur zu einer zeitlichen Verzögerung bei der Ausführung einer Funktion; in kritischeren Fällen gehen Daten verloren. Wie kritisch solch ein Zeit- oder gar Datenverlust ist, hängt von seinem Umfang und der Anwendungsdomäne ab: In einer Chat-Anwendung sind Verzögerung oder Verlust von Nachrichten verschmerzbar, in Anwendungen aus der Finanzwirtschaft können sie hingegen Millionenschäden verursachen. Mit dieser Annotation sollten daher vor allem Modellelemente markiert werden, deren Zuverlässigkeit besonders kritisch für die reibungslose Unterstützung der Fachdomäne ist.

Zudem wird in den Präzisierungsfragen festgehalten:

- Welche Prozesse/Daten sollen möglichst zuverlässig sein?
- Welcher Grad der Verfügbarkeit ist erforderlich?
- Welcher Nutzen wird von der hohen Zuverlässigkeit erwartet?

26.2.5 Sicherheit

Sicherheitsanforderungen können vielfältiger Natur sein – sie umfassen z. B. die digitale Signierung von Datensätzen, um Authentizität und Nichtabstreitbarkeit zu garantieren, die Anonymisierung von Datensätzen vor der Auswertung, oder die Sicherung der Vertraulichkeit bestimmter Datensätze. Die Umsetzung dieser Anforderungen berührt oft sowohl

Geschäftsprozesse als auch Datenstrukturen. Die Annotation „Sicherheit“ symbolisiert Prozess- und Systemteile, in denen besondere Sicherheitsvorkehrungen getroffen werden müssen, die über die normalen Sicherheitsstandards des Unternehmens hinausgehen. Unterschieden werden dabei die Unterkategorien **Datenschutz** (d. h. Verhinderung unerlaubter Zugriffe auf Daten) und **Datensicherheit** (d. h. Bewahrung von Daten vor Verlust).

Zur Präzisierung sind ferner folgende Fragen zu klären:

- Was soll gegen Zugriff/Verlust geschützt werden?
- Welcher Art ist die Bedrohung? Wie stark soll der Schutz sein?
- Welche Auswirkungen hätte ein fehlender Schutz?

26.2.6 Verständlichkeit

Offensichtlich sollte jedes Softwaresystem, das über eine nutzergewandte Schnittstelle verfügt, grundlegende Usability-Anforderungen erfüllen, d. h. möglichst intuitiv verständlich, einfach bedienbar, für die Nutzeraufgaben geeignet sein etc. Dennoch gibt es oft Prozessschritte oder Komponenten, die aus fachlichen oder technischen Gründen besondere Usability-Herausforderungen darstellen – sei es, weil eine besonders komplexe Materie darzustellen ist (Untertyp **Darstellung**), oder weil spezielle Bedienschritte oder Bedienelemente erforderlich sind (Untertyp **Interaktion**), z. B. eine Gestensteuerung auf einem Touchscreen. Diese im Interaktionsdesign (aber unter Umständen auch in der Prozessgestaltung) besonders zu berücksichtigenden Herausforderungen werden mit der Annotation „Verständlichkeit“ markiert.

Zur Präzisierung des Verständlichkeitsanspruchs sind folgende Fragen zu beantworten:

- Was soll möglichst verständlich dargestellt/bedienbar sein?
- Was macht die Verständlichkeit hier zu einer besonderen Herausforderung?
- Welcher Nutzen wird von der Verständlichkeit erwartet?

26.2.7 Attraktivität

Auf den ersten Blick verwandt mit Verständlichkeitsanforderungen ist der Wunsch, bestimmte System- oder Prozessteile besonders attraktiv zu gestalten. Mit der Annotation „Attraktivität“ kann jedoch eine Forderung ausgedrückt werden, die über eine ansprechende Gestaltung von Nutzerschnittstellen hinausgeht: Stellenweise soll zur Ausführung bestimmter Tätigkeiten ein besonderer Anreiz geschaffen werden – sei es durch technische oder fachliche Mittel. Dabei kann es sich z. B. um Bonus-Systeme oder Gamification-Techniken handeln, die über die grundlegende positive User Experience hinaus bestimmte Tätigkeiten belohnen.

Die Ausprägung der Attraktivität kann durch folgende Präzisierungsfragen konkretisiert werden:

- Was soll besonders attraktiv sein?
- Wie soll dieser Anreiz geschaffen werden?
- Welcher Nutzen wird von dem Anreiz erwartet?

26.2.8 Flexibilität

Von manchen Prozess- oder Systemteilen ist bereits zur Konzeptionszeit bekannt, dass eine einzige Realisierung nicht alle Anforderungen abdecken kann, die von Nutzern, Einsatzkontexten und Rahmenbedingungen vorgegeben werden. In diesen Fällen muss bei der Realisierung ein angemessenes Maß an Flexibilität vorgesehen werden, das auf verschiedene Weisen erreicht werden kann:

Geringfügige Anpassungen der Systemfunktionalität an nutzerspezifische Bedürfnisse oder veränderte Rahmenbedingungen können durch geeignete Konfiguration des Systems zur Laufzeit vorgenommen werden, ohne dass erneuter Entwicklungsaufwand erforderlich wird (Untertyp **Konfigurierbarkeit**).

Bestimmte (vor allem technische) Rahmenbedingungen können es erforderlich machen, von Anfang an mehrere Varianten eines Systems zu realisieren, die verschiedene Einsatzzwecke abdecken. Die Varianten sind voneinander unabhängige Instanzen des Systems, die aber typischerweise in enger Abhängigkeit voneinander entwickelt werden – z. B. die Realisierung einer Android- und einer iOS-Version einer mobilen App (Untertyp **Varianten**).

Schließlich kann bereits zur Entwurfszeit eines Systems bekannt sein, dass die aktuelle Realisierung in absehbarer Zeit angepasst bzw. ausgetauscht werden muss (z. B. aufgrund anstehender Veränderungen gesetzlicher Vorgaben). In diesen Situationen sollte die künftige Veränderung von Anfang an im System berücksichtigt werden – sowohl hinsichtlich der Architektur als auch der Dimensionierung von Aufwänden für künftig obsolete Funktionen (Untertyp **Design for Change**).

Zum besseren Verständnis der Hintergründe, die die Flexibilität erforderlich machen, dienen folgende Präzisierungsfragen:

- Welcher System-/Prozessteil soll flexibel ausgelegt sein?
- Welche Konfigurationen/Varianten/Systemanpassungen sind erforderlich?
- Welche Auswirkungen hätte Inflexibilität an dieser Stelle?

26.2.9 Mobilität

Der Zugang zu einem Informationssystem oder die Durchführung eines Geschäftsprozesses über ein Mobilgerät wie ein Smartphone setzt die mobilen Komponenten einer Reihe von Herausforderungen aus, die in klassischen Informationssystemen nicht dermaßen deutlich ausgeprägt sind. Neben der bereits unter „Flexibilität“ angesprochenen

Plattformvielfalt zählen zu den originär mobilen Aufwandstreibern vor allem die Unzuverlässigkeit der Netzanbindung sowie die Einbeziehung von Ortungsdaten (incl. Fallback-Mechanismen, wenn diese nicht verfügbar sind).

Die Annotation „Mobilität“ wird daher präzisiert durch die Untertypen **mobile Verfügbarkeit** (zur Markierung von Funktionen bzw. Prozessabschnitten, die mobil verfügbar sein sollen), **Offline-Verfügbarkeit** (zur Markierung von Funktionen, die auch bei fehlender Netzanbindung funktionieren sollen) sowie **Ortsabhängigkeit** (zur Markierung von Funktionen, die auf Ortungsinformationen angewiesen sind).

Konkreter ausgeprägt werden die Mobilitätsanforderungen mit folgenden Präzisierungsfragen:

- Welcher System-/Prozessteil soll mobil/offline/ortsabhängig verfügbar sein?
- Unter welchen Umständen ist mit Funktionseinschränkungen zu rechnen?
- Welcher Nutzen wird von der Mobilität/Offline-Verfügbarkeit/Ortsabhängigkeit erwartet?

26.2.10 Automatisierung

Ein Ziel der Entwicklung von Informationssystemen ist oft die Automatisierung von Prozessabschnitten, die bislang (semi-)manuell durchgeführt wurden. Ein solches Automatisierungsvorhaben wirft eine Reihe von fachlichen und technischen Fragen auf. In aller Regel ist die Automatisierung keine triviale Abbildung von Tätigkeiten auf eine technische Lösung, sondern erfordert Anpassungen von Prozessen und Daten, die Definition von Schnittstellen sowie – oft am schwierigsten – die Festlegung der Automatisierungstiefe: Bis zu welchem Grad soll der Prozess automatisiert werden? Welche Sonder- oder Fehlerfälle sollen automatisch behandelt werden, welche sollen ein menschliches Eingreifen erfordern? Über welche Schnittstellen passiert solch ein Eingriff? Wie kann der Prozess vereinfacht werden, um Sonderfälle möglichst zu vermeiden? Die Klärung und Umsetzung dieser Fragen erfordert signifikante Aufwände und Umbrüche, die durch die Annotation „Automatisierung“ im Diagramm hervorgehoben werden.

Zur Motivation und Präzisierung dieser Anforderungen sollten die folgenden Fragen diskutiert werden:

- Was soll automatisiert werden?
- Zu welchem Grad soll die Automatisierung erfolgen?
- Welcher Nutzen wird von der Automatisierung erwartet?

26.2.11 Manuelle Bearbeitung

Gegenstück zur Annotation „Automatisierung“ ist die Annotation „manuelle Bearbeitung“. Sie signalisiert, dass ein bestimmter Prozessabschnitt nach wie vor manuell ausgeführt werden soll, da er für eine automatische Bearbeitung nicht geeignet ist – sei es, weil bestimmtes Expertenwissen erforderlich ist, weil er auf einer nicht algorithmisierbaren Experteneinschätzung beruht, oder weil ein menschlicher Bearbeiter aus sozialen Gründen der automatisierten Bearbeitung vorzuziehen ist. Für die Realisierung des Informationssystems ist auch ein manuell ausgeführter Prozessschritt eine Herausforderung, da zu überlegen ist, wie manuell und automatisch verarbeitete Daten und Prozessschritte verknüpft werden sollten.

Zur Motivation und Präzisierung der Anforderungen an die manuelle Bearbeitung sind folgende Fragen zu stellen:

- Was erfordert menschliches Handlungs-/Entscheidungsvermögen?
- Was sollte die Schnittstelle zwischen Mensch und System leisten, um die manuelle Bearbeitung möglichst gut zu unterstützen/integrieren?
- Welche Auswirkungen hätten Fehler in der manuellen Bearbeitung?
- Warum ist die manuelle Bearbeitung der Automatisierung vorzuziehen?

26.2.12 Rahmenbedingung

Sowohl die Entwicklung als auch der Betrieb von Softwaresystemen erfolgen in einem Projektkontext, der eine Reihe von Rahmenbedingungen verschiedenster Art vorgibt. Die meisten dieser Rahmenbedingungen werden in der Regel nicht als dedizierte Anforderungen formuliert – sei es, weil sie als offensichtlich erscheinen; weil angenommen wird, dass sie allen Stakeholdern bekannt sind; weil sie umgekehrt gerade keinem Stakeholder bekannt sind; oder weil sie zwar irgendwo formuliert sind, aber in der Praxis nicht gelebt bzw. durchgesetzt werden.

Die Vorgehensweise, nicht sämtliche Rahmenbedingungen explizit als Anforderungen zu formulieren, ist zunächst einmal einer gewissen Pragmatik geschuldet – dass ein System zur Bestandsverwaltung in der gesetzlichen Krankenversicherung die einschlägigen gesetzlichen Bestimmungen erfüllen muss, ist offensichtlich; daher wird man nicht das komplette SGB V ins Anforderungsdokument übernehmen. Dennoch ist es wichtig, dass die Projekt-Stakeholder sich darüber bewusst sind, an welchen Punkten in einem Prozess oder System bestimmte Rahmenbedingungen besonders zu beachten sind – gerade solche, die eher Qualitäts- als funktionale Anforderungen ausdrücken.

Darüber hinaus sind Projekte oft einer Reihe von Rahmenbedingungen ausgesetzt, die sich nicht als Produktanforderungen formulieren lassen, sondern eher Vorgaben für den Konstruktionsprozess des Systems machen – seien es Technologieentscheidungen, die durch existierende Systemlandschaften vorgegeben werden, oder Qualitätssicherungsmaßnahmen, die unternehmensweit gelten.

Die Annotation „Rahmenbedingung" dient dazu, System- oder Prozessteile hervorzuheben, bei deren Konzeption oder Betrieb die Berücksichtigung solcher Rahmenbedingungen besonders kritisch oder aufwändig ist. Gemäß der vorangehenden Diskussion werden **gesetzliche, technische** und **organisatorische** Rahmenbedingungen als Untertypen unterschieden.

Zur Präzisierung der Anforderungen, die die Rahmenbedingung stellt, dienen folgende Präzisierungsfragen:

- Welcher System-/Prozessteil ist Rahmenbedingungen unterworfen?
- Welche Rahmenbedingung ist zu beachten?
- Kann dies ein Show-Stopper werden?

Da die Umsetzung von Rahmenbedingungen typischerweise unvermeidlich ist, steht anstelle der Frage nach der Nutzenbetrachtung hier die Frage nach dem Risiko: Evtl. stellt eine Rahmenbedingung Anforderungen, die im Rahmen des vorgesehenen Projekts nicht angemessen umgesetzt werden können und somit den Projekterfolg gefährden. Die Frage nach dem Show-Stopper-Charakter einer Rahmenbedingung hilft, solche grundsätzlichen Risiken früh zu erkennen und so Gelegenheit zum Gegensteuern zu erhalten.

26.2.13 Komplexität

Einige System- oder Prozessteile, die im Modell einen vergleichsweise simplen Eindruck machen, können tatsächlich ein hohes Maß an Komplexität bergen, das nicht allen Stakeholdern auf den ersten Blick offensichtlich erscheint. Dabei kann es sich um **fachliche** Komplexität wie etwa umfassende Berechnungs- oder Entscheidungsvorschriften handeln, aber auch um **technische** Komplexität wie umfangreiche Konversions- oder Integrationsherausforderungen. Solche Komplexität wird unter Umständen nur von wenigen Domänenexperten oder erfahrenen Entwicklern vorausgesehen, während mit den Fach- bzw. Technologiespezifika weniger vertraute Stakeholder die innewohnenden Aufwände und Risiken typischerweise unterschätzen. Mit der Annotation „Komplexität“ können hingegen alle Stakeholder darauf hingewiesen werden, dass die Umsetzung eines bestimmten System- oder Prozessteils die Einbeziehung von Expertenwissen sowie unter Umständen umfassende Recherche- und/oder Prototyping-Aufwände erfordert.

Bei der Präzisierung der Komplexitäts-Annotation werden die Untertypen **fachlicher** und **technischer** Komplexität unterschieden, da ihre Lösung typischerweise die Einbeziehung unterschiedlicher Stakeholder-Gruppen erfordert. Zudem sollten die folgenden Präzisierungsfragen gestellt werden:

- Welcher System-/Prozessteil ist besonders komplex?
- Worin besteht die Komplexität?
- Kann dies ein Show-Stopper werden?

An Stelle der Nutzenfrage steht auch hier die Frage nach dem Risiko, das die erkannte Komplexität womöglich für den Projekterfolg darstellen kann.

26.2.14 Unveränderlichkeit

In umfangreichen, gewachsenen Systemlandschaften bestehen typischerweise vielfältige Abhängigkeiten zwischen Komponenten in unterschiedlichen Lebenszyklus-Stadien und mit unterschiedlichen Entwicklungshistorien, Technologien und Schnittstellen. Während einige Legacy-Systeme gewartet und weiterentwickelt werden, können andere kurz vor der Ablösung stehen.

Besonders kritische Legacy-Systeme werden dabei unter Umständen mit einem Entwicklungsstopp belegt: Obwohl sie weiter im produktiven Betrieb eingesetzt werden, sind keine Änderungen am System mehr zulässig. Diese Entscheidung kann z. B. dadurch begründet sein, dass das System zwar noch zuverlässig funktioniert, zum Teil jahrzehntealtes Wissen über Implementierungsinterna jedoch mit der Zeit erodiert ist, sodass Aufwand und Risiko eines Re-Engineering und einer Adaption des (womöglich in COBOL vorliegenden) Codes als unverhältnismäßig hoch angesehen werden. Mit der Annotation „Unveränderlichkeit" können alle Stakeholder darauf hingewiesen werden, dass ein existierendes System nicht selbst an neue Gegebenheiten (z. B. im Rahmen von Prozessänderungen oder der Integration weiterer Komponenten) angepasst werden kann, sondern durch geeignete Adapter gekapselt werden muss.

Zur Präzisierung der Hintergründe und Auswirkungen der Unveränderlichkeits-Entscheidung dienen die folgenden Fragen, die Stakeholder beim Einsatz der Annotation beantworten sollten:

- Welcher System-/Prozessteil soll unverändert bleiben?
- Wie soll dieser Teil in die veränderte System-/Prozesslandschaft integriert werden?
- Warum und auf wessen Initiative hin wurde der Teil als unveränderlich deklariert?

26.2.15 Ablösung

Während einige Legacy-Komponenten als „unveränderlich" zu betrachten sind, können andere Komponenten unter Umständen leichter ausgetauscht werden. Komponenten, deren Ablösung bzw. Abschaltung beschlossen ist, können in Modellen mit der Annotation „Ablösung" gekennzeichnet werden. Sie symbolisiert, dass die betreffende Komponente in Zukunft nicht mehr zur Verfügung stehen wird, sodass das in Entwicklung befindliche System sich nicht auf ihre Funktion stützen kann. Stattdessen sind im Rahmen des Projekts Alternativen zu entwickeln, um eventuelle Abhängigkeiten von solchen Komponenten aufzulösen.

Zur Präzisierung der Hintergründe und Auswirkungen der Ablösung sind die folgenden Fragen zu beantworten:

- Welcher System-/Prozessteil soll abgelöst werden?
- Wie soll dessen Aufgabe künftig umgesetzt werden (wenn überhaupt)?
- Warum und auf wessen Initiative hin soll die Ablösung erfolgen?

26.2.16 Verbesserungsbedarf

Im Rahmen der Wartung, Anpassung oder Neuentwicklung von Systemkomponenten bietet es sich stellenweise an, existierende Funktionen oder Prozesse zu verändern, um sie zu optimieren oder an neue Gegebenheiten anzupassen. Dabei kann es sich um **Anpassungen, Erweiterungen** oder **Vereinfachungen fachlicher** oder **technischer** Natur handeln. Die Annotation „Verbesserungsbedarf" signalisiert in allen diesen Fällen, dass an einem bestimmten System- oder Prozessteil Arbeiten erforderlich sind, und verschafft Stakeholdern so insbesondere in komplexen Systemlandschaften einen Überblick darüber, wo „Baustellen" liegen und welche Bereiche stabil bleiben.

Die Hintergründe der geplanten Verbesserung werden von den folgenden Präzisierungsfragen erfasst:

- Welcher System-/Prozessteil soll angepasst/erweitert/vereinfacht werden?
- Welche Veränderung ist vorgesehen?
- Warum und auf wessen Initiative hin soll die Veränderung erfolgen?

26.2.17 Externe Ressource

Schnittstellen zu externen Ressourcen stellen oft aus zwei Gründen Aufwandstreiber dar: Wenn das entwickelte System Dienste für externe Komponenten bereitstellt, muss die Schnittstelle besonders sorgfältig gestaltet werden, um für die aktuellen Einsatzzwecke optimal geeignet, aber auch für künftige Erweiterungen gewappnet zu sein. Wenn eine existierende Schnittstelle erweitert wird, ist hingegen darauf zu achten, dass Komponenten, die diese Schnittstelle bereits nutzen, von den Anpassungen unbeeinträchtigt bleiben.

Wenn das entwickelte System von externen Komponenten abhängig ist, sollte bedacht werden, was passiert, wenn diese Komponenten vorübergehend oder dauerhaft nicht verfügbar sind, wenn sich ihre Schnittstellen ändern oder sich die technischen oder fachlichen Bedingungen für ihre Nutzung ändern (z. b. hinsichtlich Nutzungsbedingungen, Preisen etc.). Neben der Notwendigkeit zur Klärung dieser Fragen signalisiert die Annotation „externe Ressource" auch, dass unter Umständen eine grundlegende Make-or-Buy-Entscheidung über die extern angebundene Funktionalität getroffen werden sollte.

Neben den üblichen Präzisierungsfragen zu Lokalisierung, Ausprägung und Nutzenabwägung stellt sich bei externen Ressourcen zusätzlich auch die Frage nach den Einflussmöglichkeiten auf den Ressourcen-Inhaber – ein wichtiger Aspekt, da durch Kollaboration mit dem Inhaber ggf. Anbindungsprobleme deutlich einfacher gelöst werden können, als wenn die externe Schnittstelle als unveränderlich angenommen wird:

- Zu welcher externen Ressource besteht eine Schnittstelle?
- Welche Informationen werden mit der externen Ressource ausgetauscht?
- Welchen Nutzen/Zweck hat die Anbindung für uns und für die Ressource?
- Welche Einflussmöglichkeit besteht auf den Ressourcen-Inhaber?

26.3 Ungewissheit

Die zuvor eingeführten Annotationen dienen dazu, Herausforderungen zu markieren, über die sich zumindest einige der Team-Mitglieder bereits bewusst sind. Ebenso wichtig ist es jedoch, sich über Punkte bewusst zu werden, in denen noch Ungewissheit im Team herrscht – seien es **fachliche** Aspekte, die noch nicht vollständig verstanden wurden, oder offene Fragen zur **technischen** Realisierung. Solche Ungewissheiten sind in jedem Team gerade in frühen Projektphasen normal. In klassischen Systemmodellen besteht jedoch keinerlei Möglichkeit, sie auszudrücken – im Gegenteil suggeriert die Formalität und Präzision der Modellierungssprache eine Gewissheit über die modellierten Aspekte, die im Team unter Umständen gar nicht vorhanden ist. Einmal modellierte Sachverhalte werden daher unter Umständen nicht mehr ausreichend hinterfragt, auch wenn es sich bei ihnen zunächst nur um eine erste, aus der Ungewissheit geborene Idee handelte.

Die Ungewissheits-Annotation (Abb. 26.3) ermöglicht es allen Team-Mitgliedern hingegen, deutlich zu machen, an welchen Punkten eines System- oder Prozessentwurfs sie noch Klärungsbedarf sehen. Die betreffenden Ungewissheiten sind in aller Regel nicht direkt im Rahmen des IR-Workshops zu klären, sondern dienen vielmehr als Hinweis darauf, wo tiefergehende Recherchen erforderlich sind bzw. versteckte Aufwände und Risiken lauern können. Anders als die Präzisierungsfragen zu den vorangegangenen Annotationen liegt der Fokus bei der Ungewissheit daher auf Strategien zur Erfassung und Klärung der fraglichen Punkte:

- Über welche Frage besteht Ungewissheit?
- Was ist zu tun, um die Ungewissheit zu beheben?

26.4 Annotationsdokumentation

Zur praktischen Durchführung der Annotationsrunden haben sich Abreißblöcke mit selbstklebenden Annotationssymbolen bewährt. Die Dokumentation der Annotationsausprägungen (was besagt die Annotation, wo ist sie lokalisiert, warum ist sie wichtig?) kann mit Formularen nach dem Vorbild von Abb. 26.4 erfolgen.[1]

Abb. 26.3 Annotationssymbol für Ungewissheit

Ungewissheit

[1] Blöcke mit selbstklebenden Annotationen und Notizbücher mit Annotations-Erfassungsformularen können unter www.interaction-room.de bezogen werden.

STAKEHOLDER pro: con: Anno-ID:

WERTTREIBER

Business value
+ − Kundenbindung
+ − Verkauf
+ − Wettbewerb
+ − Marktanteil
+ − Außendarstellung
+ − Marketing

+ − Nachhaltigkeit
+ − Unternehmensentwicklung
+ − Kosten
+ − Qualität
+ − Produktivität
+ − anderes: ____________

User value
Basis-Merkmal
Leistungs-Merkmal
Begeisterungs-Merkmal

Innovation
fachlich
technisch
disruptiv

AUFWANDSTREIBER

Hohe Last

Zeitbeschränkung
Frist
Zeitfenster

Korrektheit
Präzision
Aktualität
Konsistenz

Zuverlässigkeit

Sicherheit
Datenschutz
Datensicherheit

Verständlichkeit
Darstellung
Interaktion

Attraktivität

Flexibilität
Konfigurierbarkeit
Varianten
Design for change

Mobilität
Mobile Verfügbarkeit
Offline-Verfügbarkeit
Ortsabhängigkeit

Automatisierung

Manuelle Bearbeitung

Rahmenbedingung
rechtlich
technisch
organisatorisch

Komplexität
fachlich
technisch

STOP

Unveränderlichkeit

Ablösung

Verbesserungsbedarf
Anpassung
Erweiterung
Vereinfachung

Externe Ressource

UNGEWISSHEIT

Ungewissheit

§

Welche KOMPONENTE oder AKTIVITÄT ist von der Annotation betroffen?

Welche ANFORDERUNG oder HERAUSFORDERUNG wird durch die Annotation beschrieben?

Welche NUTZEN oder RISIKEN werden erwartet?

Nutzen-/Schadenpotenzial: S M L   Häufigkeit: S M L   Schwierigkeit: S M L

Abb. 26.4 Formular zur Annotations-Dokumentation

Für jede Annotation, die an ein Modellelement auf einem Canvas geheftet wird, erfragt und dokumentiert der IR-Domänen-Coach in diesem Formular folgende Informationen:

- Im Feld „ID" oben rechts wird die Annotation mit einer fortlaufenden Nummer versehen. Diese Nummer wird ebenso auf dem Annotationsaufkleber auf dem Canvas notiert.

- Im Kopf des Formulars wird der Name des Stakeholders, der die Annotation vorgeschlagen hat, im Feld „pro“ notiert. Falls ein Stakeholder der Annotation widerspricht, wird sein Name im Feld „con“ notiert. Diese Information ist hilfreich, um zu einem späteren Projektzeitpunkt weiterführende Informationen von den Stakeholdern zu erfragen.
- Unter der Überschrift „Werttreiber“, „Aufwandstreiber“ bzw. „Ungewissheit“ markiert der IR-Coach den Typ der Annotation, die in diesem Formular dokumentiert wird. Für die meisten Annotationen kann ein Untertyp gewählt werden, der die Natur der annotierten Herausforderung präziser beschreibt.
- Falls es sich um eine Business-Value-Annotation handelt, kann der IR-Coach notieren, ob sich der annotierte Aspekt positiv (+) oder negativ (–) auf verschiedene Geschäftsziele auswirkt.
- In den drei Kästen in der unteren Formularhälfte wird die Annotation näher charakterisiert:
  - Im Kasten „Welche Komponente oder Aktivität … “ wird das genaue Modellelement genannt, auf das die Annotation sich bezieht (z. B. eine Systemkomponente oder ein Prozessschritt wie „Versand der Transaktionsdaten der Vorperiode an die Regulierungsbehörde“).
  - Im Kasten „Welche Anforderung oder Herausforderung … “ wird die genaue Anforderung oder Herausforderung genannt, die durch die Annotation markiert wird (z. B. „Daten müssen bis zum 20. jedes Monats eingereicht werden, oder bis zum vorherigen Arbeitstag, falls dieses Datum auf ein Wochenende fällt“).
  - Im Kasten „Welche Nutzen oder Risiken … “ werden die positiven bzw. negativen Konsequenzen, die sich durch Berücksichtigung bzw. Nichtberücksichtigung der Annotation ergeben können, beschrieben (z. B. „verspätete Datenbereitstellung wird mit signifikanten Bußgeldern geahndet“).

  Der IR-Coach sollte diese Informationen von den Stakeholdern erfragen, während sie die Annotation diskutieren.
- In den drei Feldern am Fuß des Formulars notiert der IR-Coach den Eindruck des Teams von
  - der Höhe des Nutzen- bzw. Schadenpotenzials, das mit dieser Annotation verbunden ist,
  - der Prävalenz der annotierten Herausforderung (z. B. ob sie jedes Mal oder nur in seltenen Einzelfällen in einem Prozess auftritt), und
  - der erwarteten Schwierigkeit, mit der annotierten Herausforderung umzugehen.

  Da diese Einschätzungen bloße „Bauchgefühle“ sein können, werden sie lediglich in den qualitativen Kategorien „small“, „medium“ oder „large“ angegeben, statt sie zu quantifizieren. Falls signifikanter Dissens über die Qualifikation besteht, kann der IR-Coach alle Optionen ankreuzen, für die verschiedene Stakeholder plädieren (z. B. „S“ und „L“), um festzuhalten, dass die Annotation besonders kontrovers ist und detaillierter Analyse bedarf.

  Zusammen sind diese drei Kriterien wertvolle Indikatoren für den Einfluss einer Annotation und die Priorität, mit der sie behandelt werden sollte. Sie helfen so wesentlich bei der Projektplanung.

Die Dokumentation aller Annoationen in diesen Formularen sollte dem Team zusammen mit einer Fotodokumentation der annotierten Canvases zur Verfügung gestellt werden. Auf diese Weise können Stakeholder später im Projekt wieder auf das Wissen zurückgreifen, das im Rahmen der Annotationsdiskussion geäußert wurde, und es bei der Suche nach geeigneten Lösungen berücksichtigen.

Literatur

Kano N, Seraku N, Takahashi F, Tsuji S (1984) Attractive quality and must-be quality. J Jpn Soc Qual Control 14(2):147–156. ISSN 0386-8230 (auf Japanisch)

adVANTAGE-Vertragsmuster 27

Nachfolgend schlagen wir einen Mustervertrag für ein nach dem adVANTAGE-Modell durchgeführtes Projekt vor. Es sei dabei nochmals darauf verwiesen, dass das in Kap. 14 und 15 ausführlich beschriebene Vertragsmodell ein Muster darstellt, an das man sich weitgehend anlehnen kann. Je nach Projekterfordernis oder Partner-Konstellation kann es aber auch Sinn machen, weitgehende Anpassungen durchzuführen. Der nachfolgende Vertrag sollte daher in jedem Fall nicht nur vom Juristen, sondern auch von den kommerziell und technisch Verantwortlichen des Auftraggebers und des Auftragnehmers kommentiert und ausgehandelt werden. Der Vertrag wurde für das deutsche Rechtssystem entwickelt und muss selbstverständlich auch in dieser Hinsicht angepasst werden, sofern er in einem anderen Rechtssystem zur Anwendung kommen soll.

§1 Vertragsgegenstand

1. Gegenstand dieses Vertrages ist die Entwicklung von Individualsoftware und die Einräumung von Nutzungsrechten an dieser Software durch den Auftragnehmer.
2. Die einzelnen Schritte der Softwareentwicklung – von der Ermittlung des Bedarfs über die Spezifikation, die Entwicklung und Programmierung bis zur Bereitstellung für den Auftraggeber – vollziehen sich in einem agilen Entwicklungsprozess.

§2 Agiles Vorgehensmodell

Die Parteien haben sich auf die Anwendung eines agilen, iterativen Projektmodells für die Softwareentwicklung verständigt. Das bei der Durchführung dieses Vertrages angewandte Modell adVANTAGE basiert auf den folgenden Grundsätzen:

1. Vorgehen in Sprints
   Die Entwicklung und Programmierung der Software erfolgt in mehreren Entwicklungszyklen, so genannten Sprints. In einem Sprint werden einzelne, von den Parteien gemeinsam definierte Anforderungen implementiert. Die Anforderungen werden aus

M. Book et al., *Erfolgreiche agile Projekte*, Xpert.press,
DOI 10.1007/978-3-662-53330-7_27

Features abgeleitet und in der Konzeption verfeinert. Am Ende eines jeden Sprints wird lauffähige Software geliefert.

2. Leistungsbeschreibungen
   Vor Beginn der Entwicklungs- und Programmierungsarbeiten im Projekt legen die Parteien die vom Auftraggeber gewünschten Features grob fest. Diese Beschreibung ist so detailliert festzulegen, dass der für die Umsetzung der Features benötigte Aufwand abgeschätzt werden kann. Eine detaillierte Beschreibung und Festlegung der im Rahmen eines Sprints umzusetzenden Anforderungen basierend auf den Features erfolgt zu Beginn jedes Sprints.
3. Priorisierung der Funktionen für den Sprint
   Die in dem jeweiligen Sprint zu programmierenden Features werden vom Auftraggeber vor Beginn des Sprints priorisiert. Der Auftraggeber entscheidet also, welche Anforderungen entsprechend der Features in welchem Sprint entwickelt und programmiert werden sollen. Der Auftraggeber kann die Priorisierung der Features vor jedem Sprint wieder ändern und so nach dem Ende eines Sprints die im nächsten Sprint zu entwickelnden Features definieren.
   Kommen im Laufe des Projekts weitere Features hinzu, so wird das Gesamtaufwandsbudget entsprechend erhöht. Dabei wird gemeinsam festgelegt, ob diese ggf. in einem zusätzlichen Sprint umgesetzt werden (die vorab festgelegte Teamgröße bleibt dabei identisch). Ein Austausch von Features mit solchen gleicher oder geringerer Wertigkeit ist nach jedem Sprint gesamtbudgetneutral möglich. Bei einem Austausch von Features mit solchen höherer Wertigkeit gelten die Grundsätze für das Hinzukommen weiterer Features.
4. Flexibilität
   Nach dem Ende eines Sprints kann der Auftraggeber außerdem das Projekt abbrechen, neue Features definieren oder entscheiden, ob einzelne Features implementiert werden sollen oder nicht. Der Auftraggeber kann damit auf neue Erkenntnisse und einen etwaig geänderten Bedarf im Rahmen des Projekts flexibel reagieren.
5. Mitwirkungspflichten
   Noch mehr als andere Projektmodelle erfordert das Projektmodell adVANTAGE die aktive Mitwirkung des Auftraggebers. Die Vorgehensweise und der Einfluss, den der Auftraggeber während des Projekts auf die Entwicklung und Programmierung nehmen kann, bedingen ein hohes Maß an Verfügbarkeit und Mitarbeit des Auftraggebers.
6. Abrechnung nach jedem Sprint
   Die erbrachten Leistungen werden nach jedem Sprint abgerechnet. Die Vergütung unterteilt sich in eine Grundpauschale für Analyse und Projektleitung sowie eine aufwandsabhängige Vergütung für die Entwicklung.

§3 Grobspezifikation zu Beginn des Projekts

1. Zu Beginn des Projekts erstellen die Parteien gemeinsam eine Grobspezifikation der zu entwickelnden Software. Die Grobspezifikation nennt auf einer generellen Ebene die Zwecke, das Einsatzgebiet, die Funktionen, die zukünftigen Nutzer und ähnliche Parameter der zu erstellenden Software.

2. Die fachlichen und gegebenenfalls auch technischen Anforderungen des Auftraggebers werden in der Grobspezifikation in so genannten „Features" grob beschrieben. Ein Feature umfasst danach eine oder mehrere Funktion(en) der Software, die grundsätzlich für sich oder jedenfalls im Zusammenspiel mit einem oder mehreren anderen Feature(s) separat genutzt werden kann/können.
3. Die Detaillierungstiefe der Features muss ausreichen, um dem Auftragnehmer eine Abschätzung des Entwicklungs- und Programmierungsaufwandes zu ermöglichen. Ob die anfängliche Grobspezifikation diesen Anforderungen bereits genügt oder noch weiter detailliert werden muss, entscheidet daher der Auftragnehmer je Feature. Der Auftragnehmer wird den Auftraggeber darauf hinweisen, welche Informationen benötigt werden, um die Abschätzbarkeit zu erreichen. Sollte sich die Detaillierungstiefe nicht hinreichend festlegen lassen können, so wird ggf. von den Parteien das Vergütungsmodell für das betreffende Feature einvernehmlich festgelegt.
4. Der Auftragnehmer wird dem Auftraggeber anhand der Grobspezifikation für jedes Feature eine Schätzung der Aufwände für Entwicklung und Programmierung übermitteln. Maßeinheit für diese Abschätzung ist der Personentag.
5. Der Auftragnehmer wird die Grobspezifikation und die Aufwandsschätzung mit dem Auftraggeber abstimmen. Grobspezifikation und Aufwandsschätzung sind Bestandteile dieses Vertrages und bilden die Grundlage für die weitere Durchführung des Vertrages. Die Grobspezifikation wird diesem Vertrag als Anlage 1 beigefügt, die Aufwandsschätzung ist in Anlage 2 zu diesem Vertrag verzeichnet.
6. Sofern Grobspezifikation und/oder Aufwandschätzung von den Parteien bereits vor Abschluss dieses Vertrages erstellt, abgestimmt und freigegebenen wurden (zum Beispiel im Rahmen des Angebotsprozesses, im Zusammenhang mit einem im Vorfeld der Projekts durchgeführten Workshop oder als Folge eines Proof of Concepts), finden die Regelungen der beiden vorstehenden Ziffern dennoch entsprechend Anwendung. Die auf diesem Weg vorab vereinbarte Grobspezifikation sowie die entsprechende Aufwandsschätzung bzw. die diese enthaltenden Dokumente werden diesem Vertrag als Anlagen 1 und 2 beigefügt.

§4 Sprints: Priorisierung; Zielbudgets; Feinspezifikation

1. Die in der Grobspezifikation beschriebenen Features werden nach der Freigabe von Grobspezifikation, Aufwandschätzung und Grundpauschale(n) durch den Auftraggeber priorisiert. Der Auftraggeber entscheidet in Abstimmung mit dem Auftragnehmer, welche Features für ihn am Wichtigsten sind und welche mit niedrigerer Priorität erstellt werden sollen. Der Auftraggeber ist bei der Priorisierung weitgehend frei, hat jedoch etwaige fachliche und technische Abhängigkeiten verschiedener Features zu beachten. Der Auftragnehmer unterstützt den Auftraggeber bei der Festlegung einer sinnvollen Priorisierung. Das Ergebnis der Priorisierung wird durch die Parteien in einer Liste festgehalten. Diese Liste wird diesem Vertrag als Anlage 3 beigefügt und ist damit Vertragsbestandteil.

2. Im Rahmen jedes Sprints werden die (aktuell) am höchsten priorisierten Features umgesetzt.
3. Jedem Sprint wird nach dieser (ersten) Festlegung eine fixe Dauer zugeordnet sowie das Budget, das sich aus Grundpauschale und Aufwandabschätzung für die Umsetzung der Features des betreffenden Sprints ergibt.
4. Zu Beginn jedes Sprints werden die dem Sprint zugewiesenen Features konkret und detailliert in einer Feinspezifikation festgelegt. Für den zweiten und alle nachfolgenden Sprints erfolgt dies, soweit möglich, bereits während des jeweils laufenden Sprints durch den Product Owner.
5. Der Auftragnehmer entwickelt und programmiert die in der Feinspezifikation aus den Features abgeleiteten Anforderungen in dem betreffenden Sprint und testet, ob die Software die Anforderungen erfüllt. Danach stellt der Auftragnehmer die Software dem Auftraggeber zur Prüfung bereit. Der Auftraggeber testet die Software und erklärt die Ordnungsgemäßheit. Diese gilt auch dann als erklärt, wenn der Auftraggeber die Software vorbehaltlos in Betrieb nimmt.
6. Am Ende des Projekts, nach Abschluss des letzten Sprints und der Übergabe an den Auftraggeber, erhält dieser die Gelegenheit zu einer abschließenden Prüfung und einem endgültigen, umfangreichen Test. Nach deren Abschluss erklärt der Auftraggeber
   - das Projekt für beendet,
   - die Software als wie vertraglich gewünscht oder
   - sofern er Abweichungen feststellt, die gewünschten Nachbesserungen.
7. Die Dauer des jeweiligen Sprints und damit der Zeitpunkt für die Bereitstellung zur Prüfung stehen jeweils fest (so genanntes „Time Boxing“). Der einzelne Sprint wird also in keinem Fall verlängert. Vielmehr werden Features, deren Anforderungen nicht in der Software umgesetzt wurden, einschließlich der bereits geleisteten Zeitaufwände in einen anderen (in der Regel in den darauffolgenden) Sprint verlagert (nachfolgend als „Übertrag“ bezeichnet).

§5 Unterauftragnehmer

Der Auftragnehmer ist berechtigt, sich bei der Durchführung dieses Vertrages eines oder mehrerer Unterauftragnehmer zu bedienen.

§6 Grundsätze der Zusammenarbeit; Projektorganisation; Eskalation

1. Das Gelingen des Projektes setzt eine enge Kooperation der Parteien und eine konstruktive Kommunikationskultur voraus. Aus diesem Grund erklären die Parteien im Rahmen der gesetzlichen Bestimmungen ihre uneingeschränkte Bereitschaft zu gegenseitiger Rücksichtnahme, umfassender Information, vorsorglicher Warnung vor Risiken, gemeinschaftlicher, konstruktiver Klärung von Meinungsverschiedenheiten und zum Schutz gegen störende Einflüsse von dritter Seite. Eine gesellschaftsrechtliche Verbindung zwischen den Parteien wird dadurch nicht begründet.
2. Der zuständige Product Owner auf Seiten des Auftragnehmers ist in der Anlage 5 zu diesem Vertrag bezeichnet. Der Auftragnehmer ist berechtigt, den Product Owner auszutauschen. Der Auftragnehmer wird den Auftraggeber entsprechend informieren.

3. Der zuständige Projektmanager auf Seiten des Auftraggebers und dessen Stellvertreter sind ebenfalls in Anlage 5 zu diesem Vertrag bezeichnet. Sowohl der Projektmanager als auch sein Stellvertreter müssen hinsichtlich der sie treffenden Aufgaben im Rahmen der Durchführung des Projekts fachlich und technisch kompetent sein.
4. Der Auftragnehmer wird die vertragsgegenständlichen Entwicklungs- und Programmierungsarbeiten in den eigenen Geschäftsräumen durchführen. Zur Vorbereitung der Bereitstellung zur Prüfung sowie der Tests werden Leistungen jedoch gegebenenfalls auch vor Ort beim Auftraggeber oder am Standort der Hardware erbracht.
5. Die Projektsprache ist Deutsch.
6. Meinungsverschiedenheiten und Auseinandersetzungen, die im Zuge der Durchführung des Projekts zu Tage treten bzw. entstehen und die erfolgreiche Durchführung des Projekts zu gefährden geeignet sind, werden zunächst unverzüglich auf Ebene des Product Owners des Auftragnehmers und des Projektmanagers des Auftraggebers besprochen und geklärt. Dabei getroffene Regelungen und Absprachen werden sofort gemeinsam protokolliert und zumindest in Textform ausgetauscht. Gelingt auf dieser Ebene keine zeitgerechte Klärung, wird die Angelegenheit unverzüglich in den Lenkungsausschuss für das Projekt eskaliert. Die Mitglieder des Lenkungsausschusses sind in Anlage 5 zu diesem Vertrag aufgeführt und sind gehalten, die entstandenen Schwierigkeiten nach Treu und Glauben unverzüglich zu beseitigen.

§7 Mitwirkungspflichten

1. Das gewählte Projektmodell bedingt in besonderem Maße die aktive Mitwirkung des Auftraggebers. Der Auftraggeber versteht das Projekt daher nicht nur als Projekt des Auftragnehmers, sondern auch als eigenes Projekt und ist sich bewusst, dass er für die erfolgreiche Durchführung des Projekts laufend und im ausreichenden Umfang eigene Ressourcen disponieren muss. Die Parteien sind sich darüber einig, dass die Mitwirkungspflichten des Auftraggebers echte Leistungspflichten sind.
2. Der Auftraggeber verpflichtet sich, stets unverzüglich die für die Durchführung des Projekts, insbesondere für die Erstellung der Feinspezifikationen für die einzelnen Sprints, für die Entwicklung und die Programmierung der Features sowie für die Prüfungen notwendigen fachlichen und technischen Informationen zu erteilen, Unterlagen zur Verfügung zu stellen und Handlungen vorzunehmen.
3. Der Projektmanager und sein Stellvertreter stehen dem Auftragnehmer jederzeit für alle die Durchführung des Projekts betreffenden Fragen zu Verfügung. Sie sind für den Auftragnehmer werktags zwischen 08:00 und 20:00 Uhr laufend per E-Mail und per Telefon zu erreichen und befugt und bevollmächtigt – sowie verpflichtet –, alle erforderlichen Entscheidungen für die Durchführung des Projekts zu treffen.

   Der Auftraggeber ist berechtigt, den Projektmanager oder seinen Stellvertreter durch eine andere gleichermaßen qualifizierte und verfügbare Person zu ersetzen. Der Auftragnehmer ist jedoch von jeder derartigen Maßnahme vorab in Kenntnis zu setzen. Das gleichzeitige Ersetzen von Projektmanager und Stellvertreter ist überdies ausgeschlossen.
4. Angesichts des festen Zeitplans jedes Sprints (Time Boxing) sind sich die Parteien darüber einig, dass auf Anfragen und Ersuchen des Auftragnehmers binnen maximal

24 Stunden zu reagieren und die betreffende Information zu erteilen, Handlung vorzunehmen oder Entscheidung zu treffen ist. In Fällen, in denen weder der Projektmanager des Auftraggebers noch dessen Stellvertreter dieser Verpflichtung zeitgerecht nachkommen oder falls zum betreffenden Zeitpunkt pflichtwidrig weder Projektmanager noch Stellvertreter eingesetzt sind, wird der Auftragnehmer alle fälligen Entscheidungen unter Beachtung der Grundsätze von Treu und Glauben selbst treffen und Handlungen selbst vornehmen. Auf diesem Weg getroffene Entscheidungen sind für die Parteien bindend.

5. Der Projektmanager des Auftraggebers oder dessen Stellvertreter stehen den Projektverantwortlichen beim Auftragnehmer zudem insbesondere für die Erstellung der Feinspezifikation für den jeweils nächsten Sprint zu Verfügung und werden diese Feinspezifikationen gemeinsam mit dem Auftragnehmer erarbeiten und nach Abstimmung freigegeben.
6. Der Auftraggeber wird ferner insbesondere alle für die Entwicklung, Programmierung und Durchführung von Funktionsprüfungen und Tests der Software notwendigen Daten aufbereiten und dem Auftragnehmer zur Verfügung stellen. Das gilt insbesondere für Testdatensätze und Testinhalte zur Überprüfung der Funktionen der jeweiligen Software. Zudem wird der Auftraggeber für die Tests in Abstimmung mit dem Auftragnehmer entsprechende Testfälle generieren.
7. Auf Wunsch des Auftragnehmers ermöglicht es der Auftraggeber dem Auftragnehmer überdies, die implementierte Software vor der Bereitstellung zur Prüfung in einer produktionsäquivalenten Testumgebung des Auftraggebers zu testen. Der Auftraggeber stellt hierzu den entsprechenden Zugang bereit.
8. Der Auftraggeber zeigt Ausfälle, Störungen und Beeinträchtigungen im Ablauf der Software unverzüglich mit einer Fehlerbeschreibung an, gleich ob vor oder nach Prüfung.
9. Nicht, verspätet, fehlerhaft oder unvollständig erfüllte Mitwirkungspflichten gehen zu Lasten des Auftraggebers. Der Auftragnehmer wird dem Auftraggeber eine pflichtwidrig ausstehende Mitwirkungshandlung anzeigen, gegebenenfalls mit einer Frist zur Nach- oder Wiederholung. Vor dem Hintergrund des strengen Zeitplans der Sprints genügt die mündliche Anzeige.
   Kommt der Auftraggeber der jeweiligen Mitwirkungspflicht trotz Fristsetzung nicht nach, so ist der Auftragnehmer berechtigt, die Leistung auf Grundlage der bereits vorliegenden Informationen zu erbringen oder entsprechend Ziffer 7.4, Sätze 2 und 3, dieses Vertrages vorzugehen. Falls weder das eine noch das andere möglich ist, kann der Auftragnehmer die betroffenen Arbeiten einstellen, bis die Mitwirkungspflicht erfüllt ist. Schäden, die dem Auftragnehmer durch nicht vertragsgemäß erbrachte Mitwirkungsleistungen insbesondere durch das Vorhalten von Ressourcen entstehen (insbesondere in der Form von Wartezeiten der für das Projekt disponierten Mitarbeiter), werden dem Auftraggeber zu dem in Anlage 7 zu diesem Vertrag genannten regulären Tagessatz berechnet. Die Parteien sind sich in diesem Zusammenhang darüber einig, dass es dem Auftragnehmer aufgrund des gewählten Projektmodells nicht möglich ist, die dem Projekt zugewiesenen Mitarbeiter während eines laufenden Sprints anderweitig einzusetzen.

Features, die aufgrund von nicht, verspätet, fehlerhaft oder unvollständig erfüllten Mitwirkungspflichten nicht im betreffenden Sprint fertiggestellt werden konnten, werden in den darauffolgenden Sprint transferiert. Das aufwandsabhängige Budget für das Feature wird anteilig ebenfalls transferiert, ohne dass dies aber die Rechte des Auftragnehmers nach Ziffer 7.9, zweiter Absatz, Sätze 3 und 4, dieses Vertrages schmälert. Die entsprechenden Verzögerungen im Projekt gehen in vollem Umfang zu Lasten des Auftraggebers.

10. Der Auftraggeber ist für die der Bedeutung der jeweiligen Daten angemessene, gegebenenfalls laufende Sicherung seiner Daten allein verantwortlich. Dem Auftraggeber obliegt es in diesem Zusammenhang insbesondere, vor allen angekündigten Arbeiten des Auftragnehmers, die bestimmungsgemäß auf den Systemen des Auftraggebers durchgeführt werden, dafür Sorge zu tragen, dass alle etwaig betroffenen Daten auf einem externen System oder Datenträger noch einmal gesichert werden.

§8 Nutzungsrechte

1. Individualentwicklung
   a. Der Auftraggeber erwirbt an der zu entwickelnden Software ebenso wie an der zu erstellenden Dokumentation sämtliche ausschließlichen Nutzungsrechte, insbesondere die Rechte zur Vervielfältigung, Verbreitung, öffentlichen Zugänglichmachung und Bearbeitung einschließlich der freien Verwertung der Bearbeitungen, in allen, auch unbekannten, Nutzungsarten. Der Auftragnehmer übergibt dem Auftraggeber den Quellcode auf einem oder mehreren handelsüblichen Datenträgern.
   b. Der Auftraggeber kann diese Nutzungsrechte ohne weitere Zustimmung des Auftragnehmers ganz oder teilweise auf Dritte übertragen und/oder Dritten einfache Nutzungsrechte an ihnen einräumen.
2. DrittsoftwareArt, Inhalt und Umfang der dem Auftraggeber vom Hersteller der Drittsoftware jeweils eingeräumten Nutzungsrechte bestimmen sich nach den zwischen dem Hersteller und dem Auftraggeber vereinbarten Regelungen.

§9 Vergütung und Zahlungsbedingungen

1. Die Vergütung der Leistungen und ihre Abrechnung richtet sich im Einklang mit dem gewählten Projektmodell nach den folgenden Grundsätzen:
   a. Vor Projektbeginn wird ein Gesamtaufwandsbudget für das Projekt festgelegt. Dies richtet sich unter anderem nach Anzahl und Dauer der Sprints, Größe des Projektteams, sowie der Aufwandsschätzung für die Realisierung der Features.
   b. Vor Beginn jedes Sprints wird die jeweilige Höhe der Vergütung zusammen mit der gemeinsamen Aufwandsschätzung bezogen auf das einzelne Feature festgelegt.
   c. Nach Abschluss jedes Sprints wird abgerechnet.
   d. Die Vergütung für die Leistungen eines Sprints besteht stets aus
      i. der festen Grundpauschale, mit der die Leistungen der Projektleitung (Product Owner), des Scrum Masters, der Erarbeitung und Erstellung der Feinspezifikation,

der vom Auftragnehmer durchgeführten Entwickler- und Integrationstests sowie der Release-Erstellung vergütet werden und welche die Gewährleistung umfasst; sowie

ii. einer aufwandsabhängigen Vergütung, mit der Konzeptions- und Entwicklungsarbeiten in dem Sprint vergütet werden, und die zuvor vom Auftragnehmer abgeschätzt und vom Auftraggeber freigegeben wurde.

Grundvergütung und freigegebene Aufwandsschätzung bilden das Budget des Sprints.

Definitionen der Rollen:

Der *Product Owner* ist fachlicher und organisatorischer Ansprechpartner für den Kunden. Er gibt dem Team die abzuarbeitenden Anforderungen in Form von Features und steht für fachliche Fragen zur Verfügung.

Der *Scrum Master* sorgt für die Optimierung des Prozesses, Transparenz und hat als Ziel die bessere Produktivität des Teams.

Ein *Team Member* setzt Anforderungen entsprechend der Features um und erarbeitet aktiv und wertorientiert Lösungen im Rahmen der Sprints. Hieraus entsteht lauffähige Software.

e. Es werden grundsätzlich alle während des betreffenden Sprints entstehenden Entwicklungs- und Programmierungsaufwände für geprüfte oder zur Prüfung bereitgestellte Software vergütet.

Dies schließt solche Aufwände ein, die über der Aufwandsschätzung und damit jenseits des Zielbudgets liegen und/oder die für etwaige Fehlerkorrekturen und vergleichbare Tätigkeiten entstehen. Jedoch vereinbaren die Parteien vor diesem Hintergrund drei unterschiedliche Tagessätze, nämlich

i. einen regulären Tagessatz für zielbudgetgerecht geleistete Aufwände des Product Owners,

ii. einen regulären Tagessatz für zielbudgetgerecht geleistete Aufwände der Team Members
und

iii. einen niedrigeren Tagessatz für alle Aufwände, die über den gemeinsam abgeschätzten Aufwand hinausgehen **[OPTIONAL:** sowie alle im Rahmen von Fehlerbeseitigungs- und ähnlichen Maßnahmen während einer Iteration entstehenden Entwicklungs- und Programmierungsaufwände]. Bezugsgröße für die Ermittlung von Abweichungen ist das jeweilige Feature.

Zielbudgetgerecht geleistet sind alle Aufwände, die sich innerhalb der freigegebenen Aufwandsschätzung bewegen. Zielbudgetgerecht geleistete Features werden entsprechend der tatsächlich erbrachten Aufwände nach dem regulären Tagessatz abgerechnet.

Die Abrechnung von Aufwänden, die über den gemeinsam abgeschätzten Aufwand hinausgehen, erfolgt, wie sie tatsächlich erbracht wurden. Der Auftragnehmer informiert den Auftraggeber bei der Überschreitung des Zielbudgets eines Features.

Diese Abgrenzung zwischen regulärem und niedrigerem Tagessatz gilt auch, wenn im Projekt ein Feature nicht weiter verfolgt wird (z. B. wenn es nach Ende eines Sprints nicht fertig gestellt wurde und nicht in den nächsten Sprint aufgenommen wurde).
Für nach Abschluss des letzten Sprints (vgl. Ziffer 4.6) entstehende zusätzliche Aufwände gilt der niedrigere Tagessatz.

f. Nach Abschluss eines Sprints werden außer der Grundpauschale nur die Features abgerechnet, die geprüft oder zur Prüfung bereitgestellt worden sind. Überträge werden auch in Bezug auf die bereits geleisteten Zeitaufwände in den nächsten Sprint verlagert.

2. Die vereinbarten Tagessätze sind in Anlage 7 zu diesem Vertrag festgelegt.
Ein Personentag versteht sich à 8 Arbeitsstunden. Am betreffenden Tag geleistete Minder- oder Mehrstunden werden anteilig abgerechnet. Die Abrechnung erfolgt auf Basis von Leistungsbelegen. Der Auftraggeber erhält mit der Rechnung einen Ausdruck der im EDV-System vom Auftragnehmer erfassten Tätigkeiten der betreffenden Mitarbeiter zur Prüfung. Nach einer Frist von zwei Wochen nach Vorlage des unwidersprochenen Tätigkeitsberichtes gilt dieser als geprüft.
3. **[OPTIONAL:** Bonusregelung
Der Auftragnehmer erhält im Falle der fristgerechten Leistungserbringung eine Bonuszahlung.
Die Höhe der Bonuszahlung beträgt insgesamt **[BETRAG]** % der abgerechneten Leistung.
Der Anspruch auf Zahlung des Bonus entsteht unter den Voraussetzungen:
   - Der Einhaltung des Termins **[DATUM]**.
   - Der Abnahmefähigkeit der zu den genannten Terminen zu erbringenden Leistungen.

   Bei Einhaltung des Termins **[DATUM]** entsteht ein Anspruch auf eine Abschlagszahlung in Höhe von EUR **[BETRAG]** zzgl. der gesetzlichen Mehrwertsteuer. Die Abschlagszahlung wird auf die Höhe der Bonuszahlung angerechnet.
Der Anspruch auf die Bonuszahlung entfällt nicht dadurch, dass die Termine aufgrund nicht vertragsgemäß erbrachter Mitwirkungsleistungen des Auftraggebers nicht gehalten werden können. Die Termine verschieben sich in diesem Falle entsprechend.]
4. Reisen zum Sitz des Auftraggebers sind im Angebot bereits enthalten. Reisekosten und Spesen, die für Fahrten zu anderen Einsatzorten auf Veranlassung des Auftraggebers entstehen, werden gegen Nachweis bzw. mit den jeweils geltenden steuerlichen Höchstbeträgen erstattet.
[ALTERNATIV: Zur Durchführung des Vertrages erforderliche Reisekosten und Reisenebenkosten werden dem Auftragnehmer vom Auftraggeber gegen Nachweis erstattet. Entstandene Reisezeiten werden dem Auftraggeber mit 50 % des Tagessatzes zu diesem Vertrag berechnet.]
5. Voraussetzung für die Bezahlung ist die Vorlage einer ordnungsgemäßen, prüffähigen Rechnung. Rechnungen sind 30 Tage nach Zugang beim Auftraggeber zur Zahlung fällig, wobei Zahlungen innerhalb von 8 Tagen zu einem Skonto von 3 % berechtigen. Fehler bei der Rechnung hemmen deren Fälligkeit.

[ALTERNATIV: Rechnungsbeträge sind grundsätzlich innerhalb von 30 Tagen nach Zugang einer prüffähigen Rechnung ohne Abzug zahlbar.]

§10 Kündigung

1. Der Auftraggeber kann diesen Projektvertrag nach § 649 Satz 1 BGB ordentlich kündigen. In diesem Fall gilt Folgendes:
   a. Die für bereits abgeschlossene Sprints gezahlte Vergütung verbleibt in jedem Fall beim Auftragnehmer.
   b. Sofern die Vergütung für einen bereits abgeschlossenen Sprint noch nicht geleistet wurde, wird diese Vergütung nach Eingang einer entsprechenden Rechnung des Auftragnehmers sofort zur Zahlung fällig.
   c. Wurden Anforderungen aus Features zum Zeitpunkt des Wirksamwerdens der Kündigung bereits in Software umgesetzt und diese zur Prüfung bereitgestellt, stehen aber die Tests durch den Auftraggeber noch aus, so hat der Auftragnehmer diese Tests ungeachtet der Kündigung durchzuführen und bei Vorliegen der Voraussetzungen die Ordnungsmäßigkeit zu erklären. Tut er dies auch nach Fristsetzung durch den Auftragnehmer nicht, so wird vermutet, dass die betroffenen Anforderungen ordnungsgemäß umgesetzt sind. Dies gilt auch dann, wenn der Auftraggeber die Software vorbehaltlos in Betrieb nimmt. Der Auftragnehmer ist dann berechtigt, die fertiggestellten Features des laufenden Sprints abzurechnen; der Auftraggeber hat die Vergütung zu zahlen.
   d. Für laufende Sprints vergütet der Auftraggeber dem Auftragnehmer die zum Zeitpunkt des Wirksamwerdens der Kündigung bereits erbrachten Aufwände entsprechend den in Anlage 7 zu diesem Vertrag vereinbarten Tagessätzen sowie die Grundpauschale für den laufenden Sprint. Der Auftragnehmer weist den Einsatz der Mitarbeiter durch Vorlage entsprechender Tätigkeitsnachweise nach und überlässt dem Auftraggeber die Software im Stand der dann vorliegenden Entwicklung.
   e. Zudem zahlt der Auftraggeber als Kompensation für noch nicht erbrachte Leistungen eine Vergütung in Höhe des bis Ende des laufenden Sprints planmäßig zu erbringenden Aufwands entsprechend den in Anlage 7 zu diesem Vertrag vereinbarten Tagessätzen. Darüber hinaus ist für einen eventuellen Übertrag aus vergangenen Sprints der tatsächlich erbrachte Aufwand zu vergüten. Der Auftragnehmer muss sich jedoch dasjenige anrechnen lassen, was der Auftragnehmer infolge der Befreiung von der Leistung erspart oder durch anderweitige Verwendung der Arbeitskraft erwirbt oder zu erwerben böswillig unterlässt.
2. Das Recht zur außerordentlichen Kündigung ist beiden Parteien bei Vorliegen der jeweiligen gesetzlichen Voraussetzungen unbenommen. Im Hinblick auf die Vergütung für ganz oder teilweise bereits erbrachte Leistungen gelten die vorstehenden Ziffern dieses Vertrages entsprechend, Ziffer 10.1.d allerdings mit der Maßgabe, dass die Vergütung für solche Leistungen entfällt, für die der Auftraggeber innerhalb von vier Wochen nach Erklärung der Kündigung darlegt, dass sie für ihn ohne Interesse sind.
3. Kündigungserklärungen bedürfen zu Ihrer Wirksamkeit der Schriftform. Die Übermittlung der Erklärung per Telefax genügt diesem Schriftformerfordernis nicht.

§11 Gewährleistung für Sachmängel

1. Der Auftragnehmer gewährleistet, dass die Software der vertragsgemäßen Beschaffenheit entspricht.
2. Die Gewährleistungsfrist beträgt ein Jahr. Diese kurze Gewährleistungsfrist gilt in Bezug auf Schadensersatzansprüche wegen eines Sachmangels nach § 634 Nr. 4 BGB nicht, wenn auf Seiten des Auftragnehmers Vorsatz oder ein arglistiges Verschweigen eines Mangels vorliegt, wenn es um Fälle der Verletzung des Lebens, des Körpers oder der Gesundheit geht oder es sich um Ansprüche nach dem Produkthaftungsgesetz handelt.
3. Mängel, die nicht schon in der Abnahmeerklärung aufgeführt wurden, hat der Auftraggeber dem Auftragnehmer unverzüglich, spätestens jedoch innerhalb von zwei Wochen nach Entdeckung mitzuteilen. Die Mängelanzeige ist mit einer möglichst präzisen Fehlerbeschreibung zu versehen. Erfolgt die Anzeige nicht rechtzeitig, gilt der Leistungsgegenstand in Bezug auf diesen Mangel als genehmigt. Die Geltendmachung von Gewährleistungsansprüchen ist insoweit ausgeschlossen.
4. Soweit es möglich und im Hinblick auf die Auswirkungen des Mangels dem Auftraggeber zumutbar ist, ist der Auftragnehmer berechtigt, bis zur endgültigen Behebung eine Zwischenlösung zur Umgehung des Mangels bereitzustellen. Eine solche Zwischenlösung verhindert die etwaigen Rechte des Auftraggebers aus § 634 Nr. 2–4 BGB.
5. Die Gewährleistungspflicht entfällt, wenn der Auftraggeber den Leistungsgegenstand selbst ändert oder durch Dritte ändern lässt, es sei denn, der Mangel ist nicht auf die vorgenommenen Änderungen zurückzuführen.
6. Gelingt es dem Auftragnehmer nicht, einen erheblichen Mangel innerhalb von zwei Nachbesserungsversuchen zu beseitigen, kann der Auftraggeber die weiteren gesetzlichen Gewährleistungsansprüche geltend machen.

§12 Gewährleistung für Rechtsmängel

1. Der Auftragnehmer gewährleistet, dass die Software frei von Schutzrechten Dritter ist und dass nach Kenntnis des Auftragnehmers auch keine sonstigen Rechte bestehen, welche die vertragsgemäße Nutzung durch den Auftraggeber einschränken oder ausschließen.
2. Im Gewährleistungsfall hat der Auftragnehmer in einem für den Auftraggeber zumutbaren Umfang das Recht, entweder die Software so abzuändern, dass sie aus dem Schutzbereich des geltend gemachten Rechts herausfallen, gleichwohl aber den vertraglichen Bestimmungen entsprechen, oder die Befugnis zu erwirken, dass sie uneingeschränkt und ohne zusätzliche Kosten für den Auftraggeber vertragsgemäß genutzt werden kann.
3. Die Gewährleistungsfrist beträgt ein Jahr und beginnt mit der Abnahme. Ziffer 11.2, Satz 2, dieses Vertrages gilt jedoch entsprechend.
4. Die Parteien werden sich gegenseitig unverzüglich schriftlich benachrichtigen, falls ihnen gegenüber Ansprüche wegen Verletzung von Schutzrechten geltend gemacht werden.

§13 Haftung

1. Der Auftragnehmer haftet für Schäden des Auftraggebers, die vorsätzlich oder grob fahrlässig verursacht wurden, die Folge des Nichtvorhandenseins einer garantierten Beschaffenheit sind, die auf einer schuldhaften Verletzung wesentlicher Vertragspflichten (so genannter Kardinalpflichten) beruhen, die Folge einer schuldhaften Verletzung der Gesundheit, des Körpers oder des Lebens sind, oder für die eine Haftung nach dem Produkthaftungsgesetz vorgesehen ist, nach den gesetzlichen Bestimmungen.
2. Kardinalpflichten sind solche vertragliche Pflichten, deren Erfüllung die ordnungsgemäße Durchführung des Vertrages überhaupt erst ermöglicht und auf deren Einhaltung der Vertragspartner regelmäßig vertrauen darf, und deren Verletzung auf der anderen Seite die Erreichung des Vertragszwecks gefährdet.
3. Bei Verletzung einer Kardinalpflicht ist die Haftung – soweit der Schaden lediglich auf einfacher Fahrlässigkeit beruht und nicht Leib, Leben oder Gesundheit betrifft – beschränkt auf solche Schäden, mit deren Entstehung im Rahmen eines Vertragsverhältnisses wie dem vorliegenden typischerweise gerechnet werden kann.
4. In Fällen von einfacher Fahrlässigkeit ist die Haftung – soweit der Schaden nicht Leib, Leben oder Gesundheit oder eine versprochene Garantie betrifft – zudem grundsätzlich der Höhe nach begrenzt auf 2 Millionen Euro.
5. Im Übrigen ist die Haftung – gleich aus welchem Rechtsgrund – sowohl des Auftragnehmers als auch von seinen Erfüllungs- und Verrichtungsgehilfen ausgeschlossen.
6. Resultieren Schäden des Auftraggebers aus dem Verlust von Daten, so haftet der Auftragnehmer hierfür nur, soweit die Schäden auch durch eine Sicherung aller relevanten Daten durch den Auftraggeber wie in Ziffer 7.10 dieses Vertrages beschrieben nicht vermieden worden wären.

§14 Vertraulichkeit

1. Die Parteien sind verpflichtet, alle ihnen im Zusammenhang mit diesem Vertrag bekannt gewordenen oder bekannt werdenden Informationen über die jeweils andere Partei, die als vertraulich gekennzeichnet werden oder anhand sonstiger Umstände als Geschäfts- und Betriebsgeheimnisse der jeweils anderen Partei erkennbar sind, dauerhaft auch nach dem Ende dieses Vertrages geheim zu halten, nicht an Dritte weiterzugeben, aufzuzeichnen oder in anderer Weise zu verwerten, sofern die betroffene Partei der Offenlegung oder Verwendung nicht ausdrücklich und schriftlich zugestimmt hat.
2. Soweit rechtlich möglich, stellen die Parteien durch geeignete vertragliche Vereinbarungen mit ihren Arbeitnehmern und allen anderen für sie tätigen Personen sicher, dass auch diese Personen jegliche Offenlegung, Verwertung, Weitergabe oder Aufzeichnung der geheim zuhaltenden Informationen unterlassen.

§15 Datenschutz

1. Bei der Erhebung, Verarbeitung und Nutzung personenbezogener Daten im Rahmen dieses Vertrages werden die Parteien die anwendbaren gesetzlichen Regelungen beachten.

2. **[OPTIONAL**: Vom Auftraggeber verwendete Testdaten dürfen keine personenbezogenen Echtdaten enthalten.]
3. Sollte im Zuge der Durchführung dieses Vertrages eine § 11 Abs. 5 BDSG entsprechende Situation eintreten, werden die Parteien eine den Vorgaben des § 11 BDSG entsprechende Auftragsdatenvereinbarung schließen.

§16 Werbung und Investor Relations

1. Der Auftragnehmer ist nach Zustimmung des Auftraggebers und frühestens ab der Inbetriebnahme berechtigt, eine Pressemitteilung über den Vertragsschluss öffentlich bekannt zu machen. Der Auftraggeber wird die Zustimmung nicht ohne berechtigten Grund verweigern.
2. Dem Auftragnehmer ist es gestattet, nach Zustimmung des Auftraggebers und frühestens ab der Inbetriebnahme den Auftraggeber auf der Website und den Messeständen des Auftragnehmers als Kunden zu nennen und zu diesen Zwecken das Unternehmenslogo des Auftraggebers zu verwenden. Der Auftraggeber wird die Zustimmung nicht ohne berechtigten Grund verweigern.
3. Des Weiteren gestattet der Auftraggeber nach Zustimmung und frühestens ab der Inbetriebnahme die Veröffentlichung eines Projektberichtes. Der Auftraggeber wird die Zustimmung nicht ohne berechtigten Grund verweigern. Darüber hinaus steht der Auftraggeber zukünftigen Interessenten des Auftragnehmers als Referenzansprechpartner zur Verfügung.

§17 Rechtswahl; Gerichtstand; Erfüllungsort

1. Die Parteien vereinbaren für diesen Vertrag sowie im Hinblick auf sämtliche Rechtsbeziehungen aus dem Vertrag die Anwendung des Rechts der Bundesrepublik Deutschland unter Ausschluss des UN-Kaufrechts und des deutschen und europäischen Internationalen Privatrechts.
2. Gerichtsstand für alle Streitigkeiten aus oder in Verbindung mit diesem Vertrag sowie Erfüllungsort ist **[ORT]**.

§18 Rangfolge

1. Die vertraglichen Vereinbarungen stehen in folgender Rangfolge:
   1) individuelle Änderungen und/oder Ergänzungen dieses Vertrages nach Vertragsschluss;
   2) dieser Vertrag ohne Anlagen;
   3) Anlage 4 zu diesem Vertrag mit den Anhängen zu Anlage 4 und allen diesen Anhängen gleichgestellten Dokumenten;
   4) alle weiteren Anlagen zu diesem Vertrag.
2. Die zuerst genannten Bestimmungen haben bei Widersprüchen stets Vorrang gegenüber den zuletzt genannten. Lücken werden durch die jeweils nachrangigen Bestimmungen ausgefüllt. Gleiches gilt für Ergänzungen, die in den nachrangigen Bestimmungen

enthalten sind. Bei Dokumenten der gleichen Stufe hat das jüngere Dokument Vorrang vor dem älteren Dokument.

§19 Schlussbestimmungen

1. Dieser Vertrag einschließlich seiner Anlagen enthält die gesamten Vereinbarungen zwischen den Parteien hinsichtlich des Vertragsgegenstands. Insbesondere finden allgemeine Geschäftsbedingungen der Parteien keine Anwendung.
2. Änderungen oder Ergänzungen sowie die Aufhebung dieses Vertrages bedürfen der Schriftform. Das gilt auch für den Verzicht auf das Schriftformerfordernis selbst.
3. Sollten Bestimmungen dieses Vertrages ganz oder teilweise unwirksam werden, so werden die übrigen Bestimmungen dieses Vertrages hiervon nicht berührt. Anstelle der unwirksamen, unvollständigen oder undurchführbaren Bestimmung tritt das dispositive Recht. Fehlt es an einer für die Vertragsergänzung geeigneten Vorschrift oder einem geeigneten Rechtsgrundsatz und bietet die ersatzlose Streichung der Klausel keine interessengerechte Lösung, ist die Lücke durch ergänzende Vertragsauslegung zu schließen; in diesem Fall gilt eine solche Bestimmung als vereinbart, die dem ursprünglichen Sinn und Zweck der unwirksamen, unvollständigen oder undurchführbaren Bestimmung am nächsten kommt.

Unterschriften

___

Auftragnehmer | Auftraggeber

___

Ort, Datum | Ort, Datum

___

(Name in Druckbuchstaben) | (Name in Druckbuchstaben)

Anlage 1: Grobspezifikation
[...]

Anlage 2: Initiale Aufwandsschätzung und Grundpauschale
[...]

Anlage 3: Priorisierung der Features

Ändert sich auf Wunsch des Auftraggebers die Priorisierung der in Features formulierten Anforderungen oder kommen neue Features hinzu, so werden die Änderungen in einem Anhang zu dieser Anlage 3 niedergelegt. Die Parteien vereinbaren, dass die für den Sprint erforderlichen Priorisierungsangaben im Einzelfall auch in anderen Dokumenten festgehalten werden können und dass diese Dokumente nicht zwingend körperlich mit dieser

Anlage 3 zum Projektvertrag verbunden werden müssen, sofern sie ausdrücklich oder konkludent auf diese Anlage 3 zum Projektvertrag Bezug nehmen.
[…]

Anlage 4: Dauer, geplante Budgets und Feinspezifikationen für die einzelnen Sprints
Die dieser Anlage 4 zum Projektvertrag beigefügten Anhänge enthalten für jeden Sprint

1) die Dauer des Sprints,
2) das geplante Budget für den Sprint und
3) ggf. die Beschreibung der Features für den Sprint.

Die Parteien vereinbaren, dass die für den Sprint erforderlichen Angaben im Einzelfall auch in anderen Dokumenten festgehalten werden können und dass diese Dokumente nicht zwingend körperlich mit dieser Anlage 4 zum Projektvertrag verbunden werden müssen, sofern sie ausdrücklich oder konkludent auf diese Anlage 4 zum Projektvertrag oder Ziffer 4 des Projektvertrages Bezug nehmen.
[…]

Anlage 5: Projektorganisation
1. Projektleiter auf der Seite des Auftragnehmers ist Herr/Frau **[NAME]**.
2. Projektmanager auf der Seite des Auftraggebers ist Herr/Frau **[NAME]**.
   Sein/Ihre Stellvertreter/in ist Herr/Frau **[NAME]**.
3. Mitglieder des Lenkungsausschusses sind:
   Herr/Frau **[NAME]**
   Herr/Frau **[NAME]**
   […]

Anlage 6: Vom Auftraggeber beigestellte Computerprogramme und entsprechende Lizenzen
[…]

Anlage 7: Tagessätze
1. Als regulären Tagessatz für alle im Zielbudget liegenden Entwicklungs- und Programmierungsaufwände vereinbaren die Parteien den Betrag von netto EUR **[BETRAG]**.
2. Als reduzierten Tagessatz für alle nicht mehr im Zielbudget liegenden sowie alle im Rahmen von Fehlerbeseitigungs- und ähnlichen Maßnahmen während einer Iteration entstehenden Entwicklungs- und Programmierungsaufwände vereinbaren die Parteien den Betrag von netto EUR **[BETRAG]**.

[**ALTERNATIV:** Es gelten die Tagessätze des Angebotes.]

Stichwortverzeichnis

M. Book et al., *Erfolgreiche agile Projekte*, Xpert.press,
DOI 10.1007/978-3-662-53330-7